워터

물 · 의 · 연 · 대 · 기

줄리오 보칼레티 지음

김정아 옮김

WATER: A Biography

워터

물·의·연·대·기

줄리오 보칼레티 지음
김정아 옮김

물을 정복한 자가
문명을 정복한다

WATER

a Biography

상상스퀘어

이 책을 안드레아에게 바친다.

추천사

아이디어와 예상치 못한 상관관계로 가득한 《워터: 물의 연대기》는 그저 물의 역사에 그치지 않는다. 흥미롭기 그지없는 문명과 물의 역사를 이야기한다.

제러드 헬퍼리치, WSJ 북리뷰

그동안 읽은 책 가운데 두드러지게 야심 찬 책이다. 심오하고 폭넓다.

아리 샤피로, NRR 〈All Things Considered〉 진행자

《워터: 물의 연대기》는 인간과 물의 관계를 세밀하게 다룬다. 인구 증가, 기후 변화, 정치 불안정이 폭주하는 지금이 바로, 이 책을 꼭 읽어야 할 시간이다.

조지 켄들, 〈북리스트〉

천연자원 안보와 환경 안정성 분야에서 저명한 전문가인 보칼레티가 《워터: 물의 연대기》에서 역사적으로 매우 흥미롭고 유익한, 거부하기 어려운 정보를 건넨다. 《워터: 물의 연대기》는 조앤 디디온의 눈길을 후버댐으로 돌리게 했던 주제를 새로운 시선으로 재기 넘치게 다룬 책이다.

슬론 크로슬리, 《해볼 건 다 해봤고, 이제 나로 삽니다》의 저자

환경주의자, 역사가, 정치학자, 경제학자 모두의 관심사를 연결하는, 주목할 만한 분석이 담긴 책이다.

웨이드 리-스미스, 〈라이브러리 저널〉

보칼레티는 인류가 경제적 이익과 사회적 편익을 얻고자 물을 통제하려 하는 과정에서 문명을 빚어낸 역사를 훌륭하게 추적한다. 기후 변화의 영향이 뚜렷이 드러난 지금, 세계의 정책 입안자들이 가치를 따지기 어려운 이 공유 자원이 우리 자신의 생존에 얼마나 중요한지를 존중해 물을 공공재로 인식하는 데 큰 도움이 될 책이다.

샐리 주얼, 전 미국 내무부 장관

인류와 자원의 관계가 법체계와 정치 체제에 어떻게 영향을 미쳤는지를 탐구하려는 사람이라면 꼭 읽어야 할 책이다. 기후 변화와 지속가능성을 둘러싼 논쟁에 값진 통찰을 전한다. 필독서로 추천한다!

리 C. 볼린저, 컬럼비아대학교 총장 겸 법학 교수

《워터: 물의 연대기》는 놀라운 성공작이다. 세계사를 물관리의 역사라는 시각에서 흥미진진하게 살펴보고 있다. 보칼레티는 물관리의 역사가 기술 문제가 아니라 정치 문제라는 사실을 박학다식한 지식으로 명료하게 드러낸다. 인류가 역사를 통틀어 지금껏 물을 정복하려 애썼지만, 언제나 이기는 쪽은 물이다. 우리가 이 사실을 깨닫는다면 인류에 도움이 될 것이다. 이 책은 진정한 역작이다. 정치인은 말할 것도 없고 우리 모두 반드시 읽어야 할 책이다.

크리스 위컴, 옥스퍼드대학교 중세사 교수

인간 사회와 물의 관계를 능수능란하고 설득력 있게 다룬 역사책. 정치, 역사, 과학을 버무려 수천 년에 걸친 흥미로운 이야기로 빚어낸다. 줄리오 보칼레티는 여러 해 동안 가장 높은 차원에서 연구한 물 문제를 이 책으로 드러낸다. 인류 역사에서 물의 역할을 이해하고 싶은 사람이라면 누구나 읽어야 할, 놀라운 성과를 담은 책이다.

페터 브라베크-레트마테, 네슬레 그룹 명예 회장

앞서가는 전문가 줄리오 보칼레티가 이제 대단한 이야기꾼이기도 하다는 사실을 보여준다. 이 책은 수천 년의 시간과 여러 대륙에 걸쳐, 물의 분포가 어떻게 인류 문명을 빚어냈는지를 멋지게 드러낸다. 보칼레티는 이 시대의 가장 중요한 이야기를 다룬다. 닥쳐오는 결핍의 세상에서 물과 우리의 관계를.

켈리 매케버스, NPR 진행자

줄리오 보칼레티는 인류 문명사를 물을 둘러싼 끝없는 투쟁으로 이해해야 한다는, 놀랍도록 독창적이고도 설득력 있는 근거를 제시한다. 시공간을 아우르는 광범위한 소재를 믿기지 않을 만큼 능숙하게 다뤘다.

니컬러스 레먼, 컬럼비아대학교 언론학 교수

물의 연대기를 쓴다는 것은 탁월한 생각이었다. 그리고 줄리오 보칼레티가 이 과업을 멋지게 완수했다. 《워터: 물의 연대기》는 그야말로 광범위한 문제를 다룬다. 대담한 논거와 설득력 있는 사례를 결합해 초기 인류 사회부터 오늘날 물 안보 문제까지를 이야기한다. 야심 차고 자신만만하고 매끄러운 이 책은 깊은 인상을 남기는 아주 반가운 읽을거리다.

데이비드 블랙번, 밴더빌트대학교 역사학 교수

깊이 연구한 끝에 내놓은 이 생생한 이야기에서 줄리오 보칼레티는 물을 통제하려 한 싸움이 어떻게 모든 체계적 사회의 뿌리인지를 능수능란하게 드러낸다. 고대부터 오늘날 물 부족 위기에 이르기까지, 보칼레티는 입이 떡 벌어지는 광범위한 이야기를 뽑아내, 독자가 모든 인류 역사를 물의 관점에서 다시 평가하게 한다. 물을 통제하려 애쓴 싸움이 어떻게 우리를 인간으로 정의하는지를 알려주는 혁신적이고 극적인 이야기.

존 브리다르, WGBH 전국 편성 부문 부사장

추천사

물이 여러 시대를 가로질러 인류 역사를 빚어냈다는 여러 이야기 가운데서도 이 흥미로운 책이 돋보이는 까닭은, 저자인 보칼레티가 물이 역사에서 맡은 역할을 정치, 경제적 차원에서 세밀하고 멋지게 다뤘기 때문이다. 이야기의 폭과 요지가 탁월하다. 그야말로 걸작이다.

마이클 해너먼, 애리조나주립대학교 경제학과 교수

《워터: 물의 연대기》는 우리의 이야기다. 줄리오 보칼레티가 빙하기에 얼음이 후퇴하며 경관과 지역 공동체의 생활을 빚어낸 이야기부터 민주주의자, 독재자, 이상주의자가 이끈 국민 국가와 산업화 세계의 등장한 이야기까지, 물의 역사를 통해 우리를 특별한 여정으로 이끈다. 우리 시대에 경종을 울리는 이야기다.

앨런 옌토브, BBC 진행자 겸 프로듀서

인류가 행성의 경계선을 벗어나는 지금, 보칼레티가 정치사 관점에서 살펴본 《워터: 물의 연대기》는 꼭 읽어야 하는 책이다. 신음하는 자연, 기후 변화, 극심한 불평등이라는 위험이 다가오는 지금, 우리에게 필요한 중요한 교훈과 겸손을 이 대담하고 야심 찬 이야기가 알려준다.

레이철 카이트, 터프츠대학교 플레처스쿨 대학원장

수천 년에 걸쳐 펼쳐진 지형, 과학, 인류 문명을 다룬 눈부신 이 이야기는 그저 물의 역사만을 말하지 않는다. 사상과 제도의 이야기이자, 개인의 진취성과 집단의 공동 대응이 빚은 갈등을 다룬 이야기이자, 인간의 욕구와 행성의 역동성을 다룬 이야기다. 백과사전처럼 폭넓고 깊이 있는 학식을 드러내면서도 술술 읽히는 책에 찬사를 보낸다.

린 스칼렛, 국제자연보호협회 대외 사업 최고책임자

대단한 책이다. 보칼레티가 가장 중요한 천연자원과 우리의 복잡한 관계를 명확히 정의했다. 우리는 그 옛날 그랬듯 지금도 수력 문명에서 살아간다. 그리고 이 문명은 언제 어디서 물을 찾을 수 있느냐에 크게 좌우된다. 보칼레티가 놀랍도록 뚜렷하게 드러내듯이, 우리는 기후 위기만큼이나 심각한 물 위기를 마주하고 있다. 인류세의 운명이 물의 운명에 달렸다.

프레드 피어스, 《강의 죽음》의 저자

훌륭하다. 보칼레티가 인류 역사, 경제, 지정학의 흐름이 끊임없이 물에 목말라하는 우리의 푸른 욕구와 어떻게 완전히 연결되는지를 보여주는 역작으로 독자를 이끈다. 《워터: 물의 연대기》는 물의 미래를 보호할, 그래서 인류의 존재를 보장할 가장 좋은 방법이 무엇이냐는 도발적인 질문을 던진다.

도미닉 워레이, 세계경제포럼 이사

물의 역사를 줄리오 보칼레티보다 더 잘 들려줄 사람은 없을 것이다. 보칼레티는 물이라는 가장 값진 자원과 인류의 상호작용이 어떻게 지난 역사와 현재를 빚어냈는지, 또 앞으로 우리 미래를 결정할지를 알려주는 흥미롭기 그지없는 여정으로 우리를 이끈다. 깨우침을 주는 멋진 책이다.

에릭 D. 바인호커, 옥스퍼드대학교 행정대학원 교수

물의 지배와 활용에 초점을 맞춘 세계사. 탁월하고 기발하다.

〈커커스 리뷰〉

들어가며

2010년 7월 19일 월요일 저녁, 양쯔강(장강)에 물 폭탄이 떨어졌다. 동아시아 계절풍이 몰고 온 장마가 중국 서남부에 어마어마하게 많은 비를 뿌렸다. 하늘에 구멍이 뚫린 듯 비가 쏟아졌다. 자정에 들어서자 강물이 사납게 울부짖었다. 빗물이 초당 7만 톤씩 양쯔강으로 밀려들었다. 7만 톤이면 올림픽 규격 수영장 30개를 채울 양이다. 예전이라면 홍수로 불어난 강물이 양쯔강 본류에 자리 잡은 후베이성 이창시 위쪽의 깎아지른 듯한 바위투성이 세 협곡 창장싼샤(장강삼협)에 모였다가 다시 하류로 흘러가면서 강둑을 넘어 들판을 덮쳤을 것이다. 그러나 그날 밤은 달랐다. 강물이 창장싼샤보다 훨씬 상류에 있는 쓰촨성 충칭시 근처의 커다란 호수로 서서히 넘쳐흘렀다가 물살이 잦아들자 되돌아 나왔다. 충칭에서 약 600km 떨어진 싼샤댐 수위가 4m 더 올라갔지만, 콘크리트 2720만㎥를 쏟아부어 지은 싼샤댐이 불어난 강물을 가로막았다. 다른 일은 일어나지 않았다. 마침내 싼샤댐이 첫 시험대를 무사히 넘겼다.

　세계에서 가장 큰 댐을 짓는 계획이 승인받은 때는 1992년이다. 승인을 받기까지 논란도 있었다. 댐을 짓느라 150만 명을 이주시켜야 할뿐더러 생태계를 훼손하고 역사 유물을 잃어버릴지 모른다는 우려가 있었다. 그래도 젊은 시절 소련에 유학해 수력발전을 공부했고 싼샤댐 건설 사업을 주도한 국무원 총리 리펑李鵬이 계획을 밀어붙였다. 마침내 전국인민대표대회가 댐 건설안을 표결로 승인했다. 1994년, 드디어 댐 건설이 시작되었다. 그리고 겨우 9년 뒤인 2003년, 예산보다 적은 비용으로 일정보다 빠르게 완공된 싼샤댐이 물을 채우기 시작했다.

이 거대한 수리 시설이 왜, 어떻게 생겨났는지는 낯설지 않은 이야기다. 20세기 하이모더니즘high modernism(과학과 기술을 이용해 사회와 자연을 통제할 수 있다고 확신한 사상-옮긴이)이 낳은 싼샤댐의 목적은 중국 사회를 변덕스러운 기후에서 해방하는, 그래서 인간이 마침내 자연을 정복한 승리를 축하하는 것이었다. 오늘날 우리는 물 경관을 그저 있는 듯 마는 듯 인간의 활동 무대를 장식할 뿐인 배경으로 여긴다. 그것이 당연하다는 환상 속에 살아간다. 그런 환상이 생긴 까닭은 세계 곳곳에서 4만 5000개나 되는 구조물이 15m가 넘는 높이로 강을 가로막고 있기 때문이다. 물길을 막는 온갖 보까지 더하면 숫자가 수백만 개로 늘어난다. 어마어마하게 많은 이런 구조물은 지구의 연간 유출량, 즉 지표면의 강과 개울로 흘러드는 강수량 가운데 약 20%를 담아둘 수 있다. 현대의 수리 시설은 물의 흐름을 재배치했다. 싼샤댐은 막대하기 그지없는 수많은 수리 시설에 최근 들어 더해진 구조물이자, 현대의 수리 시설이 지금도 발전하고 있다는 증거다. 열렬한 기술 신봉자들은 수리 시설의 성과를 찬양하지만, 환경 보호론자들은 이런 시설들이 미치는 악영향에 한숨을 내쉰다. 어느 쪽이든 수리 시설의 발전사는 인류가 기술을 발판 삼아 자연의 속박에서 벗어나는 이야기다. 좋든 나쁘든 인류가 과학과 공학에 힘입어 자신의 운명을 완전히 통제할 힘을 얻는 이야기다.

귀에 익은 이야기일 것이다. 그런데 틀린 이야기이기도 하다. 물의 역사는 기술의 역사가 아니다. 물의 역사는 정치의 역사다. 물이 사회에 미친 영향을 이해하려면 끝없는 적응 과정이 어떤 상처를 남겼는지 알아야 한다. 공동체치고 오랫동안 물과 작용-반작용 과정을 거친 이야기를 하지 않는 곳이 없다. 처음에는 강둑이 그 너머에 사는 사람들을 범람에서 보호했을 것이다. 하늘에서 비 한 방울 내리지 않을 때 댐이 우리가 쓸 물을 저장했을 것이다. 그러나 정착지와 농경지가 커지자, 사람들은 애초에 그런 시설을 만든 이유를 잊었다. 사회가 발달할수록 사람들이 새로 얻은 안전에 서서히 익숙해진다. 안전하다는 환상을 일으키는 기반 시설을 토대로 제도가 발달한다. 그런 어느 날 느닷없이 둑이 무너지거나 댐이 말라붙는다. 피해가 뒤따르고 때로는 재앙이 일어난다. 그제야 궁지에 몰린 사람들이 더는 무기력한 풍경으로 보이지 않는 주변 환경을 되돌아본다. 주변을 살피고 기반 시설을 재건하고 확장해, 새로운 수준의 안전에 도달한다. 이에 맞춰 제도를 정비하고 관습을 바꾼다. 이 과정을 끊임없이 되풀이한다.

인간이 진보한 기술을 발판 삼아 자연에서 해방되는 것은 이 이야기에서 곁가지 주제다. 인류가 지금껏 물과 끊임없이 상호작용해 미친 영향은 강뿐 아니라 다른 곳에도 기록되어 있다. 사회 구조에, 신념과 종교에, 태도에, 일상을 규제하는 체계에 깊이 새겨 있다. 물과 인류의 상호작용이 가장 큰 영향을 미친 곳은 물 경관이 아니라 정치 제도다.

이 책에서 가장 강조하는 바는, 움직이는 물에 둘러싸인 인류가 사회를 형성하려는 과정에서 제도를 만들었고, 이 제도가 환경에 대처하려는 개인들을 서로 의존하도록 하나로 묶었다는 것이다. 오랜 세월 수많은 변화를 거친 끝에 공화정이 오늘날 물의 가공할 힘 앞에서 개인의 자유와 집단의 이익을 둘러싼 이해관계를 가장 탁월하게 조율할 정치 구조로 떠올랐다. 이 주장이 만고불변의 진리는 아니다. 물 자체에는 정치 제도의 형식을 '결정'할 능력이 없었다. 그러나 어느 정도나마 제도가 출현한 덕분에, 사회는 변화하는 환경에 당당히 대응할 수 있었다. 그렇게 보면 물의 역사에서 핵심은 물질적 조건에 정치가 어떤 해법을 내놓았느냐다.

이 관점에서 들여다보면 오늘날 인간 사회와 물의 관계는 그 뿌리가 아주 오래전으로 거슬러 올라간다. 이야기는 약 1만 년 전 신석기 시대를 맞은 인류가 한곳에 정착하는 중요한 단계에서부터 시작한다. 호모 사피엔스가 출현한 지 벌써 30만 년이 지난 때였지만, 인류는 정착 생활을 시작한 다음에야 물의 위력이 얼마나 대단한지를 깨달았다. 가뭄이 식량 생산을 방해했다. 악천후가 사람의 목숨을 위협했다. 홍수가 공동체를 파괴했다. 물의 힘이 워낙 엄청나 개인이 환경을 통제하기가 버거웠다. 그럴 바에는 한 사회로 뭉쳐 힘을 행사하는 법을 배워야 했다.

이렇게 물 경관에 발 디딘 삶이 인류 역사 전체에 걸쳐 사회 계약을 끌어냈다. 물은 궁극의 공공재다. 끊임없이 움직이는 무형의 물질이라 통제하기 어렵고, 개인이 소유할 수 없어 집단이 관리해야 한다. 인류는 물의 힘에 맞서 개인의 욕망과 집단의 공동 대응을 조율할 제도를 개발했다. 그런 제도가 마침내 현대 세계를 지배하는 특징이 되었다. 공동체가 물의 힘에 맞서 어떻게든 살아남고자, 더 나아가 물의 힘을 유리하게 활용하고자 애쓴 수천 년 동안 법체계와 정치 체계, 국민 중심의 영토 국가, 금융, 교역 체계 같은 온갖 제도가 차근차근 발달했다. 이런 제도들이 어디에서 비롯했고 물과 어떤 영향을 주고받으며 발달했는지 이해하지 못하면 오늘날 우리 사회의 경관이 왜, 어떻게 이런 모습이 되었는지를 파악하기 어렵다.

이 책 1부는 신석기 시대부터 고전 고대까지 인간 사회가 물 경관과 맺었던 변증법적 관계를 따라가며, 이 관계가 국가라는 집단의 형성에 어떻게 이바지했는지 살펴본다. 2부에서는 유럽 국가가 1000년에 걸쳐 고대를 소화해 근대 국가로 탈바꿈하는 과정을 살펴본다. 그 과정에서 로마법이 남긴 유산, 고전 공화주의, 정치적 자유주의, 매혹적인 유토피아적 이상주의가 모두 뒤섞여 18세기 아메리카 공화국부터 대영제국까지 여러 제도에 영감을 불어넣고 20세기가 등장할 토대를 마련했다. 3부는 근대 국가와 산업 자본주의의 힘이 어떻게 물 경관을 역사상 가장 근본적으로 바꿔놓았는지를 다룬다. 이 변화가 워낙 감쪽같아 인간 사회와 물의 관계가 현대 생활의 구조 아래로 모습을 감춰, 오늘날 널리 퍼진 위험한 환상의 씨앗을 뿌렸다. 마지막으로 4부에서는 자연과 분리되었다고 믿는 사회의 표면 아래에서 지금도 물의 힘이 어떻게 변함없이 제 뜻대로 힘차게 요동치는지를 다룬다.

아득하게 긴 세월을 다루는 이야기는 그저 사건과 물리적 구조물을 말하는 데 그치지 않는다. 기나긴 역사는 발상의 역사다. 발상을 이야기하지 않고서 거기서 비롯한 사건과 구조물을 설명하기란 어렵다. 이를테면 싼샤댐은 쑨원孫文(1866년 출생, 1925년 사망-옮긴이)의 꿈이 실현된 산물이었다. 흔히 중화민국의 아버지라 불리는 쑨원은 대단히 복잡한 인물이다. 지식욕에 불타는 학자이자, 평생 투쟁한 혁명가이자, 카리스마 넘치는 지도자였다. 쑨원은 광범위한 문화를 접하며 자랐다. 광둥성의 어느 시골 마을에서 태어나 하와이 왕국에서 영국 성공회가 세운 학교에 다녔고, 1880년대에는 홍콩에서 의학을 공부했다. 그사이 기독교로 개종했다. 직업은 의사였지만, 쑨원은 뼛속까지 타고난 혁명가였다.

19세기 말은 영국이 열망한 제국주의 그리고 고전 공화주의에 매료된 근대 산업사회의 유토피아적 이상주의가 동시에 세상을 뒤흔든 시기였다. 쑨원은 이때 일어난 엄청난 변화에 고무되었다. 먼저 중국을 개혁한 다음 수구 세력인 청나라를 무너뜨려야겠다고 마음먹었다. 쑨원은 혁명과 망명을 거듭했다. 그사이 수구 세력을 혐오하는 마음이 커졌다. 많은 근대 혁명가가 그랬듯, 쑨원도 서구의 정치 사상사를 익히 잘 알았다. 프랑스, 미국, 영국 같은 강대국의 정책에는 분노했지만, 그 나라마다 자리 잡은 입헌주의는 동경해 해방과 정의라는 이상을 받아들였다. 마침내 1911년, 신해혁명으로 청나라가 무너졌다. 쑨원은 중화민국의 임시 대총통이 되었다. 드디어 꿈을 실현할 기회를 얻었다.

그러나 거기까지뿐이었다. 노회한 군벌들이 독재로 돌아서자, 중국의 첫 근대 공화국이 순식간에 혼란에 빠졌다. 쑨원이 그동안 꿈꾼 유토피아를 실현할 길이 멀어졌다. 쑨원은 하는 수 없이 상하이의 프랑스 조차지로 옮겨 자신의 이상을 글로 적었다. 《산업계획*The International Development of China*(實業計畫)》은 중국 경제의 부활을 꿈꾼 청사진이었다. 책에서 쑨원은 미국을 참고하자고 제안한다. "중국에서 자본주의를 이용해 사회주의를 구현하여, 인류의 진화를 이끈 두 경제 세력이 다가올 문명사회에서 함께 협력하도록 하자." 이 정치 철학을 실현하려면 수자원을 개혁해야 했다. 쑨원은 황허강(황하)에 미시시피강 같은 잠재력이 있다고 믿었다. 루이지애나주 뉴올리언스처럼 황허강에 방파제를 설치해 황허강 어귀의 수심을 높이기를 꿈꿨다. 기존 운하와 둑을 개선하고, 물길을 새로 뚫고, 수력발전과 관개 농업을 구축하기를 바랐다. 그리고 양쯔강 본류 한가운데 창장싼샤에 댐을 지어 "배가 강을 거슬러 올라가게 할 수문을 만들고 전력을 생산"하는 모습을 꿈꿨다. 쑨원이 이런 꿈을 품은 때가 1920년이었다.

쑨원은 기술자가 아니었다. 인류 역사와 함께 이어진 오랜 발상을 해석한 사람이었다. 쑨원의 꿈은 이상주의자의 꿈이자 혁명가의 꿈이었다. 2010년에 홍수를 막은 싼샤댐은 최신 기술을 따라잡겠다는 노력에서 나온 결과물이 아니었다. 오래전에 자연환경을 어마어마한 규모로 길들이는 길을 택했던 사회가 내놓은 결과물이었다. 공화주의라는 가치관이 깊이 스며든 꿈이, 공동체와 진보 그리고 개인의 권리와 국가의 포부를 이야기하는 꿈이, 다목적 댐이 흔한 풍경이 되기 훨씬 전에 구체화한 꿈이 거의 100년 동안 무르익은 결과물이었다.

쑨원의 꿈은 싼샤댐이라는 발상이 장제스蔣介石의 중화민국, 마오쩌둥毛澤東 통치기, 덩샤오핑鄧小平의 개혁개방을 거쳐 마침내 리펑 총리 때까지 세월을 견디고 살아남게 한 버팀목이었다. 완공된 싼샤댐은 하류 지역 주민이 강력한 댐을 믿고 두 발 쭉 뻗고 자도 된다고 증명하는 듯 보였다. 그런 안전에는 의미심장한 정치적 의도가 있었다. 싼샤댐 건설은 국가가 공동체를 자연의 속박에서 완전히 해방했다는 허상을 만드는 도구가 되었다. 문제는 언젠가 이 해방이라는 환상이 반드시('만약'이 아니다) 깨질 텐데 그때 무슨 일이 벌어지느냐다.

21세기 들어 인류가 지구에 그야말로 막강한 영향을 미쳤으므로, 더러는 21세기를 인류세Anthropocene라고도 한다. 그러나 이 말은 인류가 자연을 정복하리라는 예고가 아니었다. 자연 정복은 어림도 없는 일이었다. 지구를 괴롭힌 엄청난 지형 변경이 사람과 물의 관계를 끊어놓기는커녕 오히려 단단히 하나로 묶었다. 대기의 온실가스 농도가 짙어지자 지구의 에너지 균형이 눈에 띄게 달라져 물의 순환을 바꿔놓았다. 2010년에 양쯔강 유역을 덮친 예사롭지 않은 폭우는 앞으로 닥칠 더 큰 재앙을 알리는 전조였다. 자연에서 완전히 해방되었다는 허상을 언젠가는 기후 변화가 산산이 부숴버릴 것이다. 그런 일이 벌어질 때 무엇보다 중요한 것은 인간이 설계한 경관에 어떤 오류가 있느냐가 아니라 그런 재앙에 사회가 어떻게 대처하느냐다.

공화정이 개인의 자유와 집단의 공동 대응 사이에 감도는 긴장을 원만히 관리하는 토대는 불안정해 흔들리기 쉽다. 21세기에 물 때문에 일어난 사건들이 그런 토대를 뒤흔들어 정치에 엄청난 영향을 끼칠 수도 있다. 새로 나타난 불확실한 세상에서 더 굳건한 안전을 확보하고자 기꺼이 무엇을 양보하느냐, 즉 개인의 자유를 위해 어떤 희생을 견디고 집단의 이익을 위해 어떤 길을 선택하느냐가 자유와 공공복리의 불안정한 균형을 유지할 수 있을지를 판가름할 것이다. 이 균형이야말로 모든 사람의 미래를 근본적으로 좌우할 만큼 중요하다.

물이 지구에 미치는 힘을 관리해야 할 때 생기는 물음은 기술, 과학, 미학과 그다지 관련이 없다. 이 물음의 본질은 권력을 누가 쥐느냐, 달리 말해 모든 가정에 무슨 일이 벌어질지를 누가 결정해야 하느냐다. 그 답은 급진적 몽상가의 머릿속에 있을 때가 많다. 100년 전 쑨원이 품었던 꿈이 오늘날 싼샤댐으로 이어졌다. 비슷한 꿈들이 현대를 만들었다. 현재의 꿈이 어떤 미래를 불러올지 상상하고 싶다면, 지구 기후에 가장 막강한 영향을 미치는 인류와 물의 관계를 반드시 이해해야 한다. 그러려면 인류와 물이 함께 걸어온 길을 살펴보는 이야기, 즉 물의 연대기가 매우 중요하다.

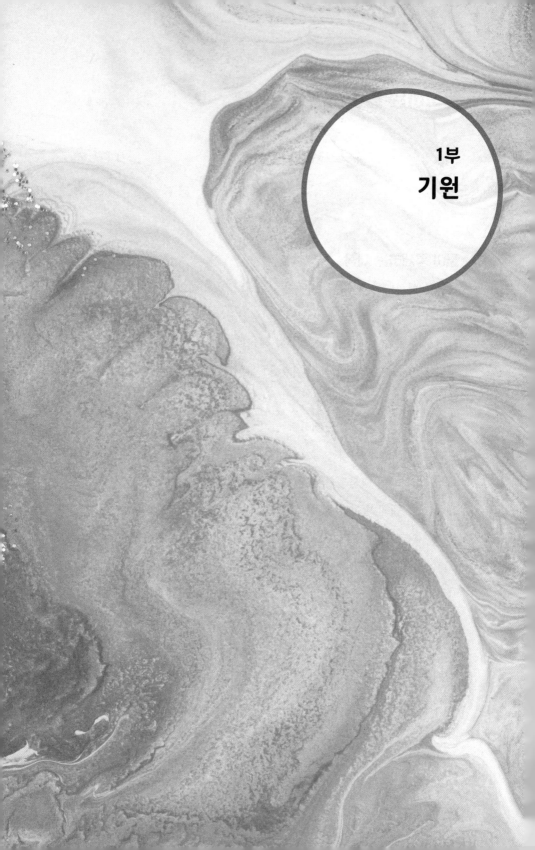

1부
기원

[01]
움직이는 물이 있는 곳: 정착

물이 통제하는 세상

지구가 형성되기 훨씬 전, 빅뱅이 일어난 찰나에 나타난 아원자 입자가 수소와 헬륨으로 구성된 플라스마를 형성했다. 이 원자들이 중력에 이끌려 충돌하자 핵융합이 일어나 그 에너지로 초기 별들이 태어났고, 용광로 같은 초기 별들이 산소 같은 더 무거운 원소를 만들어냈다. 이런 초기 별들이 죽으며 원시성 물질을 남겼고, 그 속에서 수소와 산소가 반응했다. 그렇게 물이 만들어졌다.

그래서 태양계 어디든 물이 존재한다. 토성, 천왕성, 해왕성, 화성, 목성 그리고 이 행성들의 많은 위성이 물을 머금은 태양 성운, 달리 말해 이전 세대의 별이 남긴 부스러기로 만들어졌기 때문이다. 그런데 지구가 처음 생겨났을 때는 오늘날처럼 물로 뒤덮이지 못했을 것이다. 약 45억 년 전 지구가 태양에 가까운 내태양계에서 덩어리를 형성할 때는 초기 단계인 내태양계가 워낙 뜨거워 물이 행성 표면에 액체 상태로 남아 있을 수 없었다. 그러므로 오늘날 지구에서 발견되는 물은 모두 지구가 식은 뒤 소행성과 함께 지구에 왔거나, 지구 내부에 있던 수증기가 뿜어져 나온 것이다.[01] 어느 쪽에서 왔든, 그 뒤로 지구에 존재하는 물의 양은 한결같이 똑같다.

지구의 물을 평평한 액체층으로 만들어 지표면을 덮으면 두께가

2700m를 조금 웃돈다. 매우 두껍게 들리겠지만 지구 반지름(대략 640만 m로 약 200배나 두껍다)에 견주면 턱없이 얇다. 오늘날 지구의 물은 거의 97%가 바닷물로 존재한다. 나머지 3%는 민물로, 대부분 빙하와 지하수다. 빙하를 녹여 지표면을 덮으면 두께가 약 60m, 지하수를 모아 펼치면 약 20m다. 그리고 손톱만큼 적은 나머지 민물 0.02%는 호수, 강, 땅속에 들어 있다. 바로 이 물이 우리 인간을 포함한 모든 육지 생물의 서식 환경을 만든다. 이 물을 지표면에 평평하게 펼치면 0.5m도 되지 않는다. 대기 중에 수증기로 존재하는 물(이 이야기에서는 이 수증기의 양이 중요하다)은 훨씬 적어, 액체층으로 모으면 두께가 겨우 2.5㎝다.[02] 하늘에 떠다니는 구름을 형성하는 얼음 알갱이와 물방울은 모두 모아봤자 달랑 머리카락 한 올 두께만 한 액체층이 된다.

지구가 얼음으로 꽁꽁 뒤덮였다가 다시 얼음이 완전히 사라진 세상이 되는 사이에 물의 분포가 바뀌었다. 그러나 그런 변화가 일어나는 동안 대개 인간은 지구에 존재하지 않았다. 실제로 인류의 조상이 등장해 수를 늘린 시기는 지구 기후가 꽤 안정된 지난 300만 년 동안이다. 그런데 이때도 물 환경에 매우 중요한 변화가 일어났다. 가장 중요한 변화는 얼음으로 뒤덮인 정도가 10만 년 주기로 바뀌는 빙하기였다.

빙하기가 일어나는 까닭은 지구의 공전 궤도와 자전축 기울기가 주기적으로 조금씩 바뀌고, 그에 따라 지구에 도달하는 태양 에너지의 양이 달라지기 때문이다. 지구가 태양 에너지의 변화에 아무리 무디게 반응해도 인간에게 크나큰 영향을 미친다. 약 2만 년 전 빙하기가 정점을 찍은 '마지막 빙하 극대기Last Glacial Maximum'에 캐나다에서부터 러시아까지 북반구 대부분, 알프스부터 히말라야까지 산 대다수가 얼음에 뒤덮였다. 많은 곳이 두께 1㎞가 넘는 빙하로 덮였다. 팽창하는 빙하가 물을 계속 얼음으로 바꿔 해수면이 오늘날보다 약 130m나 낮았다.[03] 일사량

25

이 그리 크게 바뀌지 않는데도 지구가 왜 그리고 어떻게 그토록 엄청난 반응을 보이느냐는 여전히 상당한 논쟁거리다. 그래도 거의 모든 가설이 물의 역할을 아주 중요하게 본다. 이 역할을 이해하려면 물이 태양 에너지와 어떻게 영향을 주고받는지 알아야 한다.

태양은 광범위한 스펙트럼으로 전자기파를 내뿜는다. 그 가운데 광량이 가장 많은 파장 범위가 250~750㎜(대체로 가시광선의 파장 범위는 400~750㎜로 본다―옮긴이)다. 사람의 눈은 이 주파수대를 '볼 수 있는 빛' 곧 가시광선으로 인식하도록 진화했다. 이 빛이 지표면에 닿으면 지구를 데운다. 그러면 다시 지표면은 파장이 훨씬 긴 적외선을 내뿜어 열을 내보낸다. 대기 부피의 99%를 차지하는 산소와 질소는 가시광선을 흡수하거나 산란한다(그래서 하늘이 파란색이다). 그러나 적외선은 대부분 통과시킨다.

만약 대기가 산소와 질소로만 이루어졌다면 지구가 내뿜는 열을 지표면 가까이에 거의 가두지 않아 지구가 지금보다 훨씬 더 추웠을 것이다. 대기 속 수증기는 산소나 질소와 정반대다. 원자 세 개가 살짝 구부러진 모양으로 결합한 물 분자가 가시광선은 대부분 통과시키면서도, 어쩐 일인지 적외선은 유난히 잘 차단하고 흡수한다. 그 결과 수증기가 지구를 뒤덮은 어마어마하게 큰 담요처럼 작용해 밖으로 나가는 열을 가둔다. 달리 말해 수증기는 주요한 온실가스다. 수증기야말로 지구에 존재하는 물의 모든 형태 가운데 가장 중요하다. 대기에 수증기가 존재하는 덕분에 지구에 생명체가 살 수 있다.

그런데 물은 강력한 온실가스에 그치지 않는다. 물은 변화를 키우는 증폭기다. 대기는 포화 상태가 될 때까지 수증기를 흡수하는데, 포화점에 온도가 작용한다. 온도가 높을수록 대기가 물을 더 많이 흡수한다. 실제로 온도가 1℃ 올라갈 때마다 물을 7% 더 흡수할 수 있다. 대기에 물이 많아질수록 대기가 적외선을 덜 통과시킨다. 적외선을 덜 통과시킬수록 온도가 올라간다. 이것이 수증기 양되먹임water vapor feedback이라는 강력한 증폭기다.

만약 수증기 양되먹임이 없다면, 지구의 공전 궤도가 바뀌어 일사량이 조금 바뀔 때(정확히는 이산화탄소 농도가 조금 바뀔 때) 지구 온도에 미치는 영향도 그만큼 적을 것이다. 그러나 수증기 양되먹임 때문에 온도가 조금만 올라가도 대기 중 수분 함량이 늘어 온도 변화를 더 크게 증폭한다. 지구 기후가 햇볕에 민감한 까닭은 지구에 물이 있어서다. 지구 기후는 물이 통제한다.

호모 사피엔스와 해빙

물과 사람의 관계를 이야기하는 첫 장이니만큼, 이 흔하디흔하면서도 중요한 물질이 복잡한 사회가 발달하는 데 어떤 역할을 했는지를 설명하지 않을 수 없다. 2만 년 전 마지막 빙하 극대기가 어마어마했던 만큼, 빙하가 녹기 시작했을 때 사람에 미친 영향도 놀랍기 그지없었다. 약 1만 9000년 전 북반구에서 빙하가 후퇴하기 시작했다. 이 해빙기는 여기저기서 잇달아 일어난 급격한 변화로 끝이 났다. 이를테면 1만 4000~1만 1000년 전 지구에 신드리아스기Younger Dryas(통상 구드리아스기 Older Dryas는 1만 4000년 전 무렵 약 200년 동안 이어졌고, 신드리아스기는 1만 2900~1만 1600년 전에 해당한다고 본다—옮긴이)라는 한랭기가 닥쳤다. 드리아스라는 명칭은 추운 곳에서 잘 자라는 담자리꽃나무의 학명 드리아스 옥토페탈라Dryas octopetala에서 따온 것으로, 학자들이 이 식물의 흔적 화석을 연구해 한랭기가 닥쳤던 사실을 밝혀냈다. 신드리아스기에 북반구 특히 유럽은 1000년 동안 빙하기로 돌아갔다가 다시 따뜻해졌다.[04]

빙하에서 흘러나온 물은 경관을 빚어냈다. 산을 깎아내고, 계곡을 파고, 들판으로 흘러넘치고, 해안 지대를 형성했다. 명확히 밝히건대, 이런 변화는 하루아침에 갑자기 일어나지 않았다. 기원전 1만 2000년 무렵 해빙기가 절정에 이르렀을 때도 해수면은 100년마다 4미터씩, 달리 말해 해마다 겨우 4센티미터씩 올라갔다.[05] 그래도 생물의 한평생, 특히 인간의 한평생에서 보면 변화가 눈에 띄었을 것이다.

13만 년 전 간빙기 때 아프리카에 거주하던 호모 사피엔스의 인구가 늘어났다. 마침내는 호모 에렉투스, 호모 하이델베르크, 호모 네안데르탈을 포함한 모든 인류를 대체했다. 그런데 오늘날까지 살아남아 인류 문명이 존재했다고 알리는 증거는 거의 하나같이 2만 년 전 지구가 마지막 빙하 극대기를 벗어난 뒤로 생성된 것뿐이다. 기원전 5000년 무렵에는 정착 농경이 자리 잡았고, 다양한 원시 문자가 등장했고, 복잡한 사회가 발달했다. 그러므로 마지막 빙하 극대기였던 기원전 1만 8000년~기원전 5000년에 큰 변화를 겪은 것은 물 경관만이 아니다. 인류도 이 시기에 체계적 사회를 세우는 중대한 변혁기를 맞았다.

마지막 빙하기에 출현한 초기 인류는 마지막 빙하 극대기가 끝날 때까지도 줄곧 이곳저곳을 떠돌며 수렵과 채집으로 먹고살았다. 그런데 인구가 늘자 주요 식량 공급원이었던 마스토돈, 자이언트들소*Bison latifrons* (북아메리카에 살았던 거대 들소-옮긴이) 같은 거대 동물이 사라졌다. 플라이스토세 말기인 이 시기에 거대 동물이 왜 이렇게 많이 멸종했느냐는 다소 의견이 엇갈린다. 호모 사피엔스가 워낙 뛰어난 사냥꾼이어서 그랬을 수도 있고, 서식 환경이 바뀐 탓일 수도 있다.

어쨌든 수렵·채집인이 살아남으려면 식량의 범위를 넓혀 더 다양한 먹거리를 찾아내야 했다.[06] 이 초기 수렵·채집인들은 곳곳을 돌아다니며 습지와 숲 같은 매우 풍요로운 생태계의 다양한 먹이 그물에 의존했다. 기후에 따라 생태계의 풍요로움이 늘거나 줄면 수렵·채집 공동체의 인구도 더불어 늘거나 줄었다. 이를테면 온난기에 지중해 동부 연안의 레반트(대체로 터키와 이스라엘 사이의 지역이 해당한다—옮긴이) 지역에서 번성했던 나투프 공동체는 신드리아스기가 시작한 지 얼마 지나지 않아 사라졌다.[07]

이윽고 정착 농경이 나타났다. 이 전환기의 첫 단계는 곡물 재배였다. 이스라엘에서 발견된 증거에 따르면 완전한 농경 생활로 확실히 이행하기 훨씬 전인 마지막 빙하 극대기 말에 벌써 곡물을 재배했다.[08] 다른 지역에서는 곡물 재배가 더 늦게 나타났다. 예컨대 중국 북부에서 기장을 재배한 시기는 기원전 약 8000년 전으로 보인다.[09] 곡물 재배법과 가축 사육법을 어떻게 알아냈는지를 가장 간단히 설명하는 가설은 시행착오다. 재배와 사육에 알맞은 식물과 동물 종이 많지 않으니, 수렵·채집인들이 운 좋게 마땅한 대상을 찾기까지 시간이 꽤 걸렸을 것이다.

다음 단계는 정착 농경이었다. 달리 말해 한곳에 머물러 살며 인공 생태계를 만들어야 했다. 인류 역사가 물과 하나로 묶인 시기가 바로 이때다. 자연 생태계든 인공 생태계든 먹거리를 생산하는 생태계가 살아남으려면 물이 넉넉해야 한다. 초기 공동체들은 어디에 정착했느냐에 따라 다른 선택지를 마주했다. 오로지 빗물에만 의존한 건조 농법은 가장 단순한 농경 방식이었을 것이다. 그러나 일손이 많이 들었고 비가 많이 내려야 했다. 범람한 강물이 빠지며 남기고 간 수분과 영양분을 이용하는 범람 퇴수 농법은 일손이 덜 들었지만, 그 대가로 말라리아와 물난리에 시달려야 했다.

기원전 9~8세기에 비가 넉넉한 '비옥한 초승달' 지대에서 정착 농경으로 전환한 초기 공동체들은 건조 농법에 의존했다. 오늘날 이스라엘 중부 지역에서부터 레바논으로 올라갔다가 시리아를 가로지른 뒤 자그로스산맥 서쪽으로 이라크의 티그리스강과 유프라테스강 유역을 따라 내려가는 초승달 모양의 이 지대에서는, 각 공동체가 바뀌는 환경에 적응하기보다 각자가 키우는 식물과 동물에 유리하게 자연을 통제했다. 이것이 신석기 혁명이다.

인류가 한곳에 정착해 살아가려면 물과 완전히 새로운 관계를 맺어야 했다. 강은 굽이치고, 물 경관은 바뀐다. 홍수와 가뭄은 공동체를 지탱하는 생태계의 생산성을 완전히 바꿔놓는다. 이런 변화가 생겼을 때 유목민은 다른 곳으로 옮기면 그만이다. 그러나 그럴 수 없는 정착민은 주변 환경을 자신의 필요에 맞게 바꾸거나 고통스러운 결과를 받아들여야 했다. 정착 농경으로 옮겨갈 때 인간 사회는 진정한 악마와의 거래를 맺었다. 인류는 불안정하게 요동치는 환경을 길들이는 길을 택했다. 인류가 현대에 이르는 여정을 시작했을 때, 그 시작점을 정한 것은 물의 분포였다.[10]

생산성이 키운 공동체

정착 농경은 인간 사회를 바꿔놓았다. 자연 생태계에서는 인간이 얻을 수 있는 열량이 웬만해서는 최대로 늘기 어렵지만, 농사를 지으면 그럴 수 있다. 자연 생태계와 농경은 사뭇 다른 수치를 보여준다. 농경의 바탕은 볏과 식물(벼, 밀, 보리, 옥수수, 기장, 수수 등이 해당한다—옮긴이)이었다. 과일이나 덩이줄기, 콩과 식물 같은 작물과 달리 볏과 식물은 제약이 많은 지형에서 기르기에 아주 알맞았다. 단위 면적당 열량 생산성도 높았다. 볏과 식물을 기르면 손바닥만 한 땅뙈기에서도 먹고살고도 남는 식량을 얻었다. 한꺼번에 수확할 수 있어 보관과 저장도 더 쉬웠다. 고대 건조 농법으로 볏과 식물을 재배하면 1ha당 600kg까지 수확할 수 있다. 관개 농업과 다모작까지 적용하면 수확량이 2000kg까지 늘어, 같은 면적에서 소를 키울 때보다 열량을 100배나 더 많이 얻었다. 그러므로 목축보다 농업이 사람을 더 많이 먹여 살릴 수 있었다.

유목민이 소를 키우려면 소 한 마리당 목초지 수 헥타르가 있어야 하고 장소를 끊임없이 옮겨야 했다. 그러니 먹여 살려야 할 입이 너무 많으면 희귀한 자원에 무리가 되었을 것이다. 정착민에게는 그런 제약이 없었다. 아이를 많이 낳는다는 것은 먹여 살려야 할 입이 더 늘어난다는 뜻이기도 했지만, 높은 유아 사망률을 이겨낼 보완책이기도 했다. 정착 생활은 당연하게도 이질과 콜레라 같은 수인성 감염병에 걸릴 위험을 높였다. 함께 생활하는 가축이 사람에게 여러 동물성 질병을 옮겼다. 그런데 출산율과 사망률이 모두 높은 시기를 겪는 동안 정착민의 면역력이 높아졌다. 이 면역력 덕분에 다른 집단에 견줘 정착민이 감염병을 잘 견뎠다. 이윽고 정착민의 수가 불어났다.[11]

기원전 5000~4000년대에 메소포타미아에 초기 정착지들이 나타났다. 길게 굽이치는 위험한 강줄기에서는 멀찍이 떨어지고, 수원지에서는 가까운 곳에 터를 잡았다. 처음에는 드문드문 떨어져 1㎢당 10~15명이 살았다. 그러나 인구가 늘자 거주지를 중심으로 무리를 지어 살았다. 정착민 사이에 위계가 생겨났다. 목적에 따라 땅의 용도를 나눠 어떤 곳에는 가축을 풀어놓고, 어떤 곳에는 작물을 키웠다. 작물은 대부분 밀과 보리였다. 작은 정착지는 인구가 100~200명으로, 사회적 상호작용의 규모에 따라 인구수가 달랐다. 마침내 성벽을 두른 더 큰 중심지가 나타나 몇천 명이 모여 살았다.[12] 이곳의 인구도 경제 역량과 환경에 좌우되었다. 모든 곡물을 노새와 사람이 날라야 해 운송 반경은 3~5㎞뿐이었다.[13] 이때는 경제 체제가 하나로 통합되지 않았다.

체계적 사회가 빠르게 확장한 곳은 메소포타미아 동남부의 평원이었다. 그곳의 비옥한 생태계는 수용력이 훨씬 더 커 더 많은 사람이 모여 살 수 있었다. 그러나 이 전환은 빙하기가 끝나고 세상이 완전히 안정된 뒤에야 일어날 수 있었다. 마지막 빙하 극대기가 끝날 무렵 호르무

즈해협부터 쿠웨이트에 이르기까지 페르시아만이 말라붙었다. 그러다 해수면이 상승하기 시작했다. 해수면이 100년에 몇 미터 상승했다고 하면 그리 대수롭잖게 들릴지 모르겠다. 게다가 페르시아만의 대륙 경사면이 워낙 가팔라 해수면이 몇 미터 올라가도 해안선은 1~2㎞ 물러나는 데 그쳤을 것이다. 그러나 꽤 얕고 기울기가 훨씬 완만한 대륙붕까지 물이 차오르자, 해수면이 10m만 올라가도 해안선이 100~200㎞씩 물러났다. 이런 변화가 무척 빨라 바닷가의 어떤 생태계도 안정을 찾기 어려웠다. 해수면이 상승하는 동안 해안선이 계속 움직인 탓에 비옥한 습지나 강어귀가 생기기 어려웠다.[14]

기원전 5000년경, 해수면 상승이 멈췄다. 이때는 빙하에서 흘러나와 곳곳으로 퍼져나간 물이 바닷가 생태계에 양분을 실어날라 뛰어난 식량 공급원으로 바꿔놓았다. 강어귀 어장 1ha에서도 한 해에 물고기 1톤을 잡을 수 있었다.[15] 열량으로 따지면 건조 농법에 맞먹는 양이다. 해안선이 자리를 잡자 메소포타미아 남부도 특유의 지형을 형성했다. 해빙기 동안 이 지역에 비가 많이 내렸다. 넘치는 강물이 추가로 침전물을 실어날랐고, 이에 따라 강바닥이 올라갔다. 바다와 가까운 곳에서는 바닷물과 강물이 섞여 드넓은 습지대가 생겨났다. 바닷물과 강물이 만나는 지역의 늪과 습지는 자연 생태계에서 가장 기름진 곳이라 풍부한 식량, 소를 키울 목초지, 공동체에 필요한 자원을 공급한다.[16] 그 덕분에 남메소포타미아가 비길 데 없이 풍요롭고 비옥한 곳으로 바뀌었다.

이 무렵 남메소포타미아에 형성된 공동체를 우바이드 문화라 한다. 이 공동체는 바닷물과 강물이 만나는 지역에 사는 이점을 살려 물고기를 잡고 소금기에 강한 작물을 키웠을뿐더러 수상 운송과 관개 농업도 활발히 활용했다. 이들은 북메소포타미아의 초기 농경 공동체와 페르시아만의 비옥한 생태계가 만나는 접점이었다. 인구가 폭발하자 분업이 나타났다. 중심지가 성장하고 진정한 소도시가 생겨났다. 마침내 여러 공동체를 연결한 체계가 등장해, 머나먼 고대의 초기 도시 국가들이 탄생할 길을 열었다.

날씨에 대처하기

사회가 복잡해진 까닭 하나는 어떤 개인도 혼자는 감당하지 못할 현상을 일으키는 물에 맞설 대응 체계를 갖춰야 해서였다. 물이 일으키는 엄청난 현상은 물의 물리적 특성에서 비롯했다. 육지 기준으로 한 해 평균 강수량은 약 700㎜다(해양을 포함한 전체 강수량은 연평균 약 1000㎜다—옮긴이). 달리 말해 지표면을 덮으면 2.5㎝인 대기 중 수증기가 1년에 거의 30번 순환한다. 이 과정에서 물이 어마어마한 에너지를 지표면에서 대기로 전달해 대기를 데운다.

이런 물순환이 일으키는 날씨가 오늘날에도 인간의 모든 활동을 압도하는 에너지를 생성한다. 운송, 전력 발전, 주택, 난방을 모두 포함해 세계 경제에 사용되는 에너지를 1단위라고 하면 허리케인 하나는 대략 1단위를, 아시아 계절풍은 10단위를, 지구 평균 강수량은 수천 단위를 생성한다.[17] 물은 인류를 압도한다.

이 어마어마한 힘은 천체물리가 우연히 빚어낸 결과물이다. 지구와 태양의 거리, 지구의 질량이 독특하게 결합한 덕분에, 태양계에서 오로지 지구만 물이 액체(물), 고체(얼음), 기체(수증기) 세 상태로 아슬아슬한 균형을 이루며 공존하는 삼중점에 가깝게 평균 온도와 기압을 유지한다. 이 조건 덕분에 물은 지구에서 흔히 나타나는 온도와 압력의 범위 안에서 얼음과 물과 수증기 사이를 오가며 모든 상변환을 겪는다.

상변환을 일으킬 때 물은 지구에서 흔히 발견되는 어떤 물질보다 높은 잠열을 내뿜는다. 이를테면 얼음이 녹아 물이 될 때 흡수하는 에너지는 무게가 같은 철, 금, 은이 녹을 때 흡수하는 에너지보다 훨씬 더 많다. 물이 증발할 때 흡수하는 에너지는 벤젠이 기화할 때보다 거의 여섯 배, 석유가 기화할 때보다는 열 배가 더 많다. 지구에서 에너지를 전달할 완벽한 분자를 설계한다면, 물이 바로 그 결과물일 것이다. 취약한 초기 정착 공동체의 발달을 좌우한 기상 현상은 이런 상변환의 힘으로 일어났다.

그런 강력한 기상 현상 중 하나가 동아시아 계절풍이다. 동아시아 계절풍은 그야말로 강력하다. 21세기 중국이 이 계절풍이 몰고 오는 장맛비에 대처하고자 싼샤댐을 지었을 정도니, 중국의 초기 공동체들이 얼마나 골머리를 앓았을지를 어느 정도 미루어 짐작할 수 있다.

중국의 초기 공동체들이 마주했을 난관을 알려면 동아시아 계절풍이 어떻게 움직이는지부터 알아야 한다. 동아시아 계절풍은 여름과 겨울에 따라 양상이 다르다. 여름에는 어마어마한 에너지를 내뿜는 열대성 폭풍이 바닷가를 따라 중국 서남부부터 동북부 그리고 일본을 관통하는 강우띠를 형성해 비바람을 몰고 와 장맛비를 뿌린다. (중국과 일본에서는 장맛비를 매화가 익을 무렵 내리는 비라는 뜻에서 **梅雨**(메이위, 바이우)라 한다.) 계절풍으로 생겨난 해상풍은 적도를 가로질러 인도네시아에서부터 공기를 끌어 올린 뒤 중국에 비를 뿌린다. 그사이 티베트고원 상공에 형성된 거대한 티베트 고기압이 뜨거운 대기를 위로 빨아올려 장마전선을 형성한 다음 양쯔강 유역에 비를 퍼붓는다. 전체 장마전선이 중국 내륙 동북부 쪽으로 움직이면 장마가 양쯔강에서 황허강 유역으로 자리를 옮겨 9월 말까지 이어진다.

겨울철에는 시베리아를 뒤덮은 커다란 고기압이 남쪽으로 찬 공기를 밀어내면서 열대성 폭풍을 대체해 중국 북부에 건조한 추위가 찾아온다. 이 찬 공기가 티베트고원을 거쳐 동남부의 습하고 따뜻한 공기와

충돌하면 남중국해에 겨울 폭풍과 한파가 덮친다. 이 순환이 계속 되풀이된다.[18]

계절풍에 따른 비와 바람의 분포는 초기 중국 사회의 발달을 뒷받침한 핵심 요인이었다. 중국 문명이 발원한 곳도 동아시아 계절풍이 황허강의 물 분포를 좌우하는 북부 지역이다. 기원전 4000년대 중반 황허강 중류 유역에 초기 농업과 목축, 수렵, 채집을 병행하는 신석기 사회가 들어섰다.[19] 기원전 3000~2000년대에 풍부한 비와 따뜻한 기후가 농업 생산성에 힘을 불어넣자, 이 신석기 문화가 티베트고원 동북부로 퍼졌다.

중국 농경 문화의 중심지는 황허강 중류 해발 1㎞에 프랑스만큼 크게 자리 잡은 커다란 황투고원(황토고원)이었다. 황토로 뒤덮인 고원으로서는 지구에서 가장 큰 황투고원은 겨울철에 동아시아 계절풍에 실려 서북쪽 고비사막에서부터 날아온 고운 황토가 몇백 미터 높이로 쌓여 있다.[20] 이 황토 가루가 황허강으로 들어가 물에 떠다녀 강물이 누런색을 띤다. 그래서 강 이름이 누런 강, 황허黃河다.

오랜 시간에 걸쳐 계절풍의 세기와 진로가 바뀌는 사이, 황허강 중류의 환경도 바뀌었다. 강수량 변화가 꽤 오랫동안 이어지자 서식 식물이 바뀌었다. 기원전 3000년대에는 황허강 중류에 비가 많이 내렸지만, 2000년대 들어 계절풍이 남쪽으로 이동했다.[21] 그 바람에 중류에 가뭄이 들어 사람들이 저지대로 이동했고, 멀리 동쪽의 상류 지역은 빗물에 의존하던 농업을 버리고 목축으로 옮겨 갔다.[22]

중국 북부의 차갑고 건조한 날씨가 황투고원을 동북에서 서남으로 가로질러 정착 농경과 초원 유목을 가르는 전이 지역을 만들었다. 이때부터 유목민이 황허강 중류 유역의 북부와 중간 지역을 차지했고, 농경민은 동남부로 물러나 하류 지역으로 계속 확장했다. 이 경계선이 계절풍의 변화에 따라 계속 움직였다. 비가 더 많이 내리면 농경민이 더 상류로 올라가 농사를 지을 수 있었다. 비가 더 적게 내리면 경계선이 훨씬 하류로 밀려났다.

건조 기후와 습윤 기후가 바뀔 때마다 정착 농경민과 초원의 유목민이 황허강에서 서로 밀고 밀리는 줄다리기를 벌였다. 계절풍의 가장자리에서 일어난 이 줄다리기로 계절풍이 황허강의 퇴적에 더 큰 영향을 미쳤다. 거친 퇴적 지대에서 농경이 빈번해지자, 장맛비가 황허강으로 더 많은 흙모래와 진흙을 쓸어내렸고, 퇴적물로 수심이 얕아지자 유속이 바뀌었다. 거세진 물살에 자연 제방이 자주 무너지자,[23] 사람들이 하는 수 없이 농경지를 보호할 인공 제방을 설계했다.[24] 동아시아 계절풍은 강력한 대규모 기상 현상이 오랜 기간에 걸쳐 경관을 바꾸고 사람들의 대응을 불러일으키는 복잡한 경로를 보여준다.

지구에 존재하는 사회 대다수가 중국과 같은 일을 겪는다. 폭풍, 허리케인, 계절풍은 수증기가 비로 응축하거나 눈으로 응결할 때 내뿜는 에너지를 먹고 산다. 이 강력한 기상 현상에는 홍수와 가뭄으로 자연환경을 바꾸고 인간의 활동을 압도할 만한 영향을 끼칠 힘이 있다. 초기 공동체는 여기에 맞서 불확실한 환경을 관리할 제도를 발전시키는 과정에 들어갔다. 그리고 이 과정이 오늘날까지도 이어진다.

물이 남긴 기억

페르시아만 바닷가에서 처음 시작된 이래, 인간 사회와 물의 근본적 싸움은 한 번도 수그러든 적이 없다. 인간 사회가 유목 생활에서 정착 생활로, 사냥과 채집에서 사육과 농경으로, 작은 지역 공동체에서 높은 생산성과 전문화를 자랑하는 도시 사회로 다양하게 변모하는 과정이 극심한 혼란을 일으켰다. 개인에게는 호모 사피엔스가 존재하는 과정에서 서서히 꾸준히 일어난 변화였겠지만, 여러 변화가 쌓여 놀라운 사건이 되었다. 호모 사피엔스는 지구에 등장한 지 한참 뒤에야, 주변 환경이 바뀌는 한곳에 정착하기로 마음먹었다. 이때부터 인간은 삶을 파괴할 수도 있고 생명을 불어넣을 수도 있는 물과 씨름하기 시작했다.

물과 인간 사회의 초기 이야기가 중요한 까닭은 지금까지도 우리에게 적응할 길을 안내하고 힘을 불어넣는 깊은 자취를 문화에 남겼기 때문이다. 예컨대 중국의 초기 공동체가 경험한 일을 고려하면, 중국 문화에 물과 관련한 신화가 많고 이 신화들이 중국인의 정체성에서 물 경관의 역할을 정확히 짚어낸다는 것이 놀랍지 않다. 반고 신화에 따르면이 세상은 거인 반고의 몸에서 비롯했고 반고의 피와 혈관이 물과 강이 되었다. 다른 신화에 따르면 커다란 용 네 마리가 옥황상제의 허락 없이 세상에 비를 내렸다가 노여움을 사 한 마리씩 네 산에 묶이자 강으로 변신했다고 한다. 중국의 농경 역사에서 아주 중요한 수원지인 양쯔강, 황허강, 헤이룽강, 주장강이 바로 네 용이 변신한 강이다.[25] 이 신화도 강력한 동아시아 계절풍이 문화에 남긴 자취다.

사람과 물의 관계를 기록으로 남긴 곳은 중국만이 아니다. 지난날 인간 사회가 어마어마한 물의 힘에 대처할 길을 찾느라 얼마나 시름이 깊었는지를 옛이야기들이 보여준다. 이를테면 홍수는 창조 신화에서 거의 빠지지 않는 주제다. 맨해튼에 처음 정착한 레나페Lenape족은 자기네 조상이 엄청난 폭우가 내리자 나이 든 거북이의 등에 올라탄 뒤 새를 길잡이 삼아 마른 땅으로 피난하여 목숨을 건진 사람들이라고 여긴다.[26] 나바호족은 제멋대로 굴다가 신의 노여움을 사는 바람에 홍수에 내쫓긴 뒤 제비의 안내로 살아남은 곤충 인간이 선조라고 믿는다.[27] 두 이야기 모두 정체성의 중요한 원천을 물에서 찾는다.

16세기에 에스파냐 성직자 크리스토발 데 몰리나Cristóbal de Molina와 탐험가 페드로 사르미엔토 데 감보아Pedro Sarmiento de Gamboa가 잉카 제국의 수도 쿠스코에서 살아남은 잉카인과 이야기를 나누다 키토 주변 지역을 뒤덮은 우누 파차쿠티Unu Pachacuti 홍수 신화를 들었다.[28] 마야인도 홍수로 모든 인간이 쓸려나간 뒤 새로운 질서가 들어섰다는 신화를 남겼다.[29] 스칸디나비아반도에서는 고대에 홍수가 세상을 휩쓸었을 때 서리 거인 베르겔미르와 그의 아내만 배에 올라 살아남았다는 신화가 전해진다.[30] 5만~6만 년 동안 고립되어 산 오스트레일리아 원주민 사회에도 대부분 마른 땅이었던 바닷가가 어떻게 물로 뒤덮였는지를 읊는 노래가 먼 옛날부터 전해 내려온다.[31]

이 홍수 신화들이 모두 같은 시기에 일어난 사건, 이를테면 마지막 빙하 극대기 때 일어난 해빙을 가리키지는 않을 듯하다. 그러나 지구 곳곳에 물을 생생히 떠올리게 하는 신화와 전설이 전해지는 것으로 보아 초기 사회가 홍수에 적응하느라 얼마나 크나큰 충격을 겪었을지 미루어 짐작할 수 있다.

특히 메소포타미아가 들려주는 이야기는 인류가 물과 인연을 맺은 가장 오래된 기억을 전한다. 고대 아시리아의 수도 니네베에서 나온 유명한 토판 하나는 지도 한가운데 그려진 유프라테스강이 바빌론을 지나 습지, 운하 그리고 마지막으로 바다로 흘러드는 모습을 보여준다. 토판에 기호 몇 개로 새겨진 이 모습이 초기 사회의 중요한 요소들을 정확히 담아낸다. 사회를 이룬 인간 그리고 그런 인간의 삶과 결합해 전체 체계를 구성하는 강과 물 경관을.

메소포타미아가 남긴 기록에 비길 데 없는 명성을 안긴 토판이 하나 있다. 이 토판에 고대 아카드어(기원전 2000년대에 고대 메소포타미아 중부, 즉 오늘날 이라크 중부에서 인류 최초의 제국으로 성장한 아카드 왕조의 언어-옮긴이)로 적은 한 서사시에서 주인공 길가메시Gilgamesh(기원전 2900년경에서 기원전 2700년경 사이에 수메르 문명의 도시 국가 우루크를 다스렸다는 왕-옮긴이)가 우트나피시팀Utnapishtim이라는 원로를 찾아 먼 길을 나선다.[32] 우트나피시팀은 자신을 찾아온 길가메시에게 무시무시한 홍수가 닥쳤을 때 배를 지어 목숨을 구한 이야기, 동물을 구하라는 신성한 명령을 받은 이야기, 한없이 물 위를 떠다니다 새들을 보내 땅을 찾은 이야기, 마침내 터키 동북부 우라르투에 있는 산에 도착한 이야기를 들려줬다. 구약성서에 나오는 노아의 방주 이야기와 아주 판박이다.

1872년에 아시리아 연구자 조지 스미스George Smith가 이 토판의 존재를 알렸을 때, 사람들은 벼락에 맞은 듯한 충격을 받았다. 빅토리아 시대 사람들이 보기에 이 토판은 성경 속 이야기가 사실인 것을 구약보다 1000년 앞서 기록한 증거였다. 대홍수, 폭우, 어마어마하게 쏟아진 물이 선사시대 사회를 사정없이 파괴했다는 이야기 말이다. 구약에 따르면 창조주가 깊디깊은 샘물과 하늘의 수문에서 40일 밤낮으로 물을 내뿜는 동안, 말도 안 되게 나이가 많은 노아와 노아의 가족 그리고 지구에 존재한 모든 동물 일곱(창세기 6장에 따르면 정결한 짐승은 암수 일곱 쌍, 부정한 짐승은 암수 두 쌍씩을 태웠다–옮긴이) 쌍이 방주를 타고 표류했다. 아카드가 전해준 이야기 속 우트나피시팀과 홍수로 뒤덮인 세상이 바로 그것이었다. 신문은 세상을 놀라게 한 발견을 떠들썩하게 다뤘다. 영국의 〈데일리 텔레그래프〉와 미국의 〈뉴욕타임스〉가 열띤 감상에 젖어 이렇게 적었다.[33]

"지난주까지만 해도 역사는 로망어(라틴어에서 분화한 언어. 에스파냐어, 포르투갈어, 프랑스어, 루마니아어, 이탈리아어 등이 있다–옮긴이)를 시샘했다. 그런데 영국박물관의 한 학자가 놀라운 재능을 발휘한 덕분에, 역사가 어떤 소설보다 멋지고 재미있는 이야기 한 토막을 세상에 내놓았다."

인류가 통제할 수 없는 강력한 환경과 인간 사회의 관계를 이렇게 여러 요소와 결합해 설화로 만들었다는 사실은 이런 결론을 뒷받침한다.

체계적 사회는 인류가 물과 씨름한 이야기에서 비롯했고, 인류와 물의 씨름은 정착한 인류가 주변의 물이 움직인다는 사실을 알아챘을 때 시작했다.

[02]
수력 국가의 출현: 메소포타미아 문명

물과 국가

기원전 4000년대부터 초기 국가들이 하나같이 비슷한 자취를 남기기 시작했다. 국가가 다스리는 사회들이 예술, 과학, 글자를 만들었다. 그런 자취를 살펴보면 초기 국가가 어떤 물 환경에서 진화했느냐에 따라 발전 과정이 어떻게 달라졌는지가 드러난다.

오늘날 '국가' 하면 대의 정치 제도나 거대한 관료제를 떠올리지만, 정착 공동체를 낳은 초기 국가는 규모나 범위에서 현대 국가에 견줄 바가 아니었다. 그래도 현대 국가와 다르지 않은 기본 특성이 있었다. 군대가 있었고 공물을 징수했고 자원을 재분배했다. 전쟁을 벌였고 외교술을 펼쳤다. 이념을 이용해 충성을 강화했고, 행정을 이용해 부족 갈등을 극복했다. 분명히 밝히건대, 국가가 출현한 것은 전혀 당연한 일이 아니었다. 실제로 18세기까지도 많은 사회가 국가를 이루지 않고 소규모 자급자족 공동체나 유목 부족으로 살았을뿐더러 더러는 오늘날까지도 그렇게 살아간다. 그러나 국가를 형성한 사회는 다른 어떤 사회보다 크게 인구가 불었다.

메소포타미아 남부에 수메르인이 초기 도시 국가들을 세웠고, 뒤이어 아카드인이 아카드 제국을 세웠다. 그리고 두 문화가 느슨하게 결합해 메소포타미아 문명이 탄생했다. 나일강을 따라 고대 이집트가, 인더스강을 따라 인더스 문명이, 황허강을 중심으로 하나라와 상나라가 발전했듯이, 수메르의 도시 국가들도 티그리스강과 유프라테스강의 강기슭을 따라 발전했다. 흔히 말하는 4대 문명은 모두 강 유역을 중심으로 성장한 '강 유역 문명'이다. 그러나 국가가 탄생한 원인을 좁게 물관리로만 보면 실증적 근거를 찾기 어렵다.[01] 실상은 사뭇 다르다. 큰 강은 복잡한 국가가 출현한 이유를 설명하는 필수 요인이 아니다. 메소포타미아 북부에 자리 잡은 국가들은 강에 대처할 필요가 없었고, 우거진 열대우림에서 탄생한 마야 문명도 물관리와 관련이 없었다. 또 강을 따라 들어선 공동체 가운데 많은 곳이 수 세기 동안 국가로 진화하지 않았다. 그러므로 '강 유역 문명'은 지리를 설명하는 용어일 뿐 국가가 생겨난 까닭은 설명하지 못한다.

그러나 어떤 일이 일어난 **까닭**을 설명하는 것과 **과정**을 설명하는 것은 다르다.[02] 국가가 발달한 물 환경과 국가의 제도가 서로 광범위하게 영향을 주고받았다. 물은 움직인다. 상류에 사는 사람들의 행동이 하류에 사는 사람들에게 영향을 미친다. 물의 힘에 대응하려면 서로 힘을 합쳐야 했다. 물의 힘이 어마어마한 곳에 정착하려면 구성원끼리 서로 협력해야 했다. 발생 과정이 어쨌든, 국가는 물의 힘에 적응해야 했다. 이런 의미에서 메소포타미아는 처음으로 물을 이용한 수력 국가가 발전한 곳이다.

티그리스강과 유프라테스강의 역사를 보면 국가의 특성은 물 경관이 어떻게 진화했느냐와 관련이 무척 깊다. 물은 기후가 강요한 제약 조건을 순순히 따랐다. 이와 달리 사람들은 환경을 자기네에게 유리하게 바꾸고자 힘을 결집해 국가를 형성했다. 환경 조건은 국가가 생겨난 원인은 아니었다. 그러나 국가가 형성되는 데 이바지했다. 첫 도시 국가부터 서로 경쟁한 여러 국가 그리고 최초의 제국까지, 메소포타미아의 역사는 물과 사람이 서로 어떤 영향을 주고받았는지를 말하는 이야기다.

두 강 사이

메소포타미아의 지명은 한때 알자지라였다. 두 강 사이에 있는 '섬'이라는 뜻이다. 메소포타미아라는 명칭은 2세기에 그리스 역사가 아리아노스Arrianos가 쓴 《알렉산드로스 원정기Alexándrou Anábasi》(글항아리, 2017)에 처음 등장했다. 이 이름도 그리스어 Mesos(가운데)와 Potamos(강)에서 비롯했다.[03]

티그리스강과 유프라테스강은 신석기 때부터 근동 역사에 줄곧 빠지지 않고 등장한 주인공이었다. 초기 국가가 출현한 무대였고, 누가 뭐래도 두 강의 움직임이 초기 국가를 형성하는 데 이바지했다. 중요한 두 강의 발원지가 어디인지는 수수께끼에 싸여 있었다. 바빌로니아의 창조 신화를 노래한 서사시 〈에누마 엘리시Enūma Eliš〉에 따르면, 바빌론의 수호신 마르두크가 바다의 여신 티아마트를 죽였을 때 티아마트의 두 눈에서 흘러나온 눈물이 각각 티그리스강과 유프라테스강이 되었다고 한다.[04] 그러나 두 강의 발원지가 티아마트처럼 강력할지는 몰라도, 신화와는 거리가 멀다. 두 강의 젖줄이 되는 물은 대기 순환과 근처의 지중해가 복잡하게 상호작용하여 생성된다.

지구 기후는 과학자들이 복사-대류 평형이라 부르는 상태에 있다. 물이 온실가스 역할도 하고, 수증기가 비로 응축할 때 대기로 내뿜는 잠열을 전달하는 역할도 하기 때문이다. 두 효과는 공기 기둥에 포함된 수증기의 양에 따라 달라진다. 이 수증기의 양은 지표면에서 물이 얼마나 증발하느냐가 주로 결정하고, 물을 증발시키는 것은 지표면에 도달하는 햇볕이다. 따라서 공기 기둥의 온도는 기둥 밑면 즉 지표면에 도달하는 햇볕의 양에 크게 좌우된다.

일사량은 극지방에서 적고 적도에서 많다. 이 차이가 대기 순환을 일으켜, 극지방의 더 차갑고 무거운 대기는 낮게 깔려 열대 지방 쪽으로 미끄러지고, 열대의 더 따뜻하고 가벼운 대기는 높게 둥둥 떠 극지방 쪽으로 흘러간다. 그런데 극지방 쪽으로 움직이는 상층 대기는 지구 자전축에 가깝게 움직이므로, 각운동량 보존 법칙에 따라 지표면에서보다 동쪽으로 이동한다(피겨 스케이팅 선수가 회전 속도를 높이려고 팔을 몸 가까이 붙일 때도 각운동량 보존 법칙이 작용한다). 이에 따라 위도 40° 부근의 1만m 이상 상공에서 강력한 제트 기류가 발생해 시속 180km 이상으로 지구를 일주한다.

제트 기류는 적도와 극지방의 온도 차이가 가장 큰 겨울에 가장 거세다. 겨울철에는 제트 기류 중심부가 몹시 불안정하고 변화가 커 일기도에서 자주 보는 저기압, 고기압과 관련한 등압선, 기압골, 기압 마루를 형성한다. 이렇게 불안정한 난기류의 띠를 폭풍 경로storm track라 한다. 겨울에 제트 기류 부근에서 발생해 지중해 유역으로 들어선 폭풍이 지중해의 중심축을 따라 서에서 동으로 움직인다. 그리고 이 2차 폭풍 경로를 따라 따뜻한 바닷물 위를 지나는 동안 몸집을 키울 연료를 얻는다.

지중해 유역의 동남부 귀퉁이에 다가선 폭풍이 북쪽으로 방향을 휙 틀어 지중해 동부의 습기를 머금었다가 터키 남부의 토로스산맥, 이라크 동부와 이란 서부에 걸친 자그로스산맥에 부딪혀 물기를 내뿜는다. 그다음에는 남쪽으로 방향을 틀어 시나이반도의 무덥고 건조한 사막 지역으로 움직이지만, 비는 거의 뿌리지 않는다. 그러므로 겨울비는 북에서 남으로 레반트와 메소포타미아 지역을 아주 가파르게 가로지르며 내린다.[05] 여름에는 이 폭풍 경로가 약해진다. 인도 계절풍이 대기권을 가로질러 멈춰선 커다란 파동을 생성해 날씨가 건조해진다. 메소포타미아 상공의 고기압 때문에 웬만해서는 비를 보기 어려운 지역도 이 영향을 받는다.[06]

메소포타미아에 들어선 초기 공동체가 경험한 티그리스강과 유프라테스강의 흐름은 이렇게 1년 주기로 반복된 기후에서 비롯했다. 북쪽 산맥을 푹 적신 겨울비가 모여든 두 강은 건조하기 짝이 없는 남쪽으로 달렸다. 발원지는 같아도, 두 강은 달랐다. 유프라테스강은 흐름이 꽤 안정된 강이다. 하천형태학자들이 접합 하천^{anastomosing river}이라 하는 유프라테스강은 근대에 들어 공사로 막히기 전까지는 더 작고 구불구불한 여러 물길로 갈라졌다. 이와 달리 티그리스강은 자그로스산맥에서 내려온 여러 지류가 합류해 유프라테스강보다 적어도 절반은 더 컸다. 흙모래가 유프라테스강보다 세 배나 많아 흙탕물이 위험하게 굽이쳐 흘렀다. 티그리스강이 몹시 사납게 범람해 당시 인공 구조물이 대부분 물에 잠기곤 했다. 선택할 수만 있다면, 사람들은 티그리스강에 운하를 파 물길을 바꾸기보다 유프라테스강을 따라 늘어선 다른 정착지를 빼앗는 쪽이 더 쉽다고 생각했을 것이다.

두 강은 비옥한 평원을 달렸다. 기술이 변변찮았던 고대인데도 유프라테스강 하나만으로 100만ha 넘는 땅에 물을 댈 수 있었다. 두 강을 길들이기만 한다면 이론상으로는 300만ha에 물을 댈 수 있었다. 그러나 두 강에 비슷한 문제가 있었다. 봄이면 겨울 폭풍으로 높은 산에 쌓였던 눈이 녹아 강물이 거세게 불었다. 그래서 때가 맞지 않았다. 관개 농업에 물이 필요한 시기와 유수량이 최고에 이르는 시기가 어긋났다.[07] 범람이 일어나는 시기가 하필 낟알이 익어 추수를 앞둔 때였다. 메소포타미아 평원을 농사지을 수 있는 환경으로 바꾸느라 농부들이 엄청난 노력을 기울여야 했다. 첫 국가는 그 과정에서 진화했다.

물과 함께 성장한 공동체

비가 풍부한 북부 아래쪽을 지난 티그리스강과 유프라테스강은 강 유역을 떠나 범람원으로 들어섰다.[08] 범람원이 워낙 평평해, 페르시아만으로 1㎞씩 나아갈 때 강 높이가 많아야 5~10㎝씩 낮아졌다. 농부들이 경사면을 이용해 농지에 물을 대려 했다면 운하를 적어도 40㎞는 파야 충분한 압력이 생겼을 것이다. 기원전 4000년대에는 어떤 공동체도 그런 공사를 감당할 노동력과 영토 장악력을 갖추지 못했을 것이다. 그런데 자연이 해법을 내놓았다.

두 강 모두 평지에서 속도가 줄었다. 불안정한 흐름 때문에 물길이 구불구불해져 한 굽이를 돌 때마다 길이가 늘어났고 걸핏하면 주변으로 강물이 넘쳤다.[09] 산에서 밀려온 퇴적물이 상당히 많았으므로, 한 번 강물이 넘칠 때마다 강기슭과 강바닥이 더 높아졌다. 시간이 흐르자 두 강의 수위가 평원보다 몇 미터 높아졌고, 자연 제방이 범람을 막았다.[10] 이 과정에서 강기슭이 높아진 물 경관이 만들어졌다. 강과 직각 방향으로 만나는 강기슭의 경사가 페르시아만 쪽으로 향하는 범람원의 기울기보다 더 가팔랐다.

사람들은 이 지형, 그중에서도 유프라테스강 하류의 망상 하천(물길이 퇴적 지형을 따라 여러 갈래로 나뉘었다가 합쳐지기를 반복해 그물 모양을 이루는 하천-옮긴이) 지역에 자리 잡은 정착지를 활용했다.[11] 이런 공동체들은 강둑 꼭대기에서 출발해 강둑을 타고 내려오는 짧은 용수로를 파 경작지에 물을 댔다. 용수로는 서로 300~400m씩 떨어져 있었다.[12] 시간이 흐르면서 홍수로 밀려온 퇴적물이 이 구간에 쌓이자, 강줄기를 따라 용수로 사이로 농사를 지을 수 있는 땅이 몇 킬로미터씩 좁은 띠처럼 펼쳐졌다.[13] 이런 물 경관의 특성이 농경을 빚어냈다.

강줄기와 용수로 그리고 그 사이사이로 약 30~40ha씩 길쭉하게 생겨난 들판이 생선뼈무늬를 이뤘다. 어떤 들판은 각각 약 2ha씩 구획을 나누기도 했다. 소 여러 마리가 끄는 커다란 씨뿌리개 쟁기를 이용하면 길게 뻗은 들판을 따라 고랑을 내고 씨를 뿌릴 수 있었다. 이 농법 덕분에 생산성이 몰라보게 올라갔다.[14] 북부의 하늘바라기 경작지에서는 씨앗 하나를 뿌려 기껏해야 알곡 2~3개를 거둘 뿐이라 간신히 입에 풀칠만 했지만, 남부에서는 상황만 잘 맞아떨어지면 씨앗 하나로 알곡 20~30개를 거둘 수 있어 생산성이 열 배나 높았다.

문제는 범람 시기였다. 경작지에 물을 대야 할 때는 강물이 줄었다. 반대로 추수철에는 강물이 가장 많이 불었다. 만약 강물이 줄어도 관개 시설에 제때 물이 흘러들도록 분기 수로를 얕게 팠다면 홍수가 닥쳤을 때 수로가 속절없이 범람해 수확을 모조리 망쳤을 것이다. 해법은 범람하는 물을 수용할 만큼 수로를 깊이 파되, 강물이 줄었을 때 수위를 높이도록 진흙과 갈대로 임시 물막이를 만드는 것이었다.

이 방식은 일손이 많이 들었다. 용수로 바닥을 끊임없이 훑어줘야 했고 땅에도 신경 써야 했다. 경작지에 댄 물이 증발하면서 소금기를 남겼을뿐더러, 지하수면이 높은 탓에 소금기가 물과 함께 빠져나갈 길이 없었다.[15] 따라서 물 경관이 메소포타미아 남부에 자리 잡은 공동체들의 여러 특성에 영향을 미쳤다. 경작 작물, 관개 시설 유지법, 쟁기질 기술이 그 예다. 이런 활동은 뒷받침할 제도와 사회 구조가 있어야 했다. 예측에 따라 때맞춰 실행해야 할 여러 작업을 중심으로 일정을 짜야 했다. 작업이 다양했으므로 분업이 생겨났고, 따라서 생산성이 빠르게 올라갔다. 인구가 한 곳에 집중되자 분업이 한층 더 발달했다. 세금 징수와 식량 배급이 더 쉬워졌다. 인구가 늘었다. 마을이 소도시로, 소도시가 도시로 바뀌었다. 드디어 관료 제도가 등장했다. 수메르인이 초기 도시 국가를 세웠을 때 이들의 삶을 좌우한 것은 강이었다.[16]

중요하게 짚어야 할 사실이 있다. 이런 과정이 메소포타미아에서만 일어나지는 않았다. 지구 반대편 중국 북부의 황허강에서도 중류에서

47

흘러내린 흙모래와 진흙이 강바닥에 쌓여 바닥을 돋웠다. 물길이 불안정해져 끝내 자연 제방이 터졌다. 새로운 강줄기가 생겨났고, 옛 강줄기는 지난 일이 되었다. 이 과정이 계속 되풀이되었다.

1장에서 다뤘듯 황허강에 흘러드는 퇴적물의 양은 동아시아 계절풍에 영향받는 날씨가 작용한 결과다. 기원전 약 2000년 동안 차갑고 건조한 기후가 이어졌을 때 초원이 황토가 날아가지 못하게 붙들어 토사 유출을 막았다. 계절풍이 남쪽이나 북쪽으로 움직이면 황토 초원에서 자라는 식물도 함께 움직여 토사 유출량과 퇴적 속도를 바꿨다.[17] 이곳에서도 인간 사회와 강이 아슬아슬한 춤을 추기 시작했다. 시작한 뒤에는 어느 쪽도 벗어날 수 없는 춤을.

거친 계절풍과 농경의 복잡한 상호작용이 황허강을 완전히 바꿔놓았으므로, 하-은-주로 이어지는 중국 고대 국가가 황허강에 대처하기란 메소포타미아 국가들이 유프라테스강에 대처하기보다 훨씬 더 힘겨웠다. 걸핏하면 터지는 자연 제방 탓에 농사가 자주 물난리를 겪었다. 피해가 워낙 심해 초기 공동체조차 치수에 팔을 걷어붙여야 했다. 중국에서 기원전 2000년경에 들어선 첫 왕조라는 하나라는 지금껏 존재를 증명할 고고학 유물이 발견되지 않았다. 그러나 신화와 전설이 문헌으로 살아남아 이런 초기 공동체들이 겪었던 힘겨운 환경을 어느 정도 알려준다. 전설에 따르면 하나라를 세웠다는 우임금이 화베이 평원에서 바다까지 이어지는 수로 아홉 개를 뚫어 평원의 물을 빼냈다고 한다. 후대의 철학자 맹자孟子는 "이때 평원을 빠져나온 물이 오늘날 양쯔강, 화이허강, 황허강, 한강이다"라고 주장했다.[18] 우임금 전설의 핵심인 치수는 중국에서 국가와 물의 관계가 얼마나 중요했는지를 아주 생생히 보여준다.

메소포타미아 남부에서 살아간 여러 사회와 마찬가지로, 중국 북부에서 발달한 여러 사회도 복잡한 물 환경을 맞닥뜨렸다. 강의 형태가 이들의 경로를 좌지우지하지는 않았다. 그러나 어떤 여정일지는 결정했다.

대도시

메소포타미아 남부에 가장 먼저 들어선 국가는 우루크였다. 이때가 기원전 3000년대 중반이었다. 이집트 고왕국(대략 기원전 2700~2200년에 이집트를 통치한 제3~6왕조 시대-옮긴이)의 거대한 피라미드 건설은 거의 1000년, 트로이아 전쟁(기원전 약 13세기 또는 12세기경-옮긴이)은 약 2000년, 로마의 공화정 수립(기원전 509년-옮긴이)은 약 3000년 뒤에나 일어날 일이다. 유프라테스강 하류를 따라 우후죽순 발달한 여러 소도시를 바탕으로 생겨난 우루크는 보기 드물게도 무려 4000년 동안 존재하다가 서기 4세기에 몰락했다. 길가메시 왕이 손수 쌓았다는 성벽은 높이 7m, 길이 10km에 이르는 위용을 자랑했다. 기원전 3000년대에는 하늘의 신 아누와 풍요의 여신 이슈타르(아카드어. 수메르어로는 각각 안과 이난나다-옮긴이)를 모시는 중요한 종교 거점이 되었다.[19]

물의 영향력은 역법, 공공사업 같은 국가 활동에만 그치지 않았다. 무엇보다도 사회 구조에 영향을 미쳤다. 제방 시설을 활용한 덕분에 농업 생산성이 훌쩍 올라갔다. 그런데 우루크 초기에는 그렇게 늘어난 부가 일반인의 손에 들어가지 않았다.[20] 토지를 대부분 사원이 소유했기 때문이다. 농업 생산성이 올라가자 덩치가 커진 사원이 멀리 떨어진 들판까지 일구기 시작했다. 사원은 지역 공동체에서 부역꾼을 동원하고 대가로 곡물을 배급했다. 배급하고 남은 곡물은 한곳에 모았다가 공공시설에 투자하거나 상류층 관료에게 녹봉으로 줘 나라의 힘을 키웠다.

초기 사원은 종합 기관이라 주민들의 삶이 대부분 사원을 중심으로 돌아갔다. 사원은 식량 저장고이자 모임 장소이자 신에게 제사를 올리는 곳이자 행정 중심지였다. 사제는 주민들에게 권력을 휘두를 수 있었고 부역까지 명령할 수 있었다. 사제가 신과 인간을 중재한다고들 여겼기 때문이다. 그런데 그런 중재조차 물 환경과 관련했다.[21]

메소포타미아 남부를 장악한 수메르 문명은 현실을 신의 뜻으로 여겼다. 모든 사건이 신의 조처라 믿었으므로, 사원이 권위를 얻었다. 물 경관에서는 특히 그랬다. 예컨대 봄에 티그리스강에 홍수가 날 때 강을 뒤덮은 붉은 진흙탕물은 산맥의 처녀 여신 닌후르쌍이 바람의 신 엔릴에게 겁탈당한 증거였다. 사원은 신성한 힘의 중심이었으므로 사람들이 부역과 공물 헌납에 찬성했다.

아시리아 왕 아슈르바니팔Ashurbanipal이 기원전 7세기에 니네베에 세웠던 고대 도서관에서 토판에 새긴 서사시 〈아트라하시스Atrahasis〉가 발견되었다. 〈아트라하시스〉에 따르면 태초에는 세상에 신들만 존재했고 신들 사이에 위계가 있었다. 하급 신들은 물길을 관장하는 신 엔누기의 지시에 따라 물길을 관리해야 했다.[22] 결국 온갖 궂은일에 신물이 난 하급 신들이 자기네를 대신해 물길을 팔 인간을 만들었다. 달리 말해 〈아트라하시스〉를 쓴 사람들은 인간이란 물을 관리할 고된 책임을 안고 태어난 존재라고 믿었다.[23] 사원이 권위를 얻은 까닭이 바로 이것이었다.

시간이 지날수록 생산물이 더 많이 남아돌자 사람들이 더 도시로 몰려들었다. 기원전 2000년대 무렵 도시 인구의 비중이 자그마치 80%로 오늘날보다 높았다. 전성기인 기원전 2000년대에 우루크의 면적은 약 25㎢였다. 인구는 약 10만 명으로, 2000년 뒤 바빌론이 나타나기 전까지 메소포타미아에서 가장 큰 도시였다.

제방 시설을 활용한 농업에서는 경작지가 강 주변의 좁은 구역으로 제한되었다.[24] 도시가 성장하자, 우루크가 주변 지역의 한계를 맞닥뜨렸다. 게다가 계속 힘을 키우고 부를 늘리려면 광물, 나무, 희귀 금속이 필요했는데, 모두 메소포타미아 남부에는 없는 것들이라 다른 곳에서 들여와야 했다. 가장 손쉬운 방법은 물길을 이용한 교역이었다. 이제 수로가 수송망이 되었다.[25]

이 초기 교역 체계에는 오늘날의 시장 원리가 그리 적용되지 않는다. 무엇보다, 수입품과 맞바꿀 여유 생산물을 국가가 통제했으므로 중앙 정부가 교역을 장악했다. 그러나 현대 시장에서 나타나는 특성도 몇 가지 있었다. 수로를 이용한 상업은 상인에게 의존했는데, 수송 중에는 이들이 중앙의 통제를 벗어났다. 이 상인들이 사용한 인장으로 보건대, 이들은 거래에 나설 때 현대 경제학에서 말하는 합리적 행위자처럼 가격과 이윤에 민감하게 반응했다.[26]

물관리는 국가를 떠받칠 여유 생산물이 쌓이게 도왔을뿐더러 처음으로 원거리 시장이 생겨날 환경도 만들었다. 교역이 늘자 제방 시설을 따라 들어선 도심지 사이의 거리가 줄어 서로 경쟁하는 일이 잦았다. 기원전 28~24세기 초기 왕조 시대에 크기와 힘이 엇비슷한 여러 도시 국가가 잇달아 등장해 우루크를 밀어내고 수메르의 지배권을 다퉜다.

이때 수메르의 여러 도시를 잇는 수로들이 국가 관계에 영향을 미쳤다. 상류 쪽 국가는 하류 쪽 국가에 물을 공급할 수도 끊을 수도 있어 이웃 국가를 통제할 힘을 얻었다. 이제 물의 파괴력이 곧 무기가 되었다. 이것이 두 도시 국가 라가시와 움마가 물 때문에 최초로 국가끼리 충돌한 배경이다.[27]

라가시는 오늘날 이라크 동남부, 바그다드와 바스라 사이에 자리 잡았던 국가로, 가까이 남쪽에는 페르시아만이 동쪽에는 엘람 제국이 있었다.[28] 라가시의 종교 중심지인 기르수 서쪽으로는 고대 도시 움마가, 서남쪽으로는 움마의 동맹국인 우르와 우루크가 터를 잡았다. 라가시가 움마와 갈등을 일으킨 원인은 땅이었다. '초원의 가장자리'라는 뜻인구에덴나 지역은 넓이가 몇 천 헥타르에 이르는 곳으로, 농사의 신 닌기르수(닌우르타라고도 한다-옮긴이)가 '사랑한 땅'이었다.[29] 몇천 헥타르가 적게 들릴지 몰라도, 여기서는 면적이 중요한 잣대가 아니다. 용수로와 연결된 제방에서는 얼마나 넓은 땅을 장악하느냐가 아니라 얼마나 긴 제방을 관리하느냐가 국가의 부를 판가름했다. 움마가 접근할 수 있는 땅은 20만ha였지만, 강기슭을 500M 이상 벗어난 땅은 경작하지 못한 탓에 경작지는 겨우 2만ha뿐이었다. 그러니 작은 땅뙈기도 전쟁을 일으킬 중요한 이유가 될 수 있었다.

충돌은 여러 세대에 걸쳐 벌어졌다. 유일하게 전해지는 기르수의 기록에 따르면, 움마가 라가시 땅을 일부 빌렸는데 임대료를 내지 못한 탓에 자그마치 보리 4조ℓ가 빚으로 쌓였다. 터무니없게 많은 수치이니 실제라고 보기는 어렵다. 이 수치가 나오려면 연평균 이자율이 40년 넘게 50%였어야 한다. 그래도 움마가 임대료를 내지 못했다는 기록은 사실인 듯하다. 움마는 빚을 갚지 않을 셈으로 라가시를 공격했다. 상류 쪽에 자리 잡은 움마는 관개용수의 물길을 바꿔 기르수의 농작물을 말려 죽이는 전략을 썼다. 라가시의 왕 에안나툼Eanatum이 이에 맞서 장장 60㎞에 이르는 운하를 건설해 티그리스강에서 물을 끌어왔다. 고대 수로로 오늘날에도 티그리스강과 유프라테스강을 잇는 이라크의 알가라프운하가 이 수로인 듯하다.[30] 라가시는 마침내 움마를 무찌르고 땅을 되찾았다.

극심한 충돌은 뜻하지 않은 결과를 낳았다. 에안나툼이 건설한 수로가 티그리스강 유역과 유프라테스강 유역 사이의 땅으로 물을 보냈는데, 기르수에서 필요한 양보다 훨씬 많았다. 그 바람에 지하수면이 올라가 염류화가 일어났다. 염류화란 물에 들어 있는 마그네슘, 칼슘, 나트륨이 토양에 쌓이는 현상으로, 이때 흙에 달라붙은 염분이 배수를 가로막는다. 그런 상황에서는 식물이 싹을 틔우기 힘들고 뿌리가 영양분을 흡수하지 못한다. 농부들은 소금기를 빼내고자 땅에 물을 더 많이 뿌리고, 물기를 빼내 땅을 건조하게 하고자 뿌리를 깊이 내리는 잡초를 길렀다. 모두 헛수고였다. 염류화를 멈출 길은 없었다. 작물 생산성이 엄청난 타격을 입었다. 기원전 25세기에는 1ha당 생산성이 2.5톤을 넘겼다. 그러나 기원전 18세기에는 1ha당 900kg을 밑돌아 복잡한 관료 사회를 지탱할 양에 미치지 못했다.[31] 메소포타미아 남부를 주물렀던 수메르의 장악력이 무너졌다.[32]

물은 강력한 국가들이 발달해 경쟁한 환경에 영향을 끼쳤다. 그리고 그런 국가들을 무너뜨릴 씨앗도 뿌렸다.

저주받은 아카드

오랜 시간에 걸쳐 물 환경이 바뀌면, 사회가 바뀐 환경에 적응했을뿐더러 새로운 국가 제도를 발달시켰다. 이를테면 메소포타미아에서는 수백, 수천 년에 걸쳐 강우량이 바뀌었다. 그렇게 오랜 기간에 걸쳐 기후가 바뀐 까닭은 뚜렷이 밝혀진 바가 없다. 눈에 띄는 외부의 힘이 작용한 결과는 아니다. 신드리아스기에 그랬듯 해양 순환, 대기 변동, 빙하 사이에 일어난 복잡한 상호작용이 낳은 결과였을 것이다. 마침내 강우량이 30~50%까지 줄었고, 지중해 일부에서는 수십 년에서 수백 년 동안 이 현상이 이어졌다.

이런 변화가 고고학 기록에 풍부한 증거로 남아 있다.[33] 기원전 3000년대 중반에 우루크가 확장하는 동안 남부 국가의 식민지들이 건조 농법을 쓰는 북쪽에서 작물을 키우기 시작했다. 더러 꽤 크게 성장한 곳도 있었지만, 기원전 3000년대 말에는 오랫동안 이어진 가뭄으로 이런 초기 사회가 많이 사라졌다. 그리고 기원전 29세기부터 이 지역에 다시 강우량이 늘어 기원전 27세기 무렵 정점을 찍었다. 도시화와 정치 통합이 제대로 시작된 시기가 바로 이때다.

물이 국가에 영향을 미치는 방식은 국가의 취약성에 따라 달랐다. 국가가 지리적으로 단일 생산 공동체로 한정될 때는 대개 경제가 취약했다. 달리 말해 물을 이용할 수 있는지, 때가 맞아떨어지는지가 국가의 농업 생산성과 여유 생산량을 그야말로 좌지우지했다. 국가가 의존한 주요 자산이 홍수에 적잖이 쓸려가는 일도 잦았다. 그런데 국가 체계가 복잡해지자, 물 사정의 변화가 국가 제도의 안정성에 영향을 미치는 경로도 복잡해졌다. 초기의 작은 변화는 그 지역에 영향을 미치는 것으로 그치곤 했지만, 원래 문제와 동떨어진 사건들을 잇달아 일으키기도 했다.

메소포타미아 북부에서 주를 이룬 하늘바라기 농업과 목축은 국가가 발달할 만큼 생산성이 높지 않았다. 부의 중심지는 여전히 남부였다. 기원전 2000년대 후반에 오늘날 시리아 북부에 해당하는 곳에서 에블라라는 국가가 탄생했을 때 그랬듯, 메소포타미아 북부에서 국가가 생겨날 때는 반드시 남부에 강력한 교역 상대가 있었다.[34] 기원전 27~26세기 무렵 북부에서 여러 도시가 성장해 상당한 부를 쌓았다.[35] 이런 도시들은 움마와 라가시가 충돌하는 동안에도 꾸준히 성장하다 인류 최초로 드디어 제국이 등장한 다음에야 성장을 멈췄다.

기원전 2350년경 사르곤Sargon 대왕이 아카드 제국을 세웠다. "여제 사장이셨던 어머니가 나를 품으셨다가 몰래 낳았네. / 뚜껑에 역청을 발라 물이 들어오지 않게 한 버들가지 바구니에 나를 넣으시고 / 내 힘으로는 벗어날 길 없는 강물에 던지셨네." 이 시는 출애굽기에 나오는 모세의 출생 이야기가 아니다. 모세보다 약 1000년 일찍 태어난 사르곤의 탄생 신화다.[36] 사르곤은 아카드라는 도시를 기점으로 유례없는 군사 행동에 나서 바빌로니아(바빌로니아는 기원전 1895년에 세워졌고, 그전까지는 도시 국가 바빌론으로 존재했다-옮긴이)를 대부분 정복했다. 이어 우루크를 포함해 한때 찬란했던 수메르 도시 국가들을 무찔러 메소포타미아 남부를 통합했고, 마침내 과감하게 북쪽으로 유프라테스강 상류까지 약 1000㎞를 전진하는 길에서 에블라를 포함한 모든 지역을 정복했다.[37]

아카드 제국은 예속보다 교역을 국가의 바탕으로 삼았다. 사르곤은 부를 추구했고, 관료를 이용한 통제에 그다지 흥미를 느끼지 못해 기존 행정 체계에 크게 의존했다. 기원전 23세기 중반에는 사르곤의 후계자들이 영토를 더 넓혀 건조 농업 지역인 메소포타미아 북부를 완전히 아카드에 통합했다. 사르곤의 손자 나람-신Naram-Sin은 아카드의 영토를 오늘날 이란 서남부, 이라크 동북부, 시리아 동북부까지 넓히고, 관료 제도의 기틀을 잡고, 제국 전역에 세금을 매겼다. 거대한 아카드 제국에서 여러 도시 국가를 하나로 연결하는 수송망은 수로였다. 곡물 교역이 수로를 따라 메소포타미아 구석구석에서 아카드로 집중되었고, 페르시아만을 통해 오만은 물론 인더스강 삼각주까지 이르는 국제 교역망에 연결되어 금속을 포함한 여러 상품을 거래했다.[38]

드넓은 지역에 걸친 교역에 의존하는 복잡한 통치 체계는 한 귀퉁이에만 충격이 생겨도 전체 체계가 흔들리는 문제가 있다. 사르곤이 아카드 제국을 세운 지 약 100년이 지난 기원전 23세기에 북부 평원에 다시 가뭄이 찾아왔다.[39] 전에도 그랬듯, 가뭄이 들자 하늘바라기 농업의 생산성이 떨어졌다. 면적이 무려 300만ha에 이르는 메소포타미아 북부를 다스리려면 군대, 행정 조직, 운송 시설이 있어야 했는데, 여유 생산물이 없으면 복잡한 행정 체계를 유지하기 어려웠다.

아카드 제국은 빠르게 무너졌다. 예컨대 시리아 동북부의 하부르 평원 사람들은 짓다 만 건축물을 남긴 채 어느 날 갑자기 마을을 버리고 떠났다. 이런 현상이 잇달아 일어나자, 아카드로 집중되었던 곡물 교역이 무너졌다. 수도 아카드는 균형을 잃고 소용돌이에 휘말렸다. 제국이 하나로 단단히 통합되어 있었으므로, 아카드를 덮친 충격이 제국 전체로 퍼져나갔다. 아카드의 뒤를 이은 우르 시절에 나온 전설 '아카드의 저주'는 나람-신이 바람의 신 엔릴의 노여움을 사는 바람에 아카드가 곤경에 빠졌다고 해석했다. 분노한 신은 아카드 제국에 가뭄과 굶주림을 불렀다.[40] "도시들이 세워지기 전에 그랬듯 커다란 경작지에서 알곡이 영글지 않았고, 수로에서 물고기가 잡히지 않았고, 물을 댄 과수원에서 시럽이나 포도주를 얻지 못했다. 먹구름이 비를 내리지 않았고, 마스구룸 나무가 자라지 못했다."

아카드 제국의 몰락을 재촉한 것은 대규모 이주였다. 오늘날 이라크와 이란 사이의 자그로스산맥에 살았던 구티족도 가뭄에 대처했다. 산에서 내려와 평원으로 이동한 이들이 "떼거리로 땅을 덮치는 작은 새처럼" 아카드의 길과 수로를 장악했다.[41] 그 바람에 제국의 결속이 흐트러져 더 큰 동요가 일어났다. 목축민은 구티족에 투항했다. 다른 주민들은 도시 농업의 생산물로 먹고살기를 바라며 도시로 후퇴해 아카드 왕조를 대체했다.

아카드 제국의 몰락을 밝힌 기록은 물 이용성, 국가 통제, 이주가 서로 긴밀히 이어진다는 것을 처음으로 직접 드러냈다. 물을 확보하지 못하면 정교한 국가 체제도 약해질 위험이 있지만, 국가가 끝내 무너지는 까닭은 어딘가 취약한 곳이 있기 때문이다. 제도가 제대로 발달하지 못한 공동체라면 만만찮은 가뭄이 닥쳤을 때 그저 약해지는 데 그치지 않고 아예 살아남지 못할 것이다. 그때 유일한 대안은 그 환경에서 벗어나 다른 곳으로 이주하는 것이다. 물이 계속 강한 영향을 미치는 가장 흔한 수단은 밀려드는 홍수가 아니라 밀려드는 사람이었다. 고대에 줄곧 되풀이되는 이 교훈은 나중에 보듯이 서로마 제국이 멸망할 때 가장 뚜렷하게 실현된다.

2000년에 걸쳐 여러 국가가 발전해 싸움을 벌이고 끝내는 무너졌다. 그 모든 단계에서 사회와 물의 상호작용이 국가 구조에 중요한 역할을 했다. 정치가 복잡해질수록 사회와 물 환경의 관계도 더 미묘해졌다. 이제는 물의 지정학이 중요해졌다.

[03]
청동기 시대의 국제화: 이집트와 주변국

영토 국가들의 연결

움직이는 물이 있는 곳에 정착한 공동체가 잇달아 벌인 일들 덕분에 국가가 탄생하고 제도가 날로 정교해졌다. 티그리스강과 유프라테스강의 비옥한 범람원이나 제방 주변 곳곳에서 공동체가 성장했고 뒤이어 갖가지 충돌과 몰락이 나타났다. 그런데 기원전 1000년대 청동기 시대 후반에 지중해에서 벌어진 일은 규모와 범위가 전에 없이 커, 물이 국가의 형성뿐 아니라 국가를 둘러싼 지역 체계가 발전하는 데도 얼마나 중요한 역할을 하는지를 보여준다.

기원전 1000년대 동안 지중해 동부의 영토 국가들이 거대한 상업망과 외교망을 발전시켰다. 이 연결망은 메소포타미아 남부의 바빌로니아, 메소포타미아 북부의 미탄니, 아시리아, 에블라, 페르시아만 동쪽의 엘람, 동지중해 연안의 우가리트, 펠로폰네소스반도의 미케네와 그리스 여러 섬, 아나톨리아의 히타이트, 이집트를 아울렀다. 사람들이 청동 합금의 주요 원료인 주석과 구리를 손에 넣고자 매장지를 찾아 나섰고 원거리 교역에 뛰어들었다.

지금 이 교역로들을 재구성하기란 쉽지 않다. 메소포타미아는 아나톨리아, 아프가니스탄, 중앙아시아에서 주석을 확보한 다음 북부 산악 지역이나 엘람을 거치는 육로 그리고 인더스 계곡에서 페르시아만으로 들어오는 해로 가운데 하나로 가져왔을 것이다.[01] 이 교역 체계는 광물 뿐 아니라 다른 상품에도 잘 들어맞았다. 오늘날 시리아에 해당하는 우가리트에서 나온 기록들에 따르면 화물 400~500톤을 실은 선박이 오갔다. 고고학자들이 터키 해안에서 발굴한 기원전 14세기 난파선(울루부룬 해안에서 발견되었기 때문에 울루부룬 난파선이라 한다.-옮긴이)은 유명한 사례다. 이 난파선은 구리와 주석뿐 아니라 코발트 유리 잉곳, 흑단, 송진, 하마 이빨, 상아, 거북이 등껍질, 타조알 같은 갖가지 물건 그리고 고수, 무화과, 포도, 아몬드, 석류, 올리브 같은 향신료와 식품도 싣고 있었다.[02]

그 시대의 기술을 고려하면 족히 예상할 만한 국제화였다. 상인들은 원자재, 상품, 공예품을 구하고 유통할 수 있다면 바닷길, 물길, 산길, 시골길을 가리지 않고 발을 넓혔다. 그 결과, 근동이 마침내 발트해에서 지중해까지, 대서양에서 흑해까지 펼쳐진 거대한 연결망에 들어갔다.[03]

이 교역 체계의 주인공은 물이었다. 농업에서 여유 생산물을 얻으려면 알맞은 강수량과 수자원을 관리할 기술이 뒷받침되어야 했다. 물이 풍부한 나라는 상인, 뱃사람, 외교 담당자 그리고 당연하게도 군대를 지탱할 수 있었다. 재력이 풍부해, 희귀 물질을 대량으로 수입해야 하는 의례 문화를 발달시킬 수 있었다. 수자원이 충분치 않아 여유 농산물이 없는 국가일지라도, 광물이나 다른 원자재를 공급하거나 인기 있는 공예품을 생산해 이 부를 나눌 수 있었다.

이 상업망에 속하는 국가들은 노동과 땅을 특화하려 했고, 그 분야는 강수량에 어느 정도 좌우되는 각 사회의 비교 우위에 따라 결정되었다. 어떤 국가가 여유 농산물을 생산할 능력이 있느냐가 교역의 밑바탕일 때 오랫동안 물 사정이 바뀌면, 교역도 흔들릴 것이다. 상업망 한쪽에 가뭄이 들면 작물 생산이 줄기 마련이다. 비축량이 충분하지 않으면 경제 활동이 무너지고 그 충격이 상업망 곳곳으로 퍼져 먼 곳에까지 영향을 미친다. 그런 몰락이 생계를 위협하면 사람들이 생활 터전을 옮겨, 지역의 위기가 여러 나라의 위기로 바뀌었다.

이 국제 교역 체계와 물이 얼마나 복잡한 관계인지 알려면 이 체계를 장악한 당시 패권국의 눈으로 들여다봐야 한다. 그 나라는 이집트였다. 청동기 시대 후반 이집트는 비길 데 없이 부유했다. 기원전 1000년대에 걸쳐 나타난 기후 변화 그리고 이집트와 다른 사회의 엄청난 빈부 격차에 자극받은 여러 종족이 이집트로 이주했다. 이집트가 부를 쌓은 원천은 물이었다. 더 정확히는 나일강이었다.

남다른 땅

나일강은 길이가 거의 7000㎞(약 6650㎞다─옮긴이)인, 지구에서 가장 긴 강이다. 메소포타미아의 강줄기를 적신 것은 지중해에서 발생한 폭풍이었지만, 나일강의 발원지를 적신 것은 훨씬 먼 열대 지방의 날씨였다. 이집트는 경계에 있는 땅이었다. 지중해와 맞닿았어도 깊은 뿌리는 아프리카에 있었다.

남반구와 북반구 양쪽에서 적도 쪽으로 흐르는 대기가 열대 지방에 이르면 적도 가까이에서 수렴해 좁은 띠 모양으로 저기압대를 이룬다. 그리고 강렬한 햇볕에 데워져 상승한 다음 커다란 대류 폭풍을 일으킨다. 그런 폭풍에서는 수증기가 비로 응축해 엄청난 잠열을 내뿜고, 이 잠열이 높은 고도에서 대기를 다시 고위도와 제트 기류 쪽으로 밀어낸다. 이런 대기 환류에서 비구름을 품고 적도 근처를 가는 띠처럼 휘감은 상승 기류를 열대 수렴대라 한다. 바로 이 열대 수렴대가 나일강의 발원지에 비를 뿌린다.

마치 모든 상황이 약속이라도 한 듯 나일강 유역을 가장 비옥한 땅으로 만들고자 맞춰진 듯했다. 열대 강우대는 한곳에 머물지 않는다. 계절마다 바뀌는 태양 고도를 따라 한 해 주기로 북위 5°~남위 5° 사이를 오간다. 백나일강의 발원지인 빅토리아호수가 바로 적도에 자리 잡아, 열대 강우대가 해마다 이곳에 1500㎜ 넘게 비를 뿌린다.[04] 빅토리아호의 물은 오늘날 남수단 땅인 드넓은 수드Sudd(장애물을 뜻하는 아랍어 sadd에서 비롯했다. 말라리아가 들끓고 사람이 발을 들이기 어려운 지역이라 붙은 지명이다) 습지로 퍼져나갔다가 증발한다. 남은 물은 꾸준히 수단의 하르툼으로 흘러간다.

6월이면 강우대가 북쪽으로 이동해 에티오피아고원에 비를 2000㎜나 뿌린다.[05] 이 빗물이 청나일강과 작은 지류인 앗바라강을 따라 시미엔산맥으로 흘러들어 나일강 유수량의 75%를 한꺼번에 쏟아낸다. 청나일강과 백나일강은 하르툼에서 하나로 합쳐져 진정한 나일강이 된 뒤 나일 계곡을 구불구불 흘러 이집트 아스완으로 내려갔다가 지중해로 흘러든다.

이 연간 주기가 농경과 더할 나위 없이 잘 맞아떨어졌다. 씨를 뿌리고 길러 수확하는 동안에는 백나일강이 나일 계곡에 꾸준히 잔잔하게 물을 흘려보냈고, 추수철이 끝나면 에티오피아 타나호에서부터 무려 4000㎞를 달려온 청나일강이 나일 계곡에 엄청난 물을 퍼부었다. 에티오피아에서 달려온 물줄기가 여름 끝자락에 나일 계곡으로 넘쳐흘러 토양에 흙모래와 영양분을 보충할 무렵에는 수확이 다 끝난 뒤였다.[06]

나일강을 범람한 물이 물길을 벗어나면 속도가 느려지고 진흙이 가라앉아 새로운 강기슭을 만들었다. 물이 거의 흐르지 않는 강기슭 뒤쪽에 고운 점토가 쌓이고 물이 고였다. 이 물이 땅 아래로 스며들어 새로운 지하수 저장고를 만들고, 그다음에는 옆으로 움직여 범람원 가장자리에 있는 배후습지를 채웠다. 나일강 유역은 기름지고 물기가 마르지 않는 역동적인 물 경관이었다. 메소포타미아의 티그리스강, 유프라테스강과 달리 나일강은 용수로를 파지 않고도 농경지에 물을 댈 수 있었다. 범람한 물이 토양을 적셨기 때문이다. 게다가 소금기는 빼내고 영양분과 유기물은 더해 염류화를 자연스럽게 방지했을뿐더러 땅을 묵힐 필요도 없었다. 농사짓기도 꽤 쉬웠다. 범람한 물이 빠진 11월부터 1월 사이에 자연 제방과 저지대에 씨를 뿌렸다가 다음 범람이 일어나기 전에 거둬들였다. 때맞춰 들판에 씨를 흩뿌리다시피 던져놓고 작물이 자라기를 기다려도 될 정도였다.

그래도 기반 시설은 필요했다. 영양분이 쌓이는 속도를 조절해 최적화하고 싶으면 물이 빠지는 속도를 늦춰야 했다. 그러나 수반 관개(농경지 둘레에 두둑을 만든 뒤 물을 가두어 물을 대는 관개법-옮긴이)는 강물에 맞서 싸우고 통제하기보다 강물의 흐름에 맞춰 적응하는, 강의 힘을 활용하는 관리 방식이었다.[07]

그리스 역사가 헤로도토스Herodotus는 이집트를 가리켜 나일강의 선물이라 일컬었다. 실제로 이집트는 남다르게 부유한 국가였다. 간단히 한 사람이 필요한 열량만을 바탕으로 추산할 때, 이집트가 주요 기반 시설 없이 부양할 수 있던 인구가 족히 500만 명이었다. 기원전 2000년대에 500만 명이면 지구 전체 인구의 30~50%였을 것이다.[08] 그야말로 어마어마한 수치다. 이집트는 영토 약 95% 이상이 사막이라 모든 농작물을 나일강을 따라 형성된 좁은 경작지에서만 얻었으니 더욱 놀라운 일이다.

강변 국가

이집트의 역사를 남다르게 만든 것은 이집트의 특별한 물 경관에 맞춰 알맞게 적용한 제도였다. 대규모로 식량을 수확하고 저장하고 배분할 수 있는 나일강 유역 같은 곳이 있는 국가는 물의 자연스러운 변동에 올라탈 줄 알았다. 이집트는 나일강의 특이한 물 환경에 맞춰 식량을 생산했다. 이집트가 통합 물관리에 맞춰 농경 체계를 조정한 증거가 여럿 있다.

첫 증거는 청동기 시절 이집트에서 에머밀emmer이 가장 흔한 밀 품종이었다는 것이다. 에머밀은 극심한 가뭄과 습기를 견딜 만큼 튼튼했고, 껍질을 벗기지 않고 저장할 수 있어 저장하는 동안 벌레가 먹지 않았다.[09] 그런데 듀럼밀의 조상인 쌀밀(free-threshing wheat. 까끄라기가 짧고 겨가 잘 분리되는 밀-옮긴이)보다 일손은 훨씬 더 많이 들고 생산성은 더 낮았으니, 에머밀이 주요 품종이었다는 것은 당시 양곡 관리에서 저장과 수송이 무척 중요했다는 뜻이다. 화폐 경제 이전에는 저장된 곡물이 곧 재산이었다. 작은 공동체에서는 곡물 저장이 추수철부터 이듬해 추수 때까지 식량을 분산해 공급할 방법이었지만, 이집트처럼 복잡한 사회에서는 자금을 조달할 방법이었다. 어느 철에 식량 생산이 기대보다 적으면, 은행 계좌에서 돈을 꺼내듯 비축한 곡물을 꺼내 주민들을 지원할 수 있었다.

이집트가 나일강 전체를 하나로 묶어 관리했다는 둘째 증거는 하천 운송이 보인 특성이다. 대형 저장 시설이 있으면 여러 해 동안 가뭄이 들어도 사회가 이겨낼 수 있는데, 그러려면 비축한 곡식을 때맞춰 필요한 곳에 보급할 수 있어야 했다. 나일강은 나일강 급류지대부터 삼각주 어귀까지 배가 다닐 수 있었다. 수위가 낮을 때는 카이로에서 테베까지 700㎞를 여행하는 데 두 달이 걸리기도 했지만, 수위가 높을 때는 2주밖에 걸리지 않았다.[10] 수위가 낮을 때조차 물길이 뭍길보다 훨씬 빨랐을 것이다. 게다가 육로로 곡물을 나를 때는 짐을 나르는 동물을 먹이느라 만만찮게 많은 곡물을 사료로 썼을 테니, 장거리 운송에서는 육로가 경제적이지 않았을 것이다. 에너지 효율에서 수상 운송이 훨씬 나았다.[11]

이집트는 중앙에서 식량을 저장했다가 가뭄이나 흉년이 들었을 때 배급하는 방식을 지원하고자 하천세를 도입했다. 고대 이집트가 식량 안보 체계를 유지하려면 강을 중심으로 경제를 구성해야 했다. 그리고 이 하천 운송 체계가 사회 구조에 영향을 미쳤다. 곡물을 중앙으로 끌어모으는 능력 덕분에 파라오는 도시 주민 약 15만 명을 먹여 살릴 수 있었다. 도시는 공예품을 생산해, 파라오를 숭배하는 의식이나 귀중한 원자재와 광물을 수입하는 교역에 사용했다.[12] 따라서 농촌 경관과 도시 경관이 하나로 통합되었다.

지중해 동부의 레반트나 메소포타미아에서는 높이 쌓아 올린 성벽이 도시의 주요 특성이었지만, 이집트에서는 도시가 전체 경관에 통합된 한 요소였다.[13] 이집트는 진정한 농경 국가였다. 이런 경관이 정치에 깊은 영향을 미쳤다. 이집트에는 도시의 경계선이 아니라 군대가 순찰하는 국경선이 있었다. 경관을 무척 강력하게 통합했으므로, 메소포타미아의 도시 국가들과 달리 고대 이집트 사람들은 자기네를 단일 민족으로 여겼다.[14]

기원전 19세기에 쓰인 《시누혜 이야기》(정인출판사, 2021)에 따르면, 파라오 아메넴헤트Amenemhat 1세가 암살당하자(기원전 1962년 일이다-옮긴이) 그를 섬기던 관료 시누혜Sinuhe가 망명했다. 여러 해 동안 팔레스타인과 레바논 지역을 떠돈 시누혜는 유목민인 베두인 공동체에서 부유한 족장이 되었다. 그런데 시누혜가 늘그막에 올린 가슴 뭉클한 기도에서 그리워한 것은 도시나 공동체가 아니었다. 자신이 태어난 땅, 이집트였다.[15] 이집트라는 민족 국가였다. 열대 지역에 특이한 분포로 내리는 비에서 비롯한 사회가 마침내 가장 추상적인 개념, 정체성을 발전시켰다.

자연이 선사한 자원을 지극히 잘 이용할 줄 알았던 패권국의 이야기를 듣노라면 천하무적처럼 들릴 것이다. 나일강은 이집트인에게 힘과 삶, 통합을 건넸다. 그렇게 얻은 어마어마한 부와 우월한 문화 덕분에 이집트는 근방에서 비길 데 없는 지위를 손에 넣었다. 물론 나일강에 가뭄이 들면 때에 따라 왕국이 격랑에 휘말리기도 했다. 그러나 이집트의 가장 큰 약점은 다른 곳에 있었다. 패권국은 주변 상황이 받쳐줘야 존재한다. 다른 국가를 지배할 수 있을 때 우위를 차지한다. 국경선 안의 물은 이집트에 힘을 쥐어줬다. 그러나 국경선 바깥의 물은 그 힘을 앗아가겠다고 위협했다.

이민족 파라오

"이제 그 땅에 기근이 들었다. 기근이 극심했으므로 아브람(아브라함의 원래 이름. 야훼에게 언약한 뒤 아브라함이라는 이름을 얻는다-옮긴이)은 한동안 몸을 맡기고자 이집트로 이동했다."[16] 이집트가 농업으로 쌓은 보기 드문 부가 주변 지역, 특히 레반트의 반건조 지역에 살던 사람들을 자석처럼 강하게 끌어당겼다. 구약성서에서 아브라함은 가뭄과 굶주림에 시달리는 메소포타미아 북부를 떠나 레반트 남부의 고대 지명인 가나안으로 이주했다.

아브라함은 '약속의 땅'을 찾아 가나안으로 갔지만, 그곳에서도 생활이 위태로워지자 계속 이동해 히브리어로 '메마른 땅'이라는 뜻인 네게브를 거쳐 이집트로 들어갔다. 구약은 이집트와 레반트의 빈부 격차가 얼마나 컸는지를 뚜렷이 보여준다. 출애굽기는 평범한 이집트인조차 귀중품을 소유했다고 묘사한다. 아브라함도 파라오에게 금은보화와 가축, 하인을 한가득 선물 받았다.

성경에는 이집트가 이 지역에서 차지한 지정학적 역할을 날씨의 결과로 보는 언급이 몇 차례 나온다. 아브라함의 증손자 요셉이 바로 그런 사례다. 창세기에 따르면 요셉은 형들 손에 미디안(아라비아반도에 살았던 고대 민족-옮긴이) 상인들에게 팔려 이집트에 발을 들였다. 요셉을 사들인 사람은 궁정 관리였다. 그런 어느 날 파라오가 이상한 꿈을 꾼다. 살진 암소 일곱 마리가 나일강에서 나와 풀을 뜯더니, 다음에는 뼈가 앙상한 암소 일곱 마리가 나와 살진 암소 일곱 마리를 잡아먹는 꿈이었다. 누구도 그 꿈을 해몽하지 못하자 궁정 관리가 요셉을 추천한다. 요셉은 7년 동안 풍년이 든 다음 7년 동안 가뭄이 들리라고 예언했다.

요셉은 재앙을 피할 대책도 내놓았다. 오늘날로 치면 토지 소유권의 대량 국유화 같은 조처를 단행해, 파라오가 땅세를 받고 농부들에게 그 땅을 다시 빌려주되 수확물 가운데 5분의 1은 가뭄이 들 때 배급하게끔 파라오의 명에 따라 거둬들여 저장하라고 제안했다. 파라오가 거둬들인 곡물은 오랫동안 이어질 가뭄이라는 위험을 분산할 세금 같은 것이었다. 구약에 따르면 이집트는 요셉의 조언을 따랐고, 덕분에 가뭄을 무사히 넘겼다. 요셉은 가나안 사람이었다. 이 위태로운 시기에 이집트를 구한 사람이 이주자였다.

이 이야기가 구약성서를 편찬한 유대인의 편견일 뿐이라는 생각이 들지도 모르겠다. 그러나 증거는 다른 이야기를 한다. 부유한 나라가 흔히 그렇듯 이집트도 주변 지역 사람들을 끌어당겼다. 부를 좇는 이주자들이 숱하게 이집트 국경을 넘었다. 기원전 18세기 초쯤 이집트의 역대 파라오를 기록한 토리노 파피루스Turin Canon(토리노의 한 박물관에서 발견되어 붙은 이름이다—옮긴이)에 이집트 중왕국(이집트 제11~14왕조 시기—옮긴이) 막바지에 비교적 짧게 이집트를 다스린 파라오 50명이 줄줄이 적혀 있다. 마침내 기원전 1663년에 15왕조가 들어섰다. 약 100년 동안 이집트를 다스린 이 특이한 통치자들을 이집트인은 헤카우-카수트Hikau-khoswet 즉 '외국에서 온 통치자'라 불렀다. 프톨레마이오스 1세Ptolemy I Soter 시절인 기원전 300년에 역사가 마네토Manetho가 이 말을 줄여 힉소스라 한다.

고고학 기록을 바탕으로 추론컨대 힉소스인은 가나안 사람이었다.

집 모양이 당시 시리아 가옥과 같았고, 도자기는 당시 팔레스타인 도자기와 비슷했다. 그때까지는 오랫동안 레반트 지역 사람들이 농경에 더 알맞은 환경을 찾아 나일강 삼각주로 이주해 오늘날 수에즈운하가 바다로 이어지는 동쪽 가장자리에 정착했다.[17]

힉소스인은 처음에 노동자와 무역상으로 이집트에 발을 들였다. 그리고 이들의 이야기가 구약이 쓰이기 전까지 1000년 동안 전설과 기억으로 전달되는 과정에서 요셉과 요셉의 가족사로 바뀌었다. 부존자원의 격차로 일어난 이주는 이집트에 문화 변혁을 일으켰다. 힉소스는 다양성과 혁신이라는 유산을 남겼다. 새롭게 이집트와 아시아를 잇는 다리, 문화와 기술과 발상을 전달하는 통로가 되었다. 팔레스타인 남부와 교역도 늘었다. 힉소스 왕조가 수도로 삼은 아바리스에는 배를 300척이나 정박할 수 있는 커다란 항구까지 있었다. 힉소스인은 세계에 열려 있는 강력한 무역 민족이었다.

그러나 힉소스인은 올 때처럼 떠나갔다. 구약에 따르면 이스라엘인은 풍요로운 나일강 삼각주 동부를 이용해 만만치 않은 민족으로 성장했다. 이스라엘인의 숫자가 날로 늘자, 불안을 느낀 파라오가 이들을 이집트 밖으로 내쫓았다. 실제 역사에서는 힉소스 왕조의 마지막 파라오 아페피Apepi(힉소스 왕조의 마지막 파라오는 카무디Khamudi다─옮긴이)가 나일강 남부의 경쟁국 제17왕조와 전쟁에 들어갔다. 남쪽 테베에 기반한 제17왕조가 힉소스 왕조를 몰아내고 이집트를 통일하고자 전쟁을 벌였기 때문이다. 그리고 제18왕조 파라오들(제18왕조를 세운 아흐모세Ahmose 1세가 전쟁을 끝냈다─옮긴이)이 전쟁을 마무리해 힉소스인을 다시 가나안으로 몰아냈다.

오래전부터 모세와 출애굽기가 이 힉소스인 추방을 바탕으로 삼은 이야기라고들 본다.[18] 제18왕조는 기원전 15세기에 문을 열었다.(기원전 1550년경 세워졌다–옮긴이) 상업의 황금기로 들어선 이집트는 국제적으로 최고의 명성과 번영을 누렸다. 그래도 파라오들은 이집트가 이민족의 대규모 이주에 시달리기 쉽다는 두려움에 짓눌렸을 것이다. 가나안 사람들은 한편으로는 메마른 레반트 남부의 가혹한 생활 조건에 등 떠밀리고 한편으로는 물이 풍부한 이집트의 풍요로움에 이끌려 이집트로 이주했었다. 몇 세기 뒤 지중해 주변의 기후가 더 크게 요동쳤다. 이때는 이민족의 이주가 이집트에 얼마나 큰 재앙을 부를 수 있는지가 생생히 드러났다.

바닷사람들 Sea People

기원전 13세기 무렵, 근동의 사회적, 지정학적 복잡성이 정점에 이르렀다. 에게해 전역에서 미케네 문명이 꽃피웠고, 가나안에서 무역 도시들이 번창했고, 시리아 서북부와 아나톨리아반도에서는 히타이트인들이 육로와 해로로 레반트 북부에까지 힘을 과시했고, 이집트에서는 제19왕조의 세티Seti 1세와 람세스Ramesses 2세 덕분에 신왕국(기원전 16~11세기의 제18~20왕조–옮긴이)이 황금기를 맞았다. 그러다 모든 것이 갑자기 와르르 무너졌다. 이 강대국들이 겨우 몇 년 만에 쇠락하거나 몰락했다. 몰락은 이 사건들로 생겨난 독특한 문화층이 고고학 기록에서 발견될 만큼 광범위하게 일어났다.

잇달아 일어난 이 독특한 사건들이 기후 변화에서 비롯했다는 견해가 1970~1980년대 무렵 처음 등장한 뒤로 지금까지 상당한 근거를 다졌다.[19] 공통된 가설은 모든 사건이 일사량 변화에서 비롯했다는 것이다. 100년 단위로 보면 일사량이 늘거나 줄어드는 시기가 드물지 않게 나타난다. 실제로 기원전 1500~500년에 일어난 일사량 감소가 빙하의 확장, 고위도 지역 전반의 냉각 그리고 동아프리카, 아마존 유역, 카리브해의 건조 기후와 관련한 듯하다. 일사량 변화는 물순환에 영향을 미쳤다. 에게해, 지중해 동부, 서아시아가 모두 이 시기에 오랜 가뭄을 겪었다. 이 기후 변화는 쉽게 끝나지 않았다. 적어도 300년은 이어져 기원전 12세기 무렵에야 정점에 이르렀다.[20]

이집트는 람세스 2세가 다스린 기원전 13세기 말까지도 강대국으로 남았다. 기원전 1274~1269년에 히타이트와 카데시 전투를 치른 끝에 휴전한 뒤로 시리아는 히타이트에 넘겨줬지만, 팔레스타인은 여전히 발아래 두었다. 그런 가운데 나일강이 건조한 환경으로 바뀌고 람세스 2세가 죽음을 맞자 상황이 기다렸다는 듯 나빠졌다. 람세스 2세의 아들 메르넵타Merneptah가 다스린 기원전 13세기 말과 제20왕조의 람세스 3세가 다스린 기원전 12세기 중반에 나일강 유수량이 더 줄자, 작물이 평년보다 더 많이 말라 죽어 수확이 줄었다.[21]

아나톨리아반도의 히타이트 제국도 13세기 말에 붕괴했다. 히타이트는 가뭄으로 국내 식량 공급 체계가 무너지자 극심한 기아에 시달렸다. 이제는 해외에서 뱃길로 들어오는 곡물에 의존해야 했다. 이때 외국에 식량을 간청한 편지가 오늘날까지 전해진다. 이들은 지역 패권을 놓고 경쟁하는 이집트에까지 도움을 청했다. 기원전 13세기 말에 파라오 메르넵타가 이례적으로 히타이트에 곡물을 실어 보냈으니, 기근이 얼마나 극심했는지를 알 수 있다.[22]

지중해 곳곳에서 환경 조건이 악화하자, 이른바 '바닷사람들'이 도착했다. 이들이 누구인지는 지금도 의견이 갈린다.[23] 연쇄 작용을 불러일으킨 시발점은 지중해 북부의 농경-목축 체계가 무너진 것이었다. 이미 1000년 전 메소포타미아의 구티족이 그랬듯, 유목민과 하늘바라기 농경민이 더 좋은 환경을 찾아 이주하기 시작했다. 습격은 육로로 발칸반도 북부에서 시작해 그리스로, 또 보스포루스해협을 건너 아나톨리아로 이어진 듯하다. 기원전 1210년부터 기원전 1200년 사이에 미케네가 멸망했다. 미케네 문명은 두 번 다시 일어서지 못했고, 미케네 그리스어를 기록했던 선형문자 B도 자취를 감췄다. 인구가 붕괴하고 정착지가 줄어들자, 안에서 정치, 경제, 사회를 떠받치던 제도가 무너졌다. 이때부터 그리스는 300년 동안 이어진 암흑기로 들어섰다.[24]

침략 세력은 육로로 아나톨리아 곳곳을 휩쓴 뒤 시리아 북부로 향했다. 일부 세력은 바다로도 침략했다.[25] 이들은 바닷길을 통해 크레타, 키프로스, 지중해 동부를 공격했다. 이 침략을 가장 생생하게 증언한 기록은 기원전 1192~1190년 무렵 우가리트 왕국에서 나왔다. 당시 왕은 암무라피Ammurapi였다.

아나톨리아반도 아래쪽 시리아 연안에 자리 잡은 항구 도시 우가리트는 기원전 1215년경 암무라피가 왕좌에 올랐을 때 근동에서 가장 크고 부유한 도시였다. 땅이 기름져 식물이 잘 자란 덕분에 포도주, 기름, 아마, 목재의 공급처였다. 우가리트 말고도 다른 항구가 세 곳 더 있어 지중해 연안을 따라 다른 지역과 교역할 수 있었다. 공예품, 염색 직물, 금은 장식품과 장신구가 우가리트로 몰려들었다. 바다로는 우가리트 상선들이 미케네에서 도자기를 들여와 국내에 유통했고, 땅으로는 거대 상단이 아나톨리아 내륙을 누볐다. 우가리트는 사회적, 지정학적 복잡성이 정점에 이른 기원전 13세기 고대 근동의 장삿길이 교차하는 곳에 터를 잡은 다문화 사회였다. 여러 민족과 종교가 뒤섞였고 다양성을 반겼다.

바닷사람들이 히트이트에 들이닥치자, 히타이트 왕이 암무라피에게 도움을 간청했다. "적이 쳐들어오는데, 맞설 길이 없습니다.···무엇이든 이용할 만한 것이 있으면 찾아 보내주십시오."[26] 암무라피는 해군을 내보내 지중해 동부에서 바닷사람들과 맞서게 하고, 지상 병력은 히타이트 왕을 도울 원군으로 파병했다. 그 바람에 우가리트가 무방비로 남았다. 바닷사람들의 선봉에 선 소함대가 그 기회를 놓치지 않고 우가리트를 공격했다. 뒤이어 원군을 요청하는 키프로스 왕에게 암무라피는 이렇게 답장했다. "아버지여, 보십시오. 적의 배가 왔습니다. 내 도시들이 불탔습니다. 적이 내 나라에 사악한 짓을 저질렀습니다. 내 병력과 전차가 모두 히타이트에 있는 것을, 전함이 모두 리키아 땅에 있는 것을 모르십니까? …그러니 우가리트는 몰락을 자초했습니다."[27]

암무라피를 끝으로 우가리트는 막을 내렸다. 지금껏 보존된 파편들이 우가리트가 겪은 파괴를 상세히 알려준다. 식량 저장고는 약탈당했고, 포도밭은 짓뭉개졌고, 도시는 쑥대밭이 되었다. 우가리트는 오랜 쇠락 끝에 서서히 몰락한 것이 아니다. 예상치 못하게 갑자기 무너졌다. 우가리트는 그야말로 완전히 파괴된 채 사라져, 그 뒤로 3100년 동안 사람들의 머릿속에서 잊혔고 역사에서 지워졌다. 다음 차례는 가나안 도시들이었다. 파멸을 부른 습격은 곳곳에 흔적을 남겼다. 예리코는 완전히 파괴되었다. 그리고 바닷사람들의 습격으로 이 지역의 사회 구성에 새로운 시대가 열렸다. 어떤 학자들은 이때 레반트 남부 연안의 가자, 아슈켈론, 아슈도드, 가트, 에크론 같은 도시에 정착해 연맹 국가를 이룬 필리스틴 사람(블레셋인)을 바닷사람들의 일족으로 본다.

마지막은 이집트였다. 습격의 최종점인 이집트는 바다로는 북에서, 땅으로는 서에서 공격받았다. 바닷사람들의 침략을 가장 뚜렷이 보여주는 직접 증거는 메디네트 하부에 있는 람세스 3세의 장제전(죽은 파라오에게 제사를 올리는 사원─옮긴이)에 새겨진 부조다. 나일강 입구에서 펼쳐진 대전투를 찬양한 부조는 전함과 전사들이 뒤엉켜 아수라장이 벌어진 전투 장면에서 에게해 복장인 침략자들을 가리켜 상형문자로 "바다 한가운데 있는 섬" 출신이라고 적어놓았다.

어쩌면 처음부터 이집트가 마지막 목표물이었을 수 있다. 고고학 기록에 따르면 여러 차례에 걸쳐 몰려온 침략군은 가족과 다양한 가축을 데리고 왔다. 되돌아갈 생각이 없었기 때문일 것이다. 파라오 메르넵타는 이주가 본격화하기 몇십 년 전에 일어난 첫 침략을 무사히 물리쳤다. 우가리트가 몰락한 뒤인 람세스 3세 시절 일어난 2차 침략은 1차 때보다 더 거셌지만, 이때도 이집트는 침략자를 물리쳤다. 그러나 겨우겨우 이 재앙에서 벗어난 이집트는 힘이 꽤 약해졌다.

이 사건들이 갑자기 일어나기는 했어도, 청동기 시대에서 철기 시대로 넘어가는 과도기를 상징하는 위기는 대략 기원전 16세기부터 기원전 13세기까지 300년 동안 길게 이어졌다.[28](대략 기원전 1500~1200년을 가리킨다―옮긴이) 이 시기 내내 이어진 침략, 이주, 기후 변화는 몰락을 부른 도화선이었을 뿐 아니라 몰락을 부채질한 원인이기도 했다. 사람들을 남쪽으로 몰아내 이집트로 향하게 한 가뭄으로 지중해 동남부 국가들도 힘이 약해져 공격에 몹시 취약했다. 청동기 시대의 종말을 뜻한 위기는 새로운 시대가 탄생할 무대를 마련했다. 새로운 질서를 찾는 과정도 기존 질서가 무너질 때만큼이나 오래 걸려, 청동기 시대는 대략 기원전 13세기부터 기원전 10세기까지 300년에 걸쳐 서서히 붕괴했다.(대략 기원전 1200~900년을 가리킨다―옮긴이) 어쨌든 이 시기가 기존 관습, 기존 기술과 단절을 뜻한다는 것은 의심할 여지가 없다.

청동기 시대 후기에는 고대의 지정학적 복잡성이 절정에 이르렀다. 이전과 비슷한 지역 통합은 이때부터 1000년 뒤에야 나타난다. 한창 시절 이집트 중왕국은 강력한 수력 국가를 재정의했다. 풍요와 지역 통합을 맛보던 이 시기에 종말을 부른 재앙은 기후 변화가 촉발한 대규모 이주였을 것이다. 뒤이어 나타난 수력 패권국 대다수가 대수롭잖게 여겼지만, 여기에는 중대한 교훈이 들어 있었다. 물과 사회의 관계에서 볼 때 국가의 회복력이란 자국의 자원을 잘 활용해 스스로 생존할 줄 아느냐만을 가리키지 않는다. 같은 지정학적 권역에 있는 다른 국가들도 각자 자국의 자원으로 생존할 수 있어야 한다.

사상과 신앙: 중국과 레반트 남부

중국의 치수

고대 역사는 사회 조직, 국가, 더 나아가 국제 관계의 초기 형태까지 좌우한 물과 사회의 생성 변증법을 드러낸다. 그런데 물의 분포가 미친 영향은 공적 제도에 그치지 않았다. 물의 분포는 더 개인적인 추상적 믿음에도 영향을 미쳤다. 물의 역사에서 이런 추상적 믿음은 중요하다. 기반 시설이나 제도보다 더 오래 살아남기 때문이다. 믿음은 사회 계약의 주춧돌이다. 철학적 믿음과 종교적 믿음 즉 신념과 신앙은 물의 역사에서 어떤 일이 왜 일어났는지, 그런 일에 어떻게 **대처해야** 하는지를 알려주는 중요한 역할을 한다. 자연 현상을 거룩한 신의 현현이자 화신으로 여기는 자연주의적 범신론의 맥락에서 보면 물과 그런 믿음이 어떻게 관련하는지를 쉽게 알 수 있다. 그러나 오늘날에는 세상이 주로 훨씬 더 추상적인 믿음 체계를 바탕으로 돌아가므로, 그런 체계가 물과 어떤 관계인지를 물어야 타당하다. 이번에도 답은 고대에서 찾을 수 있다. 이를 대표하는 지역은 중국과 레반트 남부다.

기원전 10세기부터 1000년 동안 고대 중국의 전통이 물 경관을 따라 진화했다. 기원전 8세기부터 3세기까지 주나라 동주(주나라가 견융족의 침략으로 수도를 서쪽 호경(오늘날 시안 부근)에서 동쪽 낙읍(오늘날 뤄양)으로 옮긴 시대

-옮긴이) 시절 중국의 정치 지형은 제후국들이 분열해 걸핏하면 서로 전쟁을 벌이는 느슨한 연합국이었다. 이른바 춘추시대인 처음 300년 동안 많은 제후가 군사 전략, 방어 기술, 외교를 놓고 우위를 겨뤘다. 이 시기에 '천명' 즉 통치자는 하늘의 뜻에 따라 권력을 쥔다는 사상이 등장했다. 하늘은 흔히 자연재해로 뜻을 전했다. 나라 한복판에 요동치는 황허강이 있으니, 하늘의 뜻과 물을 연결할 수밖에 없었다. 그런데 이런 믿음이 훨씬 차원 높은 추상적 관념으로 진화했다.

기원전 7세기에 정치가이자 사상가 관중管仲이 썼다는 《관자管子》에 따르면, 산둥반도를 다스린 제나라 환공桓公이 관중에게 어디를 도성으로 삼을지 물었을 때 관중이 이렇게 주장했다.[01] "백성을 괴롭히는 자연재해 가운데 가장 해로운 것이 수해입니다. 물이 날뛰면 사람에게 해를 입히고 해를 입은 사람은 가난해집니다. 가난해지면 법률을 가볍게 여겨 군주를 따르지 않기 마련입니다." 제환공은 그런 위험을 무릅쓸 수 없었다. 황허강 유역에서 4년에 한 번꼴로 일어나 삶의 기반을 파괴하는 범람은 하늘의 뜻이 군주에게서 멀어졌다는 위험한 신호였다.[02] 물론 왕조의 정통성이 치수 능력에만 좌우되지는 않았으므로, 한 번의 빈틈이 꼭 파국을 부르는 몰락으로 이어지지는 않았다. 그러나 실패를 제어하지 않으면 통치권에 금이 갔다.

관중은 한발 더 나아갔다. 제환공에게 당연히 제방과 운하로 강을 다스려야겠으나 나라를 운영하는 방식도 바꾸라고 권했다. 치수를 맡길 기술자, 관리자, 지휘관, 일꾼들을 임명한 뒤 지방에 내려보내, 물길과 성곽, 강둑, 운하를 살펴 고치고 치수 부역에 동원한 백성을 관리하라고 제안했다.[03] 관중의 제안은 제도 차원의 대응이 아니었다. 개념의 도약이었다. 환경에 따라 국가의 설계 방식을 달리해야 한다는 새로운 관념이었다.

그런 도약은 오로지 환경 조건이 국가 철학을 결정한다는 뜻이 아니었다. 어떤 국가 철학이든 물관리 방식을 수반한다는 뜻이었다. 기원전 6~5세기에 중국에 수많은 사상이 쏟아졌다. 중국 철학의 주류를 형성한 도가 사상과 유가 사상도 이 시기에 나타난 여러 전통 사상에 속한다. 두 학파는 서로 충돌하는 사상을 대표할 때가 많다. 유가는 공무에 초점을 맞추고 격식을 중시하고 체제에 순응하는 사상을, 도가는 자연과 인간의 균형을 중시하고 개인과 사색에 무게를 두는 사상을 대표한다. 이렇게 다른 사상 체계는 국가와 물 환경의 관계도 뿌리부터 다르게 해석했다. 도가 전통에서는 물에 순응해 강에서 멀찍이 제방을 쌓아 범람 때 물이 들어찰 공간을 두자고 강조했다. 이와 달리 유가 전통에서는 강을 확실하게 무릎 꿇려 길들이고 통제할 수 있는 튼튼한 제방을 쌓는 데 훨씬 더 초점을 맞췄다.

도가와 유가의 접근법 모두 국가 정책에 시사하는 바가 매우 컸다. 도가의 접근법은 범람이 재앙을 몰고 올 위험은 줄였지만, 만만찮은 사회 문제를 만들었다. 널따란 강둑 사이에 범람이 일어나면 기름진 충적평야가 생기기 마련이라 농부들이 몰려들 터였다. 이런 상황에서 재앙을 피하려면 이주 정책과 사회 통제 정책이 필요했다. 유가 사상에서는 강둑을 높이 쌓아 강을 길들이려 했으므로, 물살이 계속 한길로 흐르며 강바닥을 긁어 강이 더 깊어졌다. 거세진 물살에 혹시라도 제방이 무너지면, 튼튼한 제방을 믿고 살던 백성들이 어마어마한 피해를 봐 중앙 권력의 정통성을 위협할 위험이 컸다. 그러므로 도가와 유가의 사상 체계는 국민, 국가, 영토의 관계를 다르게 정의했다.

유가 사상은 황허강을 관리하면서 함께 퍼져 진화했다. 기원전 5세기부터 황허강 중류에서 농경이 성장했다. 관개 공사와 농업이 늘자, 갈수록 진흙이 쌓이는 하류를 통제할 인공 제방을 더 많이 쌓아야 했다. 악마와의 거래였다. 강둑이 범람을 막을수록 물살이 강바닥을 깎아 내 강이 깊어졌다. 그러면 물살이 더 세져 둑을 무너트릴 위험이 더 커 졌다. 둑이 물살을 이기지 못해 무너지면 물이 들판으로 넘치고 하류에 흙모래와 진흙이 쌓여 물길이 한층 낮아질 테니, 국가가 머잖아 대재앙 을 관리해야 할 위험을 늘렸다. 이 쳇바퀴에서 벗어날 길은 없었다. 강 과 국가가 하나로 묶여 있었다.

물관리 방식과 사상 체계는 이런 위험이 암시하는 것보다 훨씬 더 깊 이 얽혀 있었다. 주나라의 서쪽 끄트머리에 자리 잡은 제후국 진나라는 4세기에 완전한 중앙 집권 체제를 갖춰 직접 세금을 거두고 징병 제도 를 정비해 강력한 군사 대국이 되었다. 군대를 운영하려면 군인에게 녹 봉을 줘야 했고, 녹봉을 주려면 곡식이 있어야 했다. 녹봉으로 줄 곡식 을 마련할 길은 중국의 어마어마한 강들과 씨름하는 것뿐이었다. 강력 한 군대를 바탕으로 나라를 다스리려 한 결과, 진나라는 중국의 초창기 대규모 관개 사업을 여럿 추진했다.

진나라는 쓰촨(사천) 남부에 있던 파나라와 촉나라를 공격해 황허강 에서 양쯔강으로 발을 넓히고 기름진 청두 평원을 손에 넣었다. 기원 전 256년, 이곳에 관리 이빙李冰이 두장옌(도강언)이라는 대규모 수리 시 설을 건설했다.[04] 오늘날에도 작동하는 두장옌은 약 67만ha에 물을 댔 다. 사마천司馬遷이 《사기史記》에서 소개한 거대 운하 정국거(정국郑国이 만 든 운하渠라는 뜻. 전국시대 한나라韓의 수리 시설 전문가 정국이 진나라에 파견되어 만든 것이다—옮긴이)도 비슷한 이야기다.[05] 정국거가 진나라의 요충지인 관중 평원의 작은 산들을 따라 흐른 덕분에 농사지을 땅이 40만ha나 늘어났 다. 관중 평원의 생산량이 어찌나 많았는지, 진의 뒤를 이은 한나라 전 반기에 창고가 모자랄 지경이었다. 관중 평원이 남아돌 만큼 곡식을 많 이 생산한 덕분에 진나라는 어마어마한 병력을 지탱할 수 있었고 그 힘을 바탕으로 마침내 '하늘 아래 모든 것'을 통일했다.[06] 국가 운영 철학이 물관리를 아우르자, 물이 국가를 운영하는 수단이 되었다.

어떤 민족이 물 환경을 관리할 방법으로 무엇을 선택하느냐는 사회 계약을 어떻게 인식하느냐와 단단히 묶여 있다. 유가 사상이 제시한 국가 운영 방식은 국가가 앞장서 물 환경에 개입하도록 자극했고, 관료 중심의 중앙 집권 체제가 힘을 실은 그런 개입이 중국 통일에 불을 지폈다. 이 말이 물 사정이 열악할 때는 중앙 집권에 힘을 싣는 철학이 가장 두드러진다는 뜻으로 들릴지도 모르겠다. 그러나 지구 맞은편 레반트 남부에서는 열악한 물 사정이 완전히 다른 믿음이 발달하도록 부채질했다.

한계가 있는 왕국

아마르나 문서는 이집트 제18왕조의 수도였던 아마르나에서 발견된 외교 문서다. 기원전 14세기에 이집트 파라오와 가나안의 통치자들이 주고받은 이 서신들은 두 지역의 사뭇 다른 문화를 보여준다. 이집트에서는 파라오가 신에게 받은 권력을 바탕으로 강과 범람을 통제했다. 파라오는 신의 화신이었으므로, 이집트 사람들은 모든 신에게 그렇듯 파라오에게도 공물과 제물을 바쳐야 했다. 이와 달리 가나안은 호혜주의를 믿었던 듯하다. 가나안 사람들도 통치자에게 당연히 진상품을 바쳤지만, 대가를 기대했다. 여러 문서로 보건대 가나안 왕들은 파라오에게 진상품을 바쳤으니 파라오가 자신들을 도와주리라고 진심으로 믿은 듯하다. 상호 의존과 상호 원조를 요구하는 이런 문화 특성은 가나안의 혹독한 환경이 남긴 유산을 나타냈다. 자원이 한정되면 충돌로 이어질 위험도 있지만, 협력을 유도할 때가 훨씬 더 많다.

레반트의 물 사정이 어떻게 더 추상적인 문화 적응으로 이어졌는지 이해하려면 그 무렵 레반트의 경제 상황과 정치 상황부터 살펴봐야 한다. 청동기 시대에 레반트 남부는 줄곧 이집트, 메소포타미아, 아나톨리아의 강대국 틈바구니에 끼인 중간 지역이었다. 레반트의 농부들은 이 구역의 교역 체계에 편입되었다.[07] 고고학 유물로 보건대 살림살이를 수입품에 많이 의존했으므로, 레반트 주민 대다수가 주변 강대국의 사치품 시장뿐 아니라 일반 시장도 이용했던 듯하다. 그러다 바닷사람들의 침략으로 히타이트 제국이 완전히 무너지고 이집트 왕국이 힘을 잃고 메소포타미아의 강대국들이 쪼그라들자, 레반트 남부가 체계를 세울 여유와 자율성을 얻었다.[08] 그런데 사회가 성장하는 중에도 레반트의 뼈대는 여전히 협력과 교역이었다.

기원전 9~7세기에 북이스라엘 왕국과 유다 왕국이 각자 전성기를 맞았다.[09] 북이스라엘은 비가 풍부한 북부 고원 지대에 자리 잡은 덕분에 거의 40만 명을 먹여 살릴 수 있었다. 국가의 틀을 갖추려면 징병, 행정, 무역, 여러 의례에 드는 비용을 뒷받침할 여유 생산물이 있어야 했다. 이집트나 아시리아 같은 제국이 동원할 수 있는 양에 견줄 바는 아니었지만 북이스라엘은 관련 종사자 2만 명을 넉넉히 먹여 살릴 여유 생산물이 있었다.[10]

오늘날 이스라엘의 중간 고원 지역에 자리 잡은 유다 왕국은 훨씬 건조해, 먹여 살릴 수 있는 인구가 다 합쳐 겨우 10만 명이었을 것이다. 따라서 관료와 병사도 훨씬 적었다. 요르단강 동쪽에도 비슷한 수치를 적용할 수 있다. 물과 땅은 레반트의 농경 국가가 힘과 덩치를 키우지 못하게 가로막는 제약 조건이었다.

레반트에서 가장 번성한 국가는 북이스라엘 왕국이었다. 북이스라엘의 확장은 기원전 9세기에 나라를 다스린 오므리 왕조 시절에 일어났다. 오므리 왕조는 북으로는 이즈르엘 골짜기를 지나 갈릴리 깊숙이까지 발을 넓혔고, 동으로는 아람 다마스쿠스 왕국과 암몬 왕국의 영토를 자주 침범했다. 남으로는 예리코까지 확장한 것으로 보인다. 서로는 바다까지 확장해 바닷가 도시 도르를 거쳐 해상 교역에 나섰다. 북이스라엘은 찬란한 건축물을 세울 만큼 풍요로웠다.[11] 수도 사마리아의 왕궁은 철기 시대 레반트에서 내로라하게 큰 왕궁으로 유명했다. 당연하게도 국가의 경계는 최대 강수량과 비옥한 땅의 규모에 상응했다. 그러나 레반트 남부에서 가장 부유한 나라이긴 했어도, 북이스라엘은 환경의 제약 탓에 계속 교역을 유지해야 했다.

이를 보여주는 유명한 증거가 히브리 성경의 열왕기(구약 기준 열왕기하 6장과 7장-옮긴이) 이야기다. 오므리 왕조의 왕 아합Ahab이 북이스라엘을 다스리던 때, 아람 다마스쿠스의 왕 벤 하다드Ben-Hadad 2세가 사마리아를 포위했다. 사마리아는 끔찍한 기근에 시달렸다.[12] 선지자 엘리샤가 아합왕에게 주께서 말씀하시길 이튿날 사마리아 성문에서 밀가루 한 스아(약 5.5kg)가 헐값인 1세겔(은 약 12g)에 팔리리라고 하셨노라 전했다. 이 말을 들은 한 대신이 코웃음을 쳤다. "주께서 하늘에 물구멍을 내신들 어찌 그런 일이 일어나겠소?"

비웃음을 담은 이 대답은 중요한 통찰을 담고 있다. 그런 가격이 성립하려면 비가 땅을 흠뻑 적셔 양곡 생산이 가파르게 늘어야 했다. 또 곡식이 시장에서 수요와 공급의 원칙에 따라 팔렸다는 뜻도 들어 있다. 엘리샤는 이렇게 대꾸했다. "그대의 눈으로 그 식량을 보리라. 하나 그대의 입으로 먹지는 못하리라." 구약에 따르면 엘리샤의 예언대로 포위가 풀렸다. 굶주림에 지쳐 악에 받친 사람들이 성문 밖으로 몰려나와 적진을 약탈한 결과, 식량이 엘리샤가 예언한 값대로 거래되었다. 엘리샤를 비웃었던 대신은 죽기 살기로 식량에 달려드는 군중에 밟혀 믿기지 않는 가격을 확인하기도 전에 죽었다. 엘리샤의 예언이 현실이 되었다. 레반트 남부에서 가장 번성한 나라에조차 교역은 물이 희귀한 환경을 극복할 필수 요소였다.

기원전 8세기에 북이스라엘의 국력을 떨어뜨려 몰락으로 몰아넣은 원인이 무엇인지는 확실하지 않다. 구약의 호세아서와 아모스서에 따르면 상류층이 농부들에게서 세금을 쥐어짠 탓이었다. 인구가 땅의 부양 능력을 훌쩍 뛰어 넘어 교역으로도 감당하기 어려울 만큼 크나큰 부담이 되었을지도 모른다.[13] 결국 북이스라엘은 가장 큰 이웃 아시리아의 목표물이 될 수밖에 없었다.[14]

팍스 아시리아카 Pax Assyriaca

북이스라엘이 무너진 뒤 찾아온 팍스 아시리아카의 수혜를 누린 곳은 유다 왕국이었다. 유다 왕국은 동으로는 사해에, 남으로는 베르세바 골짜기에 가로막혔다. 북쪽 국경은 북이스라엘에 속했던 예리코를 지났다. 단언하기 어렵지만, 서쪽 국경은 세펠라를 남북으로 종단했을 것이다.[15]

유대 고원에 아주 드문드문 내리는 비가 몇몇 지중해 작물을 키우기에는 충분했어도 여유 생산물을 꽤 많이 생산할 만큼은 아니었다. 기원전 8세기 유다 왕국의 인구는 약 10만 명이었다.[16] 처음에 기혼 샘을 중심으로 세워진 수도 예루살렘은 청동기 시절부터 사람들이 터를 잡은 곳이었다. 아마르나 문서는 예루살렘이 기원전 14세기에 도시 국가의 수도였다고 언급하지만, 증거로 보건대 꽤 작은 마을에 지나지 않았다.[17] 북이스라엘 왕국이 무너지자 북에서 난민이 몰려와 예루살렘 인구가 열 배나 불은 15000명에 이르렀다.[18]

북이스라엘과 마찬가지로 유다 왕국도 경제를 강우량 분포와 교역에 의존했다. 그러나 통치자들이 열망한 위풍당당한 군주제를 뒷받침하기에는 국내 생산에 여유가 없었다. 기원전 8세기 후반, 아시리아 황제 신아헤에리바Sîn-aḫḫe-eriba가 이 지역의 통제권을 되찾고자 군사를 일으킨 뒤로 변화가 일었다. 기원전 701년, 아시리아의 침공으로 유다 왕국이 힘을 크게 잃고 셰펠라 일부를 필리스틴의 해안 도시들에 빼앗겼다. 어느 정도 자율성을 누렸지만, 필리스틴의 도시들과 유다 왕국은 어쨌든 아시리아의 속국이 되었다. 아시리아 세기라고도 부르는 기원전 7세기 들어 아시리아가 교역을 크게 장려했고, 그 덕분에 여러 공동체가 번영을 누렸다. 베르셰바 골짜기처럼 꽤 황량한 가나안 남부에도 사람이 정착했고, 해안을 따라 평야가 발달했다.

어쩌다 보니 유다 왕국은 주로 물 공급을 중심으로 형성된 세 생산 지대가 연결된 교역 체계에 들어갔다. 생산 지대 하나는 물이 풍부한 해안 평야를 차지한 필리스틴 도시들이었다. 이를테면 아슈켈론은 그때껏 늘 메소포타미아와 이집트를 잇는 다리 노릇을 했고 주로 포도주를 생산했다. 가격만 따지면 포도주 1ℓ가 기름 1ℓ보다 쌌지만, 단위 면적당 수익성이 훨씬 더 컸다. 페니키아와 아시리아도 필리스틴처럼 해안에서 생산한 포도주를 해상 교역으로 거래하려 했다. 아가Aga 왕이 다스리던 시절 필리스틴 왕국 아슈켈론에는 약 400㎢에 이르는 커다란 양조장이 있어 주민들이 마시고 밖으로 수출할 만큼 포도주를 많이 생산했다. 그러나 다른 물품을 생산하기에는 나라가 작아 기름과 곡물은 수입해야 했다.

다른 생산 지대는 셰펠라 서북쪽, 해안에서 내륙으로 조금 들어간 곳으로 필리스틴의 중심지였다. 이를테면 에크론은 포도주 다음으로 수익성이 높은 기름을 생산했다. 아슈켈론과 마찬가지로 기원전 7세기에 성벽을 세운 이곳은 누구나 고개를 끄덕인 대도시였고, 기름 생산 능력이 무척 뛰어났다. 지금껏 발견된 올리브기름 생산 설비가 115개로, 이 정도면 해마다 기름 500톤을 짤 수 있다. 에크론은 현재까지 발견된 고대 최대의 기름 생산지다.

마지막 생산 지대는 내륙으로 더 들어간 곳에 있었다. 유다 왕국에 속한 이곳은 곡물이 특산물이었다. 유다 왕국도 올리브를 기를 수 있었지만, 그랬다면 에크론처럼 항구에 더 가까운 도시와 경쟁해야 했을 것이다. 곡물은 탁월한 선택이었다.[19] 실제로 유다 왕국은 곡물을 특산품으로 삼은 덕분에 7세기에 여유 생산물을 상당히 많이 생산할 수 있었다. 이 지역을 지나 더 안쪽의 사막 지대는 또 다른 경제 활동인 목축에 의존했다. 이렇게 동쪽 끝에 자리 잡은 정착지들은 가끔 사해에서 역청 같은 자원을 추출하기도 했을 것이다.

유다 왕국과 필리스틴의 경제 체계는 지중해 동쪽의 페니키아가 주도한 더 큰 지중해 상업 체계에 통합되었다. 페니키아는 아시리아와 이집트의 지역 강대국들뿐 아니라 지중해에서도 저 멀리 스페인(당시 지명은 스페인이다—옮긴이) 같은 곳과도 교역했다. 농경 활동의 분포는 유다 왕국을 둘러싼 지형과 경제적 보상을 모두 나타냈다. 무엇보다도 이 지역 특유의 물 분포 그리고 해안부터 요르단강까지 농경 방식을 최적화했을 때 훨씬 풍부해지는 생산물 때문에 반드시 교역이 필요했다.

기원전 7세기 후반, 아시리아의 힘이 줄자 이 경제 번영기도 막을 내렸다. 유다 왕 요시야Josiah가 자신의 힘으로 이스라엘 민족을 모두 통합해 유다 왕국을 지역 강대국으로 다시 세우려 했다.[20] 그러나 아시리아를 밀어낸 신바빌로니아는 패권을 훨씬 공격적으로 휘둘렀다.[21] 유다 왕국 같은 작은 나라들이 이집트와 무척 가까웠으므로 종속 관계를 유지하는 것은 너무 위험했다. 기원전 604년, 신바빌로니아가 필리스틴을 장악했다. 기원전 597~586년에는 예루살렘을 함락했다. 유다 왕국은 끝내 막을 내렸다. 망명이 줄을 이었다.

레반트의 자원 부족이 남긴 유산

이 모든 이야기로 보건대 레반트 남부 사회는 수자원의 한계 즉 자원 부족을 교역으로 넘어섰다. 교역이 갈수록 단발 거래를 부채질했다. 갈수록 많은 사람이 난생처음 보는 사람과 협력했다. 이들이 사회적 협력을 돕는 문화 규범을 발전시켰다. 그런 문화 규범이 히브리 성경을 거쳐 전달된 이야기에 성문화되었다. 물 사정은 이렇게 신념이 형성되는 데 이바지했다.

창세기는 기원전 6세기에 덧붙은 것으로 보이지만, 초기 성경은 대부분 기원전 7세기에 유다 왕국이 왕국을 확장하려고 노력한 마지막 몇십년 동안 또는 그 직후 편찬되었다. 성경은 가나안의 물 부족을 크게 다룬다. 청동기 후기에 아브라함이 이집트에서 돌아왔을 때 아브라함과 달리 조카 롯은 반건조 지역인 유대 언덕에 정착하지 못했다. 두 가족이 먹고 살 만큼 땅이 풍요롭지 않았기 때문이다. 롯은 "주의 동산처럼 이집트 땅처럼 물이 넉넉한" 요르단 계곡으로 옮겨야 했다.[22] 아브라함의 둘째 아들 이츠하크(이삭)도 같은 이유로 베르셰바 계곡 바로 아래 필리스틴 해안 저지대에 있는 게라르라는 땅으로 이주했다. 게라르는 필리스틴 출신 왕이 다스리는 곳이었다. 이츠하크는 우물물에 의존했는데, 우물을 놓고 다투던 지역 주민들이 이츠하크를 외진 곳으로 쫓아냈다. 이츠하크는 쫓겨난 곳에서도 양치기들과 우물을 놓고 다퉜다. 이츠하크가 우물에 붙인 이름이 분쟁을 뜻하는 에세크와 반대를 뜻하는 시트나였으니 물이 얼마나 많은 다툼을 불러일으켰는지를 알 수 있다.[23]

이츠하크의 이주사는 한낱 이야기가 아니다. 율법서 《토라》(모세 오경, 모세가 썼다는 창세기, 출애굽기, 레위기, 민수기, 신명기-옮긴이)는 유대 전통이 강조한 법률을 보여준다. 이런 이야기들은 물 소유권을 둘러싼 논쟁에서 공유에 무게를 두라는 사상을 유대 법률 체계에 불어넣었다.

《예언서》,《성문서》,《탈무드》를 거치며 무수한 사례를 축적한 유대 법률 체계는 물이 부족한 환경에 맞는 행동 규범을 만들었다. 이츠하크와 게라르 양치기들의 사례를 보면 게라르의 시냇물이 이츠하크의 우물로 흘러들 때는 게라르 양치기들에게 물 소유권이 있어도 수원지가 다른 곳일 때는 이츠하크에게 소유권이 있다는 논리를 편다. 이런 사고방식은 이후 법률 전통에서 물을 다루는 태도에 큰 영향을 미쳤다.

토라에는 이런 사례가 여럿 들어 있다. 이런 사례들이 소유권의 기준을 정의할 비유담이 되었다. 예컨대 이츠하크의 둘째 아들이자 이스라엘의 열두 부족을 낳는 야코브(야곱)가 형 에서를 피해 몸을 숨긴 메소포타미아 북부의 하란에서는 양치기들이 한 우물에서 양 세 무리에게 물을 먹였다. 양치기들은 우물 입구를 커다란 돌로 덮어놓았다가 양 떼가 모두 모이면 돌을 옆으로 밀어 물을 먹였다.[24] 그러니 이 우물은 공동 소유였을 것이다. 나중에 민수기에서도 모세가 레반트 남부 사해 동쪽의 모압 왕국에 이르렀을 때 강물을 마시게 허락해달라고 요청했으니, 이로 보아 물 소유권이 정부에 있었을 것이다.[25] 성서 속 사례는 이스라엘의 족장 시대에 삶을 좌우한 것이 물 부족이라는 사실을 드러낸다. 그리고 히브리 성경 편찬자들이 물려주고 싶었던 중요한 기준을 담았다.

이렇게 차곡차곡 쌓인 사례들이 판례법이 되었다. 유대인이 신바빌로니아의 수도 바빌론에서 포로로 살던 시절에 쓰인《예언서》와《성문서》그리고 유대교의 종교법 할라카도 물과 관련한 법률 체계에 반영되었다. 중국에서와 마찬가지로 유대인에게도 환경의 위협이 정치 쟁점이 되었고, 정치 쟁점이 법률 쟁점이 되었고, 마침내 문화 쟁점이 되었다. 토라에 반영된 신의 계율 즉 신법이 사회 적응의 기반이 되어 대대손손 이어졌다.

일신교의 물

물과 사람의 관계가 규범과 행동에 깊숙한 영향을 미쳤고 문화에 뜻깊은 자취를 남겼다. 이 관계가 민족의 운명과 긴밀하게 이어졌기 때문이다. 신명기에 따르면 이집트를 탈출하는 동안 모세가 유대인에게 이렇게 일렀다. "너희가 발 들여 차지하려는 땅은 너희가 떠나온 이집트 땅과 다르다. 이집트 땅에서는 텃밭을 가꿀 때처럼 씨를 뿌린 뒤 손수 물을 뿌려야 했다. 그러나 이제 너희가 요르단강을 건너 차지할 땅은 여러 산과 골짜기가 있어 하늘에서 내리는 비로 물을 얻는 땅이니라."[26]

사람들은 제아무리 기발한 독창성을 발휘한들 가나안 땅에 사는 사람들이 겪는 근본적인 취약성을 바꾸지 못하리라고 믿었다. 물론 여기에는 아주 구체적인 정치적 경고가 들어 있다. "마음이 홀려 주를 외면하고 다른 신을 섬기거나 절하지 않도록 조심할지어다. 그때는 주께서 너희에게 불같이 노하사 하늘을 닫아 비가 내리지 않게 하실 것이요 땅이 먹을 것을 주지 않게 하시리니 너희가 주께서 주실 기름진 땅에서 빠르게 사라지리라."[27]

종교가 발생한 곳의 환경이 신앙의 특성에 얼마나 영향을 미치느냐는 어느 정도 논쟁이 따른다. 근대 이후로는 종교의 발생 이유를 특히 자원이 부족한 환경에서 인간의 결핍을 채우고자 생겨났다고 해설한다. 미국 철학자 윌리엄 제임스William James는 종교가 도덕을 훈계하는 기능을 한다고 믿었고, 막스 베버Max Weber는 경제·정치 상황이 종교의 특성을 규정한다는 변증법을 인정했다.[28] 레반트 역사는 아브라함이 남긴 전통에 다음과 같은 인과 관계가 있었으리라고 암시한다. '척박한 환경에서는 사회적 협력이 중요한 적응 수단으로 떠오른다.[29] 신앙은 그런 적응이 문화로 발현한 것이다.[30] 훈계하는 신 즉 모든 상황을 꿰뚫어 벌하는 신은 갈수록 복잡해지는 환경에서 행동을 규제할 사회 규범과

신뢰를 유지하도록 돕는다.'[31]

레반트에서 신앙과 물 사정의 관계를 놓고 추론할 수 있는 사항이 하나 더 있다. 근동의 다신교 대다수에서 신은 자신의 재량 밖인 법이 지배하는, 도덕적으로 중립인 광범위한 맥락에서 영향을 미쳤다. 으뜸 신이 있기는 했어도 일신교 개념에서 보면 바알(가나안에서 섬긴 으뜸 신-옮긴이)도 제우스도 마르두크(바빌로니아에서 섬긴 으뜸 신-옮긴이)도 안(아누)과 엔릴(수메르에서 섬긴 으뜸 신-옮긴이)도 절대 신이나 전능한 신이라고는 말하기 어려웠다. 도덕성은 가장 힘센 신의 뜻일 뿐이었다. 자연 현상이 신이 자기 뜻을 표현하는 주요 도구이기는 해도 규칙에 지배받았고 신은 이 규칙 안에서 영향을 미쳤다. 그러나 모세가 남긴 전통은 훨씬 더 멀리 나가 신화의 요소를 없앴다.

이스라엘인의 유일신에게는 신을 법에 예속하는 더 넓은 맥락이 없었다. 신은 절대 권력자였다. 역사적 사건은 신의 뜻이었다. 아시리아, 바빌로니아, 이집트의 침략은 자신이 창조한 민족에 격분한 신이 화를 못 이기고 휘두른 채찍이었다. 무엇보다, 신은 자연을 초월했다. 토라에 따르면 물리적 세계에는 본디 힘이란 것이 없었다. 놀랄 일도 아니다. 어찌 되었든 레반트 사람들이 물리적 환경에 대처할 길이 별로 없었다.

자연의 힘 앞에서 사람이 손쓸 길이 많지 않았으니, 종교가 그 힘에 어떻게 대처할지를 알려주는 역할을 할 수 없었다. 레반트에 견줘 아시리아 제국이 압도적이었던 까닭은 레반트가 막강한 군대를 뒷받침할 자원을 생산할 만큼 수용력이 크지 못했기 때문이다. 그러므로 핵심은 협력을 어떻게 장려하느냐였다. 협력이야말로 자원 부족에서 벗어날 주요 경로였다. 이스라엘 철학자 예헤츠켈 카우프만Yehezkel Kaufmann의 말대로 레반트의 일신교는 그런 사회가 자신이 마주한 몹시 복잡한 조건에 불연속적으로 적응한 결과였다.[32] 종교는 유대인에게 자원이 부족한 환경에서 남과 협력하는 것을 규범으로 삼도록 장려했다. 레반트 지역의 국가들이 몰락한 뒤 유대인이 다른 땅으로 흩어졌을 때 이 문화 전통이 세계 곳곳으로 퍼졌다.[33]

중국과 레반트의 이야기는 사상과 신앙이 물관리라는 현실의 걱정거리와 동떨어져 보일지라도 믿음에서 나온 도덕 체계가 물과 사회의 관계에 중요한 역할을 했다는 것을 보여준다. 실제로 사상과 신앙은 고대 사회가 오랫동안 물과 씨름한 자취 중 하나다. 그런 씨름이 생성한 규범이 근대에도 계속 남다른 영향을 미친다. 그 방식이 예상치 못한 것일 때도 있다. 이를테면 20세기 초 중국에서는 공자가 남긴 오랜 철학 전통과 서구의 종교 전통이 혁명가와 개혁가들의 신념 안에서 충돌했다. 현대 중국의 아버지 쑨원이 본 세상은 두 전통이 골고루 짜깁기된 곳이었다. 쑨원의 민족주의에는 중국 유가 사상의 보편주의도 스며 있었지만, 미국 기독교 학교에서 배운 반제국주의도 스며 있었다.

사상과 신앙은 지구의 물질적 조건에 맞춰 가장 오랫동안 이어진 뜻깊은 문화 적응을 나타낸다. 사상과 신앙은 가치관의 틀을 짠다. 가치관은 선택을 좌우한다. 물론 모든 선택이 물과 관련하지는 않지만, 지금도 도덕규범 깊숙한 곳에는 고대 사회가 이 기본 물질과 맺은 관계의 흔적이 드리워 있다.

[05]
물의 정치학: 그리스

지형의 힘

청동기 시대가 끝나갈 무렵, 근동의 위대한 제국들을 무너뜨렸던 대재
앙이 헬라스 곧 고대 그리스도 덮쳤다. 해수면 온도와 강우량이 뚝 떨
어졌다. 건조 지역이 늘어났다. 철기 민족인 도리스인이 몰려와 미케네
의 아카이아인을 내몰았다.[01] 거대한 궁전을 세웠던 미케네 문명이 기
원전 12세기 무렵 무너졌다.[02] 인구가 줄어들었다. 농경으로는 입에 풀
칠밖에 하지 못했다.[03] 여유 생산물에 의존했던 도시가 존속하기 어려
웠다. 그리스는 암흑시대로 들어섰다.

상황이 바뀌기 시작한 시기는 기원전 9~8세기 무렵이다. 이때부터
다시 인구가 늘고 농업이 활기를 띠었다. 기원전 8세기 말 그리스 시인
헤시오도스Hesiodos가 《일과 나날Έργα και Ήμέραι》에서 자신의 작은 농지로
식구 여섯, 노예 셋, 동물 몇 마리를 먹여 살릴 수 있다고 노래했다.[04] 모
두 농업이 발달해 생산물이 늘기 시작했다는 징조였다.[05] 이 시기에 쓰
인 다른 글에서도 비슷한 실마리가 나타난다. 호메로스Homeros의 《오디
세이아Odysseia》는 청동기 시대를 이야기하지만, 헤시오도스가 산 시기
의 농경 지식을 반영한 듯하다.[06] 마침내 집에 돌아온 오디세우스가 아
버지 라에르테스를 만나러 갔더니 "잘 가꾼 커다란 농지"에서 많은 일
꾼이 일하고 있었다. 노예 돌리오스가 "포도밭이 허물어지지 않게 축대

89

를 쌓을" 돌을 찾으러 간 사이 라에르테스가 "삽으로 어린 포도나무 주변을 다졌다"고 한다. 축대는 비탈진 곳까지 포도밭을 넓혔다는, 달리 말해 버려진 땅까지 밭으로 일굴 만큼 농업이 성장했다는 뜻이었다. 그리스가 암흑기를 뚫고 다시 등장했다.

물과 함께 발전한 고대 사회가 남긴 가장 중요한 유산은 지극히 추상적인 관념, 바로 정치 제도였다. 그리고 그리스에서 비롯한 정치 제도가 남긴 강력한 조각 하나가 오랫동안 끈질기게 살아남아 성장했다. 그리스의 물 역사는 누가 뭐래도 정치의 역사다.

그리스와 로마는 개인의 자유라는 개념을 중심으로 형성된 사회였다. 그리고 움직이는 물의 세계에 정착하는 삶이 그런 사회에 미칠 영향을 관리하고자 제도를 발전시켰다. 그리스는 오늘날에도 사용되는 용어와 여러 사상을 내놓았다. 로마는 그리스의 지적 전통을 소화해 처음으로 국가의 핵심 목적에 시민의 자유를 집어넣은 시민 중심 제도를 실현했다. 그리스와 로마의 제도는 물의 역사에서 특히 중요하다. 이 제도들은 모두 꽤 온화한 지중해의 물 환경에서 발달했지만, 마침내 원래 환경의 한계를 뛰어넘어 세계 곳곳으로 퍼져나갔다. 그 흔적이 오늘날 거의 모든 정치 체제에 남아 있다. 다행히 오늘날 정치 제도는 헬라스와 로마에서와 달리 시민권이라는 개념을 남성뿐 아니라 모든 성인에게로 확장해 현대 사회에 맞게 개선했다. 우리는 그런 제도를 통해 고대의 목소리를 들을 수 있다. 이 제도들이 헌법에 반영된 덕분에 개인의 자유와 공공의 이익 사이에 명확한 공식 경계선이 그어졌고 국가가 둘 사이의 중재자로 자리매김했다. 제도는 시민권도 정의했다.

그리스에서는 처음으로 권력이 시민 사회로 넘어갔다. 이때부터 농부의 물 경험이 정치적으로 무척 중요해졌다. 통치 기관을 통해 아래로 내려간 권력이 농업으로 쌓은 부와 결합해 정치권력과 농업 경제의 관계를 굳게 다졌다. 그리스 농부는 물이 풍부한 땅에 기대 부를 쌓았다. 그 땅에서 나는 생산물을 마음 내킬 때 처리할 수 있었고, 이를 발판으로 정치권력을 얻었다. 여기에는 그리스의 지형이 적잖은 영향을 미쳤다. 그렇다고 지형이 정치 제도를 만든 원인이라는 뜻은 아니다. 지형이 그리스와 비슷한 곳이 많았어도 같은 제도를 발전시킨 곳은 없었다. 지형은 충분조건이 아니라 필요조건이었다.

유라시아판, 아프리카판, 아나톨리아판이 만나는 그리스는 유럽에서 지질학적으로 가장 활발히 움직이는 곳이다. 충돌한 지각판이 융기하자 석회암과 대리석이 많은 바위투성이 지형에 균열이 일어났다. 물에 쉽게 녹는 탄산염암이 빗물에 심하게 깎여 균열이 일어난 카르스트 지형에서는 물이 골짜기, 싱크홀, 땅속 물길, 크레바스를 거쳐 바다로 흘러든다. 물이 곳곳으로 움직였으므로, 공동체가 강 유역을 떠나더라도 살아가기가 쉬웠다. 사람들이 지하 저수조와 지하 수로로 물을 공급받는 도시로 몰렸다. 마침내 그리스 특유의 도시 국가, 폴리스의 시대가 열렸다.[07]

비옥하기 그지없는 근동의 평원에 비하면 그리스의 지형은 보잘것없었다. 드넓은 충적 평야는 없고, 높고 낮은 산에 둘러싸여 빗물에만 의존하는 얼마 안 되는 땅뙈기뿐이었다. 그런데 이런 지형이 개인 토지 소유주에게 힘을 실어줬다. 당연하게도 그리스는 큰물을 경험하지 않았다. 헤시오도스와 호메로스의 이야기에서 눈에 띄는 사실이 하나 있다. 그리스에서는 국가가 압도적인 물 환경을 관리할 일이 없었다. 신이 통제해야 할 수로가 없었다. 신의 힘으로 때맞춰 찾아와 땅을 기름지게 하는 범람도 없었다. 농부는 집단의 도움이 없어도 땅을 일구고 눈앞에 닥친 물 문제에 대응할 수 있었다.

그리스의 물 상황이 복잡하지 않았다는 뜻이 아니다. 다만 복잡한 양상이 다르게 나타났을 뿐이었다. 오로지 빗물에만 의존하고 다른 공동체, 다른 시장과 동떨어져 산 농부들에게는 그리 크지 않은 기후 변화도 재앙일 수 있었다. 헤로도토스Herodotus의 《역사Historiai》에 따르면 기원전 7세기에 오늘날 산토리니라 부르는 테라섬에 7년 동안 비가 오지 않았다.[08] 테라 사람들은 가뭄을 피해 서남쪽으로 배를 몰아 리비아에 키레네라는 도시 국가를 세웠다. 보기 드문 이야기는 아니었다. 실제로 많은 그리스 농부가 인구 증가와 농경 자원 부족에 떠밀려 다른 곳으로 떠났다.[09] 지중해 연안은 대체로 건조 농업, 원예, 목축이 결합한 생활 방식을 지탱할 만큼 비가 넉넉히 내렸다. 게다가 카르스트 지형도 흔했다.[10] 이주에 나선 그리스인들은 지중해 다른 곳에서 낯익은 지형과 기후를 찾아 고향을 재현했다.

그리스인은 꽤 짧은 기간에 곳곳으로 퍼져나가 수많은 식민지에 자신들의 폴리스를 퍼뜨렸다. 에게해 주변은 물론이고 서쪽 코르푸에서 오늘날 터키 연안까지, 남쪽 크레타에서 오늘날 터키의 금각만과 흑해까지, 지중해의 시칠리아에서 북아프리카까지 뻗어나갔다.[11] 여러 곳에 식민지를 건설하는 동안 경작지도 추가했다. 식민지가 여기저기 흩어져 있었으므로 생산물 증가가 교역 및 특산품의 증가로 이어졌다.[12]

그리스 세계는 번성을 누렸다. 기원전 8~3세기에 1인당 소비가 1.5~2배 늘었고, 50만을 밑돌던 인구가 10배쯤 늘어 400만에 이르렀다.[13] 그러나 가장 의미 있는 변혁은 정치였다. 폴리스는 물리적 장소에 그치지 않았다. 시민의 집합체였다. 폴리스에서는 도덕의 테두리가 국경선만큼이나 중요했고, 이는 물의 역사에서도 마찬가지였다.[14]

자영농의 부상

농업 생산성이 향상하자 뜻하지 않게 사회에 진화를 일으켰다. 기원전

8세기에 그리스가 당시 가장 효율적인 부대 형식인 팔랑크스phalanx(밀집 장창 보병대)를 도입했다. 이 변화로 사회에서 농부의 역할이 완전히 바뀌었다.

호메로스의 서사시에서 보듯 청동기 시대에는 말을 탄 귀족이 변변찮은 무기를 갖춘 소작농 무리를 이끌었다. 이와 달리 팔랑크스는 창과 커다란 원형 방패로 단단히 무장하고 일사불란하게 협력하는 중장보병 호플리테스hoplites를 바탕으로 삼았다.[15] 호플리테스는 무기를 스스로 마련해야 해 빈민층에서는 모집하기 어려웠다. 지중해 곳곳과 교역한 덕분에 얻을 수 있던 금속도 빈민층이 마련하기에는 너무 비쌌다. 엄밀히 말해 그리스 도시 국가의 군사 역량은 필요한 장비를 살 만큼 부유한 자영농이 얼마나 많으냐에 좌우되었다. 이들은 빗물에 의존하는 자그마한 땅뙈기의 생산성을 높여 여유 생산물을 생산할 줄 아는 농부들이었다.

이제 자영농이 폴리스의 병력 구조에서 주인공으로 떠올랐다. 군대에서 그런 중요한 역할을 맡으면 더 큰 정치권력이 뒤따라오기 마련이다. 누가 뭐래도 팔랑크스의 군사력을 높인 것은 그저 한낱 장소가 아니라 시민의 공동체였던 폴리스를 지키는 데 투입된 이 호플리테스였다.[16] 아리스토텔레스Aristoteles는 이들을 가리켜 어떤 정부 형식에서든 안정을 뒷받침할 가장 큰 원천이라 일컬었다. 자영농 호플리테스는 마침내 정치 세력이 되었다. 그리고 이들이 정치권력을 손에 쥔 경로가 개혁을 추진하는 힘이 된다.[17]

그전까지는 권력이 귀족 가문에 집중되어 있었다. 자기네 주장을 전달할 제도가 없던 호플리테스는 선동에 쉽게 넘어갔다. 권력을 주면 귀족에게서 폴리스의 통제권을 빼앗겠다고 약속한 지휘관 곧 참주tyranoss들이 이들의 정치적 요구를 가로챘다. 오늘날의 눈으로 보아도 낯설지 않은 모습이다. 농민의 지지를 바탕으로 권력을 잡는 독재자 말이다. 오늘날 독재자와 마찬가지로 그리스의 참주들도 그렇게 권력을 잡았고 사람들의 주의를 돌리고자 헛된 계획이나 그릇된 정책에 엄청난 자원을 숱하게 쏟아부었다.

기원전 7세기 아르고스의 페이돈Pheidon, 코린토스의 킵셀로스Cypselos, 기원전 6세기 아테네의 페이시스트라토스Peisistratos는 걸핏하면 폭력과 전횡을 일삼은 통치자들로, 권력을 손에 쥔 뒤 자유 시민의 자유를 억압했다. 이들은 주로 자신의 권력을 확고히 다지는 데 권력을 썼다. 이를테면 참주가 자주 예술을 후원하자 사람들이 궁전과 아고라에 설 기회에 이끌려 도시로 몰려들었다. 그러나 갈수록 많은 사람이 도시로 몰리자 물 공급이 시급한 문제로 떠올랐다. 참주들은 질서를 무너뜨리지 않고 도심지를 계속 유지하고자 상수도 시설에 투자했다.[18] 기원전 6세기 아테네에서는 참주들이 도시에 상수관과 음수대를 설치했다. 터키 코앞에 있는 사모스섬에서도 참주 폴리크라테스Polycrates가 도시에 마실 물을 공급할 셈으로 기술자 에우팔리노스Eupalinos에게 명령해 카스트로산을 뚫어 송수로를 건설했다. 이런 상수 시설은 중앙 권력이 정통성을 얻는 방법이었다.

그러나 참주들은 농업을 계속 지탱할 방식을 내놓지 못했다. 몇몇 참주는 시골 인구가 모조리 도시로 이주하는 것을 막고자 농업 대출을 확대하고 공공 건설을 진행했다. 지지층이 만족하도록 제조업과 해외 교역도 확대했다. 이를테면 지중해 전역에서 아테네 꽃병이 어마어마한 인기를 누리자, 아테네에서 꽃병 생산이 가파르게 늘었다. 참주의 경제 발전 정책은 전제 정권의 필요에 따라 몹시 비효율적으로 운영되었다. 선심성 정책은 대가가 컸다.

호화로운 궁정 생활을 유지하고 싶은 참주들이 경비를 마련하려고 농산물에 꽤 무거운 세금을 매겼다. 그러자 부유한 지주들이 곡물 생산을 접고 이윤이 큰 기름과 포도주 생산으로 방향을 틀었다. 그런데 포도와 올리브 농사는 일손이 덜 들었다. 가뜩이나 다른 곳보다 땅이 기름지지 않은 아테네에서 소규모 자영농까지 줄줄이 해상 운송과 서비스업으로 옮겨갔다. 이제는 국가가 흑해에서 곡물을 수입해야 했다. 그러다 보니 운송 경로를 보호할 함대가 필요해 경제 다각화를 부채질했다. 권력의 중앙 집중과 증세로 경제가 팽창하고 다각화했지만, 국내 농업이 갈수록 설 자리를 잃었다. 압력에 못 이긴 자영농 대다수가 결국은 들고 일어섰다.[19]

그것도 모자라 군인 출신인 초대 참주들이 아들에게 자리를 물려줬다. 참주의 아들이라는 이유만으로 권좌에 오른 터라, 2대 참주는 정통성이 약했다. 이런 참주 정권은 모두 한두 세대로 막을 내렸다. 이제는 다른 정치 모형이 필요했다.

스파르타 헌법

보병에게 정치권력을 넘겨주려면 이들이 정치 과정에 참여할 길을 열어줘야 했다. 참주가 그렇게 할 리는 없었다. 참주가 통치한 적이 없어 탄탄한 참여형 정부 체제를 발전시킬 가망이 있는 도시 국가는 널리 존경받는 스파르타였다. 실제로 스파르타의 헌법은 그리스에서 가장 변화가 적었다. 게다가 호플리테스에게 정치권력을 주는 첫 모형을 제시했다.

스파르타 헌법은 아마도 실존 인물이 아닐 입법자 리쿠르고스Lycourgos가 만들었다고 한다. 리쿠르고스의 헌법은 군주제, 과두제, 민주제의 요소를 반영한 복잡한 혼합 정부 체제를 제시했다. 두 왕가의 세습 군주가 한 명은 군대, 한 명은 종교를 맡아 국가를 통치했다. 행정은 30

세 이상 남성 시민이 모두 참여하는 민회에서 에포로이ephoroi라는 감독관 5명을 뽑아 맡겼는데, 임기가 1년뿐이었다. 민회는 에포로이도 뽑았을뿐더러 정책 표결에도 참여했지만, 정책 토론에 참여하거나 정책을 수정할 권리는 없었다. 실권은 60세 이상 남성 가운데 선출된 종신 원로 28명과 왕 2명으로 구성된 원로원 게루시아gerousia가 대부분 장악했다.[20] 게루시아가 정책 의제 대부분에 거부권을 쥐었으므로 스파르타는 뚜렷하게 보수적 관점을 보였다.

스파르타는 신분제 사회였다. 전사인 스파르티아타이spartiatai 계급은 스파르타 시민의 권리를 모두 누렸다. 스파르타 바깥의 주변 지역에서 산 페리오이코이perioikoi(주변에 사는 사람들)는 경제 활동은 자유로우나 참정권은 없었다. 숫자가 훨씬 많은 헤일로타이heilotai는 국가가 소유한 농노로, 대체로 스파르타에 정복된 사람들이었다. 스파르타 헌법은 9000명을 스파르티아타이로 뽑아 스파르타 시민의 의무와 혜택을 평등하게 부여하라고 규정했다.[21] 이 계급은 군사 훈련을 포함한 몇 가지 요구를 따라야 했다. 그리고 대가로 헤일로타이가 딸린 땅을 받았다.

스파르타의 성공은 대부분 윤리 의식, 헌법 구조, 오랜 역사의 관계 속에서 빚어졌지만, 물질적 조건도 중요한 역할을 했다. 그리스는 동부보다 서부에 비가 훨씬 많이 내렸다. 스파르타는 아테네보다 강우량이 두 배 많아, 해마다 약 800㎜씩 비가 내렸다. 게다가 가까운 라코니아와 메세니아의 비옥하기 그지없는 농경지 13만 5000ha를 이용할 수 있었다. 아테네가 자리 잡은 아티카반도보다 두 배 넘게 넓은 이 농경지가 스파르타 주민을 먹여 살리고도 남았다.

강우량이 풍부한 비옥하고 넓은 농경지가 있을뿐더러 신분제가 확고해, 스파르타에서는 모든 시민이 자원을 충분히 누릴 수 있었다. 기원전 5세기 초 아티카에서는 시민 대다수가 농지를 겨우 약 1ha씩 소유했고 그나마 상위 몇천 명만 약 5ha 남짓 소유했는데, 스파르타에서는 평균 18ha를 소유했고 더러는 50ha까지도 소유했다. 더구나 다른 그리스 도시 국가의 호플리테스 대다수가 농사와 군사 훈련을 병행해야 했는데, 스파르타의 호플리테스는 꽤 부유해 농노인 헤일로타이가 농사일을 거의 도맡는 사이 오로지 훈련과 전쟁에만 몰두할 수 있었다. 그 덕분에 스파르타 군대가 그리스에서 가장 용맹하기로 이름을 떨쳤다. 그런데 이 방식을 유지하려면 사회가 흔들리지 않게 끊임없이 신경 써야 했고, 그러려면 사회를 상당히 통제해야 했다.

스파르타 헌법은 개인의 농업 생산성이 경제를, 따라서 군대를 떠받치는 중요한 토대라고 인정해 보상으로 어느 정도 정치적 주체성을 부여하는 것으로 보상했다. 따라서 강우량이 농업 생산성으로, 군사 국가로 그리고 정치로 이어지는 인과 관계가 생겨났다. 그러나 스파르타 헌법의 밑바탕에는 메소포타미아나 이집트의 커다란 강 근처와 사뭇 다른 중요한 물질적 조건이 깔려 있었다.

스파르타 땅에도 에우로타스강과 지류인 마굴라강이 있었지만, 이 짧은 강들은 사회를 무너뜨릴 만큼 강력하지 않았다. 자영농 개인이 농가의 여건 안에서 물의 변동을 관리할 수 있었다. 만약 자영농의 경제력만으로 물관리에 대처하기 어려웠다면, 그래서 집단으로 뭉쳐 기후의 힘에 대처해야 할 상황이 꾸준히 발생했다면, 자영농이 참정권을 요구할 동력이 심하게 약해졌을 것이다.

단언컨대 물 분포는 스파르타가 특유의 헌법을 받아들이게 한 **원인**이 아니었다. 레반트 북부 같은 곳은 물 사정이 스파르타와 비슷했어도 정치 체제는 다르게 흘러갔다. 달리 말해 물 분포 자체는 사회의 정치 제도를 결정하지 않는다. 그러나 사회와 물의 관계가 특정 성향을 강화하고 장려하는 것도 사실이다. 이를테면 물 경관에 개입할 용도로 세금을 거두지 않아도 된다면, 그래서 조세 범위가 행정과 병무로 한정된다면, 경제 자원이 중앙에 크게 집중될 까닭이 없다.

그리스 대부분이 그렇듯 스파르타의 물 환경도 온화했으므로, 스파르타 헌법은 독립된 개인으로 행동하는 시민을 기꺼이 받아들였다. 스파르타 시민을 하나로 묶는 것은 물이 미치는 영향에 집단으로 대응해야 할 필요가 아니라 안보 문제와 경제적 열망이었다.

아테네의 개혁

아테네에서는 정치 혁신이 스파르타만큼 오래 이어지지 않았지만, 권력을 지형과 결합하는 과정을 훨씬 철저하게 밀어붙였다. 달리 말해 권력을 전체 시민에게 완전하게 배분했다. 초기에 이런 혁신에 기름을 부은 원인은 크게 보아 아테네의 지형 때문에 생겨난 위기였다.

지중해로 발을 넓히기 전까지 아테네는 폐쇄 경제 체제라 수요가 늘면 곡물 가격이 올랐다. 따라서 인구가 늘어 먹여 살릴 입이 많아진 와중에도 자영농이 그럭저럭 생계 소득을 유지했다. 그런데 외국에서 곡물을 수입하자 가격이 곧장 주저앉아 사회와 정치가 위기를 맞았다. 식민지가 대체로 곡물 생산에 유리했으니, 당연히 국내 생산자들이 부가가치가 높은 작물로 전환해야 했을 것이다. 그 가운데 포도와 올리브는 묘목을 심고 열매를 맺기까지 여러 해 동안 다른 생산을 포기해야 해 부자의 영역이었다. 당장 수익을 내야 하는 농부들은 작물을 전환하기가 쉽지 않았다.

들쑥날쑥한 강우량과 국제 시장의 위협에 대응하려 애쓴 소규모 자영농은 위험을 분산하고자 갖가지 작물을 길렀다. 그러나 어떤 위험 완화 방식이든 대가가 따르기 마련이었다. 작물에 따라 경작 기술이 다른데도 한 작물에 집중하지 못하니 전문화가 어려웠다. 한 작물에 집중하지 못해 수확량을 최대화하기 어려우니 토지 생산성이 떨어졌다. 농부들은 때에 따라 지하 저수조에 모은 물이나 중력을 이용한 관개용수를 써서 빗물을 최대한 활용하려 했다. 여건이 될 때는 곡물을 과잉 생산해 이듬해에 쓸 용도로 저장했다. 그런데 저장한 곡물이 자칫 헐값이 될 때는 재고로 얻을 수입이 사라졌다.[22] 가난의 악순환이 일어났다.

소규모 자영농의 소득이 크게 줄자 많은 사람이 아직 기르지도 않은 이듬해 생산물을 미리 돈을 받고 팔았다. 생산물을 여러 곳에 팔지 않겠다고 보장하고자 보증인을 세웠다. 비가 내리지 않으면 채권자가 빚을 갚으라고 재촉할 테니 자영농이 자유를 잃고 노예가 되는 것은 시간문제였다. 소규모 지주들이 파산했다.

기원전 594년, 솔론Solon이 아테네의 최고 집정관 아르콘archon이 되었다. 솔론은 소규모 자영농을 괴롭힌 빚을 탕감하고 인적 담보 대출을 말소했다. 또 소유할 수 있는 토지의 상한을 정하고 소유권을 보장했다.[23] 솔론은 국가 권력을 자원 재분배의 중재자로 삼았다. 솔론의 개혁에서 정의의 중심은 모든 아테네 시민이었다.[24]

그런데 솔론의 혁신에서 핵심은 정치권력을 곡물 생산력과 결합한 것이다.[25] 솔론은 농업 생산량에 따라 시민을 네 계급으로 나눴다. 연간 생산량을 기준으로 500단위(단위 기준은 메님노이medimnoi였다. 1메딤노이는 약 52ℓ다—옮긴이) 이상인 대지주가 1등급, 300단위 이상인 중소지주가 2등급, 200단위 이상인 자영농이 3등급, 나머지는 4등급이었다. 이 개혁은 권력을 혈통에서 떼어 내 재력에 따라 분배했다. 이런 권력 재분배에서는 지형이 정치적 이익에 큰 몫을 할 수밖에 없었다.

고대 아테네가 자리 잡았던 아티카반도는 면적이 2000㎢인데, 대부분 산악 지대라 농경에 적합한 땅이 3분의 1뿐이었다. 이 지형 조건이 파벌을 부추겼다. 시민들이 거주 환경에 따라 야트막한 산악 지대에 사는 산악파, 평원에 사는 평원파, 바닷가에 사는 해안파로 나뉘었다. 물이 가장 풍부한 평원에 땅이 있는 사람은 높은 등급에 속했고, 산악 지대나 바닷가의 경작 한계지에 사는 사람은 낮은 등급에 속했다.

정치 제도를 재산을 중심으로, 그래서 실제로는 지형을 중심으로 재편한 솔론은 시민 등급에 따라 참정권과 군사 의무를 나눴다. 그리스 제도에서 군사 권력, 정치권력, 농업 생산량의 결합이 얼마나 중요한지가 여기서 다시금 명확히 드러났다. 행정관 선거는 상위 세 등급만 참여할 수 있었고, 아르콘 선거는 1등급 시민만 투표할 수 있었다. 가장 낮은 4등급은 행정관 투표권은 없어도 민회에 참석하고 시민 법정에 배심원으로 참여할 수 있었다. 전투에서는 상위 세 등급만 중장보병인 호플리테스가 될 수 있었다. 그중에서도 상위 두 등급은 기병이 될 수 있었고, 지휘관은 1등급 시민만 맡을 수 있었다. 마지막 등급은 경장보병이나 함대 승조원으로만 참여할 수 있었다.

솔론의 개혁은 권력이 더는 귀족의 타고난 권리가 아니라 농업 생산량을 바탕으로 삼는다는 개념을 도입했다. 그리고 농업 생산량은 아티카반도의 강우량 분포에 좌우되었다.[26] 이로써 권력이 마침내 물 분포와 결합했다.

솔론의 카리스마 덕분에 제도를 변혁할 수 있었지만, 아테네가 민주주의로 완전히 전환하기까지는 꽤 오랜 시간이 걸렸다. 솔론이 아테네를 떠나자마자, 아테네는 페이시스트라토스라는 참주에게 장악되어 부와 권력이 훨씬 크게 중앙에 집중되는 시기를 겪었다. 그러나 지형에 따른 권력 분산 그리고 권력이 물과 결합할 씨앗이 이미 뿌려진 뒤였다.

혁신적인 민주주의, 물 공화국

솔론이 아테네 민주주의의 원칙을 세웠다면, 클레이스테네스Kleisthenes

는 혁신적인 직접 민주주의의 체계를 세웠다. 클레이스테네스의 개혁이 시행된 기원전 508년부터 마케도니아가 아테네를 장악한 기원전 322년까지, 아테네는 장담하건대 인류 역사에 가장 큰 영향을 미친 정치 실험을 이어 나갔다.

클레이스테네스는 솔론의 개혁을 어느 정도 유지했다. 정부의 중대사를 모든 시민이 참여하는 민회가 투표로 결정했고, 솔론 때 400명이던 선출직 평의회를 500명으로 늘려 정책 집행을 관리했다. 그러나 정치 구조는 완전히 뜯어고쳤다. 솔론은 농업 생산량이 정치 대표성을 띠게 했다. 클레이스테네스는 곧장 지리를 건드렸다. 도시, 해안, 내륙의 시민을 뒤섞어 열 개의 행정 부족으로 나누고, 각 부족을 다시 정치 대표성을 띠는 지역 공동체인 데메^{deme}로 나누었다.[27] 이제 아테네는 지리에 기반한 작은 단위를 중심으로 결정을 내렸다.

데메는 개인이 농업 생산에 직접 관여하느냐에 따른 분류가 아니라, 각 부족 안에서 공간적 위치가 어디냐에 따른 분류였다. 이런 변혁이 사회와 물의 관계에 깊은 영향을 미쳤다. 시간이 지날수록 데메가 정치 공동체의 중심이 되었다. 아테네의 면적이 가뜩이나 작아 기반 시설을 건설할 비용을 감당하거나 위험을 관리할 능력이 적었는데, 정치 단위가 더 작아지자 이런 능력이 더 줄어들었다. 아테네가 영토를 이렇게 여러 조각으로 나눌 수 있었던 유일한 이유는 물 지형이 온화했기 때문이다. 만약 큰 강이 있었다면 상류 사용자와 하류 사용자가 서로 의존해야 했을 테니, 각 데메를 독립된 정치 중심지로 대우하기가 불가능하지는 않더라도 어려웠을 것이다.

이 시기에 아테네 경제가 꽃을 피운 덕분에 많은 개인이 부유해졌다. 기원전 5세기에 페르시아 제국과 페르시아 전쟁을, 스파르타와 펠로폰네소스 전쟁을 치렀는데도 경제가 성장했다. 오늘날 기준으로도 꽤 큰

라우레이온 은광의 채굴량이 정점에 이른 덕분에 아테네는 함대를 운영하고 제국을 꿈꿀 재원을 얻었다.[28] 기원전 4세기에는 주택 크기가 오늘날 여느 중산층 가정보다 더 커 방이 대여섯 개에 안뜰, 분수대, 석고벽, 석조 배수관, 욕조, 기와지붕, 홈통까지 있었다.[29]

엄청난 부를 쌓은 개별 시민이 공공 문제를 해결하는 데도 팔을 걷어붙였다. 그런 사례가 한둘이 아니다. 4세기에 오늘날 아테네 중심지에서 동북쪽으로 12㎞ 떨어진 곳에 있던 키피시아 데메에서는 샘물에 동물이 접근하지 못하게 울타리를 치고 송수관을 설치한 어느 이름 모를 개인의 공로를 비문에 새겨 칭송했다.[30] 그리스 전역으로 범위를 넓히면 사례가 훨씬 많다. 기원전 320년 무렵 에비아섬의 부유한 개발자 카이레페르네스가 도시 국가 에레트리아와 계약을 맺고 도시 동쪽 프테카이에서 말라리아가 들끓는 습지를 개발하기로 했다.[31] 계약에 따라 카이레페르네스는 30탈란톤(은 26.216㎏-옮긴이)에 땅을 사용할 권리를 얻었고 10년 동안 땅을 임대해 계약 비용을 회수하기로 했다. 습지에서 빼낸 물은 대규모 용수 사업에 쓰기로 했다.

이 사례들은 아테네의 정치 실험이 사회 변혁에 얼마나 광범위하게 영향을 미쳤는지를 보여준다. 카이레페르네스는 에레트리아 데메와 동업 관계를 맺었다.[32] 현대 민주주의의 뚜렷한 특징인 참정권을 보장한 정치 체제가 공동체와 개인의 물 문제를 계약으로 해결할 문을 열었다.

그런데 아테네의 해결 방식은 물이 이따금 공동체에 던지는 문제를 다루기 복잡하게 만들었다. 이를테면 아테네 사회를 변혁한 경제 개혁이 환경을 어마어마하게 압박했다. 광물을 제련하고 도자기를 굽고 건축물을 세우고 배를 만들고 집을 덥히는 데 나무가 필요했다. 대규모 삼림 벌채가 뒤따랐고, 이런 벌채가 물 안보에 영향을 미쳤다.[33] 플라톤Platon은 대화록《크리티아스Critias》에 삼림 벌채 탓에 산비탈들이 모조리 쓸려나갔다고 적었다.[34] 등고선식 경작이나 계단식 경작이 없었으므로, 식물이 없으면 물이 비탈을 따라 흐르며 겉흙을 쓸어내렸다. 고대의 농경 국가 대다수는 이런 물 사정을 집단으로 대응해 해결해야 할 때 이념을 설파하는 방식을 썼다. 근동의 신정 국가, 중국 유가와 도가의 치수 방식, 유대인의 율법 전통이 실제로 그랬다. 그런데 그리스의 정치 철학은 적어도 소크라테스가 처음 정립한 이래로 윤리를, 그것도 집단보다 개인의 윤리를 추구했으므로, 도덕규범에만 기대서는 이렇게 집단으로 대응해야 하는 문제에 대처할 해법을 내놓을 수 없었다. 해법은 사법과 정치에서 나와야 했다.

플라톤이 비록 《국가Politeia》 5권에서 파격적인 처자 공유, 재산 공유를 주장했지만,[35] 《법률Nomoi》에서는 사유재산이라는 더 현실적인 세계를 인정했다. 어느 아테네인과 크노소스 출신인 클레이니아스가 나눈 대화에서, 플라톤은 아테네 사람들이 다른 사람에게 해를 끼치지 않는 조건으로 필요한 물을 끌어다 쓸 수 있던 기본적인 공유 규칙을 설명했다.[36] 데모스테네스Demosthenes의 《연설Orations》에 따르면 이 법 제도에서는 자기 행동이 남에게 미친 영향에 책임을 져야 했다.[37] 유명한 사례에서 칼리클레스라는 집주인이 이웃 테이사스의 아들이 두 집을 나누는 길가를 따라 담을 쌓는 바람에 피해를 봤다고 소송을 걸었다. 사실은 그 길이 마른 물길이라, 비가 억수로 내리면 담에 막힌 물이 칼리클레스의 땅으로 넘쳤다. 피고인 편에 선 데모스테네스는 혐의를 반박해, 칼리클레스가 땅에 욕심이 난 나머지 어처구니없는 소송을 제기했다고 입증했다. 2500년이 지난 오늘날에도 여전히 일어나는 이런 소송은 개인의 관심사가 물 환경을 지배했다는 증거다.

온화한 환경에서 발달한 그리스 철학에서는 개인이 사법 정의와 정치의 중심이었다. 따라서 시민이 만든 법률만이 공동체가 마주한 문제에 해법을 제시할 수 있었다. 아테네인의 경험에서 무척 중요했던 이 개념을 가장 정확히 담아낸 사람이 아리스토텔레스이지 않을까 싶다. 아리스토텔레스의 정치 철학 깊숙이에는 개인의 권리와 공동체의 책임 즉 개인의 소유권과 공동체가 사용을 규제할 책임 사이에 흐르는 긴장이 자리 잡고 있었다.[38] 아리스토텔레스는 폴리스의 도덕적 목적을 믿었다. 시민은 그저 세금만 내는 존재가 아니었다. 도덕적 과제에도 힘을 보태, 폴리스의 생명을 정의라는 개념과, 개인의 권리라는 개념과 하나로 묶는 존재였다. 폴리스는 곧 폴리스의 모든 시민이자 시민들의 공동 목적이었다.[39] 바로 이 이중성이 정치를 최고의 자리로 끌어올렸다. 아리스토텔레스가 보기에 국가란 시민 정치를 통해 개인의 자유를 표출하는 장이었다. 그러므로 공공의 이익을 추구하는 규범을 정의하기에 적합한 무대는 종교가 아니라 정치였다. 로마에 고스란히 스며든 이 발상이 공화주의의 핵심이 되어 20세기까지 이르렀다.

이야말로 물의 역사에서 중요하기 그지없는 순간이었다. 아리스토텔레스는 국가와 국가의 지형, 개인의 자유와 공공의 이익 사이에 숨은 깊은 관련성에서 뒤이은 모든 공화주의 경험이 나타날 완벽한 토대를 포착했다.

[06]
공공재: 로마

지중해 권력

고대가 물과 관련해 층층이 물려준 유산에서 가장 중요한 마지막 조각은 도시 국가 로마의 유산이다. 로마는 광대한 제국을 이룩했다. 2세기 들어 정점에 올랐을 때는 지중해 주변의 모든 땅을 예속했고 유럽 대부분과 영국, 근동, 북아프리카로까지 발을 넓혔다.

기원전 3세기부터 기원후 2세기까지 지중해는 기후가 특히 온화해 이후 평균에 견줘 봄철 강우량이 더 많고 날씨가 더 따뜻했다.[01] 이 기후 조건이 로마가 지나칠 만큼 크게 의존한 하늘바라기 농업에 알맞았다.

그런데 전체 생산량은 풍부해도 지역과 시기에 따라 양이 들쭉날쭉했다. 어떤 지역은 한 해 강우량이 1000㎜가 넘었고, 어떤 지역은 가까스로 300㎜를 넘겼다.[02] 씨앗 하나를 심으면 겨우 알곡 세 개를 수확해 겨우 입에 풀칠만 할 때가 많았다.[03] 생산성이 높은 지역조차 가뭄이 든 해에는 재앙을 맞았다. 이를테면 이탈리아 남부는 평균 수확률이 1 대 6이었는데, 풍년일 때는 1 대 8인 수확률이 흉년일 때는 1 대 4에 그쳤다.[04]

더 복잡한 문제도 있었다. 로마는 탐욕스러운 제국이었다. 1세기 초 로마 제국은 도시화 비율이 높아 인구 3분의 1이 도시에 살았다.[05] 수도 로마만 해도 100만 명이 모여 살았다. 이 인구를 먹여 살리려면 해마다 얼추 밀 30만 톤이 필요한데,[06] 로마를 둘러싼 라치오 지역의 생산량으

105

로는 약 4만 명을 먹여 살릴 수 있을 뿐이었다.[07] 광범위하게 도시화가 진행된 로마 제국의 수요를 이탈리아의 하늘바라기 농법으로 맞추기란 어림도 없었다.

이 문제를 해결할 분명한 답은 관개 농업에 더 크게 의존하는 것이었다. 그러나 메소포타미아나 유럽 중부와 달리 로마의 농경지에는 커다란 강이 없었다. 그런 강들은 국경선에 있었다. 훗날 황제가 되는 옥타비아누스Octavianus가 기원전 31년에 악티움 해전에서 승리해 이집트를 속주에 추가했지만, 나일강만으로는 5000만 명 넘는 제국을 먹여 살리기에 충분하지 않았다.

로마는 중앙이 나서 수자원을 관리한 적이 한 번도 없었다. 수도교로 유명한 로마니 선뜻 이해가 가지 않을 것이다. 그러나 로마에서는 대부분 민간인이 개발한 소규모 댐, 우회 수로, 자그마한 물 저장고를 이용해 물을 관리했다. 농부들은 비에 의존했다. 지형이 허용하는 곳에서는 지하 저수조에 빗물을 모았다.[08] 여유가 있으면 우물이나 작은 수도교로 물 저장고를 보완했다. 하루 중 특정 시간에 물을 쓰도록 일정을 짜 물을 공유하기도 했다.[09] 배수마저 개인이 맡았다. 대 카토Cato the Elder가 《농업에 대하여De Agri Cultura》에서 어느 정도 설명했듯이, 뻥 뚫린 겉도랑을 이용하든 정교한 속도랑을 이용하든 토지 배수는 농부 개인의 몫이었다.[10] 테베레강이 걸핏하면 범람했는데도 로마의 시골 지역은 여전히 늪이 많고 말라리아가 들끓었다.[11] 부자들은 언덕배기에 저택을 지어 쉽게 문제를 피했다. 한마디로 로마는 국가가 나서 제국에 걸맞은 규모로 물 기반 시설을 주도하는 방식을 한 번도 추구하지 않았다.

로마가 이렇게 고도로 분권주의를 추구한 까닭은 로마 시민권을 규정하는 필수 요소가 사유재산제였기 때문이다. 로마 시민에게는 생명권과 재산권이 있었고, 두 권리는 로마 제국의 핵심인 공화정 헌법에 간섭받지 않았다. 그러나 물은 궁극의 공공재다. 개인 소유로 묶어두기 어려운, 움직이는 물질이다.

이 긴장에 대처하려면 로마는 물이라는 공공재를 다룰 때 개별 사업의 역할과 국가의 역할을 법으로 정확히 구분해야 했다.[12] 개인의 이익에 영향을 미치지 않는 것만 공공재 즉 국가 소유로 볼 수 있었다.[13] 이 구분은 모호했다. 어떤 강에서든 물은 공유물이라 소유할 수 없었다. 우기에 생기는 급류와 시내는 개인이 소유할 수 있었다. 이와 달리 사시사철 도도히 흐르는 강은 호수나 운하와 마찬가지로 공공재였다. 선박 운항은 경제에서 특히 중요한 기능이었다.[14] 따라서 배가 다닐 수 있는 길은 모두 공공재였고, 그런 강에는 물 사용에 추가로 제약을 걸었다. 그러나 강 언저리에 있는 땅은 국가가 통제하지 않았다.[15]

국가가 대규모로 수자원 관리에 개입하려면 배가 다닐 수 있는 물길을 공영화하는 데만 기댈 수 없었다. 그것만으로는 부족했다. 물 기반 시설을 국가가 주도하려면 제방, 둑, 운하, 배수 시설이 필요했을 것이다. 그리고 이 모든 시설이 강 주변의 땅에 있어야 했을 것이다. 그런 땅이 대부분 개인 소유였으니, 땅을 수용하는 해법을 쓸 수도 있었다. 그러나 선뜻 받아들이기 어려운 방안이었다.[16] 키케로Marcus Tullius Cicero가 《의무론De Officiis》에 적었듯이 사유재산권은 그야말로 신성불가침한 것이라 공공 자산으로 볼 수 있는 대상을 심하게 제한했다.

제국에 걸맞은 대규모 기반 시설이 답이 아니라면, 제국에 걸맞은 광범위한 제도가 해법이어야 했다.

자유와 공공재

로마가 남긴 가장 유구한 유산은 리베르타스libertas 즉 시민의 자유를 공화정의 통치 원칙으로 삼은 정치 체제였다. 이 정치 체제와 수자원이 어떤 관계이냐가 환경을 통제할 필요를 해결할 열쇠였다.

로마 제국에서 뜻한 자유란 오늘날 흔히 생각하는 자유와 그다지 관련이 없다. 이를테면 로마의 리베르타스는 자연권에 기반하지 않았다. 로마 제국은 강압적으로 훈계하는 국가였다. 자유는 특히 노예와 대조되는 개념, 달리 말해 다른 사람에게 지배받지 않는 상태였다. 그저 행동할 줄 아는 능력이 아니라 지위, 존재의 상태였다. 이런 뜻에서 자유는 뜻깊은 혁신이었다. 시민에 속한다는 뜻인 단어 civic이 자유로운 공동체 키비타스^{civitas}에 속한다는 뜻에서 나왔으니, 자유는 곧 시민다움이었다. 역사가 살루스티우스^{Gaius Sallustius}는 로마 공화정이 "자유를 지키고 국가를 발전시키고 …무한한 권한에 눈멀어 오만한 마음을 먹지 않게 막는" 과정에서 발전했다고 봤다.[17]

로마에서 자유를 떠받치는 뼈대는 공화정 헌법이었다.[18] 헌법이 정치적 자유라는 개념과 공공복리 추구를 모두 아울렀기 때문이다. 키케로는 "공공재는 공민의 재산^{Res publica res populi est}"이라고 정의했다.[19] 이때 키케로는 civitas가 아니라 populi라는 단어를 써, 자유로운 개인의 집합체인 로마인, 이 로마인들의 법적 합의, 서로 혜택을 나누겠다는 약속을 가리킨다는 뜻을 내비쳤다.[20]

초기 그리스와 마찬가지로 로마 제국도 개인의 권리와 집단의 공동 대응이 빚어내는 깊은 긴장을 해결하고자 부유한 농민에게 정치권력의 무게추를 뒀다. 로마는 통치권에 평등을 꾀하지 않았다. 로마 공화정은 아테네 후기의 민주주의와 아무 관련이 없었다. 공민을 위한 정부였지만, 꼭 공민이 통치한다는 뜻은 아니었다. 이를테면 로마에서 가장 중요한 입법부였던 켄투리아 민회는 시민들에게 병역 의무에 걸맞은 투표권을 주고자 만들어졌다.[21] 고대 로마의 역사가 리비우스^{Titus Livius}에 따르면, 로마의 인구 조사는 "모든 시민은 재력에 비례해 로마에 이바지할 수 있다"라는 원칙을 반영했다. 중장보병 장비를 살 수 있는 얼마 안 되는 호플리테스가 겨우 무릿매만 살 수 있는 투석병보다 정치 대표성을 훨씬 더 많이 누렸다. 재산이 없는 사람은 민회에서 어떤 목소리도 낼 수 없었다. 이때도 정치권력이 농경으로 쌓은 부와 결합했다. 여기서 그리스 도시 국가의 권력 분배가 떠오르겠지만, 로마의 지형은 그리스와 특성이 꽤 달랐다.

그리스에서는 도시 국가와 식민지의 영토가 작아 농경으로 부를 쌓는 데 한계가 있었다. 로마는 농경 자원이 훨씬 많을뿐더러 날로 늘기까지 했다. 로마가 많은 땅과 물을 빼앗을수록 부유한 농민의 정치적 이해관계가 그에 걸맞게 늘었다. 로마는 평등한 시민권이라는 약속과 사회 계층 사이에 불평등한 참정권을 낳은 불균등한 재산 분배 사이에서 균형을 잡아야 했다. 그것도 부가 놀랍도록 느는 상황에서. 이 난제는 제국을 건설하려는 공화국이 치러야 할 비용이자 로마 사회를 앞으로 나아가게 한 정치적 힘의 원천이었다.

로마 정치 체제의 기반인 평민과 귀족 사이에 자원 통제를 놓고 수 세기 동안 갈등이 이어졌다.[22] 아직 이탈리아반도 중부에 머물렀을 때도 로마는 아테네가 그랬듯 갈수록 평민들의 요구에 더 가까이 다가갔다. 고대 그리스의 철학자 플루타르코스Ploutarchos는 기원전 509년에 왕정을 폐지하고 공화정을 세우는 데 앞장선 푸블리우스 발레리우스 푸블리콜라Publius Valerius Publicola의 평민 친화 개혁을 솔론의 개혁에 빗댔다. 기원전 287년에는 독재관(로마 공화정에서 비상시 통상 6개월 동안 전권을 위임받았던 관직-옮긴이) 호르텐시우스Quintus Hortensius가 평민회가 통과한 사안은 원로원의 승인이 없어도 모든 로마 시민을 구속한다고 못을 박은 호르텐시우스 법Lex Hortensia을 제정했다.

그러나 로마 공화정이 중반에 접어들자 흐름이 바뀌었다. 로마 제국이 지중해로 놀랍도록 널리 확장하자 유례없이 많은 부가 쌓였다. 시작은 3세기 중반에 카르타고와 맞붙은 1차 포에니 전쟁(기원전 264~241년-옮긴이)에서 승리한 뒤였다. 이 전쟁으로 로마는 시칠리아, 사르디니아, 코르시카를 손에 넣었다. 2차 포에니 전쟁(기원전 218~202년-옮긴이) 뒤에는 스페인을 대부분 합병했다. 기원전 2세기 들어서는 동쪽의 헬레니즘 왕국들로 눈을 돌렸다.

기원전 2세기는 지주의 권리와 공공의 이익을 둘러싼 갈등이 여러모로 정점에 이른 시기였다. 기원전 133~122년에 호민관이던 형제 티베리우스 그라쿠스Tiberius Gracchus와 가이우스Gaius 그라쿠스가 주로 귀족이 장악한 공유지를 재분배하는 토지 개혁을 시행하려 했다. 형제는 공민에게 공유 재산을 나눠 가질 자격이 있다고 주장했다. 그러나 둘 다 살해되었다. 그 뒤로 갈수록 귀족 성향을 띤 로마 공화정은 원로원과 이따금 등장한 독재자의 손아귀에 들어갔다.

로마 제국은 덩치가 커질수록 물 경관을 둘러싼 개별 시민의 권리와 집단의 공동 대응을 중재하는 능력이 한층 더 줄었다. 시민이 어마어마하게 늘자 문제가 더 복잡해졌다. 로마의 시민권이 그리스 같은 도시국가에서 비롯했지만, 로마는 기원전 1세기 초에 동맹 도시들과 전쟁을 벌인 뒤로 시민권을 이탈리아반도의 모든 주민에게로 확대했다. 이 변화는 무척 중요했다. 로마시와 하나로 묶였던 로마 시민이라는 정체성이 마침내 제국 전체에 걸친 더 넓은 정치 연합체와 하나로 묶였다. 이 때문에 권리 주장이 갈수록 얽히고설켜 다루기가 더 어려워졌다.

기원전 1세기 후반에 벌인 여러 전쟁으로 로마는 한층 더 넓어졌다. 폼페이우스Pompeius가 지중해 동부를 대부분 정복했고, 율리우스 카이사르Julius Caesar가 갈리아를 정복했고, 옥타비아누스가 이집트를 포함한 더 넓은 땅을 정복했다. 시민의 수가 늘고 부가 훨씬 더 중앙에 집중되자 긴장이 한층 높아졌다.

그토록 광대한 제국의 수자원을 국가가 직접 개입해 관리하려면 훨씬 과감하게 세금을 걷고 국채를 발행해야 했겠지만, 둘 다 여의치 않았다. 그리스와 비슷하게, 부유한 민간 도급업자인 이른바 푸블리카누스 publicanus가 국가와 양허 계약을 체결하고 공공사업을 벌일 수는 있었다. 그러나 푸블리카누스가 건설을 맡을 수 있는 규모와 범위에 한계가 있었다. 같은 시기에 번성한 중국 진나라나 한나라와 달리 로마 공화정의 정치 구조와 경제 구조는 제국에 걸맞은 물관리 기반 시설을 건설하게끔 설계되지 않았다.

기원전 27년, 5세기 동안 이어진 공화정이 막을 내리고 원수정Principatus(황제 대신 원수princeps라는 호칭을 썼다—옮긴이)이 들어섰다. 로마 공화정의 헌법 구조는 3세기 뒤인 디오클레티아누스Diocletianus 황제 때까지 유지되지만, 의도와 목적으로 볼 때 원수정은 이제 아우구스투스Augustus(존 엄한 자)로 불린 옥타비아누스가 다스리는 군주제였다. 그런데 지난 5세기 동안 공화정을 형성했던 개인 권력과 집단 권력의 화해할 수 없는 긴장이 로마 제국의 한복판에 해소되지 않은 채 그대로 남아 있었다. 로마는 대안을 찾아야 했다.

거대한 물 시장

지중해 유역의 강우량 분포는 시기와 장소에 따라 일정한 양상을 보였다.[23] 10년에 걸쳐 강우량이 10% 이상 바뀌는 오늘날에도 이 양상은 놀라울 만큼 일치한다.[24] 이를테면 스페인과 지중해 서북부에 비가 더 많이 내리면 지중해 동남부에는 더 적게 내린다. 여러 해에 걸쳐 지중해 유역의 강우량이 바뀌는 원인 가운데 약 3분의 1이 바로 이런 양극화다. 이 중요한 지형 특성이 물 안보에 악용될 소지가 있었다.

지중해 곳곳으로 발을 넓힐 만큼 덩치가 커지자, 로마 제국이 위험 분산 전략을 펼 수 있었다. 스페인과 튀니지에서만큼이나 시리아와 이집트에서도 곡물을 많이 들여와, 지중해 전역의 변동성에서 로마를 어느 정도 보호할 수 있었다. 로마의 어마어마한 곡물 수요를 맞추려면 관개 시설과 홍수 통제 시설을 개발하는 데도 집중해야 했지만, 멀리 떨어진 공급처를 안정된 공급망에 연결해야 했다.[25]

로마 제국 구석구석을 연결한 밀 시장이 로마의 식량 수요를 맞추고자 지중해 곳곳에서 곡물을 수급했다. 가장 가까운 공급지는 500km쯤 떨어진 시칠리아 팔레르모였다. 마드리드에서 로마까지는 운송 거리가 약 1300km였는데, 이탈리아 북부 포강 주변 유역에서 곡물을 실어 오려면 배로 이탈리아반도를 빙 돌아야 했던 탓에 운송 거리가 1500km였다. (육상 운송은 안전하지 않아 금지였다.) 더 먼 공급지로는 터키, 이집트, 팔레스타인이 있었다.

대개는 부유한 자유 시민이 자본을 대고 대리인과 계약해 식량 공급을 조율했다. 증거로 보건대 이 상인들이 더러는 17세기의 합자 회사와 비슷한 회사까지 조직했다.[26] 이 교역 체계가 어찌나 효율이 높았는지 산지 밀 가격이 로마까지 운송 거리에 반비례했다. 로마에 도착했을 때 가격 경쟁력이 있으려면, 더 먼 곳일수록 가격을 더 내려야 했다.

곡물 시장은 효율만 뛰어난 것이 아니었다. 곡물 시장은 곧 거대한 물 시장이었다. 알곡 하나하나가 자랄 때 쓴 물을 나타냈다. 농업용수를 쓸 필요를 없앴으니, 곡물을 운송한다는 것은 지중해 유역의 다른 곳에서 물을 옮겨오는 것이나 마찬가지였다. 한 지역이 가뭄에 대비할 수 있는 해법은 관개 시설이나 저장뿐이지만, 지중해 주변을 널리 통합한 체계에서는 강우량 변화에 영향을 받지 않은 다른 지역을 통해 모자란 양을 메꿀 수 있었다. 강우량 변동과 상관없는 지역을 아우를 만큼 시장이 크면 식량 공급이 안정적이기 마련이다. 실제로 1~2세기 로마 제국은 통상 폭풍이 강타하는 지중해 지역보다 더 넓어 웬만한 강우량 변동은 너끈히 만회했다.

그래도 정부의 역할이 여전히 중요했다. 첫째, 이렇게 큰 민간 시장이 돌아가려면 강력한 법 제도가 있어야 했다. 교역에서는 상대에게 약속을 지킬 책임을 물을 수 있다는 확실한 보장이 필요하기 때문이다. 로마는 이를 위해 공법과 사법을 모두 적용했고 여러 강제 조항을 뒀다. 로마법이 대리 제도를 반영하지 않아 누구도 다른 사람을 대리해 계약을 맺을 수는 없었지만, 권한을 위임할 수 있었고 민간의 해상 무역에서 금융업이 흔했다. 둘째, 로마 제국의 함대가 지중해에서 해적이 활개 치지 못하게 순찰해 민간 교역 체계를 물밑에서 도왔다. 또 로마 정부가 큰손 역할을 한 덕분에, 시장 전역의 가격과 거래량 정보가 더 정확해졌다. 이를테면 로마시는 곡물을 수입해 배급한 쿠라 안노나이Cura Annonae를 운영해 25만 가구에 구제 식량으로 나눠줄 곡물을 조달했다.

로마는 물 경관을 통제하면서도 시민의 요구와 자유를 존중할 만큼 거대한 기반 시설을 감당하기 어려웠을 것이다. 대안은 일종의 시장 경제를 장려하고 규제하는 것이었다.

국가가 기반 시설을 건설할 비용을 감당하지는 않았지만, 부유한 황제가 개인으로 직접 투자하는 일은 많았다. 황제는 자기 재산으로 기반 시설을 지어 정통성을 높였다. 그런데 대중을 도울 농업 문제에서 그런 자원을 집중한 대상은 관개 시설이나 홍수 통제 시설이 아니라 교역 시설이었다.[27]

곡물을 싣고 지중해를 건넌 배는 어마어마하게 컸을 것이다. 로마의 선박 건조 기술은 탁월했다. 로마의 박물학자 플리니우스Gaius Plinius에 따르면 오벨리스크용 선박을 따로 만들어 수백에서 수천 톤에 이르는 오벨리스크를 이집트에서 로마로 운송했다. 그렇게 큰 배가 표준은 아니었겠지만, 선박 대다수가 곡물을 100톤 남짓 운송했을 것이다. 지중해의 곡물 시장을 유지하느라 지중해를 지난 선박들의 한 해 평균 누적 운항 횟수가 수천 회에 이르렀다.[28] 그렇게 많은 배가 테베레강을 따라 로마로 곡물을 나를 수는 없었다. 더 작은 하천용 선박이 곡물을 로마까지 나를 수 있도록 바닷가를 따라 항만 시설을 개발해야 했다.

1세기에 클라우디우스Claudius 황제가 넓이 200ha, 깊이 7m에 이르는 거대한 인공 정박지 포르투스를 건설해 대형 범선을 머무르게 하고, 더 작은 배는 한쪽에 1ha 넓이로 마련한 작은 정박지 다르세나를 이용하게 했다. 이 항만 체계를 연결하는 두 물길이 하나는 바다로 하나는 테베레강으로 이어져 상품을 로마로 운송할 수 있었다.[29] 완벽하기는커녕 끊임없이 정박지 바닥을 파내야 했고 극심한 혼잡이 이어졌지만, 해마다 선박 2000척이 이곳에 닻을 내렸다.

국가의 규제 기능과 황제의 투자 덕분에 로마는 놀랍도록 꼼꼼히 연결된 교역 체계를 발전시켰다. 이 교역 체계에 힘입어, 개별 시민의 재산권을 중심으로 설계된 정치 체제 그리고 식량 공급의 총괄 안전만 보장할 뿐인 경관 사이에서 불가능해 보이는 균형을 잡을 수 있었다. 19세기 전까지 서양에서 가장 드넓었던 국가가 이 멋진 체계를 바탕으로 성장했다. 그러나 여기에는 이 국가의 몰락을 부를 근본적 결점도 있었다. 여기서도 핵심은 물이었다.

견고하지 못한 제국

얄궂게도, 로마가 멸망한 주요 원인 하나가 무르익은 수력공학 기술이었다. 로마의 공공 건축을 책임졌던 마르쿠스 아그리파Marcus Agrippa가 놀랍도록 현대적인 상하수도 종합 계획을 설계해 새로운 아우구스투스 시대를 열었다. 아우구스투스가 "로마 제국을 설계한 건축가"라면, 아그리파는 "로마를 건설한 감독관"이었다.[30] 관개 시설이나 홍수 통제 시설과 달리 도시의 상수도는 군주의 정통성을 확실하게 증명할 길이었다.

로마는 유럽 도시 대다수가 19세기나 되어야 건설할 기반 시설을 아우구스투스 시절에 벌써 갖추었다.[31] 플리니우스는 로마의 하수 시설인 클로아카 막시마를 경이롭게 여겨 바빌로니아의 공중 정원에 빗댔다. 로마 제국 초창기에 로마시에서 이미 수도교 네 개가 작동하고 있었다.[32] 아그리파는 20년에 걸쳐 로마의 상하수도 체계를 개혁했다. 수도교 두 개를 새로 지어 상수도 공급을 두 배로 늘렸다. 또 야심 찬 계획을 실행해 도시의 물 공급, 일정, 할당량을 중앙에서 관리했다.

아그리파는 무작정 물 공급을 늘리기보다 기반 시설마다 사용 지역과 용도를 지정했다. 이를테면 어떤 수도교는 주로 개인 주택에 물을 공급하고, 다른 수도교는 공동 수조, 분수대, 목욕탕에 물을 댔다. 유일하게 오늘날에도 사용되는 수도교 아쿠아 비르고는 아그리파가 목욕탕과 여러 건물을 세운 복합 단지 캄푸스 마르티우스에 주로 물을 댔다.

아그리파가 진두지휘한 수력 사업은 로마의 공학 기술이 얼마나 정교했는지를 고스란히 보여준다. 수리 기술이 향상하고 수력 사업의 효과를 확신하자, 로마는 수력공학을 널리 활용해 경제에 큰 영향을 미쳤다. 수력공학은 로마 제국의 도시화에만 중요한 기술이 아니었다. 여러 경제 분야에서 수력공학을 발판으로 기계화가 일어났다. 곳곳에서 커다란 수도교에 연결된 물레방아가 돌았다. 1세기 초 하드리아누스Hadrianus 황제 시절 브리타니아에 세운 방어벽을 포함해 군대에서도 물레방아를 사용했다. 지방에서도 건조 지역에서는 물 낙하 장치, 수조, 송수관을 이용해 수압을 높이고 주요 도시에서는 강이나 수도교로 동력을 공급해 모든 기후 조건에서 물레방아로 밀가루를 빻았다.[33] 그렇다고 여기서 현대의 산업 혁명을 떠올려서는 안 된다. 로마가 물에서 끌어낸 힘은 근대에 화석 연료로 얻은 동력에 견줄 바가 아니고, 이런 수력 기술로 시장 수요와 접근성이 어마어마하게 늘지도 않았다.

그래도 물 이용 기술이 널리 퍼졌고, 때로는 놀라운 규모에 이르기도 했다. 4세기부터 사용한 것으로 보이는 프랑스 아를 근처 바르베갈의 유명한 물레방앗간 단지는 경사를 따라 계단식으로 늘어선 물레방아 열여섯 개가 방앗간을 돌렸다. 수도교에서 끌어온 물이 첫 물레방아를 돌리면 이 물레방아에서 떨어진 물이 다음 물레방아를 돌렸다. 이 방앗간 단지가 하루에 빻을 수 있는 밀가루가 4~5톤으로, 1만 2000명을 너끈히 먹여 살릴 수 있는 양이었다.[34]

그런데 바르베갈처럼 물을 이용해 기계화를 도입한 경제 영역에서 나중에 로마 제국을 무너뜨릴 변혁이 일어났다. 먼저 광물자원에서 잇단 사건이 일어났다. 특히 스페인의 금광과 은광이 기계화로 큰 변화를 겪었다. 플리니우스에 따르면 노천 광산 위쪽의 커다란 물 저장고에 고인 물을 수도교로 끌어온 뒤 쏟아내 그 힘으로 산비탈을 쓸어내렸다.[35] 원광석을 채굴한 다음에는 쓸모 있는 광석을 골라내는 선광 작업을 거쳐야 했는데, 이때도 밀을 빻을 때처럼 물레방아의 힘을 이용했다. 로마는 수력 기계를 이용해 어마어마하게 많은 귀금속을 채굴했다. 예컨대 카르타고 노바(오늘날 스페인 카르타헤나)의 광산이 해마다 은을 자그마치 35톤이나 생산했다. 로마의 광산 사업이 어찌나 거대했는지 그때 대기에 배출된 오염 물질이 그린란드의 얼음 핵에 남아 있을 정도다. 이 영향을 넘어설 상대는 산업 혁명뿐일 것이다. 그런데 물을 이용한 이 엄청난 생산성이 결국은 화를 불렀다.

로마 제국은 주로 은을 화폐로 썼다. 따라서 은이 사라지는 데 압박을 느낄 수밖에 없었다. 은화가 유통 중에 사라지거나 사용 중에 망가지거나 로마 제국 밖으로 빠져나갔으므로, 주화를 교체해야 했다. 그러나 물을 이용해 귀금속을 워낙 싹싹 캐낸 탓에 3세기에는 광산이 고갈되었다. 로마는 통화 위기에 빠졌다. 은을 꾸준히 공급하지 못하자 주화 가치가 떨어져 물가가 올랐다. 군인들에게 가치가 떨어진 주화로 임금을 주는 것은 재앙을 부르는 지름길이었다.[36]

로마군의 부담은 165~180년에 안토니누스 역병(마르쿠스 아우렐리우스 안토니누스Marcus Aurelius Antoninus 황제 시절 퍼진 감염병. 500만~600만 명이 사망한 것으로 추산한다—옮긴이)이 촉발한 인구 위기로 더 심각해졌다. 동원할 수 있는 병력이 줄었기 때문이다. 제국은 확장했는데 자원은 줄자 주둔군을 제대로 유지하기가 더 어려워졌다.[37] 3세기에 아마도 제국 전역에서 일어났을 농업 생산성 하락이 위기를 한층 부채질했다. 지중해의 농업 생산성을 떠받쳤던 온화한 기후가 이 무렵부터 바뀌기 시작했을 가능성이 크다. 고고학 기록에 따르면 농업이 몹시 불안정해졌다. 상업 농업이 무너지는 바람에 작은 농장과 공동체가 특히 심하게 타격을 입었다. 배수로에 흙모래가 쌓여 쓸모가 없어졌고, 배수로를 다시 파내면 또 흙모래가 쌓였다.[38]

이렇게 모인 여러 사건이 사회를 크게 바꾸었다.

고대의 종말

고대 문명과 물의 관계에 자연스러운 마침표를 찍은 것은 서로마 제국(395년, 로마 제국이 분열해 동로마 제국과 서로마 제국으로 나뉜다. 후대에 동로마 제국을 비잔티움 제국이라고 부르기 시작했다—옮긴이)의 해체였다.[39] 서로마 제국이 무너진 직접 원인은 라인강과 도나우강을 따라 이어진 북쪽 방어벽 리메스 게르마니쿠스에서 시작했다. 라인강과 도나우강 사이에는 오늘날 독일 마인츠와 레겐스부르크 사이에 있는 300㎞ 거리의 땅이 펼쳐 있었다. 방어벽을 설치하자 북해에서 흑해까지 장장 3000㎞에 이르는 물리적 경계선이 그어졌다.[40] 하드리아누스 황제 시대부터 로마는 외교술로 국경선을 굳건히 지켰다. 또 로마군의 막강한 병력과 이민족을 향한 너그러운 포용 정책이 위협을 대부분 억제했다.

3세기 후반 들어 로마 제국이 자원 위기에 휘말리자, 여기저기 지나치게 넓게 퍼져 있던 로마군이 국경을 통제하는 데 애를 먹었다.[41] 284년에 디오클레티아누스가 황위에 오르자 상황이 개선되는 듯 보였다. 디오클레티아누스는 무너지기 직전인 제국에 놀라운 솜씨로 새 숨결을 불어 넣었다. 제국을 동과 서로 나누어 다스리는 사두정치(제국을 동방과 서방으로 나누고 각각 정제와 부제를 둬 네 명이 통치한 체제. 사실상 제국이 네 지역으로 나뉘었다—옮긴이) 체제를 도입해 관료를 크게 늘렸고, 무엇보다 군사 제도와 조세 제도를 이에 맞춰 개혁했다.[42]

디오클레티아누스는 제국의 안전을 다지고자 군대를 꽤 많이 늘렸다. 아우구스투스는 6000명으로 구성된 군단 25개를 지휘했는데, 디오클레티아누스 시절에는 군단이 60개가 넘었고 병력이 60만~100만 명에 이르렀다.[43] 대부분 게르만과 다른 이민족에서 고용한 병력은 입대를 대가로 로마 제국에 정착했다. 군인에게 급여를 줘야 했지만, 주화의 가치가 떨어진 탓에 임금 4분의 3은 현물로 줘야 했다.

이 대규모 상비군이 제국 전역의 땅과 수자원에 엄청난 부담을 안겼다. 디오클레티아누스는 이 병력을 수용하고자 조세 대상을 확대하고 조세 제도를 합리화했다. 모세혈관처럼 촘촘한 행정부를 구축해, 세금을 누구에게 얼마만큼 걷을지 조정할 인구 정보를 모으고 관리했다. 가장 중요한 변화는 유가티오iugatio-카피타티오capitatio 과세의 표준화였다. 유가티오는 토지 생산량에 매기는 소득세였고, 카피타티오는 사람 머릿수대로 매기는 인두세였다. 둘 다 대부분 현물로 징수했다. 특히 토지 소득세인 유가티오는 곡물로 거뒀다. 기본 과세 단위인 유가iuga의 척도는 토지 면적이 아니었다. 유가는 작물의 종류와 생산량에 좌우되었다.[44] 달리 말해 토지의 생산량을 반영해 세금을 부과했다. 그런데 하늘바라기 농업으로 나오는 생산물에 매기는 세금이었으니, 비가 얼마나 많이 내리느냐에 매기는 세금이나 마찬가지였다.

디오클레티아누스의 과세 제도 덕분에 로마 정부는 유례없는 힘을 얻었다. 공화정 제도는 권위주의 정권에 완전히 자리를 내줬다. 재정 통제권을 움켜쥔 황제는 정통성을 뒷받침할 별도 재원과 군비를 치를 엄청난 공공 자원을 손에 쥐었다.[45] 엄밀히 따지면 이 조세 제도가 지중해 공급망의 위험을 자연스럽게 분산했어야 한다. 세금을 거둘 곳이 생산량이 더 많은 지역에 맞춰 자동으로 조정되었다. 그러나 식량 안보와 마찬가지로 조세 안정화도 종합 세수가 일정하냐에 크게 좌우되었다. 따라서 국가가 대규모 병력을 유지하는 능력은 한 지역의 생산량 감소를 다른 지역의 생산량으로 대체할 만큼 큰 영토를 통제하는 능력과 맞물렸다.[46] 하필 로마는 물질적 조건의 변화에 쉽게 흔들리는 나라였다. 그리고 드디어 물질적 조건이 바뀌었다.

기후 변화는 일찍이 1세기에 관찰되었다.[47] 로마 저술가 콜루멜라Col-umella는 날씨가 따뜻해져 로마가 살기 좋다고 적었지만, 로마라는 세계는 이미 내리막길로 들어서 있었다. 날씨가 차가워졌고, 유럽 중부는 비가 많이 내리는데 지중해는 가뭄이 들었다. 결국 심한 흉년이 닥쳤다. 물 경관이 달라지기 시작했다.[48] 그러다 4세기 들어 흑해 북쪽에 훈족이 나타났다. 훈족도 기후 변화에 대응하고 있었다.

훈족은 거친 싸움꾼이었고 활쏘기와 말타기의 명수였다.[49] 훈족이 남긴 기록은 한 줄도 없지만, 일부 가설은 이들을 흉노족으로 본다. 그렇다면 훈족의 습격은 멀리 중국에서 벌어진 기후 변화가 뜻하지 않게 영향을 미친 사건이었다. 진나라를 이어 기원전 206년에 들어선 한나라는 놀라운 성장기를 누렸다. 서기 2년에 황투고원에만도 무려 280만 명이 살았다.[50] 그러다 기후가 불안정해져 아시아 계절풍의 북쪽 경계선이 남쪽으로 내려갔다. 유목민족이 초원을 따라 남쪽으로 100㎞를 내려갔다가 정착민과 충돌했다.[51] 남쪽 만리장성 건너편에 정착 인구가 늘자, 이들이 서쪽으로 방향을 틀었다.[52] 그렇게 동쪽에서 몰려온 훈족이 도미노 효과를 일으켰다. 돈강과 카르파티아산맥 사이에 살던 고트족이 훈족에 밀려 로마 국경으로 쫓겨났다.

376년 여름, 서고트족 수십만 명이 피난처를 찾아 로마 국경을 넘기 시작했다. 제국 동쪽을 맡은 황제 발렌스Valens가 관행대로 피난민을 받아들였다. 그런데 이번에는 큰 사달이 일어났다. 피난처에서 로마군에 탄압받던 고트족이 폭동을 일으켰는데, 병력이 부족한 로마군이 그만 제압당하고 말았다. 반란군은 아직 국경 너머에 남아 있던 고트족과 힘을 합쳐 발렌스를 향해 진군했다. 그리고 378년, 하드리아노폴리스(현재 터키 에르디네-옮긴이) 전투에서 발렌스를 물리쳤다. 발렌스 황제는 이 전투에서 전사했다.

국경 통제권 상실은 로마가 제국 서쪽을 잃으리라는 전조였다. 402년, 서로마 제국 황제 호노리우스Honorius가 통치권을 지키고자 수도를 아드리아해 연안 도시 라벤나로 옮겼다. 모래섬에 말뚝을 박아 세운 도시 라벤나는 운하와 다리로 연결되어 있었다. 3세기에 로마에 위기가 닥쳤을 때 라벤나도 운하와 수로 대다수가 메말라 흙모래가 쌓였었지만, 그래도 습지에 둘러싸이고 육지에서 접근하기 어려운 곳이라 고트족에 포위된 정부가 선택할 수 있는 최상의 방어책이었다. 410년 8월 24일, 서고트족 왕 알라리크 1세Alaric I가 병력을 이끌고 로마를 습격해 약탈했다. 3일 동안 믿기지 않은 일이 일어났다. 당시 로마에 살았던 수도

사 펠라기우스Pelagius는 이렇게 적었다. "로마가, 세상의 주인인 로마가, 새된 나팔 소리에 오싹한 두려움을 느껴 꼼짝도 못 하고 벌벌 떨었다."[53]

1000년을 이어온 난공불락의 존재, 불멸의 도시가 사라졌다. 한때 이 도시가 대표했던 영원한 제국은 이제 없었다. 흔히 성 예로니모라 부르는 로마 신학자 히에로니무스Hieronymus는 "온 세상을 손에 쥐었던 도시가 적의 손에 떨어졌다"라고 적었다.[54] 고트족이 처음 로마 제국에 들이닥친 지 100년 뒤인 476년 9월 4일, 로마군의 이민족 부대를 이끌던 오도아케르Odoacer 장군이 라벤나에서 서로마의 마지막 황제 로물루스 아우구스투스Romulus Augustus를 끌어내리고 이탈리아의 왕이 되었다. 한때 유럽 전역, 아프리카 북부, 근동을 호령했던 제국이 습지에 둘러싸인 해안가 자그마한 도시에서 이렇게 막을 내렸다.

첫 정착 사회에서 시작해 서로마 제국의 몰락으로 끝이 난 여정은 마지막 빙하 극대기 이후 인류사의 90%를 아우른다. 이 시기는 각 사회의 경험을 하나로 결합해 후대에 물려준 제도가 어떻게 발달하고 관념화되고 확산하기를 되풀이했는지를 자세히 보여준다. 이 여정이 남긴 유산은 기독교 세계의 비잔티움 제국과 이슬람 세계의 칼리파 국가들을 거쳐 중세 유럽과 근대까지 오래도록 널리 퍼졌다. 쑨원도 자유와 민주주의를 가르칠 때 로마와 그리스를 자주 언급했다. 로마의 공화정 제도는 2000년 동안, 고대 그리스의 민주주의 제도는 훨씬 오랫동안 자취를 감췄지만, 쑨원이 보기에는 이런 제도가 자신이 마주한 상황만큼이나 정치적으로 중요했다.

이것이 고대가 남긴 특별한 유산이다. 그리스의 물 지형에서 생겨나 로마에서 완전히 실현된 공화정이라는 이상이 20세기 중국의 토대가 되었다. 실제로 공화정은 세계 곳곳에서 주요한 국가 이념이 되어 20세기를 수력을 이용해 발전하는 물의 세기로 이끌었다. 그런 수렴이 일어난 이유와 방식 자체가 고대가 남긴 조각을 출발점 삼아 1000년 동안 제도가 발달하고 관념화하고 확산하는 과정이었다. 2부에서는 바로 이 이야기를 다뤄보자.

2부

천 년에 걸친
수렴

유럽의 근대 국가

[07]
과거가 남긴 조각들

사라지는 물 경관

중세 초기부터 17세기까지 서양 사회는 인류 진보의 역사에서 주변부에 가까웠다. 당시 인류를 이끈 주요 동력이 동쪽으로 이동해, 비잔티움제국에서 오스만 제국으로, 무굴 제국에서 중국으로 넘어갔다. 그래도 유럽이 고대에서 물려받은 것이 있다면 근대를 빚어낸 제도였다. 걸핏하면 갈등을 빚은 보잘것없는 대륙이 그런 유산을 비교 우위로 바꾸기까지 자그마치 1000년이 더 걸렸다.

이 여정을 시작한 뒤로 600년 넘게 권력 구조가 분열된 탓에 갈등과 논쟁이 벌어질 소지가 크게 늘었다. 그러다 유럽 대륙 전체를 아우르는 공통된 법 체제가 발달해 이런 갈등의 규칙을 완전히 바꿔놓았다. 유럽은 공통된 법 체제를 널리 받아들인 덕분에 가장 중요한 혁신을 실행할 수단을 얻었다. 그 수단은 영토 주권이었다. 영토 주권은 근대 국민 국가가 발전하는 데 무엇보다 중요한 단계이자 물과 인류가 새로운 관계를 맺는 발판이었다.

이 단계에 들어서기 전 물의 역사, 달리 말해 로마 제국이 무너진 뒤물의 역사는 무엇이 남았느냐로 시작해야 한다. 로마의 전통, 제도, 기반 시설은 겨우 살아남아 드문드문 조각조각 중세로 전달되었다. 서로마 제국이 해체된 정도를 고려하면 이런 전달은 더욱더 보기 드문 일이었다. 서로마 제국은 생각만큼 빠르게 해체되지 않았다. 435년에 반달족에게 북아프리카를 빼앗겨 식량 공급처를 잃으면서 크나큰 타격을 입었지만, 로마를 지탱한 복잡한 교역 체계가 주로 사기업에 의존한 터라 서로마 제국은 정부가 무너진 상태로도 계속 작동했다.[01] 그래도 4세기 후반이 단절의 시기라는 것은 의심할 여지가 없다.

이탈리아반도에서는 고트족과 전쟁을 벌인 탓에 주요 강인 포강을 이용한 운송이 가물에 콩 나듯 줄었다. 고트족은 해군 병력이 없었고 이탈리아반도 내륙을 탐색할 마음도 별로 없었다. 포강 유역 곳곳의 뱃사람들이 여전히 비잔티움 제국의 통치를 받는 해안을 따라 피난처를 찾았으므로, 적으나마 교역이 계속 이어졌다. 로마 출신인 동고트 왕국 정치가 카시오도루스Cassiodorus가 537년에 한 서신에서 이탈리아 북부 이스트리아에서 거둔 세곡을 아드리아해 해안을 따라 궁정이 있는 수도 라벤나까지 조운선으로 운송하게 주선했다. 조운선이 베네치아 석호와 포강을 거칠 예정이었으니, 두 곳의 통합 교역 체계가 여전히 작동한 것으로 보인다.[02]

그러나 568년, 한때 로마의 속주였던 판노니아(주로 오늘날 헝가리에 해당한다)에서 랑고바르드족(롬바르드족)이 쳐들어온 뒤로는 이 얼마 안 되는 수상 운송마저 무너졌다. 처음으로 문서로 편찬된 랑고바르드법 에딕툼 로타리Edictum Rothari는 강을 거의 언급하지 않는다. 한때 베네치아, 만토바, 파비아, 밀라노, 토리노를 이었던 포강의 운항이 멈춰 섰다.[03]

그러자 경관이 바뀌었다. 로마 제국의 병력을 먹여 살렸던 경작 체계는 격자형 표준 경작지 주변에 개인이 관리하는 배수로가 일정한 간격으로 놓인 구조였다. 이런 배수로는 바닥을 긁어내지 않으면 빠르게 막혔다. 7세기에는 경작지가 사라졌고 경작지의 경계선이 지워졌다. 풀이 무성하게 자라 땅이 초원으로 바뀌었고, 지하수면이 올라가 평지가 대부분 습지가 되었다.[04] 자연 생태계가 되살아나 빗물과 양분을 더 많이 흡수하고 퇴적물이 쓸려가지 않게 막았다. 강이 더 맑아졌고 더 꾸준하게 흘렀다.[05] 송어, 연어, 장어를 잡는 민물 어업이 크게 되살아났다.

경관이 완전히 바뀌자 지역 경제가 무너졌다. 청동기 시대 때부터 계속 발전한 경작 농법이 확산을 멈췄다. 주도권이 물로 넘어가자, 힘이 약해진 인간 사회가 유일한 대응법을 썼다. 그 방법은 적응이었다. 사람들은 대형 건설 공사를 벌이기보다 더 작은 집을 지었다.[06] 지역에 맞춰 농업을 특화했다. 어떻게든 살아남고자 강, 습지, 늪지로 향했다.[07] 드디어 다른 경제가 펼쳐졌다.

로마가 구축한 제도가 무너진 것 말고도 유럽의 물 경관에 영향을 미친 요인이 또 있다. 이 무렵 기후가 바뀌었다. 6세기 들어 유럽 중부와 북부가 더 습하고 차가워졌고, 지중해 지역은 더 건조해졌다.[08] 변화의 원인은 확실하지 않다. 카시오도루스가 538년에 대리인에게 보낸 편지에 날씨가 심상치 않다는 구절이 적혀 있다. "별 중의 별 태양이 예의 밝은 빛을 잃었는지 희끄무레한 빛을 띠네."[09]

가장 타당한 가설은 536년, 574년, 626년, 682년에 잇달아 일어난 화산 폭발이 성층권에 이산화황을 많이 내뿜는 바람에 지표면에 도달하는 일사량이 줄었으리라는 것이다. 이런 화산 폭발로 겨울에는 폭풍이 줄고 여름에는 열기가 줄었다. 그런 영향이 길게는 10년이나 이어졌다.[10] 화산 폭발이 확실한 원인이었든 아니든, 여름철 햇빛, 온도, 강우량에 민감하게 반응하는 곡물 생산이 이 기간에 심하게 타격받았다.[11]

식량 생산이 무너지자 인구도 줄었다. 유스티니아누스Justinianus 황제 시절인 541년, 페스트균이 퍼져 지중해 곳곳의 공동체를 끔찍하게 파괴했다. 비잔티움 제국의 역사가 프로코피우스Procopius가 묘사한 바에 따르면 "이 역병으로 인류 전체가 거의 절멸할 뻔했다."[12] 처음에 여기저기서 집단 발병이 일어났을 때 거의 1억 명이 사망했는데, 당시 유럽과 비잔티움 제국 인구의 절반이었다.[13] 이 와중에 기후까지 갈수록 나빠졌다. 6세기 후반 25년 동안 1000년 사이에 겪지 못한 많은 비가 쏟아졌다.[14] 테베레강과 론강이 범람했다. 오늘날 프랑스에 속하는 투르의 주교 그레고리우스 투로넨시스Gregorius Turonensis에 따르면 580년 무렵 엄청난 홍수가 프랑스 중부와 동북부를 덮쳤다.[15] 사람들이 갈수록 위험해지는 강 유역을 버리고 떠나자 수풀이 되살아났다. 특히 라인강 동쪽과 유럽 북부 40~80%가 수풀로 뒤덮였다. 탁 트인 들판이 드물어졌다.[16]

그러다 8세기에 유럽 전역에서 기온이 올라가 기후 여건이 나아졌다.[17] 이유는 확실하지 않다. 로마가 몰락한 뒤 한동안 숲이 되살아난 덕분에 유럽 대륙이 태양 복사 에너지를 그만큼 더 많이 흡수해서였을 수도 있다.[18] 기후 체계 내부의 역학 관계 때문에 온도가 올라갔을지도 모른다. 원인이 무엇이었든 더 온화한 기후로 또다시 경작지 수요가 늘었다.[19] 사람들이 다시 산을 개간했고, 수확량이 늘었다. 오랫동안 움츠러들었던 인구가 8~9세기에 다시 불났다. 이제는 세상을 재건할 때였다.

물을 통제한 수도원

나중에 공통된 법률 체계를 발달시킬 갈등은 로마 제국이 몰락하면서 영토 소유권과 영토 관리에 남긴 심한 파편화에서 비롯했다. 로마의 제도가 사라지자 다른 제도가 등장해 경관을 다스렸다. 동쪽에서 비잔티움 제국이 로마 제국의 유산을 크게 이어받았다면, 서쪽에서는 로마가톨릭교가 같은 역할을 맡았다. 이 기독교 공동체가 중세 유럽을 정신적으로도 하나로 묶었을뿐더러 가장 발전한 영토 제도가 되었다. 그런데 로마가톨릭교는 중앙 집권 국가처럼 영토 주권을 행사하지 않았다. 그보다는 서유럽 전역에 촘촘히 구축한 수도회들을 통해 간접적으로 물

127

경관을 관리했다.[20]

앞으로 다룰 물의 역사는 로마의 제도가 심하게 파편화한 결과로 나타난 것이다. 본디 금욕하는 은둔 생활, 고독, 묵상에 몰두해야 할 수도원이 물 경관을 관리하는 역할을 습득해야 한다니, 그것도 물 경관의 변혁을 이끄는 정도가 아니라 해체된 제도를 완전히 대신해야 한다니, 앞뒤가 맞지 않는 말로 들릴지 모르겠다. 4세기에 이집트 출신 수도사 파코미우스Pachomius가 이집트 사막에서 첫 수도회를 조직했을 때만 해도 수력공학을 아예 생각하지 못했을 것이다.[21] 그러나 5세기에 북아프리카 도시 히포 레기우스에서 활동한 성 아우구스티누스Augustinus는 《수도자의 일De Opere Monachorum》에서 수도회에 땅을 일구라고 일렀다. 반달족이 북아프리카를 습격해 정복하자, 아우구스티누스의 수도 규칙이 북아프리카에서 이탈리아로 건너가 뿌리내렸다. 그리고 마침내 수도원이 물 경관을 활용하는 데 필요한 물레방아, 수로, 둑, 배수 장치를 건설하는 일을 맡았다.

수도원이 기반 시설 개발을 맡았을지라도, 로마가톨릭교 전체는 경제 사안, 특히 물 경관과 관련한 사안에 거리를 뒀다. 수도 규칙에서는 땅을 일구라고 일렀을지 몰라도, 아우구스티누스는 윤리 관점에서든 신학 관점에서든 기독교계 자체가 세속에 관여해서는 안 된다고 생각했다. 410년에 로마가 서고트족에 짓밟힌 사건은 아우구스티누스에게 크나큰 충격이었다. 그러니 로마마저 바빌론처럼 무너질 수 있다면, 기독교인이 유일하게 집중해야 할 목표는 신을 향한 묵상이라고 생각했을 것이다.

아우구스티누스는 대표작 《신국론De Civitate Dei》(지만지, 2012)에서 물관리 같은 세속의 일에 관여할 여유가 거의 없다고 주장했다. 기독교인이 관여할 유일한 도시는 신의 도시, 새 예루살렘뿐이었다.[22] 이제 윤리학과 신학이 현실 정치를 넘어섰다.[23] 이는 중요한 변화였다. 아우구스티누스가 말한 도시란 물리적 장소가 아니라 키비타스 곧 시민 공동체를 가리켰다. 아우구스티누스는 고결한 시민권이 물질적 이익을 공유하게끔 구성되고 법에 구속되는 공공재가 아니라 영성 생활에 집중하게 초점을 바꿨다.

이 전환을 계기로 로마가톨릭교가 세속에 내리는 결정이 갈수록 경제에서 멀어져 도덕으로 기울었다. 수도원 제도가 널리 퍼지고 로마가톨릭교가 유럽 전역에 영향을 미치자, 지난 5000년 동안 인간의 생활 환경을 좌우했던 주체인 물이 정치에서 자취를 감췄다. 그러자 공동체가 기댔던 규칙의 구조에 중요한 공백이 생겨, 한 사람의 재산권을 넘어서는 공동 대응을 추진하기가 거의 불가능해졌다. 이는 개인의 소유권과 집단의 공동 대응 사이에서 균형을 잡고자 정교한 법 제도와 상업 제도를 발달시켰던 로마 제국과 사뭇 다른 방식이었다.

서방 수도원의 기틀을 잡은 성 베네딕투스Benedictus야말로 이런 전환을 가장 잘 보여준다. 교황 그레고리우스 1세Gregorius I가 저서 《대화록 Dialogi》에 기록한 바에 따르면 성 베네딕투스는 로마 동쪽 수비아코라는 마을 위쪽에 있는 자연 동굴에 은둔해 수도했다. 성 베네딕투스 이야기에서 중요한 역할을 하는 것은 그 동굴 아래쪽에 있던 외지고 한적한 호수다. 베네딕투스가 묵상 중 여러 번 기적을 일으킨 배경이 이곳이기 때문이다.

그런데 이런 이야기가 주장하는 바와 달리 이 호수는 천연 호수가 아니었다. 천연은커녕 완전한 인공 호수였다. 플리니우스와 역사가 타키투스Tacitus 모두 이 호수를 네로Nero 황제가 아니에네강 기슭에 있는 저택을 장식하고자 강을 막아 길이 700m, 너비 150m로 건설한 거대한 인공 저수지 세 곳 가운데 하나라고 설명했다.[24] 강을 막은 댐은 높이가

40m로, 1594년에 에스파냐 알리칸테에 티비댐이 세워지기 전까지 세계에서 가장 높은 댐이었을 것이다.[25]

성 베네딕투스 이야기는 알맞은 비유다. 로마 사회는 제국의 발전에 물 경관과 사람들의 대응을 이용하고자 제도와 기반 시설을 구축했다. 그러나 베네딕투스가 나타난 시기에는 통합 국가가 거의 사라졌을뿐더러 남은 기반 시설도 권력의 상징이 아니라 경관의 일부일 뿐이었다. 성 베네딕투스 초기에 물관리란 기반 시설과는 거의 관련이 없고 기도와 더 관련이 깊었다.[26]

해체된 경관의 경계

특히 이탈리아반도 북부에서 물 경관을 해체한 영토 분열 때문에 지역 세력가 사이에 해결할 수 없는 작은 충돌과 경쟁이 무수히 일어났다. 누구에게도 속하지 않고 흐르는 강과 수로를 놓고 싸움이 벌어졌다.[27] 물을 둘러싼 체계적 충돌은 10세기에 정치적 발전이 일어나고서야 자리를 잡았다.

715년에 랑고바르드 왕 리우트프란드Liutprand가 라벤나 북쪽의 해안 도시 코마키오에 포강 운항권을 부여해 포강을 이용한 운송이 재개되었다. 뱃사람들이 랑고바르드 영토인 항구에 관세만 내면 다시 상류에서 소금을 거래할 수 있었다.[28] 내륙 수상 운송에 힘입은 포강이 랑고바르드 왕국의 수도 파비아까지 300㎞에 걸쳐 크게 펼쳐진 시장으로 탈바꿈했다.

774년, 흔히 샤를마뉴라 부르는 프랑크 왕국 카롤링거 왕조의 국왕 카롤루스 대제Carolus Magnus가 알프스를 넘어 랑고바르드를 정복한 뒤 이탈리아 북부를 병합해 유럽을 다시 한 제국으로 통합했다[29]. 로마의 위대함을 동경한 카롤루스는 제국을 정치적으로 단단히 통합했다. 그런데 제도의 짜임새가 허술했다. 조세 체계나 행정 체계가 로마에 비길 바가 아니었다. 강력한 행정 조직이 없던 탓에, 이탈리아반도가 어느 정도 국왕을 대신해 지역을 관리하는 현지 기관, 귀족, 주교의 손아귀에 떨어졌다.[30]

카롤링거 왕조는 이탈리아 지역을 다스릴 때 귀족보다 주교에 더 의지했다. 따라서 주교가 로마 시절 정부 기관을 대신해 세속 권력을 행사했다. 이 시기에 수도원, 특히 베네딕투스의 교리를 따르는 수도원도 경제 권력으로 성장했다.[31] 10세기 말에 이탈리아 북부의 지방 권력은 물길을 따라 드넓게 펼쳐진 토지의 소유권에서 나왔는데, 그런 토지를 대부분 주교나 수도원을 통해 로마가톨릭교가 소유했다.

중세 유럽에서 보편성을 주장한 두 기관은 로마가톨릭교 그리고 카롤루스의 뒤를 이은 신성로마제국 황제들이었다. 그런데 이 보편성이 영토 통치가 아니라 복잡하게 연결된 충직한 개인과 기관을 통해 드러났다. 특히 이탈리아 북부의 해체된 세계에서는 그런 연결망이 겹치기 일쑤였다. 황제는 수도원과 주교들을 어느 정도 통제하고자 이들에게 강에서 벌어지는 활동에 세금을 매길 권한을 줬다.[32] 로마가톨릭교와 신성로마제국은 영지를 후원하는 방식으로 경쟁했고, 그 바람에 강의 공동 관리가 한층 약해졌다.[33]

이를 상징적으로 보여주는 곳이 이탈리아에서 가장 중요한 베네딕투스회 수도원인 폴리로네 대수도원이다. 이야기의 시작은 카노사 가문을 세웠고 오^{Otto} 1세에게 백작 작위를 받은 아달베르토 아토^{Adalberto Atto}에서 시작한다. 카노사 가문은 만토바를 영지의 수도로 삼았다.[34] 만토바에서 포강 주변의 영지를 통제할 수 있다는 것이 한 이유였다. 그러나 카노사 가문은 기독교계의 정통성도 활용해야 했다. 그래서 수도원을 세웠다.

10세기 말, 아달베르토가 포강과 리로네강 사이에 있던 섬을 손에 넣었다. 섬은 나무가 무성하고 걸핏하면 물에 잠겨 사람이 살지 않았다. 경제적으로 아무 쓸모가 없어 보였지만, 나중에 보니 값을 매길 수 없이 귀한 요충지였다.

1007년, 아달베르토의 아들 테달도^{Tedaldo}가 섬에 있던 작은 교회를 수도원으로 바꾼 뒤 폴리로네 산 베네데토 수도원(포강과 리로네강 사이에 있는 성 베네딕투스 수도원이라는 뜻이다)이라 이름 붙이고 섬 절반을 수도원에 기증했다. 폴리로네 수도원은 1077년에 클뤼니 대수도원에 속한 뒤로 이탈리아 북부에서 그레고리오 개혁(교황 그레고리우스 7세가 1059년부터 추진한 가톨릭교회 개혁 활동—옮긴이)에 가장 중요한 기관이 되었다. 12세기 초, 테달도의 손녀 마틸데가 섬의 나머지 절반을 수도원에 기증했다. 이제 폴리로네 산 베네데토는 이탈리아에서 가장 큰 베네딕투스회 수도원으로 자리매김해 여러 부속 수도원, 병원, 요새화 마을에 영향을 미쳤다. 그리하여 뜻하지 않게도 신성로마제국과 로마가톨릭교, 두 권력의 접점이 되었다.

신성로마제국과 로마가톨릭교의 복잡한 권력관계로도 충분치 않았는지, 또 다른 중요한 주체가 싸움에 뛰어들었다. 오롯이 농촌 경제에 의존하는 시기를 거친 뒤 1000년대 초반 들어 도시의 위상이 올라갔다. 특히 이탈리아에서는 도시가 세속 권력과 종교 권력이 부딪히는 장이었다. 게다가 중세의 농업 경제에도 매우 중요한 곳이었다. 농산물이 주로 도시 시장에서 유통되었기 때문이다. 궁극의 정주 생활 체계인 도시는 적극적인 물관리와 필요할 때 필요한 곳에 물을 나를 수 있는 기반 시설에 의존했다.

교회와 수도원은 도시가 이용할 물 기반 시설을 개발하는 데 자주 관여했다.[35] 1269년에 밀라노가 도시의 수로 체계를 배가 제대로 운항할 수 있는 운하 체계로 바꾸고자 세금을 거뒀다. 밀라노에서 가까운 키아라발레의 시토회 수도원이 도시 남쪽으로 물을 끌어와 기존 용수로를 확장하도록 도왔다.[36] 키아라발레 수도원처럼 부드러운 방식으로 도시에 대처한 곳도 있었고, 폴리로네 수도원처럼 권력을 드러내는 데 몰두한 곳도 있었다.[37] 폴리로네 수도원은 자산을 영리 목적으로 소유지에 투자했고 포강의 운항권을 놓고 다른 세력들과 충돌했다. 12세기에 소금 산지로 이름난 아드리아해 연안 도시 키오자에서 소금을 사 물길로 나르면 큰돈을 벌 수 있었는데, 12세기 후반에 폴리로네 수도원이 이 물길을 통제하겠다고 나서는 바람에 여러 도시, 여러 수도원과 갈등을 빚었다.

중세에 수자원과 물 경관을 놓고 벌어진 경쟁에는 개인 소유권과 공동 소유권의 구분이라는 복잡하기 짝이 없는 문제가 얽혀 있었다. 교회에는 이 구분이 특히 중요했다. 성직자 개인은 대개 땅을 소유하거나 물을 이용할 권리가 없었지만, 성직자 단체는 그럴 수 있었다. 이 구분 덕분에, 기독교 교회와 수도원이 도덕과 종교의 지도자로 행세하면서도 부를 쌓을 수 있었다. 워낙 효과가 뛰어난 방식이라, 로마가톨릭교와 수도원이 결국은 유럽의 쓸 만한 땅을 무려 3분의 1 가까이 소유했다. 그 바람에 정치 지형이 한층 더 작게 쪼개졌다. 이 엄청난 파편화 때문에 중세 세계가 공격적인 소송에 휘말리기 쉬웠고, 그래서 현대의 물 관련 제도가 발달하는 중요한 다음 단계를 일으켰다.

법을 밝히는 등불

물 사용을 둘러싼 골치 아픈 문제를 해결할 방법은 공통된 법률에서만 나올 수 있었다. 모든 물 경관 소유권과 수자원 이용권이 토지 소유권을 설정할 확실한 법체계가 있느냐에 달려 있었다.

중세 초기 유럽에서 가장 중요한 법체계는 교회법이었다.[38] 기독교

제국을 구축하려는 카롤루스 대제의 노력이 교회법의 원천에 강렬한 관심을 불러일으켰다. 샤르트르의 주교 이보Ivo Carnutensis가 1096년에 펴낸 《교령집Decretum》에서 교회법을 가장 광범위하게 집대성했다. 그런 문헌에 로마의 법 전통이 남긴 영향과 조각이 남아 있었지만, 아우구스티누스의 지시를 꽤 충실히 따른 교회법은 '공적 업무' 즉 공공의 이익을 지향해야 할 국가의 법적 책임을 그다지 신경 쓰지 않았다는 문제가 있었다. 로마가톨릭교는 그야말로 교회법의 신하였다. 교회법은 신학 이론의 기틀을 제공하는 데만 관심을 쏟았을 뿐, 실제 국가 운영에는 신경 쓰지 않았다.[39] 물은 물론이고 물에서 비롯한 모든 공적 사안은 사실상 교회법의 관심 밖이었다.

그런데 유스티니아누스 황제 시절 편찬된 《로마법 대전Corpus Iuris Civilis》(시민법 대전, 유스티니아누스 법전이라고도 한다—옮긴이)이 11세기 말에 다시 등장했다. 이 로마 법규는 604년에 교황 그레고리우스 1세가 쓴 서신에서 마지막으로 언급된 뒤 문헌에서 거의 자취를 감췄었다. 그러다 재발견된 뒤로 이탈리아 북부에 새로 설립된 볼로냐대학에서 필수 과목이 되었다. 유럽의 학문 중심지로 떠오른 볼로냐대학에서 《로마법 대전》의 부흥을 이끈 인물은 전설적인 법학자 이르네리우스Irnerius로, 워낙 영향력이 커 lucerna juris 즉 법을 밝히는 등불이라는 칭호를 얻었다.

이르네리우스의 가르침이 유럽에 로마법의 통합성을 복원했고, 오랫동안 잊혔던 명료하고 일관성 있는 법체계를 알렸다.[40] 중세 경제에서 물이 아주 중요한 역할을 했으므로 법리가 물에 초점을 맞출 수밖에 없었다. 이를테면 1125년 12월, 이르네리우스가 만토바 근처 민초강으로 물을 쏟아내는 두 물길 사이에 있는 습지 한 자락을 둘러싼 송사를 중재했다.[41] 이 습지에 물고기와 나무가 풍부하고 경작지가 많아, 가까운 요새 마을 카살레 주민들이 땅을 이용했다. 카살레가 폴리로네 대사원의 교구였으므로, 폴리로네 사원이 지배권을 주장했다. 그런데 베로나 근처 산 체노 수도원의 수도원장도 지배권을 주장했다. 이 문제를 해결하도록 이르네리우스를 포함한 배심원 네 명이 소환되었고, 배심원들은 폴리로네 수도원의 손을 들어줬다.[42]

로마법은 분쟁을 해결할 믿을 만하고 받아들일 수 있는 장치가 되었다. 그리고 기독교의 교회법(이르네리우스처럼 볼로냐 출신인 그라티아누스라는 학자가 마침내 《그라티아누스 교령집Decretum Gratiani》으로 집대성했다)과 더불어 ius commune 곧 보통법이 되었다. 보통법은 두 보편 기관인 로마 제국과 로마가톨릭교의 법을 통합했다. 그 가르침이 멀리까지 퍼졌다. 유럽 곳곳의 엘리트들이 볼로냐를 찾아 공부했고, 고향으로 돌아가 보통법의 체계와 원리를 소개했다. 유럽의 물에 대한 법적 접근이 바로 이 공통 조상, 보통법을 통해 퍼졌다.

유명한 마그나 카르타(영국 대헌장)도 깊은 뿌리는 이 법 전통에 있다.[43] 마그나 카르타는 이 시기에 어떻게 세속적 주장과 종교적 주장이 모든 사람을 통치하는 법체계로 바뀌었는지를 보여주는 가장 유명한 사례다. 영국 귀족들이 1215년에 런던 서쪽 러니미드 평원에서 국왕 존 John, King of England에게 처음 받아낸 권리는 로마의 사유재산 전통, 도덕적인 교회법, 노르만족의 법 전통, 중세 영국의 권력관계가 혼합된 결과물이었다. 달리 말해 마그나 카르타는 온통 보통법을 가리키는 표현과 참조로 가득했다.[44] 오늘날에는 마그나 카르타를 권리 선언으로 보지만, 내용 대다수가 물을 포함한 행정 쟁점을 다뤘다.

물관리가 마그나 카르타에 포함된 까닭은 런던의 관심사였기 때문이다. 국왕 존과 귀족들이 복잡한 협상을 벌일 때 런던 시민들이 국왕에게 요구 사항을 제출했다. 이때 가장 중요한 첫 요구 사항이 "템스강 문제에서 템스강은 완전히 런던시의 소유여야 한다."였다. 런던이 템스강 사용을 통제할 권한을 쥔다면 경제적으로 엄청난 이득을 얻어 재정 안정을 보장할 터였기 때문이다. 이 요구는 마그나 카르타에서 런던이 수혜처인 몇몇 조항 중 하나인 33번 조항에 반영되었다.

33번 조항은 템스강을 포함해 잉글랜드의 모든 강에서 어살(밀물 때 들어온 물고기가 썰물 때 빠져나가지 못하게 울타리를 치는 어업 장치-옮긴이)을 없애라고 못 박았다. 어살은 강에 날개 모양으로 장대를 박은 뒤 장대 사이를 낭창낭창한 나뭇가지로 엮어 만든 고기잡이용 울타리였다. 상류로 올라가는 연어나 바다로 나가는 장어 같은 물고기가 장대 사이에 끼어 잡혔다.[45] 그런데 33번 조항은 고기잡이와 관련이 없었다.[46] 실제로는 선박 운항을 가장 많이 가로막는 방해물을 없애 항행의 자유를 간접적으로 도입하는 조항이었다.

마그나 카르타 작성자들은 《로마법 대전》의 〈학설휘찬*Digesta*〉과 〈법학제요*Institutions*〉를 통해 항행의 자유를 알았을 것이다. 이탈리아 출신으로 걸음마 단계인 옥스퍼드대학교에서 처음으로 로마법을 가르친 로마법 주석자 바카리우스*Vacarius*가 볼로냐에서 공부한 데다, 저서 《빈자의 책*Liber Pauperum*》에서 항행의 자유를 다룬 조항들을 언급했었다.[47]

로마의 질서가 몰락하면서 복잡하게 얽힌 권력관계가 생겨났고, 마침내 수립된 '보편적' 법규가 이를 해결했다. 중세 유럽에서 보편성을 주장한 로마가톨릭교의 세속 권력과 신성로마제국은 근대에 들어 끝내 밀려나지만, 중세에 생겨난 법률 체계는 근대에도 살아남았을뿐더러 널리 퍼지기까지 한다. 로마는 그렇게 다시 현대에 되살아났다.

강 통치권

유럽은 로마 시민법을 재도입해, 강 사용과 관련한 분쟁을 해결할 법률 체계를 얻었다. 그뿐이 아니었다. 로마 시민법은 수자원 관리에 큰 영향을 미쳤다. 특히 영토 주권을 정의할 출발점이 되었다. 그리고 이 영토 주권이 유럽에서 그리고 마침내 세계에서 물의 운명을 바꿔놓는다.

이런 제도 혁신을 일으킨 근원은 누가 토지 소유권을 주장할 수 있느냐를 둘러싼 갈등이었다. 11세기에 로마가톨릭교 교황과 신성로마제국 황제가 성직 서임권을 놓고 충돌했는데(그레고리우스 7세와 하인리히 4세의 충돌이 대표적이다—옮긴이), 크게 보면 여기에 땅 문제가 얽혀 있었다. 기독교 기관이 많은 토지를 통제했다는 사실을 고려하면 서임권이 분쟁 거리가 된 것도 놀랍지 않다. 신성로마제국 황제가 보기에는 다시 등장한 유스티니아누스 황제 시절 법체계를 전폭 시행하는 조처야말로 자신의 영토 통제를 정당화할 요건이었을 것이다. 어쨌든 로마법은 오로지 황제 한 명이 모든 권력을 움켜쥐었을 때 발전한 법이었다.

공식적으로는 아직 황제의 지휘를 받던 이탈리아 도시들이 독립을 선언하자 상황이 한층 더 복잡해졌다. 12세기에 이탈리아 북부의 많은 도시가 공화정 체제라 할 수 있는 코뮌으로 탈바꿈해 어느 정도 자치 단체로 거듭났다.[48] 황제 프리드리히Friedrich 1세가 여러 차례 통치권을 되찾으려 하자, 이탈리아 도시들이 롬바르디아 동맹을 맺고 마침내 1176년 레냐노 전투에서 프리드리히 1세를 물리쳤다. 롬바르디아 동맹 도시들은 1183년에 체결된 콘스탄츠 평화 조약 덕분에 더 많은 자치권을 얻어 더 빠르게 공화정으로 변신했다.[49]

이제 독립 도시들이 포강 유역에서 어느 때보다 활발하게 물품을 운송했다. 갈수록 하나로 이어지는 유럽에 상품을 공급하려면 다른 도시와 교역해 중간재 시장과 소비재 시장을 형성해야 했다. 포강 유역의 하천 체계가 워낙 많이 커져, 수력 기반 시설 투자자들이 골머리를 앓던 참이었다. 포강 유역은 물이 풍부하고 대체로 파내기 쉬운 점토질 토양이라 개인끼리 합의하면 운하를 파기가 어렵지 않았다. 그런데 그렇게 파낸 운하가 하천 운항 체계에 들어갈 수밖에 없었다. 로마법에 따르면 배가 다닐 수 있는 물길은 공공재였다. 따라서 지배권이 국가에, 달리 말해 황제에 있었다. 그런 상황에서는 남에게 해를 끼치지 않는 한 누구나 마음대로 물을 퍼 쓸 수 있었다. 이 조건이 투자자에게 상당한 골칫거리였다. 투자자가 기반 시설을 세우느라 큰돈을 치렀는데, 혜택은 동전 한 닢 내지 않은 사람까지 누구나 누릴 수 있었기 때문이다. 문제는 로마법이 법전에 못 박았듯이, 제국의 통치권이 도시 국가 스스로 물경관을 통제할 길을 가로막았다는 것이다. 원칙적으로는 제국의 권한으로만 해결할 수 있는 법적 충돌이 수없이 생겨났다.[50] 도시에 통치권을 넘기려면 《로마법 대전》의 규정을 개정해야 했다.

마침내 도시를 제국의 속박에서 해방한 사람은 14세기의 법학자 바르톨로 다 사소페라토Bartolus de Saxoferrato다. 바르톨로가 로마 제국 이후 처음으로 영토 주권의 법적 개념을 정의했다. 이 개념은 여러 논리 단계를 거쳐 정립되었다.

바르톨로가 유럽의 시민법 전통에 이바지한 여러 업적 가운데 가장 중요한 것은 관행이 언젠가는 법리의 근간을 구성할 수 있다는 발상이다. 이는 도시가 통치권을 주장할 근거가 되었다. 도시들이 오래전부터 통치권을 행사해왔다는 사실은 설사 황제에게 통치권을 넘겨받았다고 증명하지 못하더라도 사실상 통치권이 있다는 뜻이 숨어 있었다.[51] 그 다음은 통치권 주장의 본질이 나왔다. 도시가 주장하는 통치권은 영토에 적용되었다. 바르톨로의 주장에서 혁신적 이론은 영토가 통치자의 재산일 뿐 아니라 통치 대상이니 법리에 종속한다는 것이다. 신성로마제국 황제와 로마가톨릭교가 모든 땅에 두루 통치권을 행사하는 것은 이로써 사실상 막을 내렸다.

바르톨로는 1355년에 아마 테베레강을 따라 걷다가 영감을 받았을 저서《테베레강에 대한 논문Tractatus de fluminibus seu Tyberiadis》을 통해 이 혁신을 소개했다.[52] 14세기 이탈리아에서는 강을 둘러싼 영토 문제가 결코 하찮은 문제가 아니었다. 강이 움직이고 굽이쳐 지형을 바꿔놓았다. 범람이 퇴적물을 쌓아, 작게 조각난 도시 국가의 국경선을 바꿔놓았다. 강은 땅을 만들기도 하고 없애기도 했다. 도시들이 툭하면 서로 충돌했는데, 법령이 제각각이라 문제를 해결하기가 까다로웠다. 그런 퇴적토에 어떤 법을 적용하느냐는 매우 중요한 물음이었다. 바르톨로는 이 물음에 답하고자, 소유자의 권리에만 기반한 논거에서 벗어나 사람과 물건의 관계에 기반한 논거를 제시했다. 새로 쌓인 퇴적토, 이를테면 아무도 경작할 수 없는 농지나 새로 생긴 섬은 그저 소유권이 걸린 사안이 아니라 새로 생긴 땅과 주변 환경의 관계 그리고 주변 환경과 사람의 관계가 걸린 사안이었다.

새로 생긴 땅에서 생기는 모든 자산은 그 땅에 속했다. 이를테면 얼마나 가까우냐가 소유권을 결정하곤 했다. 임자가 없는 땅은 가장 가까운 마을이나 고장에 소유권이 가야 했다. 절차적 요소로 보이는 이 사안에 깊은 의미가 있었다. 바르톨로는 재산과 소유주의 관계에 초점을 맞춰, 개인의 권리와 관련한 문제를 기하학에 기반한 영토 문제로 바꾸었다. 영토 주권의 토대를 확립했고, 이 법적 토대가《나폴레옹 법전 Code Napoléon》(프랑스 민법전이라고도 한다-옮긴이)이 나올 때까지 유럽 대륙에 계속 이어졌다.

로마가 몰락하자 물 경관에 해결되지 않은 여러 갈등이 생겼었다. 그러나 서로마 제국의 잔해 가운데 물과 관련해 중세로 이어진 가장 중요한 유산은 수도교도 운하도 아닌 법 제도였다. 바로 이 법 제도에서 유럽의 물 사용을, 그래서 마침내 거의 세계 전역의 물 사용을 규제할 법규가 나왔다. 그러나 새로 생겨난 강이 도시 경제에 던진 법적 문제가 더 큰 영향을 끼쳤다. 영토 주권이라는 개념이 발달할 불씨를 지폈고, 몇 세기 뒤 일어날 또 다른 중요한 진화의 밑바탕이 된다. 강과 밀접하게 이어진 이 진화는 바로 근대 국민 국가의 탄생이다.

[08]
돌아온 공화정

금융 혁명

공화정 체제로 되돌아가는 것은 물과 인간 사회가 새로운 관계로 전환하는 아주 중대한 단계였다. 어쩌면 가장 중요한 단계였을 것이다. 공화정에서는 사회가 물의 위력에 맞서 공동의 이익을 추구하겠다는 집단 의지를 표현할 수 있었다.

공화주의로 되돌아가는 길은 복잡했다. 중세의 주류 정치 철학이 공화정 체제를 그다지 선호하지 않았다. 오랫동안 로마 제국 아래 있었던 경험이 애초에 로마가 확장하도록 기름을 부은 제도 혁신을 빛바래게 했다. 동쪽에서는 비잔티움 제국이 끈질기게 명맥을 유지하고 유럽에서는 로마가톨릭교와 신성로마제국이 존재했으므로, 로마가 남긴 진정한 유산은 아우구스투스 황제 시대가 남긴 것이라는 생각이 한층 굳어졌었다. 단테Dante Alighieri가 간절히 바란 이탈리아의 재탄생이란 제정 로마의 복귀였다. 아우구스투스 이전의 공화정이 아니라 세계를 통치하는 군주정이었다.

그래도 로마 공화정의 이상이 로마법과 꽤 비슷한 방식으로 유럽에서 되살아났다. 볼로냐에서 시작해 빠르게 유럽으로 퍼진 대학 체제의 부수 효과로, 살루스티우스의 역사서와 키케로의 웅변론을 이용해 수사학을 가르치는 교육이 부활했다. 살루스티우스와 키케로의 문헌이

강의 형식에 적합했기 때문이다. 카롤링거 르네상스 시대이던 9세기에 다시 등장한 이 문헌들이 로마의 시민 정신을 찬양해 상류층에 공화주의를 퍼뜨릴 강력한 도구가 되었다.[01] 이탈리아는 물론이고 다른 곳에서도 12세기부터 줄곧 도시들이 공화정을 빠르게 받아들였다.

공화정의 성공을 보장할 것은 아무것도 없었다. 실제로 초기에 일어난 공화정 실험은 대부분 얼마 가지 못하고 실패했다. 그런데 12세기부터 15세기 초 사이에 적어도 유럽인 일부를 공화정을 향한 열망으로 똘똘 뭉치게 한 여러 상황이 나타났다.

먼저, 도시에서 부상한 공화정이 봉건제 사회를 다시 시민 사회로 되돌리는 데 초점을 맞췄다. 그 덕분에 도시 생산력의 핵심인 기업가와 노동자들이 발언권을 얻었다. 상업 계층의 위상이 올라가자 더 큰 시장을 연결하는 데 필요한 기반 시설이 자급자족 농업보다 더 중요해졌고, 따라서 물을 이용한 선박 운항 시설에 관심이 커졌다. 그런데 그런 기반 시설을 지으려면 자금이 필요했다.

상업 투자자들이 물 기반 시설에 자금을 댄 것은 공화정의 중요성을 굳힌 또 다른 중요한 단계였다. 중세 초기에는 개인 재산이 아닌 생산 기반 시설에 투자하는 일이 좀체 드물었다. 사람들은 자산을 대부분 꽁꽁 쌓아놓기만 했다. 무엇보다, 융자에 도덕적 제약이 걸려 있었다. 신학자 토마스 아퀴나스Thomas Aquinas가 지적한 대로 사악한 고리대금업자의 먹잇감이 되는 사람이 없도록, 주인이 바뀌어도 주화의 가치가 바뀌지 않듯이 빌려준 돈도 똑같은 액수로 돌려받아야 했다. 그래서 이자를 주고받기가 불가능했다.

로마의 금융 전통은 사뭇 달랐다. 로마 정부가 돈을 빌리지는 못해도 꿔줄 수는 있었다. 실제로 로마 제국 초기에 교역뿐 아니라 소비와 생산에 필요한 자금을 융자로 마련하는 일이 흔했다. 물론 그때 농부들은 생산 비용에 이자 12%를 포함했다.[02] 자본 투자에 보상을 약속하는 양허 계약이 기반 시설을 개발하는 주요 방식이었다. 그러나 중세 초기는 도덕이 시장 행동을 지배하는 시절이었다. 융자가 일어나려면 고리대금에 걸린 도덕적 제약을 넘어서야 했다.

이런 제약을 무사히 넘어선 첫 분야는 기반 시설이 아니라 교역이었다. 상업에 따르기 마련인 위험을 흡수할 신용이 필요했던 무역상들이 회색 지대를 능숙하게 이용했다. 중세 초기의 관행이 그어놓은 도덕적 한계가 있었지만, 손실이 났을 때 대금업자가 보상받는 것은 용인되었다. 예컨대 말 한 마리를 빌려줬는데 돌려받은 말이 다리를 절뚝인다면 보상을 요구할 수 있었다. 융자 문제를 해결할 핵심 질문은 돈을 빌려주는 동안 얻을 수 있는 수익의 손실 즉 자본의 기회비용이 다리를 절뚝이는 말을 돌려받는 것과 같으냐였다. 만약 돈을 빌리는 사람과 빌려주는 사람의 관계를 위험을 공유하는 사이로 볼 수 있다면 답은 '그렇다'로 보였다.

재산권은 유대교, 기독교, 이슬람교를 포함한 모든 아브라함 계통 종교에 깊이 뿌리박고 있었다. 또 아리스토텔레스의 《경제학Oikonomika》 같은 권위 있는 문헌에도 깊은 뿌리가 있었다. 그래서 스콜라 신학자 대다수가 사람이 재산과 돈을 교환해 욕구를 채워야 한다고 인정했다.[03] 청빈을 핵심 신념으로 삼은 프란치스코회마저 같은 결론에 이르렀다. 위험을 분담하는 동업 관계 즉 상업 조합에서 소유권이란 이자로 위험을 보상할 수 있다는 뜻이었다. 처음에 상업 조합은 재산을 공동 출자한 가족을 중심으로 발달했다. 그러다 먼 친척들이 합류했다. 결국 생판 남인 사람한테서 투자 자본이 들어왔고, 마침내 예치금이 등장했다. 현대 금융업은 이렇게 태어났다.[04]

금융, 물, 공화정의 등장은 서로 끈끈이 이어져 있었다. 금융 기법이 발달하자 예금과 투자의 길이 열렸다. 그때껏 유럽에서 비교적 변화가 없던 화폐 공급이 늘어났다. 무역에 전념하던 상업 조합이 기회를 찾아 위험이 더 낮은 제조업으로 옮겨갔다. 제조 분야에서 사업을 운영하려면 기반 시설, 특히 물 기반 시설이 필요했다. 사람과 동물을 빼면 동력을 얻을 길이 물뿐인 데다 시장에 접근하려면 내륙 항행이 필요했기 때문이다.

이를 잘 보여주는 사례가 볼로냐다. 이탈리아 북부 도시 볼로냐는 바다에서 160㎞(볼로냐에서 아드리아해까지는 직선거리로 약 75㎞다-옮긴이)쯤 떨어진 곳인데도 유럽에서 손꼽히는 대형 항구가 되었다. 볼로냐는 당시 포강으로 흘러 들어간 레노강의 굽이치는 지류였던 아포사강에 있었다. 아포사강은 워낙 작아 이렇다 할 경제 활동을 떠받치지 못했다.[05] 그러던 1183년, 개인 사업가들이 상업 조합을 결성해 석조댐을 짓고 수력을 이용한 생산에 나섰다. 주요 산업은 밀 제분과 모직물 축융이었다. 볼로냐 외곽의 작은 고장 카살레키오에 세워진 이 댐은 세계에서 가장 오래된 석조 수력 구조물로, 오늘날에도 여전히 댐 구실을 한다.

1208년, 볼로냐 사업가들이 시 정부와 협의한 끝에 운하의 물을 끌어다 사업 목적에 맞게 쓸 수 있는 계약을 맺었다. 볼로냐시는 댐과 운하를 건설할 자금을 댈 능력은 없었지만, 댐과 운하가 만들어진 뒤 유지 관리비는 댈 수 있었다. 따라서 이 계약은 댐과 운하 소유주가 자기네 목적에 맞게 계속 물을 사용하되, 시에 물을 제공하는 대가로 관리비를 받는 양허 계약이나 마찬가지였다. 볼로냐시는 그 물로 나빌레운하에 물을 댔다. 나빌레운하가 베네치아까지 이어지는 하천 운송망에 연결되어 있었으므로, 나빌레운하로 상품을 실어나르면 베네치아에서 국제 시장과 거래할 수 있었다. 15세기 들어 볼로냐는 이탈리아에서 손꼽히게 중요한 하천 항구가 되었고, 세계에서 다섯 번째로 상품을 많이 사

고파는 교역항이 되었다.[06]

상업 조합은 물 경관을 개발하는 주요 장치, 달리 말해 공공재를 조달하는 수단이 되었다. 그런데 개발 사업을 수행하는 것 말고도 금융을 도입해 할 수 있는 일이 더 있었다. 공화정은 큰 집단에 훨씬 더 큰 정치권력을 줬다. 이에 따라 13세기 이탈리아의 작은 도시 국가조차 물 경관을 보는 관점이 바뀌었다. 1217년, 볼로냐 공화정에 입성한 소규모 장인, 공증인, 상인 단체 대표들이 중요한 제도 개혁을 입법했다. 그 가운데 하나가 레노강에서 작동하는 물 기반 시설을 강제 수용하는 것이었다. 머잖아 이탈리아 북부의 여러 도시에서도 제정될 이 강제 수용법 덕분에, 물 기반 시설을 이용해 얻은 이익이 모두 볼로냐시의 금고로 들어가고, 물 기반 시설과 관련한 결정을 내릴 때 볼로냐시가 전체 시민의 이익을 고려할 수 있었다.[07]

금융과 공화주의의 충돌이 국가가 주도하는 개발 전략으로 이어졌다. 이런 전략에서는 법률보다 경제를 중심으로 결정을 내렸다. 이 변화가 혁신을 일으켰다. 이런 관점을 물에 적용하자, 개발 사업이 물 사용을 둘러싼 분쟁의 대상에서 공익을 추구하는 정치 도구로 바뀌었다.

보편성의 종말

금융과 상업 계층의 발달만으로는 어떤 도시 개발 사업도 성공을 장담하지 못했다. 만약 신성로마제국과 로마가톨릭교가 보편성을 계속 강하게 주장했다면, 공화정이 되살아나지 못했을 것이다. 그러나 더 정교한 동양 사회에 더 많이 노출될수록 그런 주장이 무너졌다. 13세기에는 그런 노출이 특히 폭발해 세계를 유럽의 경험으로만 바라보는 관점이 더 빨리 막을 내리게 부채질했다.

서로마 제국이 무너지고 이슬람이 페르시아 제국(기원전 존재했던 페르시아 제국이 아니라 사산 왕조를 가리킨다. 서양권에서는 오늘날 이란 영토에 존재했던 제국을 페르시아 제국으로 통칭하곤 한다–옮긴이)을 손에 넣는 와중에도 중국의 어마어마한 부가 서양의 상상력을 사로잡았다. 그러나 중세 초기에 서양과 중국의 접촉은 아랍 상인을 통해 이따금 일어나는 교류뿐이었다. 그러던 13세기 초, 상황이 바뀌었다.

동북아시아의 혹독한 환경에 밀려난 유목민족이 남쪽으로 내려갔다가 더 따뜻하고 물이 많은 환경을 만났다. 이런 환경에서는 지하수면이 올라가 풀이 무성하게 잘 자랐다. 풀은 막강한 몽골군의 뼈대인 말을 살찌울 식량이었다.[08] 칭기즈칸이 이끈 몽골족도 1000년 전 훈족과 꽤 비슷하게 대초원을 따라 서쪽으로 향했다.[09] 1241년, 아시아를 지나 동유럽으로 들어선 몽골군이 헝가리 평원 지대에 도착했다. 곧이어 헝가리군을 가볍게 제압한 뒤 약탈과 학살에 나섰고, 적을 쫓아 아드리아해까지 다다랐다. 몽골군을 맞닥뜨린 뒤로 유럽에서는 유럽이 우월하다는 환상이 와르르 무너졌다.

이 사건은 강력한 만큼이나 짧게 끝났다. 마침내 몽골군을 물리친 것은 유럽의 방어력이 아니라 물이었다. 1242년 봄, 헝가리 날씨가 유례없이 따뜻해지고 비가 많이 내려 땅이 질퍽한 습지가 되었다. 말이 좀체 움직이기 어려워졌다. 게다가 흉년까지 들어 약탈할 식량도 별로 없었다. 1242년 말, 헝가리에서 물러나 볼가강 하류의 대초원으로 퇴각한 몽골군은 그 뒤로 다시는 돌아오지 않았다.[10] 그러나 동양으로 가는 문이 활짝 열린 뒤였다.

13세기 동안 동양과 교역이 늘자 유럽이 중국과 접촉하는 일도 잦아졌다. 많은 유럽인이 베네치아 상인 마르코 폴로Marco Polo에게서 중국의 위대한 쿠빌라이 칸 이야기를 들었다. 1271년 열일곱 살 때 아버지, 작은아버지와 함께 베네치아를 떠나 중국으로 간 마르코 폴로는 송나라가 멸망하기 5년 전인 1274년에 쿠빌라이 칸의 황실에 도착했다가 1295년에야 고향으로 돌아왔다. 1234년에 북쪽 금나라를 멸망시킨 원나라는 오늘날 베이징에 해당하는 다두(대도)로 수도를 옮겼다. 이곳에 지역 농업만으로는 먹여 살릴 수 없을 만큼 어마어마하게 많은 사람이 몰려들었다.

원나라는 3세기부터 중국의 여러 수도를 먹여 살린 양쯔강 유역이 이번에도 당연히 양곡을 공급하리라고 봤다. 문제는 이 양곡을 어떻게 북부로 가져오느냐였다. 이제 황허강은 운송로로 쓸 수 없는데, 양쯔강 유역에 다른 주요 물길도 없었다. 금나라와 송나라가 100년 넘게 싸우는 와중에 남북을 잇는 수송로가 모두 끊겼기 때문이다. 해안을 따라 운송하는 방법도 있었지만, 바닷길이 원나라 조정의 예상보다 훨씬 위험했다. 이를테면 1288년에 바닷길을 거쳐 다두로 오던 곡물 4분의 1이 폭풍에 쓸려나갔다. 큰 짐을 싣고 산둥반도를 돌아 보하이해로 들어오는 길은 온갖 위험이 도사렸다. 유일한 대안은 내륙 항행이었는데, 그러려면 물길을 새로 뚫어야 했다.

그렇다고 중국 남부와 북부를 잇는 하천 개발 공사가 맨바닥에서 시작되지는 않았다. 여러 왕조의 수도였던 시안(서안)(당시 지명은 장안이다-옮긴이), 뤄양(낙양), 카이펑(개봉)에 물을 공급했던 수로가 멀리 베이징까지 닿지는 못해도 여전히 어느 정도 작동하고 있었다. 7세기에 수나라가 양쯔강과 항저우(항주)를 잇고자 파낸 대운하도 마찬가지였다. 원나라는 물길을 재정비하기 시작했다. 공사는 마르코 폴로가 중국에 도착한 지 몇 년 지난 1279년에 시작해 마르코 폴로가 중국을 막 떠난 지 1년 뒤인 1293년에 끝났다.[11] 옛 운하와 새 운하를 연결한 끝에 다시 대운하가 항저우와 다두를 연결했다. 1800㎞에 이르는 이 물길은 오늘날에도 세계에서 가장 긴 인공 운하다.

운하를 유지하기란 결코 쉽지 않았다. 14세기에 원나라를 이어 들어선 명나라도 그런 대형 기반 시설의 효율을 높여 경제성을 유지하느라 애를 먹었다.[12] 그런데 도시 국가와 봉건 영주가 다스리던 유럽이 중국의 풍요로움과 운하 이야기에 입을 다물지 못했다. 그 뒤로 몇백 년 동안 예수회 선교사 마테오 리치Matteo Ricci 같은 서양 방문객들이 쌀과 곡물을 싣고 대운하를 오가는 수많은 선박에 깊은 인상을 받아 찬사를 남겼다.[13] 원나라가 대운하를 재정비한 지 5세기 뒤이자 마테오 리치가 중국에 도착한 지 2세기 뒤인 18세기에 애덤 스미스Adam Smith도 대운하를 중국 경제가 여전히 서양에 견줘 우위를 차지하는 핵심 원천이자 국가가 주도하는 물 기반 시설의 중요성을 설득력 있게 보여주는 사례로 꼽았다.

중국은 중세 유럽의 제도가 보편성과 거리가 멀다는 현실을 보여줬다. 그뿐 아니라 물 경관을 지배해 수자원을 국익에 맞게 이용하는 법도 생생히 보여줬다.

기후 변화가 몰고온 위기

금융과 공화정의 혼합 말고도 유럽에서 물 경관의 탈바꿈을 부채질한 요인이 하나 더 있었다. 바로 기후 변화가 몰고 온 위기였다. 1315년 여름, 잉글랜드 캔터베리의 대주교가 성직자들에게 성체와 성유물을 들고 맨발로 밖으로 나가라고 명령했다.[14] 속죄하라고 사람들을 설득해 신의 분노를 달래려는 목적에서였다. 그러나 허사였다.

퍼붓듯 쏟아진 비가 수확을 망쳤다. 14세기 초 날씨는 유럽 전역에 기후가 변덕스러워지고 인구가 급격히 줄어드는 시기가 닥치리라고 알리는 전조였다. 몇백 년 동안 이어질 '소빙하기'가 다가온다는 신호였다.[15] 1315년부터 1322년까지 북유럽 전역에서 잇달아 유례없이 습한 여름과 추운 겨울이 이어진 탓에 농작물 생산이 반 토막이 났다. 밖에서 겨울을 나던 양 떼가 큰 피해를 봤고, 몽골에서부터 아이슬란드까지 북반구 전역에 질병이 퍼져 소가 숱하게 죽어 나갔다.[16]

기후 변화는 경제에도 재앙이었다. 궂은 날씨에 방부제로 쓸 소금을 찾는 사람이 늘자 소금값까지 하늘 높은 줄 모르고 치솟았다. 1316년 봄과 초여름 들어 기아가 북유럽을 강타했다. 1317년에는 영주들에게 탈탈 쥐어짜여 도무지 살아갈 방도가 없어진 소작농들이 도시로 이주했다. 영양 부족과 비좁은 숙소 탓에 장티푸스를 포함한 여러 감염병이 퍼졌다.[17] 엎친 데 덮친다고, 1346년에는 치명적인 흑사병까지 나타났다. 흑사병이 처음 발생한 곳은 크림반도였다. 그리고 영양 부족에 빠진 사람들 사이에 빠르게 퍼져 유럽을 시계 방향으로 한 바퀴 돈 뒤 1352년에야 모스크바를 끝으로 멈췄다. 이때 유럽 대륙에서 인구 3분의 1이 목숨을 잃었다.[18]

이 모든 사건으로 유럽 사회가 급격하게 탈바꿈했다. 질병으로 인구가 줄었는데, 그동안 쌓인 부 이를테면 재산, 투자 자본, 기계는 거의 그대로였다. 간단히 말해 총 노동력은 줄고 1인당 자산은 늘었다. 이 두 흐름 때문에 노동 생산성을 늘릴 방법에 투자할 강력한 동기가 생겨 금융에 유리한 상황이 나타났다. 역학 에너지를 얻을 유일한 원천은 물이었다. 그동안 차곡차곡 쌓인 자본 덕분에, 제조업을 떠받칠 물 기반 시설에 유례없는 투자가 일어났다.

이를테면 볼로냐에서 비단실을 뽑을 때 물레방아를 이용한 수력 방적기를 쓰는 곳이 폭발하듯 늘었다. 키아비케chiaviche라는 작은 지하 배수관 덕분에, 제조업자들이 야외 운하가 필요한 커다란 물레방아를 버리고 도시 지하에 들어갈 수 있는 더 작은 물레방아를 쓸 수 있었기 때문이다. 운하를 이용해 배수관을 촘촘히 연결하였으므로, 도시 전역의 지하 공장에 물을 보낼 수 있었다. 지하에 설치한 가벼운 물레방아는 꽤 가벼운 물레질 기계 즉 방적기에 2~3마력이 작용하는 회전력을 전달해 한 번에 비단실 4000가닥을 감았다. 이 시기에 실 굵기까지 규격화하자 생산 원가가 더 낮아졌다.[19]

14세기 말 볼로냐에서는 물레방아 52개가 복잡한 산업 생태계에 동력을 공급했다. 제분소가 열다섯 곳, 비단 공장이 열여섯 곳이었고, 나머지는 제련소와 목공소를 포함한 다른 공장이었다. 선박 운항 시설에 투자한 덕분에 제조업자가 개방된 시장과 연결되었고, 이에 따라 유럽 다른 지역의 비단 수요가 늘수록 볼로냐의 비단 공장에서 공급 원가가 내려가는 선순환이 일어났다. 영국에서 사상 최초로 증기 기관을 이용한 방적기가 나오기 몇백 년 전에 일어난 산업화였다.

물이 이끄는 변혁이 일어난 곳은 이탈리아만이 아니었다. 유럽 전역에서 기후 변화에 따른 변혁이 강하게 일었다. 영토가 해수면보다 겨우 몇 미터 높은 북유럽 저지대 국가들이 이를 잘 보여주는 사례다. 이곳에서는 범람이 일어나면 내륙 지역을 완전히 쓸어버릴 위험이 있었으므로, 사람들이 뭍을 넘보는 바닷물을 막고자 수문과 둑, 운하에 의존했다. 소빙하기 들어 위험이 한층 더 커졌다. 바다가 사나워지고 비가 더 많이 내렸으므로, 범람을 막을 더 큰 방어막이 필요했다. 갈수록 나빠지는 상황을 관리할 정교한 기반 시설을 지으려면 돈이 많이 들었는데, 그런 시설을 건설하고 관리할 자본과 조직, 요령이 있는 마을은 드물었다. 그래서 그런 일을 대신할 물관리위원회가 발달했다. 물관리위원회는 아래에서 스스로 협력하는 여러 마을과 위에서 자선을 베푸는 영주나 주교가 뒤섞여 있었고, 나중에는 중앙 집중 관리로 이어졌다. 이 방식도 악마와의 거래였다. 물을 잘 빼낼수록 습지가 깊어져 범람 위험이 커졌고 기반 시설이 더 많이 필요해졌다.[20]

땅이 더 많이 물에 잠길수록 사람들이 농업에서 축산업과 유제품 생산으로 전환했다. 이런 특화 산업이 일손은 덜 들고 수익은 더 컸기 때문이다. 그 결과로 시골 사람들이 대규모로 도시로 이주했는데, 도시 상인은 농업에 투자했다. 네덜란드는 서서히 시장 경제로 진화했다. 마침내 처음으로 풍차가 모습을 드러냈다.[21] 1408년에 작성된 한 문서에 따르면, 홀란트 백작 빌럼 6세Willem VI van Holland가 델플란트 물관리위원회에 암스테르담 서북쪽의 도시 알크마르를 찾아가 보라고 지시했다. 그곳에 물을 뺄 배수용 풍차가 세워졌기 때문이었다. 그 뒤로 배수 풍차가 널리 퍼졌다. 15세기 동안 100개 넘는 배수 풍차가 등장했다. 물관리위원회는 이 비용을 마련하고자 해마다 제분세를 거뒀고, 지주들은 부동산 규모에 따라 건설 자금을 댔다.

비용은 몇몇이 거의 떠안는데도 혜택은 누구나 누리자, 참다못한 투자자들이 자신의 이익을 보호하고자 둑dijk(데이크라고 한다-옮긴이)을 만들어 간척지를 구분했다. 배수 시스템 관리는 간척지위원회가 도맡았다. 위원회는 전담 인력을 고용해 전문화를 꾀했고 인건비를 충당하고자 세금을 늘렸다. 간척지가 물의 흐름을 꽤 통제했다. 그런데 간척지가 커질수록 상호작용을 일으켜 지역에 심각한 문제를 일으키기도 했다. 누군가가 물을 배수량보다 많이 운하로 퍼 올리면 다른 사람의 땅이 물에 잠길 위험이 있었다. 그러므로 추가 계획이 있어야 했다. 그래서 탄생한 것이 지역 위원회였다.

이탈리아 북부와 네덜란드의 이야기는 자본주의 제도의 원형이 14~15세기에 물 사용을 중심으로 생겨났다는 것을 보여준다. 위험을 알맞게 배분하고 물 개발 사업의 경제성을 확보하려면, 근대 기업이 발달하고, 작은 도시 국가가 영토 주권을 행사하고, 계약과 관련한 법규를 제정할 법체계가 있어야 했다. 16세기 들어 저지대 국가들에서 물관리

경험에 기반한 지역 통합과 통제가 정교한 균형을 이루어, 네덜란드 연방공화국이 탄생할 숨결을 불어 넣었다.

신대륙

공화정과 관련한 급진 사상에 관심이 쏠릴 때, 유럽이 동쪽뿐 아니라 서쪽으로도 빠르게 확장하면서 이 사상의 적용 범위가 더 큰 시험대에 올랐다. 1492년 10월 12일은 중세 세계의 확장에 중요한 이정표가 되는 날이다. 동인도 제도를 목표로 서쪽으로 떠났던 크리스토퍼 콜럼버스Christopher Columbus가 동인도가 아닌 바하마 과나하니 해변에 도착했다. 그렇게 대륙 하나를 찾아냈다.

1493년, 교황 알렉산데르Alexander 6세가 칙서 〈다른 것들 사이Inter Caetera〉에서 새로 찾아낸 땅을 에스파냐 왕가에 '하사'했다.[22] 조건은 그곳 사람들에게 복음을 전한다는 것이었다. 16세기 동안 에스파냐 왕가와 포르투갈 왕가가 나서 아메리카 대륙을 대부분 정복했고, 머잖아 프랑스와 영국이 뒤를 따랐다. 이제 유럽 봉건 시대의 시골 중심 농업 경제는 옛일이 되었다.

상인 집단이 이 확장된 세계가 안겨줄 기회를 놓치지 않고자 국가와 손잡았다. 이때부터 권력이 돈을 다루는 사람 쪽으로 확연히 옮겨갔다. 신대륙에서 들여온 자원이 구대륙의 권력관계를 완전히 바꿔놓았다. 기존 권력 기관이 주장하던 보편성이 한층 더 허물어졌다. 신대륙에서 들여온 귀금속과 신대륙의 엄청난 농업 잠재력이 엄청난 권력을 거머쥔 상인 계층이 부상하도록 부채질했다. 그리고 이 상인들의 정치적 요구가 머잖아 공화정을 촉구한다.

듣도 보도 못한 신대륙을 발견한 사건이 유럽에서 권력관계를 재편하게 자극했다. 이 발견이 얼마나 엄청난 충격이었는지를 고스란히 보여주는 것이 토머스 모어Thomas More가 소설 《유토피아Utopia》에서 그린 완벽한 사회다. 주인공 라파엘 히틀로다이우스가 아메리고 베스푸치 Amerigo Vespucci(이탈리아 탐험가-옮긴이)와 함께 적도의 신세계로 떠났다가 유토피아라는 섬에서 공화국을 발견한다. 모어는 고대 로마의 공화정을 이상으로 삼았지만, 실제로는 사유재산이 없는 농업 공동체에 기반한 국가를 떠올렸다. 《유토피아》에서 중요한 배경은 무척 온화한 아니데르강이다. 그런데 템스강과 비슷한 구석이 있는 아니데르강은 '물이 없는' 강이라는 뜻이었다.[23]

《유토피아》는 완벽한 사회란 변덕스러운 자연에서 해방된 사회라는 새로운 사상을 반영했다. 범람이나 가뭄이 평온한 섬을 위협하지 않았고, 감당하기 어려운 폭풍이나 제멋대로인 강둑이 사람들의 삶을 어지럽히지도 않았다. 농경이 근본인 사회를 묘사했다고들 하지만, 플라톤의 《국가》가 그렇듯 《유토피아》도 사회가 작동하는 물질적 조건보다 국가를 운영하는 윤리에 더 주목했다. 모어의 글은 유럽 정치가 어디로 향하는지를 알려주는 화살표였다.[24] 도시화, 상업의 부상, 부의 증가가 초점을 개인에게로 옮겼다.

만약 아메리카 사회가 유럽 침략군의 맹공격에서 살아남았다면, 물의 역사가 사뭇 달라졌을 것이다. 이때까지는 유럽 사회가 물 경관과 특별한 관계를 쌓아야 할 까닭이 없었다.

아메리카 열대 지역 사람들은 물을 관리하는 꽤 정교한 방법을 개발했었다. 초기에 이 지역을 탐험한 사람들의 설명이 단편적이나마 그런 모습을 증명한다. 이를테면 아메리카를 침략한 콩키스타도르conquista-dor(16세기에 중남미를 침략한 에스파냐인을 가리킨다-옮긴이), 프란시스코 데 오레야나Don Francisco de Orellana를 따라 1541년에 아마존강을 탐험한 선교사 프리아르 가스파르 데 카르바할Friar Gaspar de Carvajal은 아마존에 사람이 많이 살아 강기슭을 따라 도시라 할 만한 곳이 여럿 들어서 있고 교역이 이뤄진다는 증거가 많다고 설명했다.[25]

열대우림의 독특한 물순환에 적응한 사회는 복잡한 식량 체계와 도시화를 발달시킬 수 있었다. 열대우림에서 비를 생성하는 가장 큰 원천은 식물의 관다발로, 광합성을 하는 동안 잎의 숨구멍으로 수증기를 내보낸다. 강우량이 지표면에서 수증기가 얼마나 증발하느냐에 달린 건조 기후나 반건조 기후와 달리, 열대우림에 국지적으로 비가 얼마나 많이 내리느냐는 식물의 이런 증산 작용에 좌우된다.[26] 나무가 거대한 물 저장고 구실을 하고, 나무뿌리는 땅속의 커다란 저장고에서 물을 빨아 올려 하늘로 증발시킨다. 그리고 짧지만 강렬한 우기에 물이 보충된다.

그러므로 유럽과 비슷한 집약적인 하늘바라기 농업은 거의 불가능했다. 게다가 아마존 사람들은 유럽인과 달리 곡물을 재배하거나 동물을 길들이지도 않았다. 이들은 훨씬 까다로운 일을 해냈다. 전체 경관을 길들인 것이다.[27] 아마존의 강들은 무척 풍요로워 1ha당 물고기 1톤을 잡을 수 있었다. 사람들은 범람 수위보다 높은 둑을 쌓아 습지를 관리했을뿐더러 둑 안에 남는 물고기를 저장하고, 둑 공사에서 나온 흙으로 과일을 길렀다.[28] 아마존은 많은 인구를 부양하는, 성실히 관리된 생태계였다. 예컨대 볼리비아의 아마존에는 15세기 말에서 17세기 초에 525㎢에 이르는 수력 기반 시설 즉 직선 운하, 수백 킬로미터에 이르는 둑길, 상설 어살을 건설한 흔적이 남아 있다.

여러 연구에 따르면 유럽인에게 습격받기 전인 16세기 초에 아메리카 대륙의 인구는 약 6000만 명이었다.[29] 그러나 유럽인이 도착한 뒤로 이들의 흔적이 거의 사라졌다. 이전에는 없던 질병(천연두는 특히 끔찍했다), 노예 제도, 강제 노동이 한꺼번에 밀어닥쳐 많은 사람이 죽어 나갔고 사회가 무너졌다. 100년이 채 안 되어 아마존은 몇 안 되는 부족이 꽤 단순한 공동체를 이뤄 드문드문 살아가는 숲이 되었다. 인구는 무려 90%가 줄어 600만 명에 그쳤다.

농부들이 몇 헥타르씩 땅을 일궜으므로, 토착민이 사라졌다는 것은 16세기에 농지 5000만ha가 황무지가 되었다는 뜻이었다.[30] 몇십 년이 채 안 되어 초목이 다시 자라 숲이 울창해졌다. 숲이 무척 울창해져 16세기에 대기 중 이산화탄소 농도가 10ppm이나 줄었다.[31] 19세기에 산업화로 늘어난 대기 중 이산화탄소 농도가 딱 10ppm이었다.

그러므로 유럽이 아메리카 대륙에서 들여온 것은 세련된 물 경관 경험이 아니라 원자재였다. 16세기 말에 아메리카 대륙에서 자원이 들어오자, 금이 국제 경제의 바탕이 되었다. 게다가 아마존 숲 어딘가에 엘도라도라는 신비로운 황금 도시가 숨어 있다는 소문까지 돌자, 금에 눈이 먼 콩키스타도르가 많이들 아메리카로 향했다.

신대륙의 강들이 금을 찾는 내륙을 탐사할 천혜의 고속도로 노릇을 해, 유럽이 전 세계와 무역을 확장하는 데 기름을 부었다.

마키아벨리의 공화정

로마 이후 처음으로 등장한 공화정 실험은 오래가지 않았다. 공화정이 다시 굳건하고 지배적인 사회 조직이 되기까지는 몇 세기가 더 걸린다. 그러므로 물 경관 통제는 여전히 한동안은 중세 시대 제도의 영역이었다. 그러나 제도까지는 아니라도 생각은 완전히 바뀌기 시작했다. 첫 시험장은 피렌체였다.

이탈리아의 다른 많은 도시와 마찬가지로 피렌체도 12세기에 처음으로 공화정을 경험했다. 그러나 14세기를 거치는 동안 공화정이 사라졌고, 이탈리아의 르네상스를 이끈 코시모 데 메디치Cosimo de' Medici에게 권력이 집중되었다.[32] 그런데 15세기 말에 또다시 잠깐 공화정 복귀 운동이 일어나 메디치 가문의 지배가 중단되었다. 이 일로 뜻하지 않게 지적 혁명이 일어났다. 그 혁명을 뒷받침한 사람이 1498~1512년에 피렌체 공화국 제2 서기장으로 영토 문제를 맡았던 니콜로 마키아벨리^{Niccolo} Machiavelli였다. [33]

마키아벨리는 유럽 많은 지역에서 꿈틀거리기 시작한 뜻깊은 변혁을 미리 내다봤다. 이제 국가가 강력한 경제 주체가 되고 있었다. 용병이 늘고 군사 기술이 혁신되어 국방비가 늘어났다. 영국 왕 헨리 8세^{Henry VIII}가 이를 잘 보여준다. 헨리 8세는 프랑스와 전쟁을 벌이느라 1511~1512년에 국가 지출을 네 배나 늘렸다. 아버지 헨리 7세 때는 국방비가 국부의 1%가 되지 않았었다. 헨리 8세는 이 비용을 이듬해 다시 세 배로 늘렸다. [34] 배로 물건을 실어나르고 해군을 유지하느라 국방비와 관리비가 더 늘어났다. 국가 재정이 큰 변화를 맞았다.

마키아벨리는 재원이 아무리 중앙에 집중되더라도 그 자체가 곧 군사력을 보장하지는 못한다고 주장했다. [35] 부유한 민족이 가난한 민족에게 정복당하는 일이 숱했다. 마키아벨리가 보기에 국력은 국가가 공화정의 목적에 충실할 때, 즉 공동체의 이익을 위해 재원을 쓰는 경제 주체가 될 때 나왔다. "무릇 공화국이란 국고는 꽉 채우고 시민은 가난하게 해야 한다." [36] 달리 말해 국가는 공공의 이익을 추구하고자 자원을 기꺼이 재분배해야 한다. 그것이 로마 공화정의 중심에 깔린 근본적인 긴장이었다. [37]

마키아벨리처럼 로마 공화정에 관심을 쏟는 사람은 흔치 않았다. 당시에 로마를 동경하던 사람들은 제정 시절 로마에 집중했다. [38] 마키아벨리는 로마 공화정이 전쟁, 혼란, 팽창을 경험할 수밖에 없었으며, 로마 공화정의 활동이 대단한 까닭은 바로 땅을 둘러싸고 갈등한 원로원과 평민 사이에서 균형을 잃지 않아서라고 믿었다. 그래서 그런 격동이 낳은 눈부신 결과를, 경관의 위대한 힘을, 그 경관에서 살아가는 사람들을 아우르는 위대한 미덕을 이야기했다. 마키아벨리가 용병에 의존하기보다 농민을 징집해 시민 군대를 꾸리려 애쓴 데는 이 이유도 한몫했다. 공화정 헌법의 목적은 특정 질서를 유지하는 것이 아니라 소수의 부와 다수의 요구 사이에서 균형을 잡는 것이었다.

마키아벨리는 주로 군사 문제와 엮인 무척 현실적인 물 문제를 마주했다. 그리고 고대 로마가 군사적으로 공격 태세일 때와 방어 태세일 때 보인 물 사용 관행에서 영감을 얻은 저서 《전술론*Dell'arte della guerra*》에서 이 주제를 슬쩍 언급한다.[39] 전시에는 물 관련 공사가 꽤 흔했다. 이 전략을 적용할 기회가 상업을 놓고 경쟁하던 피사와 오랜 전쟁을 벌일 때 찾아왔다. 아르노강 어귀 근처에 자리 잡은 피사는 아르노강을 이용해 물자를 공급받고 교역에 나섰다. 마키아벨리가 세운 기본 전략은 아르노강보다 바닥이 낮은 수로를 판 다음 둑을 설치해 물길을 돌리는 것이었다. 그러면 피사 쪽 아르노강이 바닥을 드러낼 터였다. 노동자 수천 명이 밤낮으로 공사에 나섰다. 그런데 둑에 가로막힌 아르노강이 더 세차게 흘러 바닥을 더 깊이 파내는 바람에 수로로 흘러들지 못하고 범람하고 말았다. 마키아벨리는 하는 수 없이 계획을 접었다.[40] 비록 계획은 실패했지만, 군사 목적에 경관을 활용하려 애쓰는 동안 마키아벨리는 국가 안보가 그 땅에 발붙인 많은 사람에 의존한다는 것을 깨달았다.

로마 공화정에서 그랬듯, 국가가 성공하려면 농부도 정치 과정에 그리고 국방에 참여해야 했다. 로마 공화정에서는 경제가 국가 경관에 활발히 관여한 결과, 법을 밀어내고 정치적 의사 결정의 근간이 되었다. 마키아벨리는 국가의 역할을 공화정의 안정에 이바지하는 경제 주체로 새롭게 그렸다. 공화정의 목적은 자유였다.

물을 관리하고 농업 생산성을 늘리고자, 범람에서 경제 활동을 보호하고자 물 경관을 바꾸는 것은 정치 행위였다. 마키아벨리가 생각한 국가에는 아주 중요하고 현실적인 뜻이 숨어 있었다. 마키아벨리는 가난하고 작은 국가보다 부유하고 큰 국가를 옹호했다. 얼마 안 되는 자원을 한정되게 통제하는 봉건 국가는 사망선고를 받은 것이나 마찬가지였다. 이제 유럽은 거의 동등한 행위자들이 등장하는 다국가 체제가 될 참이었다. 국제무대에서 갈수록 경쟁이 격해져 불안정한 균형 속에 점점 더 많이 충돌할 참이었다.

[09]
물 주권

강을 둘러싼 분쟁

17세기 유럽에서 오랫동안 큰 영향을 미칠 중요한 정치 혁신 두 가지가 일어난다. 근대 영토 주권의 발달 그리고 자유주의의 부상. 두 혁신 모두 빠르게 상업으로 기울고 갈수록 국제 경쟁이 심해지는 세계를 상징했다. 그리고 사회와 물의 관계에서 일어난 꽤 큰 변화와 밀접하게 관련했다.

간단히 말해 자유주의란 공동체의 이익보다 개인의 자유와 사유재산을 정치 행위의 중심에 두는 신념 체계다. 17~18세기를 지배한 자유라는 개념은 고전 전통과 공통점이 많지만, 국가 구조와 관련한 의미가 거의 들어 있지 않다는 점이 달랐다. 당시 자유란 크게 보아 시민의 자유가 아니었다. 방해받지 않고 마음껏 행동할 권리이지, 고대 로마에서처럼 존재 상태 즉 시민 신분을 가리키지 않았다.

유럽의 자유 문화는 오랜 기간에 걸쳐 발전해 정치에 큰 변혁을 일으켰다. 15세기까지 유럽은 대체로 도시 국가, 봉건 영주, 장원, 로마가톨릭교로 파편화되어 있었다. 중세 시대 내내 유럽 대륙 여러 곳에서 군주제가 정치권력과 군사력을 굳게 다졌지만, 지역의 물을 둘러싼 재산권은 지방 세력가의 법정에서 판례를 근거로 시시비비를 가렸다. 그러나 변화의 기운이 감돌았다.

16세기 동안, 새로 정치권력을 거머쥔 상인 계층이 드넓어진 세상을 기회로 삼았다. 동쪽 평원이 서쪽 도시에 곡물을 공급했다. 신대륙이 구대륙에 설탕을 공급했다. 여기저기서 쏟아지는 자원이 국제 무역을 부채질했다. 16세기는 상업이 성장한 시기였다. 로마가톨릭교와 신성로마제국이 로마 제국의 오랜 영향력을 되살려 주장한 보편성은 극동과 신대륙을 계속 접촉하는 과정에서 서서히 사라졌다. 덩치가 더 큰 국가가 새로운 상업 경로를 이용해 입지를 굳혔다. 이주가 늘었고, 이주민을 따라 질병과 지식을 포함한 온갖 것이 오갔다.[01]

유럽에 도착한 무역 상품이 내륙 수로를 따라 대륙으로 들어갔다. 따라서 새로 체결한 모든 정치 협정이 강에서 시험을 거칠 수밖에 없었다. 북유럽에서 눈에 띄는 경로는 저지대 국가에 있는 스헬더강(에스꼬강)이었다. 스헬더강은 상류 약 90㎞가 오늘날 프랑스에 걸쳐 있다. 그런 다음 벨기에로 들어가 서북부 겐트(헨트)에서 가장 중요한 지류인 레이어강(리스강)과 합류한 뒤 동쪽으로 방향을 틀어 안트베르펜을 지난다. 여기서 마지막으로 북쪽으로 방향을 틀어 오늘날 네덜란드 땅으로 들어간다. 스헬더강 어귀는 언제나 어마어마한 장관으로 들어가는 관문이었다. 여기에서 마스강(뫼즈강)과 라인강을 거쳐 독일의 광활한 내륙으로 접근할 수 있었다.

11세기부터 13세기까지 중세 중기에 스헬더강은 위쪽 동스헬더와 아래쪽 서스헬더, 두 갈래로 바다와 이어졌었다.[02] 그래서 생긴 삼각주에 바깥쪽 섬들이 조류를 막아주는 만, 자연 운하, 탁 트인 바다가 복잡하게 뒤엉켜 있었다. 15세기 초까지는 해상 운송이 주로 바닷가에서 끝났다. 해상 운송선은 강을 운항할 수 없었다. 그래서 스헬더 삼각주의 바다 쪽 가장자리에 가장 가까운 브뤼허가 주요 사업 중심지였다. 그런데 세월이 흐르면서 강이 바뀌었다.

소빙하기에 늘어난 범람에서 저지대 국가를 보호했던 배수 방식이 부작용을 일으켰다. 그 가운데 하나가 스헬더 삼각주의 여러 물길을 가로막는다는 것이었다. 그 바람에 조류가 삼각주의 줄어든 병목 지역으로 세차게 흘러 삼각주에 새 물길을 내고 넓혔다. 가장 큰 변화는 서스헬더에서 일어났다. 좁은 수로 여러 개가 큰 수로로 합쳐져, 새로 안트베르펜과 바다를 한길로 쭉 잇는 깊은 물길을 만들었다. 15세기 중반 들어 드디어 해상 운송선이 이 물길을 이용할 수 있었다.[03]

이렇게 뱃길이 바뀐 덕분에 안트베르펜이 16세기에 유럽에서 가장 중요한 항구로 떠올랐다. 안트베르펜은 세계에서 손꼽게 큰 항구였다. 지금까지도 당시 안트베르펜만큼 국제 무역에서 큰 몫을 차지한 곳이 없다. 유럽 상인들이 이 시장에서 영국산 옷감, 이탈리아산 사치품, 북유럽산 식료품, 독일과 프랑스산 포도주, 포르투갈산 향신료를 교환했다. 상품을 국제적으로 유통하느냐가 갈수록 개인의 성공을 크게 좌우했는데, 이렇게 들끓은 상업 열기가 정치적 반응을 일으켰다.

화물 운송이 해상 운송선이 다닐 수 있는 서스헬더 쪽으로 방향을 틀자, 전에는 걸을 이유가 없던 통과세 문제가 불거졌다. 내륙 쪽 안트베르펜은 무료 통행을 원했고, 스헬더 삼각주가 걸쳐 있는 바닷가 쪽 제일란트는 수익을 원했다.[04] 제일란트는 통과세를 둑 관리에 투자해 스헬더강을 보존하겠다고 주장했다. 그러나 안트베르펜이 보기에는 깊은 운하를 선사한 것은 자연이니 제일란트가 전에 없던 통과세를 받을 이유가 없었다.

과거에는 이런 갈등을 로마법과 교회법이 깊이 파고든 법원의 판결에 맡겼을 테고, 법원이 강은 공공재라거나 국가 소유라고 선고했을 것이다. 물론 그런 해법이 효과를 내려면 주권 국가가 있어야 했다. 원칙적으로는 이때까지도 교황과 황제가 서방 기독교 사회의 절대 권위자

였다. 그러나 실제로는 교황과 황제가 법률을 집행할 능력이 약해진 지 오래였다.[05]

스헬더강과 강어귀 지역은 모두 한동안 부르고뉴 공국이 지배했는데, 당시 부르고뉴 공국이 결혼으로 합스부르크 가문에 넘어간 상태였다. 그 시기에 안트베르펜은 용케도 크게 간섭받지 않고 바다로 나갈 길을 확보했다. 그러나 끝내는 균형이 무너졌다. 1560년대부터 가톨릭계 왕들이 영토 통치를 종교 갈등으로 바꿔놓았다. 네덜란드가 개신교를 따랐기 때문이다. 탄압이 이어지자 1566년에 네덜란드에서 반란이 일어났다. 합스부르크 핏줄로 네덜란드를 통치하던 스페인 국왕 펠리페Felipe 2세가 반란을 억누르려고 군대를 보냈다. 그런데 이 파병이 오라네 공작 빌럼 1세Willem van Oranje가 주도한 반란에 기름을 부어 1568년부터 80년 동안 이어진 네덜란드 독립 전쟁으로 번졌다. 1572년 봄에 네덜란드 독립군이 스헬더강 어귀를 장악하자, 안트베르펜이 자유롭게 스헬더강을 이용할 수 있게 보장한 정치적 통합이 깨졌다. 1581년, 네덜란드가 독립을 선언했다.[06]

유럽 경제가 바뀌고 있었다. 그리고 정치도 바뀌었다. 제일란트와 위쪽 홀란트 모두 갈수록 늘어나는 국제 교역을 이용할 기회를 알아보고 수출입 체계를 정비해, 스헬더강의 수송량을 유지하고, 통과세를 받고, 더 작은 하천용 선박으로 상품을 운송했다. 이와 달리 해상 화물을 하천용 선박에 옮겨 싣기보다 자기네 항구로 곧장 들어오는 교역 방식에 의존한 안트베르펜은 단절되었다.

이 스헬더 삼각지 문제는 오늘날까지도 영향을 미친다. 당시 세계에서 손꼽던 안트베르펜항은 제해권을 다투던 하류의 경쟁국에 국경선으로 가로막혀 해상 교역에 직접 접근하지 못했다. 오늘날에도 내륙으로 80㎞쯤 들어간 벨기에 안트베르펜항이 유럽 중심지에 가까운데도, 유럽 최대의 컨테이너항 자리는 네덜란드 로테르담항이 차지하고 있다.

위기와 붕괴

영토 주권을 행사하는 국가로 전환한 것은 누가 뭐래도 근대 정치사에서 가장 중요한 발전이었다. 또 사회와 물의 관계에 확실한 구심점이되었다. 유럽 국가는 보기 드물게 여러 전통이 섞인 체제라 중심에 해소되지 않은 긴장이 자리 잡고 있었다. 물론 고대 초기 국가들도 영토가 있었지만, 대다수가 신정 사회였다. 또 그리스와 로마가 시민 계약안에서 사유재산과 개인의 주체성을 강조했지만, 그리스의 폴리스나로마의 키비타스는 영토라기보다 시민의 집합체로 출발했다. 로마법은사람과 관련한 법이었다.

이와 달리 17세기 들어서는 정치적으로 통합된 영토 국가가 국가 간갈등을 일으키는 주체가 되었다. 이 무렵 상인 및 기업가 계층과 근대금융 분야가 성장하자, 개인이 홀로든 협력해서든 신흥 자본주의의 동력이 되었다. 국가는 이 사회 발전에 발맞추고자 재산권에 근거한, 궁극적으로는 법치에 근거한 경제 국가를 통치하기에 적합한 복잡한 제도를 발달시켰다. 그런데 상업 경제를 떠받치는 데 필수인 물이 국경선을가로지르는 상황에서는 이 제도들이 딱히 쓸모가 없었다. 네덜란드공화국이 독립을 주장한 까닭이 바로 이런 맥락이었다.

상황이 달랐다면 스헬더 삼각주에서 벌어진 일이 지역 개발로 남았을지도 모른다. 그러나 국민 국가로 전환한 시기가 하필이면 위기가 널리 퍼진 때였다. 16세기에 한없이 늘어날 듯 보였던 부가 17세기 들어무너졌다. 전쟁이 질병이라면, 17세기 유럽은 펄펄 끓는 열병을 앓았다. 이 무렵 토머스 홉스Thomas Hobbes가 인간 사회란 본디 전쟁과 파괴가 일상이니, 리바이어던이라 부른 국가가 질서를 강제하라고 요구했

다. 놀랄 일도 아니다. 17세기 전반 사람들에게는 세상의 종말이 남 일이 아니었을 것이다.[07]

사람들이 덧없이, 그것도 걸핏하면 폭력으로 목숨을 잃던 시대였다. 영토를 넓히려는 경쟁이 커져 전쟁으로 치달았다. 여전히 어마어마하게 많은 땅과 인력을 통제하던 로마가톨릭교가 이권을 보호하려고 신성로마제국과 협정을 맺었다. 그래서 17세기 들어 종교가 군대를 동원하는 주요 세력이 되었다. 신성로마제국은 전쟁 자금을 대고자 세금을 늘렸다.

신성로마제국 황제이자 스페인 국왕이던 카를 5세가 개신교를 억누르고자 스페인군을 파병하자, 종교개혁을 지지한 독일 지역 제후들이 이에 맞서 군대를 동원했다.[08] 신성로마제국은 가톨릭교 국가와 개신교 국가가 맞붙은 30년 전쟁(1618~1648년-옮긴이)과 그에 따른 감염병으로 인구를 4분의 1 넘게 잃었다. 줄어든 인구는 50년도 더 지나서야 회복되었다. 이탈리아에서도 스페인 지역 대부분과 마찬가지로 인구가 줄었다.[09] 종교 전쟁을 포함한 여러 다른 갈등의 근인은 다양하지만, 주로 당시 정치에서 찾아볼 수 있다. 정확히 말하면 개신교와 가톨릭교의 갈등이 주요 근인이었다. 그러나 다른 원인도 있었다.

당시 위기는 유럽만 강타하지 않았다. 중국도 명나라에서 청나라로 넘어가던 17세기 중반에 인구가 절반으로 줄었고 8000만ha였던 경작지가 기껏해야 2800만ha로 줄었다.[10] 그래서 더러 이때를 세계적 위기의 시대라고 한다.

소빙하기에서 매우 중요한 첫 한랭기는 15세기 중반부터 16세기 초까지 이어진 스푀러 극소기(통상 15세기 중반부터 16세기 중반까지로 추정한다-옮긴이)였다. 그러나 더 심각한 한랭기는 1560년부터 1720년까지 닥친 마운더 극소기(통상 15세기 중반부터 16세기 중반까지로 추정한다-옮긴이)였다. 전 세계의 평균 온도가 20세기보다 0.5℃ 낮았다. 유럽은 더 심해 평균 2℃나 낮았다. 이 시기에 거친 폭풍이 덴마크, 독일, 네덜란드의 해안을 덮쳤다. 1620~1621년에는 터키의 보스포루스해협이 얼어붙었다. 1630년에는 바그다드에 홍수가 닥쳤다. 북극의 유빙이 몹시 커져 이누이트가 카약을 타고 스코틀랜드에 다다를 정도였다. 전에도 이후에도 유례가 없는 폭설이 여러 달째 이어졌다. 1657년부터 스웨덴과 덴마크가 전쟁 중이었는데, 덴마크 윌란반도에 상륙한 스웨덴군이 그해 겨울에 맞은편 퓐섬까지 얼어붙은 바닷물 위로 진군해 섬을 점령했다. 봄과 여름은 춥고 습했다.

이 시기에 왜 소빙하기가 나타났는지는 치열한 논쟁거리다. 유력한 원인 하나는 태양 표면의 흑점이 줄어들어 태양 에너지를 적게 방출했으리라는 것이다.[11] 화산 활동이 영향을 미쳤을지도 모른다.[12] 1595년에 콜롬비아 네바도델루이스 화산이 폭발했고, 5년 뒤인 1600년에 페루 후아이나푸티나 화산이 폭발했다. 17세기 중반에는 무려 열 개 남짓한 화산이 폭발했다.

원인이 무엇이었든 유럽 곳곳에서 농부들이 작물을 키울 수 있는 기간이 짧아지고 오락가락하는 데 적응해야 했다. 농업 생산성이 뚝 떨어졌다. 16세기에는 파종 대비 수확률이 1 대 7이었는데, 17세기에는 대부분 1 대 3을 겨우 넘겼다. 곡물 가격이 네 배나 뛰었다. 17세기 대부분 동안 10년당 기근이 든 횟수가 치솟았다.[13] 영양 결핍이 심해 평균 신장이 1.5㎝나 줄었다. 세금 징수 체계가 무너졌고, 따라서 국가의 힘이 약해졌다. 가난, 기아, 팽팽한 긴장, 사회 불안이 나타났다. 종교, 사법, 재정이 사라졌을 때는 흉작이 반란을 촉발할 위험이 있었다. 프랜시스 베이컨Francis Bacon의 말마따나 "인간은 날이 맑기를 기도해야 했다".[14]

17세기에 일어난 정치 위기는 환경 변화와 떼려야 뗄 수 없는 일이었다. 1641년에 아일랜드에서 반란이 일어난 뒤 이어진 법정 진술에서 개신교도들이 기상 이변을 증언했다.[15] 비슷한 시기에 명나라가 무너지고 청나라가 들어선 중국에서도 기상 이변을 가리키는 기록이 남아 있다. 명확히 짚고 넘어가자면 기후 변화는 인간의 잘못과 완전히 분리할 수 없는 현상이다. 16~17세기 기록에 따르면 폴란드 비스와강에 여러 차례 끔찍한 범람이 있었다. 그런데 그전에 비스와강 기슭에 변화가 있었다. 인구가 불어난 14세기부터 16세기까지 강기슭의 경작지가 두 배로 늘었다. 17세기에 여러 나라와 전쟁을 벌이는 동안 일부러 강둑을 무너뜨린 것도 끔찍한 범람이 일어난 원인이었다.[16] 따라서 기후 변화는 위기를 일으킨 유일한 원인이 아니었다. 그래도 13세기부터 17세기까지 5세기 동안 이어진 소빙하기 가운데 누가 뭐래도 가장 혹독한 시기는 17세기 전반기였다.

새로 영토 주권을 주장하는 국가, 위세가 커지는 상인 계층과 사업가 계층의 야심, 빠르게 바뀌는 환경이 빚어낸 긴장이 유럽이 공유한 물을 따라 나타날 수밖에 없었다.

명예 습지의 반격

바뀌는 조건에 대응한다는 것은 네덜란드의 간척 경험이 귀한 대접을 받는다는 뜻이었다. 그것도 어디에서나. 유럽 전역이 네덜란드와 벨기에 플란데런 출신 이민자들에게 배수 경험을 배웠다.[17] 이탈리아 교황령과 토스카나가 네덜란드 전문가들에게 배수 방식을 조언받았고, 프랑스에서는 1628년에 에페르농 공작Duc d'Epernon이 홀란트 보르머르 호수에서 물을 빼내 유명해진 얀 레이흐바터르Jan Leeghwater에게 보르도 동남쪽 카디야크 근처의 습지에서 물을 빼달라고 부탁했다. 저지대 국가에서 흔했던 민간 간척 사업이 유럽 중부와 동부의 많은 강에서도 흔해졌다. 이런 초기 경험 덕분에 17~18세기 내내 독일 지역의 국가 대다수에서 꽤 많은 간척 사업이 이어졌다.

그런데 네덜란드에 영향받은 간척 사업보다 더 중요했을 간척 사업이 영국 동부에서 일어났다. 17세기 초 튜더 왕조를 이어받은 스튜어트 왕조는 엘리자베스 여왕이 전쟁으로 남긴 엄청난 재정 적자도 물려받았다. 왕가는 적자를 메꾸고자 사유지를 대부분 팔아야 했다. 땅을 판 뒤에도 관세를 거두고 여러 세금을 신설해 부족분을 메꿔야 했다. 그러다 마침내 물 경관으로 눈을 돌렸다. 습지를 간척하면 더 비옥한 땅이 생기리라고 봤기 때문이다. 자본 수익에 목말라 땅을 찾아내려는 욕망이 공공재에 기반한 다른 소유 방식과 충돌해 매우 정치적인 쟁점이 되었다.

이 쟁점의 핵심은 영국 동부의 습지 택지였다. 24만ha에 이르는 이 저지대는 철에 따라 물에 잠겼다. 처음에 이곳에서 물을 빼내는 계획을 세운 사람은 네덜란드 톨런 출신으로 주로 제일란트에서 일했던 기술자 코르넬리위스 페르마위던Cornelius Vermuyden이었다. 1621년에 런던 동쪽 템스강 강둑의 균열을 보수할 담당자로 채용된 페르마위던은 얼마 지나지 않아 여러 공사의 책임자가 되었다. 습지 택지 간척에 자주 관여하지는 않았지만, 페르마위던의 아이디어가 개발에 큰 영향을 미쳤다.[18]

개발 계획에 따라 물을 뺄 가장 큰 습지는 약 12만ha에 이르는 그레이트레벨이었다. 공사는 4대 베드퍼드 백작이 세운 베드퍼드레벨이라는 사기업이 맡아 1630년에 첫 삽을 떴고,[19] 페르마위던이 수석 기술자 자리를 맡았다. 그레이트레벨 개발은 순수한 민간사업이었다. 투자자들은 간척으로 생기는 토지의 소유 지분 3분의 1을 투자 대가로 받기로 했다. 눈에 띄는 투자자는 국왕 찰스Charles 1세였다. 찰스 1세는 그레이트레벨 개발로 왕국에 완전히 새로운 넓은 땅을 보태기를 바랐다. 한발 더 나아가 개간지 한가운데에 자기 이름을 딴 고장을 세우기를 꿈꿨다.

개간 중 만만찮은 기술 문제가 여럿 터졌다. 가장 심각한 문제는 지역 사회에서 터진 폭동이었다.[20] 밖에서 보기에는 가난한 무지렁이였을지라도, 습지 주민들은 습지에 의지해 살림을 꾸리며 꽤 풍요롭고 안락하게 살았다. 습지는 이들에게 여름철 방목지, 물고기, 새, 연료 그리고 이엉을 엮고 바구니를 짜고 바닥을 덮을 갈대를 내줬다. 따라서 모든 주민이 습지를 공공재로 관리했다.

로마인들이 '레스 코무니스'라 부른 공공재는 소유권을 허용하지 않았다. 생산성이 살아 있는 생태계에 좌우되는 환경에서는 습지를 공동 관리하는 쪽이 무척 알맞았다. 그러나 습지를 개간하려면 민간 투자가 필요했으므로 소유권을 어느 정도 허용할 수밖에 없었다. 재정이 파탄난 국가에서는 두말할 것도 없었다. 더러 나오는 주장과 달리, 뒤이어 일어난 갈등은 습지 경제와 자본주의 농경의 추상적 다툼과 그다지 관련이 없었다. 원칙적으로 습지 주민들이 상업농으로 전환할 수도 있었으므로, 갈등의 핵심은 개간 이익을 누가 가져가느냐였다.

물을 뺀 뒤 지역민들이 새로운 기반 시설에 훨씬 더 의존했을 때, 울타리를 두른 인클로저(영주나 대지주가 농경지를 확보하고자 공유지나 미개간지를 사유지로 만들고 울타리를 두른 구역-옮긴이)의 경작지는 몇 안 되는 지주 손에 넘어갔고, 나머지 주민들은 훨씬 줄어든 경작지에 의지해 살아야 했다. 게다가 베드퍼드레벨이 약속한 배수 시설 개선이 잠깐에 그쳤다. 베드퍼드레벨이 개간지에서 얻은 이익으로 전체 배수 시설을 관리하기로 약속했는데, 수지타산이 맞지 않았다. 결국 개간지 대부분이 여름에만 물이 빠질 뿐이라 방목지로는 적합해도 경작지로는 적합하지 않았다.

찰스 1세는 어떻게든 개간 사업을 살려보고 싶었다. 베드퍼드 백작을 밀어내고 자신이 사업을 맡은 뒤, 지역 주민의 폭동으로 개간 사업에서 손을 뗐던 페르마위던을 불러들였다. 그런데 찰스 1세에게는 이 거대한 계획을 실행할 재원이 없었다. 찰스 1세가 재원을 마련할 셈으로 재산을 몰수한 일이 팽팽한 긴장에 기름을 붓고 말았다.[21] 반대 세력이 늘어나더니 이따금 폭력을 행사했다. 혁명이 무르익고 있었다.

습지의 공동 경제에 깊은 인상을 받은 급진주의자들이 영국의 습지를 뒤바꾼 인클로저와 토지 사유화에 거칠게 반대했다. 17세기에 나타난 습지와 인클로저 이야기는 나중에 잉글랜드 내전(1642~1651년-옮긴이)에 휘말리는 디거파Diggers 같은 급진 이상주의 운동에 깊은 영향을 미쳤다. 디거파의 원류인 진짜수평파True Levellers를 이끈 게러드 윈스턴리Gerrard Winstanley 같은 사람들은 농업에 기반한 평등주의 혁명, 자연과 공동체 생활로 회귀를 추구했다. 결국 혁명(잉글랜드 내전(1642~1651)을 가리켜 영국 혁명이라 부르기도 한다-옮긴이)은 찰스 1세의 목을 제물로 삼았고, 군주제가 물러난 자리에 짧게 존재한 유일한 공화정 잉글랜드공화국Commonwealth of England(1649~1660년-옮긴이)이 들어섰다. 잉글랜드공화국이 처음에 성공을 거두자, 개인의 자유가 커지리라는 기대가 굳어졌다. 그러나 뒤이은 실패가 다음에 나타난 정치 체제에 유산을 일부 남겼다. 공화정 전통과 자유주의 사상이 놀라울 만큼 안정적으로 뒤섞인 유산을.

베스트팔렌 조약의 토대 그리고 상업 국가의 부상

다시 네덜란드로 돌아가면, 1570년대부터 1580년대에 걸쳐 일어난 여러 전쟁으로 안트베르펜의 잠재력이 무너졌었다. 한때 찬란했던 항구는 이제 스헬더강에 고립되었다. 상인들이 장사를 이어가려면 해상 교역을 주무를 강국이 되고자 기지개를 켜던 신생 국가 네덜란드공화국으로 옮겨야 했다. 스페인이 금수 조치로 교역을 가로막고, 포르투갈이 아시아로 가는 해상로를 장악했으므로, 네덜란드는 먼저 대체 경로를 찾아 나섰다. 빌럼 바렌츠Willem Barentsz(바렌츠해가 이 사람에서 따온 이름이다)

와 헤라르뒤스 메르카토르Gerardus Mercator(지도 투영법인 메르카토르 도법을 만든 이다) 같은 저명한 지도제작자들은 동북쪽 바다를 돌아 태평양으로 가는 길이 답이라고 장담했다.[22] 네덜란드는 이렇게 시작된 북극 탐사 덕분에 고래잡이 어업을 얻었지만, 아시아로 가는 교역로는 얻지 못했다. 결국은 남아시아 교역로를 놓고 스페인, 포르투갈과 맞붙고자 1602년에 네덜란드동인도회사를 차렸다. 이 회사는 비슷한 시기에 세워진 영국동인도회사와 더불어 유럽이 중상주의를 확장하는 근간이 되었다.

정치 상황과 환경이 어려웠는데도, 네덜란드공화국은 17세기 전반에 엄청난 경제 성장을 이뤘다. 꽃을 피운 경제가 다시 물 경관에 반영되었다. 1630년대에는 배수 시설과 나란히 트레크바르트trekvaart라는 운하망을 구축해, 여객 수송을 전담할 트렉스하위트trekschuit를 도입했다. 말이 끄는 여객선인 트렉스하위트가 처음 도입된 곳은 암스테르담-하를럼 구간으로, 두 도시가 건설 자금을 댔다. 트렉스하위트는 매력적인 운송 수단인 데다 투자 수익도 쏠쏠했다.[23] 갈수록 트렉스하위트가 늘어났다.

트레크바르트 덕분에 저지대 국가의 경제가 크게 바뀌었다. 상업 활동에 집중하느라 대면 계약과 잦은 이동이 일상인 국가에는 이런 운하망이 제격이었다. 운하를 이용한 여객 운송이 갈수록 늘어, 비싸고 제한된 마차 여객 사업보다 엄청나게 많은 사람을 실어 날랐다. 인구 대다수가 트렉스하위트를 이용해, 물 경관을 이용하는 사회 계층이 훨씬 넓어졌다.

그사이 80년 동안 이어진 스페인과 네덜란드공화국의 충돌이 마침내 1648년 뮌스터 강화 조약으로 끝이 났다. 사실 이 조약은 광범위한 운하 시설을 누가 통제하느냐를 다뤘다.[24] 여러 조항이 합의에 포함된 제약 사항을 언급했다. 특히 14항은 "스헬더강은 사스 지역과 즈빈 지역의 운하 및 다른 연결 수로와 더불어 네덜란드 영주국 연방만 이용할 수 있다"라고 명시했다.[25] 스헬더강과 관련 운하를 이용할 길이 막히자, 안트베르펜의 운명이 결판났다.[26] 스페인은 바르톨로 다 사소페라토가 남긴 유산을 인정해 네덜란드공화국의 통치권을 인정할 수밖에 없었고, 네덜란드공화국은 이 통치권을 근거로 스헬더강 접근을 차단할 권리를 주장했다.[27] 결국 안트베르펜은 고립되었고, 바다로 나갈 길은 네덜란드공화국이 독점했다.

1660년대 말에는 네덜란드의 모든 중심지가 운하망으로 연결되어 유례없이 높은 조화를 이뤘다.[28] 이 운하망에 연결된 도시들은 저마다 전문 분야가 있었다. 암스테르담은 무역업, 레이던은 직물 산업, 델프트는 낙농업, 로테르담은 조선업이 주특기였다. 도시로 사람이 몰려들었다. 16세기 초 만 명이던 암스테르담 인구가 17세기 초에 20만 명을 넘겼다. 바다와 하천의 기반 시설이 매끄럽게 통합되었다.

네덜란드는 특히 물을 이용한 운송 방식을 개선했고, 그 덕분에 세계를 상대로 상업 활동을 펼치기가 훨씬 쉬워졌다. 기후 변화로 뜻하지 않게 많아진 바람이 뜻하지 않게 연료가 되었다. 당시 항해 일지에 따르면, 소방하기에 따른 기온 저하로 중위도 지역의 바람이 강해진 덕분에 동남아시아까지 항해하는 시간이 줄었다.[29] 16세기 말에 네덜란드 북부 텍셀섬에서 출발한 배가 아프리카 희망봉을 돌아 인도양을 거쳐 인도네시아 자카르타까지 가려면 350일이 걸렸는데, 17세기 중반에는 200일로 30% 넘게 줄었다(더 정확히는 43%가 줄었다―옮긴이). 17세기 말 들어 네덜란드가 해운 선박과 내륙 항행을 하나로 통합한 거대한 운송 체제를 만들었다. 네덜란드 내륙 운송을 책임진 연락선이 변화하는 국제 상황과 결합해, 네덜란드가 국제 교역 강국으로 발돋움할 발판을 마련했다.

사회 계약

경제가 탈바꿈하자, 정치 제도도 급격히 바뀌었다. 그 과정에서 인간 사회와 물의 관계가 바뀌었다. 사회 조직의 최고 지배 단위가 된 영토 국민 국가가 물의 힘과 씨름할 탁월한 기관이 되었다.

영국이 기본적인 공화주의 사상과 이에 맞선 자유주의의 대응을 어느 정도 물의 영향으로 소화해 일궈낸 정치 경험이 적어도 일부 국민에게는 유용할 사유재산과 자유에 주로 근거한 근대의 헌법 구조를 만들었다. 영국은 자기네가 현대판 로마라고 줄기차게 주장했다. 그러나 영국의 사회 계약을 떠받친 근거는 로마의 시민 개념이 아니라 존 로크John Locke의 자유주의 국가였다. 잉글랜드 내전과 군주제 복원으로 생겨난 체제는 사유재산권을 사회 계약의 중심에 뒀다. 합법적인 시민 정부의 목적은 시민의 생명권, 자유권, 건강권, 재산권을 지키고, 타인의 권리를 침해한 시민을 기소하는 것이었다.

유럽 대륙에서 1648년 1월 뮌스터 강화 조약, 5월 오스나브뤼크 조약(신성로마제국과 스웨덴-옮긴이), 10월 뮌스터 조약이 결합해 베스트팔렌 강화 조약이 맺어졌다.[30] 이로써 유럽 땅에서 수십 년 동안 이어진 전쟁이 끝나고 사실상 첫 유럽 헌법이 제정되었다. 국제법을 모든 종교와 분리한다는 것은 이제부터 공화정 국가와 왕정 국가가 동등한 위치에 선다는 뜻이었다. 베스트팔렌 강화 조약은 서로 균형을 맞추는 영토 국가에 근거한 유럽 즉 세력 균형이라는 원칙도 처음으로 광범위하게 적용했다. 이로써 보편적 군주제라는 개념이 마침표를 찍었다. 고유 영토에서로 배타적 지배권을 인정했으므로, 유럽 국가들이 절대 권력자에게 기대지 않고 서로 손을 맞잡고 평화를 추구할 수 있었다.

베스트팔렌 강화 조약을 조율한 대표단은 그토록 오래 이어진 혼란을 어떻게 재건할지에 몰두해, 상업을 되살려야 한다고 강조했다. 그 핵심은 유럽을 관통하는 여러 강을 배가 항행하는 것이었다. 30년 전쟁을 끝내고자 프랑스와 신성로마제국이 맺은 뮌스터 조약에 이 문제를 해결할 조항이 여럿 들어갔다. 이를테면 89항은 라인강에서 상거래를 할 자유를 명확히 밝히고, 통행세와 관세, 검사를 규제했다.

베스트팔렌 강화 조약으로 만들어진 평화 시기는 근대 국가가 태어나는 중요한 순간이었다. 근대의 자주 국가가 그런 특정 조약에서 비롯했느냐는 다소 의견이 갈린다. 그러나 뒤이은 합의 예컨대 나폴레옹 전쟁(1803~1815년-옮긴이) 뒤 1815년 빈 회의, 1차 세계대전(1914~1918년-옮긴이) 뒤 1919년 베르사유 강화 조약, 국제 연맹, 국제 연합 헌장은 의심할 바 없이 베스트팔렌 강화 조약에서 처음 확립된 원칙에서 비롯했다.

잉글랜드공화국이 몰락하고 왕정이 복원된 뒤인 1688년, 찰스 1세의 외손자이자 제임스 2세의 사위인 오라녜 공작 빌럼이 영국 의회와 손잡고 명예혁명을 일으켜 아내 메리 2세Mary II of England와 함께 영국의 공동 군주 윌리엄 3세William III of England가 되었다. 이로써 네덜란드와 영국의 정치 경험이 하나로 만나 새로운 중상주의 세계에서 영국과 네덜란드의 이익을 하나로 묶었다. 명예혁명은 중세 제도에서 자유주의 가치관을 흡수해 입헌 군주제와 의회에 기반한 통치로 완전히 전환한다는 상징이었다.

이 전환은 정치가 200년에 걸쳐 진화한 산물이었다. 서로 방식은 달랐지만, 마키아벨리와 토머스 홉스가 정치의 밑바탕을 규명해 통치권을 정립했다. 베스트팔렌 강화 조약은 사람이 아니라 영토를 지배하는 쪽으로 추가 기운 상황을 나타냈다. 명예혁명은 의회에 진출한 부자들의 손을 들어줘 국가 권력에 한계를 그었고 근대 자유주의 국가가 나타날 문을 열었다. 여기에서 비롯한 대의 정치 제도가 독립된 입법부와 사법부처럼 뒤이어 나타난 많은 정치 체제의 모형이 되었다.

이 정치 발전은 사회와 물의 관계에 큰 영향을 미쳤다. 그러면서도 국가가 동원할 수 있는 경제력이 커져 강에 어마어마한 규모로 기반 시설을 건설할 수 있다는 것을 증명했다. 실제로 1688년 명예혁명 뒤로 영국에서는 전에는 왕에게 허가받아야 했던 하천 개선 계획이 의회를 거쳐 승인받았다.[31] 경제 성과를 가늠하는 투자 수익률이 재산권을 보장한 정도에 정비례했다.[32] 자산을 계속 유지할 수 있다고 신뢰할수록 위험을 무릅쓰고 잠재 수익을 높일 가능성이 컸다. 재산권을 더 많이 보장한 결과, 정부가 전보다 돈을 훨씬 많이 빌릴 수 있었다. 명예혁명 뒤 10년 동안 하천 기반 시설에 투자한 자금이 10배나 늘어, 영국이 전에 없이 성장할 발판이 되었다. 그런데 법에서 벗어나 공동체의 이익과 개인의 권리 사이를 중재할 공식 장치가 별로 없었다. 이 상황에서는 국가가 강력한 관리자가 될 수는 있어도, 물 경관을 조율할 정치적 중재자가 되기는 힘겨울 것이다.

어떤 경우에서든, 이때부터 물의 역사는 국민 국가의 역사가 되었다. 겉으로는 군주제 국가를 표방하든 자유주의에 근거한 정치를 추구하든, 이런 국가의 유전 암호는 공화정이었다. 영토가 곧 국가이니, 국가가 당연히 물 문제를 맞닥뜨렸다. 물이 지형을 따라 움직이고 물을 통제하는 것이 주권을 나타내기 때문이다. 영토가 곧 국가이기는 했지만, 그렇다고 국가가 영토의 주된 소유자는 아니었다. 개인과 회사가 경제 활동을 벌여 공동의 목적을 추구했다.

물 경관을 통제하느냐로 존재를 확인하는 강력한 영토 국가 그리고 국가의 직접 개입보다 민간 활동을 중요시하는 경제 주체로서 국가 사이에 나타난 긴장이 근대 사회가, 또한 현대 사회가 물관리에서 마주할 큰 시험대가 된다.

[10]
물 공화국 미국

국책 사업

미국은 근대 공화정의 모형이 되었다. 신생 국가는 어려운 균형을 유지해야 했다. 한쪽에는 유럽에서는 보지 못한, 개인의 관리 능력을 훌쩍 넘어설 만큼 힘이 센 놀라운 물 경관이 있었다. 다른 쪽에는 적어도 정착민 사이에 완전히 새로운 사회 계약을 요구한, 전제정치와 정부 개입이 없는 자유주의 사회를 이루겠다는 약속이 있었다.

이 긴장이 널려 퍼져 있었다. 벤저민 프랭클린Benjamin Franklin은 1755년 11월 11일에 펜실베이니아 주의회를 대표해 펜실베이니아 부지사에게 보낸 편지에서 이렇게 경고했다. "잠시 안전을 보장받고자 기본 자유를 포기하는 자는 안전도 자유도 얻을 자격이 없습니다."[01] 이 말은 지역 사회에 이웃한 델라웨어족과 쇼니족의 습격으로 영토 안보가 위협받는 상황에서 나온 것이다. 그런데 압도적인 물의 힘 앞에 놓인 안보에도 이 말을 똑같이 적용할 수 있을 듯하다.

개국 초기부터 미국은 물 안보를 보장할 만큼 강력하고 자원이 풍부한 주가 다른 주에 뜻하지 않게 영향을 미치지 못하게 통제해야 한다는 것을 알았다. 이후 19세기 동안 진행된 국가 건설은 영토가 점점 늘어나는 놀라운 과정이었다. 그 과정에서 제도와 강이 자리를 잡았다.

시작은 매사추세츠주부터 조지아주까지 애팔래치아산맥 동쪽에서

1776년에 독립을 선언한 13개 주였다. 침엽수림과 활엽수림으로 뒤덮인 이 좁은 땅에서 대서양으로 흘러가는 많은 강이 발원했다.[02] 뉴잉글랜드를 남북으로 길게 흐른 페놉스코트강과 코네티컷강, 배가 다닐 만큼 커 식민지 중부의 농업 경제를 떠받친 서스쿼해나강, 델라웨어강, 허드슨강, 식민지 남부의 포토맥강과 서배너강이 대표적이다. 포구가 유럽을 바라보는 이 강들은 멕시코 만류 덕분에 기후가 무척 온화했다.

이토록 많은 강이 서에서 동으로 흐르는 경관이 영국과 프랑스가 북아메리카 대륙에서 벌인 7년 전쟁(1754~1763년-옮긴이) 막바지에 시작된 서부 팽창에서 새로운 역할을 맡는다. 1763년 파리 조약에서 영국이 애팔래치아산맥과 미시시피강 사이에 있는 오하이오강 유역과 퀘벡 지역의 넓은 땅을 할양받았다. 할양받은 지역은 다시 세 주와 아메리카 원주민에게 할양할 땅으로 나뉘었다. 또 이 합의에 따라 스페인이 미시시피강 서쪽의 루이지애나(당시는 미국 중부를 가리켰으며, 오늘날 북쪽 몬태나주, 노스다코타주부터 남쪽 루이지애나주까지를 아우른다-옮긴이)를 확보했다. 루이지애나에서 특히 중요한 곳은 뉴올리언스의 항구였다. 미국 독립 전쟁(1775~1783년-옮긴이)이 끝난 뒤 미시시피강 동쪽이 일부를 제외하고 모두 미국 땅이 되었다.

이전부터 애팔래치아산맥 너머에 꽤 많은 땅을 사들인 미국 초대 대통령 조지 워싱턴George Washington은 그 땅의 잠재력과 한계를 모두 잘 알았다. 오하이오강 유역은 기름진 땅이었다. 그러나 생산물을 동쪽으로 가져올 만한 운송 경로가 없다면 동부 식민지 이주자에게는 황무지나 다름없었다. 워싱턴은 비용 대비 높은 효율로 동쪽과 교역할 길이 없는 한 모든 생산물이 스페인 식민지를 거쳐 뉴올리언스로 흘러갈 것을 알았다.[03]

미국이 독립한 뒤, 워싱턴은 식민지의 오랜 구상을 되살리기로 했다.[04] 포토맥강을 대운하로 바꿔 새로 독립한 미국과 오하이오강을 연결할 구상을. 상업적 필요에서 나온 이 구상이 미국 연방 정부의 입헌 과정에서 한쪽에 치우친 역할을 했다.

1784년, 워싱턴이 포토맥컴퍼니라는 회사를 세우고 사장이 된다. 이 회사는 공공 개발 사업을 사기업에 맡기는 오랜 전통에 따라 설립되었다. 창업 자본은 메릴랜드주와 버지니아주에서 주식을 발행해 모았다. 대지주와 부유한 무역상이 투자했는데, 대다수가 미국이 통합되기를 바라는 연방주의자였다.[05]

포토맥컴퍼니가 눈길을 끈 까닭은 국가의 중요한 개발 사업을 처음으로 여러 주가 협력해 진행했기 때문이다. 이렇게 생겨난 주식회사가 제대로 운영되려면 포토맥컴퍼니에서 운항하는 배가 메릴랜드주와 버지니아주를 거쳐 펜실베이니아주로 돌아갔다가 오하이오주에 도착해야 했다. 달리 말해 여기에도 스헬더강을 둘러싸고 발생한 운항 자유와 똑같은 문제가 있었다. 그런데 이 경우에는 국가 간 문제가 아니라 신생 국가 미국의 국내 문제였다. 만약 모든 주가 저마다 선박 운항에 재정권을 행사했다면 경제성이 없었을 것이다.

이 사업의 성패를 판가름할 요소는 주간 교역 규칙을 어떻게 정하느냐였다. 13개 주를 하나로 묶은 첫 헌장인 '연합규약'은 큰 도움이 되지 않았다. 독립 전쟁 중인 1777년에 중앙 정부를 만들고자 합의한 헌장이지만, 영국의 통치와 반대되게끔 설계했기 때문이다. 연합규약은 행정부나 사법부를 염두에 두지 않았고 입법 때는 13개 주 중 9개 주가 찬성해야 하는 한계가 있었다. 연방 정부가 개인이 아닌 주에만 권한을 행사할 수 있어, 개인이 연방 차원에서 어떤 보호도 받지 못했다. 연방 정부는 세금을 걷지도, 군대를 꾸리지도 못했다. 애초의 설계 구조 탓에 영토 문제를 해결할 수 없었다. 무엇보다 주 사이의 교역을 통제할 수 없었다.

　독립 전쟁이 끝나자, 이렇게 느슨하게 결합한 연합이 13개 개별 국가로 쪼개질 위험이 닥쳤다. 그랬다가는 드넓은 서쪽 땅이 뉴올리언스를 통해 제대로 작동해 훨씬 통합된 교역 기반을 제공하는 스페인령 루이지애나에 흡수될 터였다. 따라서 운항 문제가 협치 문제로 바뀌었다.

연방 헌법의 탄생

여기까지는 아는 사람이 많지만, 여기에 물이 얽혀 있다는 사실을 아는 사람은 드물다. 워싱턴이 버지니아주 페어팩스에 있는 사유지 마운트버넌에서 회의를 소집했다. 버지니아주와 메릴랜드주 모두 대표단을 보냈다. 워싱턴은 이 회의에서 자신의 회사 포토맥을 운영할 수 있는 규제 체계를 논의하기를 바랐다. 그런데 처음에는 협상 범위가 명확하지 않았다. 메릴랜드주 대표단은 권한이 폭넓어 포토맥강과 관련한 운항 문제뿐 아니라 포토맥강이 바다로 흘러들 때 만나는 포코모크강과 체서피크만 문제까지 논의할 수 있었는데, 버지니아주 대표단은 포토맥강 문제를 논의할 권한밖에 없었다. 이런 어려움에도 이들이 합의에 이르렀고, 이 내용이 두 주에서 고스란히 법률로 제정되었다.

　마운트버넌협정이라 부르는 이 합의는 주끼리 협력하는 첫 모범 사례였다.[06] 이제 메릴랜드주와 버지니아주가 협력 협약에 동의했으므로, 펜실베이니아주와 델라웨어주에도 동참을 요청해야 했다. 포토맥강이 펜실베이니아주로도 뻗어 있고, 포코모크강이 델라웨어주에 있었기 때문이다. 운항 체계를 다룰 조례를 만들자는 주장이 힘을 얻었다. 1786년 1월 21일, 버지니아 주의회가 위원 다섯 명을 지명해 "공동 이익과 영원한 화합을 이루려면 상업 조례의 체계를 얼마나 균일하게 할지를" 다른 주와 협의하자는 결의안을 의결했다.[07]

제임스 매디슨James Madison(미국 제4대 대통령으로, 헌법의 아버지라 불린다—옮긴이)도 이 전개 과정을 유심히 지켜봤다. 중요한 쟁점은 교역, 선박 운항, 농업, 국가 통합의 교차점이 무엇이냐였다. 1777년에 채택된 연합 규약이 전제정치에 맞서 자유 지상주의에 충실할 것을 표방했다면, 연방주의자들은 자유 남용에 맞선 안정과 공화정을 내세웠다.[08] 이는 중앙 정부를 중심으로 한 견제와 균형이라는 체계로 반영되었다.

미국을 건국한 사람들은 고전적인 로마 공화주의를 마음에 담았었다.[09] 제임스 매디슨, 존 제이John Jay(미국 초대 연방 대법원장—옮긴이), 알렉산더 해밀턴Alexander Hamilton(미국 초대 재무장관—옮긴이)이 《연방주의자 논설집 Federalist Papers》에 서명할 때 기원전 509년에 왕정을 폐지하고 공화정을 세우는 데 앞장섰고 로마 공화정의 초기 집정관을 지낸 푸블리우스 발레리우스 푸블리콜라를 기려 '푸블리우스'를 가명으로 썼을 정도다. 이들은 미국이 농경사회가 되기를 꿈꿨다. 미국의 경관과 철저하게 하나로 묶이고, 영국의 통치에 의존해야 하는 부담은 벗어 던지려는 사회가. 아메리카 대륙의 광활한 경관을 보니 유럽의 곡물 창고로 아주 적합해 보였다. 그리고 이 꿈이 1803년에 나폴레옹 전쟁이 터진 뒤 유럽의 곡물 수요가 급증하면서 현실이 된다.

독립 초기, 매디슨은 내륙 항행이 상거래를 조율하고 중앙 집권과 지방 자치 사이의 긴장을 해소해야 하는 더 폭넓은 사안에 관여할 유용한 수단이 될 가능성을 알아봤다. 마운트버넌에서 네 주가 합의에 이르렀다면, 열세 주가 합의에 이를 수도 있지 않을까? 매디슨은 이 사안을 해결하고자, 1786년 9월에 메릴랜드주 아나폴리스에서 열린 회의에 모든 주를 초대했다.[10] 모든 주가 참석하지는 않았지만, 회의록은 교역 특히 내륙 항행이 기술만으로 풀 수 있는 문제가 아니라는 믿음을 드러냈다. "교역 조례의 권한이 무척 광범위해 연방 정부의 체계 전반에까지 영향을 미칠 것이다. 교역 조례가 효과를 내려면… 연방 체계의 다른 부분도 이에 걸맞게 조정해야 할 것이다."[11] 대표단은 헌법을 제정할 회의를 열어야 한다는 결론에 다다랐다.

1787년 5월부터 9월까지 펜실베이니아주 필라델피아에서 제헌 회의가 열렸다. 제헌 회의의 초기 목표는 연합규약을 수정하는 것이었다. 그 과정 끝에 헌법 초안이 탄생했다.[12] 내륙 항행을 규제하려는 시도는 중요한 선례를 남겼다. 협상 과정에서 내륙 항행이 거듭 언급되었다. 제임스 매디슨이 연합규약의 테두리 안에서 각 주가 무슨 일을 추진할 수 있는지 보이고자 마운트버넌협정을 예로 들었다.[13] 메릴랜드주 법무부 장관 루터 마틴Luther Martin도 두 주가 손잡고 쟁점을 해결할 수 있다고 증명하고자 마운트버넌협정을 예로 들었다.[14] 펜실베이니아주를 대표한 거버니어 모리스Gouverneur Morris가 법률 공포에서 대통령과 의회의 상대적 권한 차이를 논의할 때 다시 마운트버넌협정을 꺼냈다.[15] 마운트버넌협정은 견제와 균형이라는 복잡한 체계가 되어 미국 헌법을 관통할 헌법 초안의 원형이었다.

강줄기를 따라 조화롭게 협력해야 하는 문제가 개인이 정부의 간섭 없이 자기 토지를 관리해 번성할 권리를 제한했다. 공화정이라는 대의를 누구보다 확고히 옹호했고 독립을 열렬히 외쳤던 토머스 페인Thomas Paine은 독립 국가 미국의 정부는 고유한 지형 특성과 씨름할 규모와 범위를 갖춰야 한다고 언급했다.[16] 페인이 제대로 봤다.

물 위에 세운 국가

미국이 만든 새로운 제도의 구조가 갈수록 복잡한 방식으로 물 경관과 충돌했다. 18세기 말부터 경제 활동이 활발해졌다. 애팔래치아산맥 동부를 서서히 넘어선 정착지가 산업화 당시 잉글랜드와 웨일스가 그랬듯 심각하게 운하에 집착했다. 워싱턴이 옳았다.

곳곳에서 우후죽순 운하 회사와 하천 회사가 생겨났다. 이 회사들은 대체로 사기업으로 인식되었다.[17] 1793년에 여덟 개 주가 운하 회사 30곳을 설립했다. 뉴햄프셔주만 봐도 1823년까지 무려 20곳을 세웠다. 운하가 쓸모 있으려면 적어도 일부 구간이, 때에 따라서는 모든 구간이 애팔래치아산맥을 지나야 했다. 배가 가파른 경사를 넘어 지나가게 하려면 수문과 터널 수백 개를 설치해야 했는데, 운하 회사 대다수가 그럴 만한 자본이 없었다. 게다가 예상치 못한 범람, 유수량 변동, 끊임없는 수리 탓에 유지 보수 비용이 늘어나 적정 수익을 넘어섰다. 그래도 내륙 항행이 주 경제의 근간이라, 이런 회사들이 놓치기 어려울 만큼 중요했다. 민간 자본이 마련되지 않으면 주 정부가 개입해 채권을 발행했다.

시간이 지나자, 운하 회사가 받는 통행료가 주주인 주 정부 재무부의 수익이 되었다. 이로써 민간 자산과 공공 재정이 연결되었다. 1830년대에 주 정부 부채가 절반 넘게 운하와 하천 공사에 묶여 있었다. 1837년에 금융 공황이 미국을 덮치자 운하 회사들이 파산했고 주 정부 재무부도 여기에 휘말렸다.[18] 미국 역사에서 물 기반 시설이 경기 변동을 맞닥뜨리는 것은 이때가 마지막이 아니었다. 미국이 유럽의 자유주의에서 물려받은 기업가 정신 그리고 연방 정부가 갈수록 정부 권한으로 본 금융·사법·사회 감독 기능 사이에 균열이 생겼다.

이 긴장이 이리운하 사용을 규제하는 논쟁에서 폭발하고 말았다. 애팔래치아산맥 동쪽을 따라 흐르는 강들은 침식으로 생겨난 탓에 좀체 극복하기 어려운 가파른 골짜기와 급류가 있었다. 허드슨강은 달랐다. 이곳은 마지막 빙하기 막바지에 빙하가 물러날 때 바닷물이 드나드는 입구였다. 허드슨강에서 가장 큰 지류인 모호크강은 빙하가 기반암을 긁어내고 골짜기를 쓸어내 형성된 것이라 남쪽의 어떤 강보다 더 깊고

넓었다. 따라서 개발해 배를 띄우기가 다른 강보다 훨씬 더 쉬웠다.

이리운하는 허드슨강 상류에서 시작해 모호크강을 따라 흐르다 버팔로강으로 이어졌고 이 강이 이이리호로 흘러 들어갔다. 길이가 584km에 이르렀고, 허드슨강과 이리호의 해발 고도차(171m)를 극복하고자 수문 수십 개를 설치했다. 1825년에 완공된 운하는 경제적으로 엄청난 성공을 거뒀다. 해안에서 출발한 배가 이리호를 거쳐 다시 일리노이-미시간 운하를 거쳐 미시시피강으로 가는 경로를 이용하면 운송 비용이 무려 20분의 1로 낮아졌다. 그 길을 따라 여러 도시가 발전했다. 뉴욕은 북아메리카 내륙으로 들어가는 주요 입구가 되었고, 이리호는 팽창하는 국가의 상품을 곳곳으로 공급하는 동맥이 되었다. 이리운하가 완공된 직후에는 동쪽에서 서쪽으로 가는 화물이 대부분이었다. 그러나 22년 뒤인 1847년에는 서에서 동으로 가는 화물이 다섯 배나 더 많았다. 19세기에 철도가 자리를 대신하기 전까지는 이리운하가 북아메리카 대륙의 심장부와 세계 시장을 연결하는 수송로였다.

여러 주에 걸친 운하 시설을 개발하는 문제가 연방주의에 처음으로 힘을 실어줬다면, 운하 이용이 또 다른 힘을 실어줬다. 이리운하는 중앙 중심의 감독과 연방 정부 강화를 위한 싸움을 알리는 시작점이었다. 늘어나는 수송량으로 혜택을 보는 운송로의 이해관계를 규제할 때 이 갈등이 가장 뚜렷해졌다.

뉴욕주가 풀턴-리빙스턴이라는 회사에 증기선 운항 독점권을 줬고, 이 회사가 다시 허드슨강의 증기선 운항권을 다른 회사에 대여했다. 에런 오그던이라는 사업가도 풀턴-리빙스턴에서 운항권을 빌려 허드슨강을 지나 뉴저지로 가는 운송로를 운영했다. 그런데 토머스 기번스라는 사업가가 같은 경로에 경쟁 노선을 신설했다. 법정 분쟁이 불거졌고, 끝내는 사건이 미국 연방 대법원으로 올라갔다.

1824년, 기번스 대 오그던Gibbons v. Ogden 사건을 심리한 연방 대법원이 뉴욕주와 뉴저지주 사이를 흐르는 허드슨강이 이리운하의 일부이므로 주간 수로이고, 따라서 뉴욕주가 부여한 독점권은 사실상 헌법에 어긋난다고 판결했다. 이로써 내륙 항행 관할권이 완전히 연방 정부로 넘어갔다. 대규모 물 기반 시설을 규제하고 개발할 때 미국 연방 정부의 역할이 차근차근 커져 20세기에는 마침내 유례없는 수준이 다다른다.

정부의 모든 업무 규모와 수준에서, 기업 활동이 중앙이 주도하는 공동 책임과 갈등을 일으켰다. 예컨대 미국에서 식수 공급은 두 방식이 경쟁했다. 하나는 벤저민 프랭클린이 활동한 필라델피아가 일찌감치 옹호해 유명한 방식으로, 공공 소유에 근거해 필라델피아시가 자금을 댔다. 보스턴, 시카고, 볼티모어 같은 대도시 대다수 그리고 적잖은 상업 중심지가 이 방식을 채택했다.[19] 다른 방식을 뚜렷이 보여주는 곳은 뉴욕시로, 런던과 비슷하게 사기업의 경쟁에 의존해 물을 공급했다.

물 공급을 놓고 이어진 공청회가 역사에 놀라운 영향을 미쳤다. 뉴욕시의 물 공급권을 얻으려는 경쟁으로 탄생한 것이 3대 부통령 애런 버Aaron Burr가 세운 상수도 특허 기업 맨해튼컴퍼니였다.[20] 그런데 애런 버가 회사를 세운 진짜 목적은 연방주의자 알렉산더 해밀턴이 세운 뉴욕뱅크Bank of New York(정확히는 뱅크오브뉴욕이다-옮긴이)의 융자 독점권을 깨는 것이었다. 물론 맨해튼컴퍼니는 오늘날에도 여전히 활동 중이다. 먼저 체이스은행과 합병해 체이스맨해튼은행이 되었고, 마침내 J. P. 모건 제국의 후신과 합병해 미국 최대 은행 JP모건 체이스가 되었다.[21]

1870~1890년대(1873~1896년-옮긴이) 대불황을 겪은 뒤로, 미국에서 적어도 물 문제에서만큼은 공공 공급 방식이 널리 퍼졌다.[22] 물 공급 분야에서는 민간 투자가 위기를 견디지 못했는데, 지방채는 훨씬 뛰어난 매력적인 투자였기 때문이다.

물이 그은 국경선

미시시피강은 몬태나주부터 뉴욕주까지, 캐나다 국경선부터 멕시코만까지 현재 미국 영토의 40%를 차지하는 거대한 유역을 형성한다. 이 유역은 면적이 거의 300만㎢로 인도에 맞먹는다. 미시시피강 유역보다 더넓은 곳은 아마존강 유역과 콩고강 유역뿐이다. 미주리강부터 테네시강까지 복잡하게 퍼진 지류는 마치 팔을 넓게 벌린 한 그루 나무 같다. 그렇게 드넓게 퍼져 있으므로, 겨울비부터 눈 녹은 물, 여름비까지 미시시피강 유역의 여러 지역에서 발생하는 다양한 기상 현상을 미시시피강이 흡수했다. 그 결과, 강 하류의 흐름이 매우 크게 변동했다. 크게 범람할 때는 최저 수위일 때보다 물이 서른 배나 많이 흘렀다.[23]

미국의 서부 확장은 동전의 양면처럼 완전히 다른 이야기를 들려준다. 한쪽은 급격히 빠르게 국가를 건설한 이야기다. 18세기 말까지만해도 미시시피강이 미국의 서부 국경이었다. 그런데 1800년, 나폴레옹이 미시시피강 너머 루이지애나 지역을 스페인에서 다시 돌려받았다. 미국 정부는 프랑스가 미시시피강 사용을 막을까 걱정스러웠다. 게다가 1802년에 스페인이 뉴올리언스항을 미국인이 이용하지 못하게 막자상황이 더 나빠졌다. 뉴올리언스항을 이용하지 못하면 당시 미국 서부지역이 바다로 나갈 길이 대부분 막혀 상업 활동에 지장이 있었다. 그런 1803년, 나폴레옹이 놀라운 제안을 내놓았다. 루이지애나 지역을 통째로 팔겠다는 제안이었다. 당시 대통령 토머스 제퍼슨Thomas Jefferson이 기회를 놓치지 않았다. 1803년 12월 30일, 미국이 미시시피강 유역 전체를 완전히 통제할 수 있는 지형을 손에 넣어 영토를 두 배로 늘렸다. 루이지애나 매입은 신생 국가 미국이 정치와 경제에서 모두 탈바꿈할기회였다.

동전의 다른 한쪽은 식민지 정착민이 오기 전부터 그 땅에 살았던 사람들의 관점에서 본 제국의 이야기다. 미국이 루이지애나 지역을 사들였으니, 이제 드넓은 초원이 펼쳐진 대평원도 미국 차지였다. 대평원의 초지 생태계는 그때껏 초원의 지배자인 코만치족, 수족, 아파치족, 샤이엔족을 포함한 여러 위대한 유목 사회와 반유목 사회를 떠받쳤다. 이 땅은 들소에 기대 살아가는 생활을 밑받침했고, 역사적으로 정착 농경이 어려웠다. 두 이야기 모두 미국의 물 경관과 관련했다. 그리고 미국이 해외에 힘을 드러내 공화주의 활동을 발전시킬 때도 두 이야기가 거듭 반영된다.

그러나 미국은 한동안 북아메리카 안에서 서부로 확장하는 데 전념했다. 19세기 동안 서쪽으로 차근차근 땅을 불렸다. 먼저 1845년에 리오그란데강을 경계로 텍사스공화국을 합병했다. 1846년에는 영국과 분쟁지역이던 오리건컨트리(현재 미국 오리건주, 워싱턴주 전체와 몬태나주, 아이다호주, 와이오밍주 일부 그리고 캐나다 브리티시컬럼비아주 일부 지역이 해당한다-옮긴이)를 완전히 미국령으로 확보해 컬럼비아강 유역을 추가했다. (정확히는 밴쿠버섬은 영국령, 나머지 지역은 북위 49°를 기준으로 영국령과 미국령으로 나눴다-옮긴이) 1848년에는 멕시코-미국 전쟁에서 승리해 서부 지역을 할양받아 콜로라도강을 보탰다. 1853년에는 멕시코에서 현재 애리조나주 남부와 뉴멕시코주 남부를 사들였다. 1867년에는 러시아 제국에서 알래스카를 사들였다.

이 영토 확장이 미국에 어마어마한 영향을 미쳤다. 예컨대 루이지애나 매입이 아슬아슬한 위기를 불렀다.[24] 노예 노동을 이용한 플랜테이션 농업을 다시금 자극해, 결국은 나라를 끔찍한 내전(1861~1865년-옮긴이)으로 몰아넣었다. 19세기 동안 미국은 풍요로운 지형에 힘입어 순식간에 성장했다.[25] 수출을 주도한 것은 농업이었다. 19세기 초에 수출에서 농산물이 무려 75%를 차지했고, 임산물과 수산물이 20%였다.[26] 19세기

말 들어 공산품도 수출하기 시작했지만, 목화와 담배, 축산물을 포함한
농산물이 여전히 60%를 차지했다. 식량만 해도 25~40%를 오갔다.

그런데 서부 영토가 식민지처럼 그저 수탈만 하고 마는 곳에 그치지
않으려면 시민이 그곳으로 이주해야 했다. 원주민에게 자치권을 주는
것은 생각도 할 수 없는 일이었다. 지역 대표로 구성되는 복잡한 미국
공화정 체제에서 그런 주들에 충분한 정치권력을 주려면 그만큼 시민
이 많은 살게 해야 했다.

연방 의회가 정착민을 이주시키고자 여러 정착 정책을 통과시켰다.
1862년 자작농지법Homestead Act(홈스테드법), 1877년 사막지대법Desert Land
Act, 1894년 캐리법Carey Act이 모두 사람들을 서부에 정착하게 하려는 계
획이었다. 특히 자작농지법은 1862년 링컨 대통령의 서명으로 효력이
생겼다. 이 법의 기본 조항은 정부가 서부에 집을 짓고 농장을 꾸리려
는 정착민에게 땅 약 65만㎡를 무상으로 준다는 것이었다. 적어도 정착
민에게는 성공을 거머쥘 기회였다. 물론 원주민에게는 손에 넣기 힘든
기회였다.

아닌 게 아니라 서부 이주 정책이 19세기에 매우 큰 영향을 미쳤다.
서부의 막대한 부가 개인의 손에 들어갔다. 의도는 대규모 목장이나 농
장보다 소지주 즉 자작농을 돕는 것이었다. 이주 정책은 대체로 효과를
거뒀다. 19세기 미국 농부의 토지 소유권에서 그리스의 민주주의 활동
이 되살아났다.[27]

그런데 이 경우에는 물 경관의 특성 탓에 개인의 주체성에만 의지하
기가 어려웠다. 문제는 수자원을 유례없는 규모로 개발하지 않고서는
서부 땅을 제대로 개발할 수 없다는 것이었다. 연방 정부가 수자원에도
이주 정책에 맞먹는 정책을 내놓지 않으면 서부에 사람을 이주시키려
는 노력이 머잖아 낭패를 볼 판이었다.[28] 농부 개인이 길들이기에는 아

메리카 대륙의 강이 워낙 거세고 크고 복잡했다. 물 경관과 관련한 정책 한가운데 그곳에서 살아가는 사람들이 있었다. 그러나 국가 권력을 드러내는 수력공학이 물 경관을 바꿔놓아야 했다.

19세기 후반 들어 미국에 여러 차례 가뭄이 들었다. 남북전쟁 가뭄이라고도 부르는 첫 가뭄이 1850년대 중반부터 1860년대 중반까지 이어졌다. 20여 년 뒤인 1870년대에는 또 다른 가뭄이 덮쳤다. 이번에는 소름 끼치게 많은 메뚜기 떼까지 함께 나타났다. 마지막으로 1890년대에는 1930년대에 미국 중서부를 덮친 모래폭풍 더스트볼에 맞먹게 심각한 가뭄이 닥쳤다. 잇단 가뭄이 자작농지법을 포함한 여러 정착 정책의 발목을 잡았다.

1879년, 나중에 미국 지질조사국 국장이 되는 존 웨슬리 파월John Wesley Powell이 〈미국 건조 지역 토지에 관한 보고서〉를 작성했다. 간단히 말해 이 보고서는 물 사정에 맞춘 개발 구상을 요약한 것이다. 파월은 서부 국유지 가운데 농경에 적합한 땅이 매우 적다고 적었다. 그리고 미국을 기후대에 따라 나눈 뒤, 드넓은 국토를 활용하려면 정부가 어느 지역에 개입해야 하느냐고 물었다. 습한 컬럼비아강 유역에는 농사를 지을 만한 땅이 넉넉했지만, 그러려면 먼저 숲을 개간해야 했다. 서남부의 건조한 지역에서 땅을 일구려면 관개 시설과 배수 시설을 설치해야 했다.[29]

파월은 미래를 내다보고 있었다. 파월이 보기에 미국은 강력하게 개입주의를 펼쳐 미개척지의 물 지형을 완전히 바꿔야 했다. 그리고 미국이 바로 그런 정책을 추진한다.

국가를 설계하다

1802년, 토머스 제퍼슨 대통령이 미국 육군 공병대를 창설했다. 이 부대의 원형은 프랑스의 공병 학교였다.

혁명 전까지 프랑스에 여러 공병대가 있었다. 그중에서도 선두를 다퉜던 두 곳은 1776년에 프랑스 육군 군단, 간단히는 공병장교단으로 통합된 요새공병대Les Ingénieurs des Fortifications 그리고 다리 및 도로 건설 부대인 토목공병대Les Ingénieurs des Ponts et Chaussées였다. 이 가운데 1789년 프랑스 혁명 뒤에도 살아남은 곳은 토목공병대였다. 요새공병대가 만연한 족벌주의로 귀족들에게 장악된 탓에 구체제의 냄새를 너무 많이 풍겼기 때문이다. 토목공병대는 지방 세력과 끈끈한 관계를 유지해 널리 존경받았다.

토목공병대는 국가의 부가 땅에서 비롯한다고 주장한 계몽주의 사상가 프랑수아 케네Francois Quesnay의 중농주의에 영향받았다.[30] 공병대에 딸린 학술 기관인 토목학교École des Ponts et Chaussées도 혁명 뒤로 계속 운영되었다. 국민제헌의회가 이 학교를 개혁해, 입학시험을 도입하고 수업료를 없애고 학업 장려금을 줬다. 학교는 강력한 중앙 집중 국가와 정부를 표방한 자코뱅파의 성격을 뚜렷이 드러내 획기적인 수업 방식을 적용했다. 달리 말해 많은 학생을 한곳에 모아 단기간에 교육했다.

1795년에 에콜 폴리테크니크École Polytechnique로 이름을 바꾼 학교는 얼마 뒤 국가 발전을 위해 자연 세계를 바꾸겠다는 나폴레옹의 꿈을 뒷받침하는 토대가 되었다. 프랑스군이 능력 위주 공학의 시대를 뜻하지 않게 열어젖혔고, 미국으로 건너간 이 흐름이 지표면을 뜯어고친다.

미국 육군 공병대는 국가 건설을 뒷받침할 목적으로 창설되었다. 미국이 영토를 넓히는 동안 경관을 개발한 주역이었고, 그래서 연방 정부와 지방 정부의 관할권 싸움에 자주 휘말렸다.[31] 1849년 제방 건설비 마련을 위한 루이지애나주의 습지 매각, 1870년대 범람 대응 방식, 1879년 미시시피강위원회 설립, 1893년에 새크라멘토강과 샌와킨강을 정비하고자 만들어진 캘리포니아 하천정비위원회가 그런 싸움터였다.

19세기 대부분 동안 미시시피강과 관련한 큰 걱정거리는 선박 운항이었다. 마크 트웨인Mark Tawin이라는 이름이 수심 측정에서 비롯했을 만큼('마크 투mark two'는 수심 2패덤fathom(1패덤은 1.8m다―옮긴이)이라는 뜻으로, 증기선이 지나기에 안전한 깊이가 2패덤이었다.) 배가 지나려면 물길이 적당히 깊어야 했다.[32] 미시시피강은 미국 손에 들어간 뒤로 가장 중요한 전략 자산이 되었다. 세계에서 가장 비옥한 곡창 지대를 지나는 가장 큰 운송 체계였기 때문이다. 육군 공병대는 미시시피강 운항을 지원하는 주요 기관이었다. 따라서 미국에서 가장 중요한 물관리 기관이었다.

날로 성장하는 국가의 공학 기술력은 암울하기 짝이 없는 때마저 크나큰 자부심이 되었다. 1863년 11월 19일 게티즈버그 국립묘지 봉헌식에서 링컨 대통령이 그 유명한 연설을 하기 직전, 존경받던 정치인 에드워드 에버렛Edward Everett이 전쟁으로 생긴 분열을 넘어 통합으로 가자는 가슴 뭉클한 연설을 남겼다. 에버렛은 "우리를 한 국민으로 묶은 유대"를 말했다.[33] 그리고 페리클레스의 웅변을 아낌없이 동원했다. "우리 정치 체제를 민주주의라 부르는 까닭은 우리가 소수가 아닌 다수를 위해 통치하기 때문입니다. …우리는 누구나 법 앞에 평등합니다."[34] 그런데 에버렛이 가장 열변을 토한 주제는 물 경관이었다. "웅장한 강들이 기후의 경계선을 넘나듭니다. 그리하여 천연생산물과 산업 생산물의 교환을 촉진합니다. 그런데 놀라운 일을 해내는 기술자들이 장벽처럼 동과 서를 가르는 산을 평평하게 만들었습니다."

1830년대에 미국을 방문한 프랑스 정치철학자 알렉시스 드 토크빌Alexis de Tocqueville은 미국의 민주주의가 유럽을 휩쓸리라고 확신했다. 토크빌의 예상은 빗나갔다. 19세기 중반에는 미국 공화정의 운명이 뿌연 안갯속이었다. 일찍이 니콜로 마키아벨리가 "영토 확장은 공화정을 무너뜨리는 독이다"라는 말로 국가의 크기와 자유가 웬만해서는 함께 가지 않는다고 경고했었다.[35] 근대의 유일한 대규모 공화정이 1860년대에 국가의 종말을 예고할지도 모를 내전으로 쑥대밭이 되었으니, 마키아벨리가 선견지명이 있었던 듯하다. 그러나 미국은 내전이라는 재앙에서 살아남았다. 미국이 비범한 까닭은 혁명으로 탄생한 국가라거나 정치 철학 때문만이 아니었다. 드넓은 영토, 지형, 복잡한 인구 구성 그리고 공화정 건설이라는 야심 찬 계획을 위해 환경을 길들이겠다는 굳은 의지가 확장을 이끌었기 때문이다.[36]

19세기가 끝날 무렵, 마침내 미국이 인류 역사에서 물 지형을 가장 혁신적으로 설계한 건축가로 자리매김했다. 제도, 법률, 천연자원을 동원해, 물 안보에서 이룰 수 없다고 생각한 한계를 무너뜨리고 인류 역사 대부분 동안 백일몽으로 여겼을 꿈의 빗장을 풀었다.

1902년 제정된 개간법Reclamation Act이 수자원을 활용할 기반 시설 개발에 연방 정부가 앞장서게 촉진했다. 그 덕분에 20세기에 서부가 발전하기 시작했다. 미국의 연방 공화주의가 100년을 넘긴 시점이었다. 미국은 내전을 이겨냈다. 세계 곳곳의 수많은 자유주의자와 급진주의자로 하여금 그때껏 영원하다고들 여겼던 정치 형태에 의문을 품게 했다. 미국의 만만찮은 물 사정은 서부 개척의 시험대이자 연방 정부가 개입을 늘리는 원동력이었다.

미시시피강, 미주리강, 컬럼비아강을 포함한 여러 강은 미국을 떠받치는 천연 건축물이었다. 이 거대한 강들이 공화국 미국이 20세기에 세계 경제를 주름잡는 국가로 떠오르는 밑바탕이 된다.

[11]
물 제국, 세계를 주름잡다

제국의 귀환

미국과 프랑스는 각각 독립과 혁명 뒤 제정한 헌법에 공화정의 원칙을 고이 반영했다. 그러나 18~19세기에 성장한 자본주의 경제에 힘입어 정치계에 자유주의 사상이 퍼지자, 고대가 남긴 다른 중요한 유산이 국제무대에 등장했다. 19세기와 20세기는 대부분 바로 그 유산, 제국이 빚어낸 것이다. 근대 제국주의 국가가 고대 패권국의 특성을 완벽히 물려받지는 못했어도, 국제 관계에서 막강한 힘을 휘둘렀다. 그리고 지금도 여러모로 마찬가지다.

영국은 전 세계를 주무르는 제국을, 간단히 말해 역사상 가장 큰 제국을 건설했다. 19세기 후반 전 세계 생산량 가운데 4분의 1이 영국에서 나왔다. 영국은 자신들이 신봉한 개인의 권리, 자유방임주의 경제, 시장의 힘을 전 세계에 펼쳐진 영토와 식민지를 통해 퍼뜨렸다. 물론 신념만으로 부족할 때는 영국 해군 그리고 대체로 영국의 명령에 따라 움직인 특허 회사가 앞장섰다.

영국의 헌법 구조는 로크가 주장한 자유주의 국가 안에 사기업 보호와 재산권 보호를 고이 반영했다. 그러나 영국 헌법이 물의 역사에서 세운 가장 중요한 공헌은 근대의 물 경관 제국주의를 정의한 것이다. 물 경관 제국주의는 영국이 드넓은 제국에 발붙인 사람을 모두 아우를 시민권은 나 몰라라 규정하지 않은 채, 영국 시민을 위한 자유를 추구했기 때문에 가능했다. 영국의 경험은 근대 제국을 가부장적 기관으로, 통치지에서 자원을 뽑아낼뿐더러 환경과 관련한 사상도 퍼뜨리는 관리 국가로 바꿔놓았다. 처음으로 보편적인 경관 이론을 내놓은 것은 영국의 공학 기술이다. 그 뒤로 여러 이론이 나타난다.

대영제국의 꽃은 인도였다. 18세기 동인도회사가 벵골(오늘날 방글라데시와 인도 서벵골주-옮긴이) 지역의 섬유 산업을 착취해 부를 쌓았고, 사기업과 3자 기업을 이용해 물 기반 시설을 개발하는 방식을 개척했다. 오랫동안 동인도회사에서 일한 철학자 존 스튜어트 밀John Stuart Mill이 1858년에 의회에 보낸 청원서에 동인도회사의 성과를 자세히 설명했다.[01] 동인도회사의 자랑거리는 인도의 관개 체계를 구성한 많은 운하, 급수 시설, 운항 경로였다. 그런데 밀은 기존 기반 시설은 대부분 외면한 채 회사가 내세울 만한 활동만 언급했다.[02] 이를테면 야무나강 양쪽에 건설한 동야무나운하와 서야무나운하, 갠지스운하, 펀자브운하, 신드운하가 그 예였다.

이런 건설 공사가 정착형 식민주의를 떠받쳤다.[03] 밀 같은 사람들에 따르면 정착형 식민주의가 문명, 평화, 번영이라는 영국의 보편적 혜택을 식민지에 전달했다. 그런데 밀의 칭송과 달리 그런 공사가 늘 성공하지는 않았다. 예컨대 마드라스(1996년에 첸나이로 이름을 바꿨다-옮긴이) 관개운하회사라는 곳이 50만ha에 이르는 땅에 관개 운하를 건설해 유지할 셈이었으나 거의 실패로 끝났다. 이 운하는 정부가 정한 가격에 물을 팔되 운송을 포함한 다른 서비스에서 요금을 받아 수익을 낼 계획이었다. 막상 뚜껑을 열어보니 공사 기술이 금융 셈법을 따라가지 못했다. 계획과 실행이 부실한 탓에 지출이 예산을 훌쩍 넘어섰다. 게다가 작물을 목화 대신 벼 같은 관개 작물로 전환한다는 전제가 깔려 있었는데, 안타깝게도 그런 일은 일어나지 않았다. 미국 내전으로 목화 공급 체계가 무너지자 목화 값이 치솟았다. 벼농사로 전환할 동기가 사라졌다. 결국 이 공사는 정부로 넘어갔다.[04] 세포이 항쟁이 끝난 1858년, 인도 통치권이 동인도회사에서 빅토리아 여왕에게로 넘어갔다. 여왕은 인도 제국(1857~1858년-옮긴이)을 세워 인도를 직접 지배했다. 인도에서 대영제국의 정책은 농업에 초점을 맞춰, 자본을 대부분 생산성을 높일 대규모 공공사업에 투자했다. 주요 대상은 인더스강이었다. 그 결과, 인더스강에 역사상 가장 큰 관개 시설이 들어섰고 오늘날까지도 가장 큰 연속 관개 시설로 남아 있다.

내전 전까지만 해도 미국이 매력 있는 투자처가 아니었으므로, 자본가들이 인도로 눈을 돌렸다. 1859년에 펀자브 지역 라비강 상류를 가로막은 커다란 물막이 시설인 마도푸르 보가 인더스강 유역의 핵심 기반 시설인 상 바리도압운하(UBDC)에 물을 대기 시작했다. 이는 유례없는 발전을 알리는 신호탄이었다.[05] 물이 갈수록 더 큰 물길로 쏟아져 인더스강 경관에 영향을 미치자 물막이 시설이 줄을 이었다. 1860년대 말에 동부 오리사주(2011년에 오디샤주로 이름을 바꿨다-옮긴이)와 서부 라지푸타나(주로 오늘날 라자스탄주에 해당한다-옮긴이) 지역에 엄청난 가뭄이 들자, 사람들이 관개 시설 전담 부처를 만들어 신속하게 운하를 건설하라고 요구했다. 이를 계기로 물 기반 시설에 대한 투자가 솟구쳤다.

인더스강의 관개 체계가 공학 기술에 기대 혜택만 누리지는 않았다. 인도 제국의 경제가 크게 변신하게 도왔을뿐더러 그 변신에 대응했다. 1860년대에 영국이 18세기에 내건 보호무역 전통을 깨고 적극적으로 자유 무역 정책을 추진해 수입품 관세를 내리는 양자 간 조약을 잇달아 체결했다. 영국이 맺은 조약 대다수에 '최혜국' 대우 조항이 들어갔다. 달리 말해 어떤 조약에서든 특정 국가가 받던 가장 좋은 조건을 모두 누릴 수 있어 가장 싸고 효율적인 조건으로 생산품을 거래할 수 있었다. 영국은 세계 곳곳에서 물건을 사들여 전 세계 수입량에서 무려 3분의 1을 흡수했다.

영국은 자유 시장의 힘을 신앙처럼 받들었다. 지배층이 이 신념에 너무 굳게 매달린 탓에 자신감이 넘친 영국이 기어이 일방적 자유무역협정까지 맺고 말았다. 일방적 자유 무역으로 영국 본토의 농업이 엄청난 피해를 봤다. 당시 미국은 북부를 승리로 이끈 전쟁 영웅 율리시스 S. 그랜트Ulysses S. Grant 대통령 정부에서 내전의 상처를 벗어나고 있었다. 영국 자본에 다시 매력적인 투자처가 된 미국은 운송 기반 시설에 투자하고 자작농지법을 실행해 이익을 얻었다. 게다가 영국과 달리 아무런 거리낌 없이 보호주의 정책을 펼쳐 국내 생산을 지원했다. 1870년대 초들어 영국 시장에 미국산 곡물이 넘쳐났다. 곡물값이 많게는 50%까지 떨어졌다. 영국 농부들은 경쟁에 속수무책이었다.[06]

엎친 데 덮친 격으로 1870년대에 궂은 날씨라는 재앙까지 찾아왔다. 줄기차게 내리는 비가 영국을 괴롭혔다. 1872년에는 1766년부터 기상 관측을 시작한 이래 비가 가장 많이 내렸다. 12월까지 잉글랜드와 웨일스에 내린 비가 자그마치 1000㎜가 넘었다. 곡창 지대가 날벼락을 맞았다. 곡물 생산량이 4분의 1, 많게는 절반이나 줄었다. 목초지가 물에 잠겼고, 그 바람에 가축이 병에 걸렸다.

정부가 1879년에 설립한 왕립 농업이익침체조사위원회가 농업 침체가 잇단 악천후 때문이라고 다소 체념하듯 결론지었지만, 실제로 영국 농업을 파괴하는 데 날씨뿐 아니라 무역 정책도 한몫 거들었다. 그 뒤로 계속 바닥을 기던 영국 농업은 20세기에 세계대전으로 수입이 막혀 국산 농작물로 돌아갈 수밖에 없을 때야 되살아났다.

그러나 1870년대에는 이 모든 사항이 중요하지 않았다. 영국 투자자들이 농업에 투자할 곳으로 확실히 동쪽을 점찍었기 때문이다. 인도에서 수자원 개발이 한층 속도를 냈다.[07] 운하를 포함한 여러 수자원 개발 사업이 투자처의 생산성은 높이고 영국 소비자가 부담할 수입 원가는 낮춰 런던의 금융 심장부에 자본 수익을 안겼으므로 투자자에게 특히 매력적이었다.[08]

1873년에 영국이 '북인도 운하·배수법Northern India Canal and Drainage Water Act'을 통과시켰다. 이로써 모든 관개용수의 권리가 확실하게 국가 소유로 굳어졌다. 이 법에 따르면 기술자들이 이른바 과학적 원칙에 따라 물을 분배할 수 있었다. 농부는 물 사용료를 내야 하는데, 기준이 사용량이 아니라 관개 경작지의 생산량이라 뜻하지 않게 디오클레티아누스 황제의 조세 개혁을 되살렸다. 당시 인도 농업의 보잘것없던 혁신을 고려하면, 이는 수혜지역 즉 관개 경작지를 늘릴 유인책이었다.

1890년대에는 인더스강 유역에서 상설 운하가 기존의 작은 임시 운하를 대체해 운하 건설이 마침내 산업 규모로 성장했다.[09] 어마어마한 투자의 성과였다. 1800년에는 인도의 관개 경작지가 약 80만ha였다. 1900년에는 방글라데시와 파키스탄을 포함한 인도반도에서 1300만ha가 관개 경작지였다.

물은 영국이 인도에 품은 경제적 꿈을 실현할 핵심이었다. 영국이 보기에 인도에서 이 꿈을 실현한 영웅은 관개 기술자였다. 오늘날에도 인도 하이데라바드와 안드라 프라데시에서 아서 코튼Arthur Cotton을 포함한 19세기 관개 기술자들의 동상이 자리를 지킨다. 이들은 대영제국이 추진한 개발 사업의 한복판에 물 경관, 수력공학, 권력을 바라보는 견해와 사회 철학이 뒤섞여 있음을 드러냈다.[10] 이런 특성은 실제로 물리적 경관 개조를 핵심 사명으로 여긴 패권국의 징후였다.

아편과 전쟁

패권국 대영제국이 물에 미친 영향은 직접 투자에 그치지 않았다. 영국의 무역 체계가 워낙 광범위해 제국의 경계선 바깥에서도 효과를 잘 느낄 수 있었다.

19세기 후반, 세계 무대에서 힘이 이동했다. 영국이 나폴레옹 전쟁에서 승리하고 인도를 완전히 장악해 덩치를 키우는 동안, 중국은 산업 혁명을 따라잡지 못한 채 끝이 보이지 않는 내리막길로 들어섰다. 19세기 초부터 이미 국가 재정에 문제가 있었지만, 1830년대까지만 해도 무역 수지는 여전히 흑자였다. 그러나 1840년대 들어 상황이 바뀌었다. 동인도회사가 인도에서 재배를 크게 늘린 아편이 중국으로 물밀듯 쏟아졌고, 은이 그만큼 영국으로 쏟아져 나갔다.[11]

아편의 역사는 물과 사회를 연결하는 논쟁에서 중요한 이야기다. 물리적 발자국은 곡물만큼 큰 의미가 없지만, 아편의 진정한 중요성은 정치에서 나왔다. 아편은 근대에 세계화된 상품이 국제 무역을 통해 물 관리와 전쟁을 하나로 묶은 첫 사례였다. 아편이 영국에 중요했던 까닭 하나는 1773년에 워런 헤이스팅스Warren Hastings가 첫 인도 총독이 된 뒤로 아편 수익을 동인도회사의 상업 이익이라기보다 소비세나 조세로 다뤄 아편 수익이 영국 재무부의 중요한 재원이 되었기 때문이다.

명확히 밝히건대 아편 무역은 새로운 사업이 아니었다. 동인도회사는 무굴 제국 때 자리 잡은 아편 전매제와 소금 전매제를 받아들였다. 그런데 영국이 아편 무역을 대량 판매 사업으로 바꾸었다. 영국 정부는 자본, 기술 자문, 씨앗을 대주는 대가로 아편을 고정가에 사들였다. 벵골산 아편은 갠지스강 동쪽 유역에서 나왔다. 이곳에서 100만 명 넘는 농민이 정부에 허가받고 아편 원료인 양귀비를 길렀다. 이 기름진 평야에서만도 관개 경작지 약 25만ha가 양귀비 재배지였다.

아편 생산은 줄곧 늘었다. 1830년대에는 인도 정부의 세입에서 아편이 약 6%를 차지했다. 그런데 영국의 직접 지배기인 1870년대에는 세입약 5100만 파운드 가운데 16%인 800만 파운드가 아편에서 나왔다.[12]

아편은 대영제국 경제에서 중요하기 그지없는 작물이었다. 영국은 천자의 제국 중국에서 어마어마하게 많은 차를 사들였다. 어느 정도 무역 수지를 맞출 상품을 수출하지 않으면 은이 순식간에 중국으로 빠져나갈 판이었다. 이 문제를 해결할 답이 아편이었다. 그 결과 인도, 중국, 영국을 잇는 삼각 무역이 발달했다. 아편과 목화 약 2000만 파운드어치가 인도에서 중국으로 갔다. 중국은 은으로 값을 치렀고 인도에 설탕과 비단 같은 상품을 수출했다. 영국은 인도에서 목화, 황마, 인디고 염료 같은 원자재를 3300만 파운드어치 수입하고 인도에 직물과 기계를 수출했다. 특히 1816년에 동인도회사의 인도 무역 독점권이 폐지된 뒤로는 무역 대행부터 은행, 운송까지 삼각 무역과 관련한 모든 업무를 영국 회사가 맡았다.[13](1813년, 인도 무역을 자유화하는 Charter Act of 1813이 제정되었다—옮긴이) 이로써 엄청나게 많은 은이 중국에서 인도로 건너갔다.

아편 무역은 중국에 재앙을 불러일으켰다. 유럽인이 인도와 중국에 아편을 팔기로 마음먹기 오래전부터 두 나라에 아편을 사용하는 전통이 있었다. 양귀비는 중국과 인도의 토종 식물이 아니었다.[14] 아마도 서아시아가 원산지일 양귀비가 아랍 상인을 거쳐 인도와 중국으로 전해진 듯하다. 그러나 영국의 아편 무역으로 너나없이 아편을 사용한 탓에 심각한 아편 중독이 나타났다.

1839년 청나라 도광제道光帝가 아편 금지령을 내리자, 영국이 이를 빌미로 1차 아편 전쟁(1839~1842년—옮긴이)을 일으켜 승리했다. 전쟁에서 패한 청나라는 난징 조약을 맺고 가혹한 조건으로 외국 상품에 문을 열 수밖에 없었다. 그 바람에 상황이 더 나빠졌다. 아편 전쟁, 아편 중독, 외국 산업과 경쟁, 은 유출로 허덕인 청나라 조정이 세금을 크게 늘려 백성들에게 더 큰 짐을 떠안겼다. 몇 년 뒤 카를 마르크스Karl Marx는 아편 전쟁으로 "천자의 제국이 어쩔 수 없이 지상 세계와 접촉했다"라고 적었다. 마르크스가 보기에 아편 전쟁이 중국의 작동 조건이던 고립을 끝장냈다. 따라서 "완전히 밀폐된 관에 조심스럽게 보존된 미라가 공기와 접촉할 때 그렇듯" 중국이 종말을 맞고야 말리라고 확신했다.[15]

영국은 중국이 시장을 충분히 개방하지 않는다는 핑계로 프랑스와 손잡고 2차 아편 전쟁(1856~1860년-옮긴이)까지 벌인다. 이 전쟁은 슬픈 사건으로 끝이 났다. 18세기 말에 영국 시인 새뮤얼 콜리지Samuel Coleridge의 시 〈쿠빌라이 칸Kubla Khan〉에 영감을 주었다는 여름 궁전 원명원을 영국·프랑스 연합군이 약탈하고 불을 질렀다. 사실, 이 무렵 중국은 국제 무역 특히 영국과의 무역에 완전히 문이 열려 있었다.

19세기 내내 중국에서는 양귀비 재배가 불법이었다. 그러나 아편 수입을 막을 길이 없다고 인정한 청나라 조정이 중국 서부에서 양귀비를 키우도록 장려하기로 했다. 중국 농민이 아편을 끊지 못하겠다면 적어도 국내산을 피워야 했다. 인도 제국으로 은이 빠져나가지 못하게 막고자 나온, 오롯이 경제를 고려한 결정이었다. 청은 국내 아편 생산을 인도에서 수입되는 양보다 두 배에서 네 배까지 늘렸다. 그러나 그 대가를 톡톡히 치러야 했다. 얼마나 많은 중국인이 아편에 중독되었는지는 추산하기 어렵지만, 당시 중국인 4~10%가 아편을 피웠다고 한다.[16]

잇단 악천후까지 덮치자, 중국의 방어력이 한층 더 약해졌다. 1876년 봄, 두 해 넘게 이어질 재앙이 닥쳤다.[17] 베이징 바로 아래 황허강 하류에 자리 잡은 해안 지역 허베이성과 산둥성의 강수량이 평년보다 절반으로 줄었다. 그해 여름 동안 가뭄이 서쪽으로 번져 비옥한 산서성(산시성)과 섬서성(산시성)을 덮쳤다.[18] 두 성은 북부의 곡창 지대이자 중국의 식량 창고였다.

1877년 봄 들어 상황이 더 나빠졌다. 이해에는 가뭄이 먼저 황허강 서쪽의 섬서성을 덮친 뒤 동쪽 산서성으로 번졌고, 마침내 가을에는 해안가의 산둥성에 다다랐다. 비가 평년에 견줘 3분의 1도 내리지 않았다. 가뭄이 1878년 봄까지 지긋지긋하게 이어졌다. 재앙이 따로 없었다. 수확량이 바닥을 치자, 쌀값이 열 배나 치솟았다.

추산에 따라 다르지만 6000만~8000만 명이 기근에 시달렸고 1000만 명가량이 목숨을 잃었을 것으로 본다. 산서성 주민은 거의 절반이 목숨을 잃었다. 수많은 사람이 식량을 찾아 서남쪽 쓰촨성으로 향했다. 이미 국제적 통상 압력과 지나친 재정 확대를 어떻게든 이겨내려 발버둥 치던 청나라 조정에는 구휼미를 동원해 위기를 헤쳐갈 능력이 없었다.[19] 국내외 민간인들이 구휼 활동에 팔을 걷어붙였다. 모금 활동에 뛰어든 중국 자선사업가들이 기부를 설득하고자 무쇠라도 눈물을 흘릴 만한 목판화로 인쇄물을 만들었다.[20] 마침내 1878년, 단비가 내렸다. 그러나 이제 중국은 이빨 빠진 호랑이 신세였다.

거의 2000년 동안 물 지형을 이용할 줄 알았던 제국 중국이 인도 제국에서 관개 농업으로 생산한 상품에 시장을 열라는 요구를 이기지 못하고 무릎을 꿇었다.

이것은 제국에 접근하는 새로운 방식이었다. 그때껏 물 기반 시설 투자는 제국의 힘과 지정학을 보여주는 도구였다. 물론 고대 제국들도 정복한 영토에 개입했지만, 순전히 착취가 목적이었지 자국의 경제를 재설계할 목적으로 점령지의 생산성에 투자하지는 않았다. 곡물이 로마를 먹여 살리는 중요한 요소였는데도, 로마 공화정도 로마 제국도 하늘바라기 경작지를 확보하는 데 그리 개입하지 않고 민간 개발자에게 투자를 맡겼다. 진나라도 점령지의 자원을 더 잘 활용하고자 물 경관을 완전히 바꿔놓았지만, 중국이라는 고립된 지형을 넘어서지 못했다.

영국은 인도의 물 경관을 탈바꿈시켜 중국에 아편을 수출했고 마침내 전쟁까지 일으켰다. 아편 전쟁으로 큰 이익을 본 곳은 런던 금융가였다. 20세기에는 이 역학이 다른 중요한 상품인 석유에서 다른 규모로 펼쳐진다.

아프리카로

아프리카에는 식민주의가 늦게 발을 디뎠다. 식민주의는 남아메리카를 한바탕 휩쓴 뒤 아프리카 대륙에 나타났다. 아프리카가 초기에 호된 시련을 비껴간 까닭은 몇 가지 장애물 덕분이었다. 풍토병 때문에 유럽인이 아프리카 내륙으로 발을 들이기가 어려웠다. 게다가 토착민의 거센 군사 저항을 무릅쓰기에는 아프리카에서 얻을 보상이 보잘것없어 보였다. 인구 밀도가 워낙 낮으니 거대한 땅을 직접 관리하려면 돈이 많이 들 것 같았다. 유럽 열강은 주로 거대한 아프리카 대륙의 가장자리만 조금 차지한 채 원래 있던 육로로 상품과 노예를 교역한 뒤 배에 실어 다른 곳으로 보냈다. 아프리카 내륙은 발을 디딜 수 있는 곳도 딱히 군침이 도는 곳도 아니었다.

그런데 19세기 후반에 상황이 완전히 바뀌었다. 광산을 찾는 영국 투자자들이 대륙 곳곳에서 광물 탐사를 시작해 제국주의자들의 탐욕에 기름을 부었다.[21] 1870년대에 이런 분위기를 이끈 인물은 영국의 남아프리카 식민지 장관 킴벌리경John Wodehouse과 다이아몬드 광산 드비어스의 소유주 세실 로즈Cecil Rhodes였다.[22] 이들이 금과 다이아몬드를 발견하자, 유럽과 아메리카에서 어디가 돈이 될 만한 지형인지 파악하느라 한바탕 소란이 일었다.[23]

데이비드 리빙스턴David Livingstone 같은 탐험가들이 영국이 아프리카 대륙에 발을 들이는 데 도움이 되도록 아프리카 현지 지도자들과 인맥을 쌓았다. 1876년에 나일강의 발원지 문제를 매듭지은 헨리 스탠리Henry Morton Stanley도 같은 이유로 벨기에 국왕 레오폴드Leopold 2세를 위해 콩고를 탐험했다.[24] 유럽인으로는 처음으로 앨버트호를 방문한 새뮤얼 베이커Samuel Baker는 오스만 제국의 이집트 총독 이스마일Isma'il Pasha을 위해 일했다. 이런 활동을 학문 활동으로 묘사하기도 하지만, 실제로는 약탈적 착취에 앞선 관심의 표현일 뿐이었다.[25] 이제 아프리카는 한낱 흥미로운 땅이 아니었다.[26]

아프리카에서는 초기 식민지화가 대부분 강을 중심으로 일어났다. 스탠리와 리빙스턴이 이미 중앙아프리카의 물길로 배가 다닐 수 있다는 것을 증명했었다. 1873년, 영국 왕립지리학회가 리빙스턴을 돕고자 탐험대를 보냈다. 버니 로벳 캐머런Verney Lovett Cameron이 이끈 탐험대가 잔지바르섬을 바라보는 아프리카 서부 해변에서 출발했다. 이들은 탄자니아 서부로 가 리빙스턴을 찾을 셈이었다.

그러나 얼마 지나지 않아 리빙스턴이 세상을 떠났다는 소식을 들었다. 꿋꿋이 탐험을 이어 나가기로 한 캐머런은 마침내 1875년에 아프리카 서부 앙골라 해안에 도착해, 아프리카를 가로지른 첫 유럽인이 되었다. 캐머런은 콩고강과 나일강을 나누는 분수계를 지났고, 콩고강과 잠베지강의 발원지를 찾아냈다. 그리고 이 지역의 땅이 풍요롭기 그지없으니 잠베지강과 콩고강을 내륙 뱃길로 연결해 유례없이 큰 상업용 수로를 만들자고 제안했다.

이 지역의 무역 잠재력을 알아챈 레오폴드 2세가 인도주의와 자선 활동을 구실로 국제아프리카협회를 만들자고 제안했다.[27] 이 단체는 레오폴드 2세가 개인 자금으로 세운 사설 협회였다. 소설가 조지프 콘라드Joseph Conrad는 소설 《어둠의 심연Heart of Darkness》에서 꽤 얄궂게도 이 재단을 '국제야만풍습억제학회'라 지칭했다.[28] 레오폴드 2세는 중앙아프리카에서 앙골라 중앙을 기준으로 사하라사막 남쪽 가장자리부터 남쪽 모잠비크까지 이어지는 커다란 구획을 지배하기를 바랐다. 콩고 분지뿐 아니라 아프리카의 대형 호수인 탕가니카호, 빅토리아호, 말라위호까지 포함하는 광활한 구역이었다.

유럽 열강 사이에 경쟁이 달아올랐다. 프랑스는 콩고강 지배권을 놓고 재빨리 레오폴드 2세와 협상했다. 앞서 콩고강 어귀를 놓고 조약을 협상하던 영국과 포르투갈이 생각지도 않게 콩고 내륙에서 밀려났다. 이어 독일이 중앙아프리카를 통째로 지배하겠다는 레오폴드 2세의 주장을 인정했다. 충돌을 피하려면 시급히 분할 규칙을 마련해야 했다.

1884년 11월, 독일제국 총리 오토 폰 비스마르크Otto von Bismarck가 이 문제를 해결하고자 베를린 회담을 소집했다. 비록 회담이 콩고강과 서아프리카에 초점을 맞췄지만, 1885년에 작성된 최종 합의문 '베를린 회담 일반의정서'는 유럽 열강의 아프리카 분할 구도를 정했다.[29] 누구나 인정하는 승자는 레오폴드 2세였다. 레오폴드 2세는 콩고자유국을 벨기에 영토가 아닌 사유지로 확보했다.[30] 이 드넓은 땅이 콩고강-잠베지강 분수계를 포함하는 커다란 자유무역지대에 속했다. 이 장대한 강들에서 핵심은 선박 운항이었다. 베를린 의정서 제4장은 콩고강 운항 조례였다.

여기에는 1815년 빈 회의에서 탄생한 운항 자유라는 발상이 확실하게 적용되었다. 빈 회의는 나폴레옹 전쟁을 수습하고자 유럽의 지배 구조를 재정립할 때 도나우강, 라인강, 엘베강, 오데르강을 낀 나라들이 강을 공동으로 소유할 수 있는 체제를 정립했다. 베를린 회담이 빈 회의의 이 원칙을 고스란히 받아들였다.[31] 베를린 의정서는 콩고 분지를 포함해 북위 5°부터 잠베지강 어귀까지 인도양으로 나갈 수 있는 모든 지역을 자유무역지대로 정했다. 자유무역지대에서는 선박 통행세와 상품통관세를 받지 않고 어느 나라든 강 기반 시설을 이용하기로 했다. 다만 강을 낀 국가들이 부두나 창고를 유지하고 관리하는 비용을 청구할 수 있었다.

베를린 의정서는 국제강위원회International River Commission도 설립했다. 위원회는 이 체제의 작동을 감독하고, 강의 질서를 유지하고, 도선사를 단속하고, 검역을 관리할 임무를 맡았다. 또 강에 계속 배가 다니게끔 공사를 계획하고, 필요하면 참가국의 군함을 동원하고, 공사 자금을 마련하고자 차관 협정을 체결할 수도 있었다.[32] 19세기의 세계화가 거대한 대륙 아프리카의 강들을 따라 펼쳐질 참이었다.

물 유산

대영 제국의 유산은 경제와 정치 분야에만 머물지 않는다. 인류 역사에서 문명이 발전하는 데 강이 중요한 역할을 한다고 보는 뿌리는 영국이 제국주의 사업을 정당화하고자 시도한 일들에 있다.

영국의 제국주의 사업에 어느 정도 도덕적 정당성을 부여한 것은 국교인 성공회였다. 영국 성공회가 기독교 공동체라는 아우구스티누스의 발상을 받아들였고, 이 발상이 보편성을 꿈꾼 대영제국의 열망과 잘 맞아떨어졌다. 문제는 아우구스티누스의 《신국론》과 에드워드 기번Edward Gibbon의 방대한 교훈서 《로마제국 쇠망사History of the Decline and Fall of the Roman Empire》가 제국의 유산이 어떻게 사라지느냐는 해묵은 걱정거리의 시작과 끝이었다는 것이다. 종교의 역할은 중요했다. 그리고 대영제국이 내세울 만한 정당성과 조심해야 할 징조를 먼 옛날 로마 제국이 모두 보여줬다.

19세기 과학은 대영제국 편에도 성공회 편에도 서지 않았다.[33] 찰스 다윈Charles Darwin이 쓴 《종의 기원Origin of Species》이 전지전능한 신이 있

203

어야 할 필요를 없앴다. 특히 자연 선택이 다양한 인간 표현형이 존재하는 이유를 타당하게 설명했다.[34] 당시는 노아의 세 아들 셈(셈), 야베트(야벳), 함에서 다른 인종이 비롯했다고 주장하는 성경의 다원 발생론이 위세를 떨쳐 노예제를 뒷받침하던 때였다. 제국의 도덕성이 다원주의의 강습을 이겨내려면, 성경을 뒷받침할 물리적 증거가 간절히 필요했다. 19세기 대부분 동안 성경 확증 즉 성경 속 이야기를 검증하고 증거를 제시하고자 고대 유적을 확인하는 관행에 관심이 커졌다.

성경을 뒷받침할 확증은 대부분 근동에서 나왔다.[35] 이곳을 탐사한 이들은 외교관과 군인이었다. 그 가운데서도 제국주의 지정학이 낳은 최고의 위인은 헨리 롤린슨Henry Rawlinson 소장이었다. 롤린슨은 처음에 영국 동인도회사에서 육군 장교로 일했는데, 관심은 페르시아어에 있었다. 그리고 마침내 페르시아군을 훈련하는 임무를 맡아 페르시아에 배치되었다.[36]

자그로스산맥에 자리 잡은 도시 케르만샤의 비시툰산에 페르시아 아케메네스 제국의 다리우스Darius the Great 대왕 시절 고대 페르시아어, 아카드어, 엘람어로 새긴 비시툰 비문이 있었다. 암석에 쐐기문자로 새겨넣은 이 비문을 베낀 롤린슨이 마침내 내용을 해독했다.[37] 여러 언어로 새겨진 로제타석이 이집트 상형문자를 해독할 열쇠였듯, 비시툰 비문이 쐐기문자의 비밀을 풀 열쇠였다. 드디어 근동 역사에 접근할 길이 열렸다.

1840년대에 롤린슨이 다시 이 지역을 찾았다. 이번에 맡은 임무는 바그다드 주재관이었다. 롤린슨은 니네베에서 수많은 유물을 발굴했고, 이를 대영박물관에 기증했다. 이 무렵 근동 고고학이 폭발하듯 성장했다. 빅토리아 여왕 시절, 해외에서 잇달아 들여온 중요한 물건들이 막연히 고대 아시리아 것이라면 무엇이든 눈을 반짝거리는 대중의 호기심을 채웠다. 대영박물관은 날개 달린 황소 모양을 한 유명한 아수르 석상(아수르는 고대 아시리아의 수도고, 석상은 아시리아의 수호신 라마수로 사람 얼굴에 황소나 사자의 몸통, 새의 날개가 달렸다―옮긴이)을 보려고 목을 뺀 사람들이 줄을 이었다. 1851년 만국박람회 용도로 만들었다가 폐회 뒤 시드넘으로 옮겨 놀이공원으로 사용한 수정궁에도 커다란 아시리아관이 떡하니 자리했다.[38]

위대한 강 문명 이야기가 이런 관심에 힘입어 주류가 되었다. 영국은 인도의 강들을, 또 머잖아 메소포타미아와 이집트를 새로운 보편 제국의 식량 창고로 바꿔놓겠다는 포부를 품었다. 성서 시대에 일어난 일이 정확히 바로 이것이라는 증거보다 더 나은 근거가 또 어디 있을까? 언론이 여기에 더 매달린 덕분에 아시리아학이 한층 더 강한 정치적 지지를 얻었다.

이집트도 비슷한 운명을 맞았다. 1798년에 나폴레옹이 대담하게 이집트를 정복한 뒤로, 영국과 프랑스가 경쟁했다.[39] 나폴레옹 부대가 1799년에 로제타석을 발견했다. 이 화강섬록암 덩어리는 프톨레마이오스 왕조 시절에 고대 이집트어와 함께 신성문자, 민중문자, 고대 그리스어로 법령을 새긴 것이었다. 1822년, 장-프랑수아 샹폴리옹Jean-François Champollion이 로제타석을 근거로 상형문자를 해독했다.[40] 이는 중세 초기부터 잃어버린, 고대 이집트를 이해할 열쇠였다. 그러던 1881년, 이집트 테베 근처에서 무덤 하나가 발견되었다. 발굴자들은 이곳에 평범하게 DB320이라는 분류 번호를 붙였다. 그런데 무덤 안에 왕과 왕비의 미라 50구가 보존되어 있었을뿐더러 그 가운데 하나가 람세스 2세의 미라였다.[41] 성경과 관련된 특성이 이집트 유물을 향한 경쟁에 불을 붙이기에 충분했다. 1년 뒤 이집트는 영국의 보호령이 되어 제국 체제에 편입되었다.

영국은 고고학 기록 한가운데서 정당성을 탐색하고, 물 경관에 대한 접근법의 뿌리를 고대 강 유역 문명의 제국 전통에서 찾았다. 여러 세대가 발전의 주요 경로를 물 경관에서 찾게 자극할 물의 역사가 이렇게 탄생했다.

근대화로 들어선 물 경관

제국은 엄청난 자원을 착취해 중앙으로 빨아들인다. 그러면서도 쉽게 망가진다. 사회를 관리할 때 어떤 사회 계약 즉 어떤 믿음, 규칙, 조직으로 개인의 힘과 집단의 공동 대응 사이를 중재하느냐는 물음에 기껏해야 모호한 해법만 내놓는다. 이런 난제는 중재가 일어나는 가장 기본적인 물리적 무대, 바로 물 경관에서 뚜렷이 모습을 드러낸다.

영국에 물이란 국제적으로 제국의 힘을 드러낼 수단이었다. 그리고 국내적으로는 근대성의 영향을 놓고 싸움이 벌어진 무대였다. 1854년 여름, 런던 소호의 골든스퀘어 근처에 콜레라가 심각하게 퍼져 500명이 목숨을 잃었다. 발단은 브로드 거리(현재 브로드윅 거리-옮긴이) 40번지에 있는 한 집이었다. 그곳에 살던 한 가족에게 비극이 닥쳤다. 두 살배기 아이가 설사로 목숨을 잃었다. 슬픔에 빠진 아이 엄마가 아이가 찼던 똥 기저귀를 빤 뒤 구정물을 엉망으로 설치된 배수구에 버렸다. 배수구를 거친 하수가 근처 우물로 흘러 들어갔는데, 이 우물이 바로 브로드 거리의 펌프와 연결되어 있었다. 물이 깨끗하기로 유명한 펌프여서 근처 주민이라면 모두 여기서 물을 길었다. 그 바람에 끔찍한 결과가 나타났다.

상수도를 타고 이동한 콜레라균이 인근의 모든 가정으로 빠르게 퍼졌다. 집단 발병이 일어났다.[42] 당시 사람들은 콜레라가 가난에 시달리는 빈민가에서 나온 역겨운 공기를 타고 퍼지는 공기 매개성 질병이라고 여겼다. 그러나 런던에서 활동한 의사 존 스노John Snow는 공기가 콜레라와 아무 관련이 없다고 생각했다.[43] 스노가 보기에 콜레라를 옮기는 매개체는 물이었다. 그래서 콜레라 환자가 사는 곳을 지도에 하나하나 표시해, 모든 환자가 브로드 거리의 펌프를 중심으로 촘촘히 몰려 있다고 증명했다. 당장 펌프 손잡이를 없애 급수를 끊자, 콜레라 전염이 끝났다. 스노의 혜안은 근대 감염학을 낳았다. 그리고 도시에서 발생하는 질병의 원인이 오염된 물이라는 사실을 사람들에게 깨우쳤다.

스노가 밝혀낸 비위생적 생활 환경을 계기로, 안전하게 물을 공급할 수원지를 개발하지 않고서는 근대 산업 도시를 유지하기 어렵다는 확신이 잉글랜드 전역의 도시 행정가들에게 퍼졌다.[44] 제아무리 부유하고 힘센 제국일지라도 수원지를 수입할 수는 없었다. 도시 바깥에서 새로운 천연 수원지를 찾는 경주가 벌어졌다.

1866년, 왕립상수도위원회가 꾸려져 그런 수원지를 파악할 임무를 맡았다.[45] 대규모 환경 공사와 수력 공사로 영국의 물 경관이 바뀌고 대형 저수지와 수도교가 건설되었다. 이런 상수도 사업의 원형을 보여준 곳이 영국 산업화의 심장부 맨체스터였다. 맨체스터도 생활 환경이 점점 나빠져 깨끗한 수원지가 필요했다.

맨체스터시는 1870년대에 서북쪽으로 130km쯤 떨어진 썰미어 호수를 시에 물을 공급할 저수지로 바꿨다. 이런 개발 사업이 영국의 자유주의 엘리트들이 생각한 인간중심주의 철학과 딱 맞아떨어졌다. 1845년에 존 스튜어트 밀이 자연을 어떻게 정의하든 그저 자연이 흘러가는 대로 내버려 두는 것은 합리적이지 않다고 적었다. "무릇 사람이란…자연의 흐름을 수정하고자 쉴 새 없이 애쓰고, 우리가 통제할 수 있는 부분이 더 높은 정의와 덕의 기준에 가까워지게 끌어올려야 한다."[46]

그러나 정치권력이 커지는 체계에서 물 경관이 발전하면 충돌이 생기기 마련이다. 잉글랜드 서북부 레이크 디스트릭트 한복판에 자리 잡은 썰미어는 영국을 아주 잘 상징하는 물 경관 가운데 하나였다. 빅토리아 시대 사람들이 이곳을 가장 아름다운 자연경관으로 꼽을 정도였다. 시인 윌리엄 워즈워스William Wordsworth와 새뮤얼 콜리지가 썰미어 호숫가에서 만나곤 했고, 이를 추억하는 시가 워즈워스의 〈마차꾼The Waggoner〉이다. 사실, 썰미어의 물 경관은 그때껏 오랫동안 사람의 손에 몹시 많이 바뀐 상태였다.[47] 그러나 베네딕투스가 보기에 수비아코의 호수가 천연 호수였듯이, 워즈워스 같은 낭만파가 보기에 썰미어는 그동안 일어난 인간의 개입이 자연의 일부일 뿐이었다.

그런데 썰미어 개발 계획이 근대 역사에서 일찌감치 일어난 분명한 환경 갈등으로 이어졌다. 지역 사회가 썰미어호 개발에 반대했기 때문이다. 그 결과 자연환경과 문화 자산을 보존하는 재단 내셔널 트러스트National Trust가 생겨났고. 자연 보전 운동이 발전했다. 보전주의자가 끝내 싸움에 졌고, 영국 전역에서 물 경관이 개발되었다.

19세기 영국에서 물 안보를 달성한 것은 기술 경쟁이 아니었다. 이상적 공동체를 추구한 정체성 싸움이었다. 20세기에 실현될 근대주의 개발 사업 즉 꾸준한 자연 정복의 시작이었다.

[12]
유토피아가 꿈꾼 통합

물과 산업화

1895년, 광저우에서 무장봉기를 일으키려다 실패한 쑨원이 일본으로 건너갔다. 망명은 그 뒤로 무려 16년이나 이어진다. 이 16년 동안 쑨원은 청나라에는 반역의 우두머리로, 다음 세대에는 혁명의 지도자로 거듭났다.[01] 1896년 9월, 일본을 떠나 하와이, 샌프란시스코, 뉴욕을 거친 쑨원이 마침내 런던에 도착했다.

주런던 청나라 공사관이 쑨원을 납치해 송환하려 어설픈 공작을 펼쳤지만 실패로 끝났다. 이후 쑨원은 홍콩 서의서원에서 공부할 때 스승이었던 의사 제임스 캔틀리James Cantlie의 손님으로 여덟 달 동안 런던에 머물렀다. 그리고 이때 세실 로즈와 영국남아프리카회사의 광물 개발권 다툼부터 아일랜드 민족주의자 문제까지 빅토리아 시대 후기 영국이 고민한 현안을 토론하는 자리에 참여했다.

쑨원은 대영박물관 도서관에서 카를 마르크스, 헨리 조지Henry George, 존 스튜어트 밀, 몽테스키외Montesquieu를 포함해 19세기를 지식의 격변기로 이끈 여러 사상가의 저술을 읽으며 시간을 보냈다.[02] 공화정을 향한 열망, 자유주의 신념, 구질서의 종말, 산업 시대의 부상이 모두 복잡한 사상이 자라날 배경이 되었다. 다양한 정치 망명객이 모여든 런던의 지식 환경이 한창 성장하는 혁명가에게 사상을 가다듬을 중요한 장이 되었다.

19세기 말 유럽은 산업 사회였다. 먼 옛날 농경 시대의 사고방식만으로는 돌아가는 사정을 파악하기가 갈수록 더 어려워졌다. 시골 사람들은 설사 수가 많더라도 힘을 잃었다. 당시 서구 사회의 생존을 위협한 위기, 이를테면 1845~1847년 아일랜드 대기근은 농경 공동체가 정치적으로 힘을 잃고 약해진 징후였다.[03] 경제가 바뀌고 있었다. 산업화로 많은 사람이 불결한 도시로 내몰렸다. 노사 갈등이 한계에 이르렀고, 가난이 고질병이 되었다. 미국 독립과 프랑스 혁명은 구질서가 무너질 수 있다는 증거였다. 긴장이 커졌다. 혁명의 기운이 감돌았다.

이 근본적인 사회 변화를 탁월하게 해석한 사람이 있었다. 쑨원이 런던에 도착하기 13년 전인 1883년에 세상을 떠난 카를 마르크스다. 마르크스는 물질적 조건이 사회에 내재한다고 가정했다. 그에 따르면 물질적 조건은 생산 수단 즉 기술력과 생산력의 결합 그리고 재산권의 구조를 포함해 생산을 떠받치는 사회관계에 따라 결정된다. 사회는 그런 물질적 조건에 대응해 여러 생산 방식을 거쳐 발전하다 마침내 공산주의를 받아들인다.

마르크스는 이 과정을 변증법적 유물론이라 불렀다. 변증법적 유물론에서는 수자원과 자연환경이 기껏해야 애매한 역할만 할 뿐이다. 물론 마르크스도 사회가 발전하는 초기 단계에서는 자연계가 중요한 생산 수단이라고 인정했다. 인간이 자연을 바꾸는 과정에서 처음으로 자신을 종으로 정의했다고 말할 정도였다.[04] 그러나 인간 활동에서 기술이 더 중요해지면 자연과 사회가 더는 변증법적 관계가 아니리라고 봤다. 그때 자연이란 추출할 자원을 저장하는 곳에 그쳤다. 마르크스는 계급 구조와 산업 생산이 인간의 경험을 결정하므로 자연에서 서서히 멀어져야 한다고 주장했다. 앞으로는 오로지 사람 사이의 관계, 정확히는 계급 관계가 생산 방식을 결정하리라고 봤다.

도시에서 살아가며 산업 사회의 노동자 계급에 집중한 중산층 사상가가 근대 사회의 발달에 자연계가 그리 기여한 바 없다고 주장한 것은 딱히 놀랄 일이 아닐지 모른다. 그러나 세상을 크게 보지 못한 문제가 있어 보인다.

마르크스 이론은 강력한 역사적 힘에 지배받는 듯한 사회에 맞춰 구상되었다. 따라서 모든 계급의 생존 조건이 평생에 걸쳐 바뀌었다. 이와 달리 중국의 전제 체제는 세월과 상관없이 고정불변으로 보였다. 마르크스는 중국이 여전히 당대의 탁월한 물관리 국가라는 것을 알았다. 마르크스가 영감을 얻은 사상가와 지식인도 비슷한 주장을 했었다.

몽테스키외는 《법의 정신De l'esprit des lois》에서 자신이 주장한 국가론의 대척점에 선 사례로 중국을 가리켜, 농업 자원이 변변찮은 중국이 특유의 기후 때문에 왕조 체제와 혁명이 끊임없이 되풀이한다고 주장했다.[05] 애덤 스미스도 《국부론The Wealth of Nations》에 중국이 "오랫동안 도무지 움직이지 않는 듯하다. 500년도 더 전에 중국을 찾은 마르코 폴로가 설명한 중국의 문명, 산업, 인구가 오늘날 여행자들이 말하는 것과 거의 판박이다"라고 적었다.[06] 스미스는 중국의 특이한 경제 조건 즉 어마어마하게 많은 인구에서 나오는 값싼 노동력, 광대한 운하망에 힘입은 가격 경쟁력이 중국의 제자리걸음에 한몫했다고 암시했다.

근대 사회를 설명하는 이론에 물과 기후 현상을 통합하려 한 노력은 물과 기후가 노동 시간이나 시장의 공급과 수요와 거의 상관없어 보이는 시간과 지리를 기준으로 작동한다는 사실을 어느 정도 반영했다.

마르크스에 따르면 사회는 봉건주의, 자본주의 그리고 마침내 공산주의의 노예가 되는 방식으로 진화했다. 마르크스는 자신의 사회 진화론을 따르지 않는 듯한 중국의 예외를 설명하고자 아시아식 생산 방식이라는 개념을 도입했다. 이 방식에서는 작은 자급자족 공동체 안에서 농업과 제조업이 떼려야 뗄 수 없는 관계를 맺었다. 마르크스가 보기에 중국은 수력 기반 시설을 장악한 전제 체제가 생산 수단을 강력하게 통제해 다스리는 농경 사회였다.

마르크스는 이 생산 방식을 설명하는 데 그리 공을 들이지 않았다. 중국의 예외성은 그다지 중요해 보이지 않았다. 무엇보다, 중국은 여전히 자본주의로 접어들지 않은 사회였다. 마르크스의 눈길은 산업 사회 영국의 프롤레타리아에 고정되어 있었다. 카를 마르크스와 프리드리히 엥겔스Friedrich Engels가 보기에 혁명이 일어날 곳은 영국이었다. 마르크스는 같은 이유로 러시아에도 그리 눈길을 주지 않았다.[07] 러시아도 대영제국과 비슷한 19세기 제국 세력이었지만, 그때껏 산업화가 일어나지 않았고, 따라서 혁명이 일어날 것 같지 않은 후보지였다.

그러므로 장차 마르크스의 혁명 사상이 실현되는 곳이 영국이 아닌 중국과 러시아이고, 밑바탕에 대체로 물 기반 시설이 있다는 사실은 참으로 얄궂은 모순이다.

베라 파블로브나의 꿈

쑨원은 대영박물관 도서관에서 책에만 파묻혀 지내지 않았다. 여러 급진주의자와 깊은 대화도 나눴다. 특히 러시아에서 온 급진주의자들이 이 도서관을 자주 찾았다. 그 가운데 쑨원과 친구가 된 사람이 러시아 인민주의 운동을 이끈 펠릭스 볼홉스키Felix Volkhovsky였다.

볼홉스키는 자유주의 사상을 지지한다는 이유로 기소되어 상트페테르부르크 감옥에 갇혔다가 시베리아로 추방되었고 그곳을 탈출해 런던에 도착했다.[08] 기소되기 전까지는 마르크스의 저술을 러시아어로 번역하려 한 지식인 단체에서 활동했다. 또 러시아 급진주의를 대표하는 중요한 작가 니콜라이 체르니솁스키Nikolay Chernyshevsky의 저술을 퍼뜨리려 애썼다.

체르니솁스키는 러시아 인민주의 운동의 창시자 중 한 명으로, 볼홉 스키와 마찬가지로 자유주의 사상을 이유로 수감되었다. 볼홉스키와 동료들은 체르니솁스키의 석방을 위해 발이 닳게 애썼다. 그러니 쑨원 을 포함해 영국에서 사건 친구들에게 체르니솁스키를 소개했을 수 있 다. 소설《무엇을 할 것인가?Что делать?》(열린책들, 2009)는 체르니솁스키 가 1860년대 초에 과격한 급진주의자라는 이유로 재판을 기다리며 감 옥에 있을 때 쓴 글이다. 책은 엄청난 성공을 거뒀다. 특히 급진주의자 와 무정부주의자가 이 책을 찾았고, 그 가운데 젊은 레닌, 스탈린, 트로 츠키도 있었다.

소설 속 주인공 베라 파블로브나는 상트페테르부르크 출신인 군센 여성으로, 혁명을 실천하고자 가족을 떠났다. 체르니솁스키는 베라를 통해 러시아에 적합한 시골풍 이상향을 드러냈다.[09] 꽤 얽히고설킨 삼 각관계, 자율권 추구, 시골의 협력, 산업화가 등장하는 가운데, 베라는 러시아의 미래를 꿈꿨다. 그 미래는 아무리 봐도 런던의 수정궁과 비슷 한, 유리와 알루미늄으로 만든 근대 건축물이 가득했다. 그러나 물 기반 시설 덕분에 사람이 자연을 길들여 이롭게 사용하는 미래이기도 했다. 사막이 수력 기술에 힘입어 기름진 땅으로 멋지게 탈바꿈했다. 기계부 터 운하, 관개 수로, 날씨 제어가 모두 동원되어 시골을 혁신했다. 경관 과 더불어 사람도 바뀌었다.[10] 사람들은 이제 과학 농경을 통해 배우고 깨우쳐야 했다.

과학을 이용해 경관을 설계한다는 꿈은 어찌 보면 고달픈 현실을 반 영한 것이었다. 러시아는 물도 어마어마하게 많고 기름진 땅도 드넓었 지만, 물 접근성이 아무리 좋게 봐도 편리하지 않았다. 미국은 비옥한 땅과 물 분포가 놀랍도록 일치하는 축복을 받았다. 러시아는 그렇게 운이 좋지 못했다. 천연자원이 이용하기 쉽지 않게 퍼져 있었다.

러시아는 미국보다 위도가 훨씬 높아 영토 3분의 1이 얼음으로 뒤덮인 영구 동토였다. 농사는 햇빛이 넉넉한 남부에서만 지을 수 있었다. 그런데 햇빛이 넉넉한 지역이 주로 러시아 남부, 우크라이나, 중앙아시아의 건조 지대와 초원이라 물이 많지 않았다. 볼가강을 빼면 러시아 땅을 흐르는 물이 80% 넘게 큰 강을 따라 북극해로 흘러들었다. 물이 많은 곳은 시베리아와 러시아 북부였다. 인구와 경제 활동 70%가 러시아 수자원에서 20%도 차지하지 않는 남쪽에 몰려 있었다.[11]

체르니솁스키는 형편없이 뒤떨어진 러시아의 현실에 반발해 소설을 썼다. 러시아는 중요한 곡물 수출국이 될 태세를 갖추고 있었다. 1846년에 영국이 세계화와 자유 시장 무역을 추진하는 과정에서 곡물법(1815년부터 식량 수입을 제한하고 관세를 매기게 한 법-옮긴이)을 폐기해 마지막 보호 장벽을 없앴다. 러시아는 새로 통합된 국제 시장에 먼저 밀을 수출한 나라 중 하나였다.[12] 문제는 차르가 다스리는 러시아가 기반 시설을 개발한 경험이 별로 없었다는 것이다. 제정 러시아는 지나치게 통제되고 비효율적인 중앙 집중식 농업 경제를 감독했다. 19세기 말 들어 러시아가 볼가강을 근대화하는 데 노력을 쏟아부었다. 볼가강은 11세기 때부터 서북부와 동남부를 연결하는 중요한 교역로였다. 그러나 산업화를 추구하려면 차르 체제의 역량을 훌쩍 넘어서는 유례없이 큰 투자가 필요했다.

19세기 후반 러시아는 주변 국가의 경제와 사회가 찬란하게 번영하는 가운데 상대적으로 정체된 차르 체제였다. 그 틈에서 혁명을 꿈꿀 공간이 생겨났다.

체르니솁스키가 꿈꾼 러시아의 근대화는 그가 세상을 떠난 뒤에도 차르 체제에 억눌려 실현되지 못했다. 19세기 말 다른 나라에서는 수력 발전에 힘입어 전기가 널리 보급되었는데, 러시아에서는 통제되어 진행이 더디기만 했다.[13] 만약 미국이 수출용 농업을 키워 근대화에 성공했듯 러시아가 유럽 시장과 가까운 접근성을 이용해 근대화에 나섰다면, 역사가 아주 다르게 흘러갔을 것이다.

안타깝게도 다른 나라들이 제1차 세계대전 때까지 30년 가까이 보호주의 장벽을 치는 바람에, 러시아는 국제 무역에 끼어들고자 안간힘을 써야 했다. 1차 세계대전이 터진 뒤에도 러시아는 독일에 가로막혀 유럽으로 식량을 수출하지 못했다. 부족분은 미국이 메꿨고, 러시아는 고립되었다.[14]

이때는 마르크스가 세상을 떠난 지 한참 뒤였지만, 그의 사상은 당당히 살아남았다. 1917년 2월, 러시아 혁명으로 차르 체제가 몰락하고 의회에 기반한 임시정부가 들어섰다. 정부는 관료주의에 가로막혔던 여러 근대화 사업을 빠르게 추진하려 했다. 그러나 그런 개입이 첫발을 떼기도 전인 10월, 볼셰비키 혁명이 일어났다. 그리하여 19세기의 공산주의가 20세기에도 울려 퍼졌다.

마르크스와 엥겔스가 1848년에 서양의 프롤레타리아 계급에 눈길을 고정한 채 《공산당 선언》을 쓴 지 수십 년 만에, 드디어 세계에서 처음으로 러시아가 두 사람이 외친 혁명을 처음으로 받아들였다. 마르크스와 엥겔스는 19세기에 자본주의가 불러온 변화를 자연의 힘이 인간에게 무릎 꿇은 증거로 봤다.[15] 그러니 혁명은 프롤레타리아를 위해 봉사해야 했다. 레닌은 그런 혁명을 두 눈으로 보았다.

유토피아와 문하

19세기에는 체르니솁스키가 그린 물 유토피아가 전혀 유별난 이야기가 아니었다. 쑨원 같은 혁명가들이 꿈꾼 미래는 서양의 유구한 정치 철학뿐 아니라 근대 세계에 대한 심미적 반응도 영향을 미친 결과였다. 어찌 된 일인지, 근대가 어디로 나아가는지를 정치경제학자나 철학가보다 소설가가 잘 알았던 듯하다.

물론 문학계가 그리는 유토피아도 따지고 보면 정치적이었다. 에드워드 벨러미Edward Bellamy가 1888년에 발표한 소설 《뒤돌아보며Looking Backward》(한국어판, 아고라, 2014)에서 과학기술 국가가 통치하는 유토피아를 그렸다. 그곳은 자연을 길들인 세상이었다. 어느 정도냐면, 빗방울이 듣기 시작할 때 거리 위로 자동 비 가리개가 펼쳐져 사람들이 젖을 걱정 없이 계속 돌아다니며 일을 볼 수 있었다.[16] 1890년에는 또 다른 사회주의 이상주의자 윌리엄 모리스William Morris가 벨러미의 국가 사회주의를 반박한 과학 소설 《에코토피아 뉴스News from Nowhere》(필맥, 2008)를 썼다. 잠든 사이 21세기 템스강으로 이동한 주인공은 자유 지상주의적 사회주의에 기반한 유토피아에서 사람들이 주로 강을 중심으로 자리 잡은 모든 생산 수단을 공유하는 세상을 목격한다.

이런 상상 속 미래에서 빼놓을 수 없는 것이 물의 힘이었다. 더러는 그런 미래를 실현하려 한 사람도 있었다. 1902년에 테오도어 헤르츨 Theodor Herzl이 유토피아를 그린 소설 《오래된 새로운 땅Altneuland》을 발표했다. 헤르츨이 꿈꾼 유토피아는 이듬해 봄 그가 온 힘을 다해 매달릴 새로운 유대 국가였다.[17] 소설 속 주인공인 절망에 빠진 젊은 유대인 변호사 프리드리히 뢰벤베르크가 어느 섬에서 문명과 단절한 채 살아가다 중년에 들어 팔레스타인을 방문한다. 전에는 사막밖에 없었던 해안가가 놀랍게도 눈부시게 발전해 있었다. 뢰벤베르크의 눈앞에 오롯이 협력에 기반해 짜임새 있게 설계한 효율적 사회가 펼쳐졌다. 20세기 초에 근대주의자들이 꿈꾼 사회가 바로 그런 곳이었다. 그곳에서는 모든 것이 전기로 돌아갔다. 전력은 지중해와 사해를 연결한 운하 그리고 이 운하와 요르단강에 설치된 수력발전소에서 나왔다. 헤르츨은 석탄에서 벗어나 요르단강의 물로 관개 농업을 발전시키는 땅을 부단히 꿈꿨다.[18]

과학기술에 기반한 유토피아는 하늘에서 뚝 떨어진 생각이 아니었다. 물이 핵심인 이 이상향에 영감을 불어넣은 것은 19세기 말에 진행된 대규모 수자원 개발 사업이었다. 수에즈운하와 파나마운하에 경이로움을 느낀 사람들은 인간이 정말로 자연을 완전히 지배할 수 있다는 확신을 얻었다. 두 운하를 이야기할 때 빼놓을 수 없는 사람이 있다. 바로 프랑스인 페르디낭 드 레셉스Ferdinand de Lesseps다.

드 레셉스가 뚝심 있게 수에즈운하를 건설한 이야기는 믿기지 않을 만큼 대단하다. 드 레셉스는 이집트 알렉산드리아에서 부영사로 일할 때 사회주의 이상주의자 생시몽 백작 앙리 드 루브루아Henri de Saint-Simon를 추종하는 사람들이 만든 단체와 가까이 지냈다. 이들은 프랑스의 탁월한 공학 전통을 바탕으로 공공사업과 과학이 국경을 초월해 새로운 세계 질서를 세울 토대를 마련하리라고 믿었다.

생시몽은 그런 신세계로 도약할 중요한 발판이 수에즈와 파나마 지협을 가로지르는 운하라고 예언했다. 그래서 생시몽주의자들은 단체 이름을 수에즈운하 연구학회Société d'Études du Canal de Suez로 지었다. 단체의 수장 프로스페르 앙팡탱Prosper Enfantin이 수에즈운하를 건설할 계획에 몰두했는데, 이 계획이 드 레셉스를 사로잡았다.[19]

드 레셉스는 외교관을 그만둔 뒤 오로지 운하 건설에 몰두했다. 1858년에 프랑스에 법인을 두고 이집트에서 활동하는 수에즈해상운하라는 회사를 설립하고 수많은 프랑스인에게 주식을 팔았다. 새로 이집트 총독이 된 무함마드 사이드Mohamed Sa'id Pasha를 설득해 거대한 운하를 건설하고 운영할 권리를 얻었다. (그래서 수에즈운하 북단의 항구 도시를 포트사이드라 한다.) 실패하리라는 모든 예상을 뒤엎고 1869년 완공된 수에즈운하는 보란 듯이 황금알을 낳는 거위가 되었다.

1870년대 중반, 수에즈해상운하의 주가가 네 배로 뛰었고 배당수익률이 17%에 이르렀다. 처음에는 운하 건설이 터무니없다고 코웃음을 쳤던 영국인들이 투자에 나섰다. 이들은 마침내 지배 지분을 확보해 수에즈운하를 대영제국의 중요한 수송로로 삼았다. 수에즈운하는 기업가 정신을 보여주는 기적이었다. 가능성이 희박한데도 바다를 연결하겠다는 한 사람의 능력에 여러 나라가 승부를 건 모험이었다. 그리고 사람들에게 불가능한 것이란 없다는 믿음을 심었다.

1878년, 프랑스가 당시 파나마 통치권을 쥐고 있던 콜롬비아 정부와 양허 계약을 맺어 운하 건설 사업권을 따냈다.[20] 드 레셉스가 이 사업을 맡아 '파나마대양연결운하'라는 회사를 세웠다. 드 레셉스는 이번에도 비슷한 방식을 쓰기로 했다. 부유한 프랑스 투자자 수백 명에게서 초기 자금을 모으고 대가로 지분을 나눠줬다. 그리고 모자란 사업 자금을 모으고자 프랑스 금융 기관과 손잡고 순회 모금에 나섰다. 꽤 타락한 프랑스 언론이 국수주의에 기댄 선전을 벌이자, 수많은 프랑스인이 쌈짓돈을 털어 파나마대양연결운하에 투자했다.[21] 공사는 1881년에 첫 삽을 떴다.

드 레셉스가 수에즈운하에서 보여준 실적과 카리스마가 꽤 컸기 때문에 운하 구조를 결정할 때 수에즈운하와 기본 구조가 같은 수평 운하에 찬성하는 쪽으로 의견이 기울 수밖에 없었다. 엄청난 오판이었다. 드 레셉스는 파나마 지협에 수평 운하를 건설할 때 생기는 위험과 비용을 지나치게 낮게 보았다. 바위투성이인 파나마 지협을 뚫어 뱃길을 내는 것은 수에즈에서 모래를 퍼내 뱃길을 내는 것과 전혀 달랐다. (실제로 파나마 지협을 가로질러 건설된 것은 갑문 운하다.) 열대 우림도 공사를 가로막는 달갑잖은 환경이었다. 황열병과 말라리아 탓에 많은 노동자가 목숨을 잃었다.

1889년이 되자 자금이 바닥났다. 회사가 파산했고, 많은 투자자도 같은 운명을 맞았다. 그러나 자연을 정복하겠다는 이 계획은 도리어 새로운 단계로 들어섰다.

제국으로 우뚝 서는 미국

드 레셉스의 건설 계획이 재앙으로 끝나고 팽창주의에 사로잡힌 프랑스의 야심이 엄청난 망신을 당한 뒤, 공이 미국으로 넘어갔다. 19세기 말 미국은 건국의 아버지들이 내세운 농본사상과 고전 공화주의가 사라진 지 오래였다. 내전 뒤 상업이 널리 퍼지자 자본주의에 주목했다. 미국은 19세기를 휩쓴 공리주의의 이상을 받아들였다.

당시 파나마대양연결운하는 자본을 한 푼도 회수하지 못할 위기에 몰려 있었다. 투자자들은 사업권과 낡은 기계를 통째로 미국에 넘기고 싶어 애가 닳았다. 마침 미국 정부도 아메리카 대륙을 가로지르는 운하가 필요한 참이었다. 19세기 들어 서쪽으로 영토를 확장한 뒤로 동부 해안뿐 아니라 서부 해안도 상업에 문을 열었기 때문이다. 태평양, 하와이, 필리핀으로 발을 넓히자, 태평양으로 나가려면 동부 해안에서 출발해 대륙 최남단의 혼곶을 돌아야 하는 지형이 실력 행사에 부담이 되었다. 특히 1898년 스페인-미국 전쟁으로 동부 해안의 조선소에서 건조한 전함을 무력 충돌이 일어나기 전까지 서부 해안으로 보내는 것이 얼마나 중요한지가 뚜렷해졌다. 더 빠른 경로가 시급했다. 그런데 미국이 선호한 것은 니카라과를 가로지르는 운하였다. 니카라과에 니카라과호를 통과하는 항로와 철도가 결합한 대륙횡단 운송이 이미 자리 잡고 있었기 때문이다.

미국 정부가 파나마운하 건설에 군침을 삼키게 하고자, 파나마대양
연결운하의 초기 투자자였던 필리프 뷔노-바리야Philippe Bunau-Varilla가 뉴
욕 변호사 윌리엄 넬슨 크롬웰William Nelson Cromwell을 고용했다. 로비와
홍보의 달인인 크롬웰이 마침내 거래를 성사시켰다. 파나마대양연결운
하를 청산하는 과정에서 미국 정부가 4000만 달러를 주고 회사 자산과
사업권을 사들였다.

이 거래에서 정확히 누가 그 자금을 받았는지, 투기와 정치 비리가
얼마나 얽혀 있었는지는 한 번도 제대로 밝혀진 적이 없다.[22] 그러나 조
지프 퓰리처Joseph Pulitzer가 발행한 신문 《뉴욕 월드》의 1908년 10월 연
재 기사가 미국이 몇몇 개인 투자가의 배를 불리고자 파나마운하 개발
사업을 사들였다는 꽤 날카로운 견해를 제시했다.

그런데 이 모험담에서 가장 놀라운 이야기는 따로 있었다. 파나마 지
협의 통치권을 쥔 콜롬비아가 운하 사업권을 미국에 넘기는 조건을 놓
고 협상에서 강경한 태도를 보였다. 협상이 합의에 이르기 어려워지자,
파나마에서 불만이 터져 나오더니 끝내 봉기로 번졌다. 1903년, 파나마
가 드디어 독립을 선언했다.

새로 독립한 파나마를 대표해 미국과 협상을 벌일 전권대사가 다름 아
닌 필리프 뷔노-바리야였다. 그렇게 체결된 헤이-뷔노 바리야 조약은 미
국에 크게 유리했다.[23] '파나마운하 지대'가 되는 땅이 조차지가 되어 미국
으로 통치권이 넘어갔고, 따라서 운하 소유권도 미국으로 넘어갔다(이 상
황은 1977년에 두 나라가 새로 '파나마운하 조약'을 맺어 파나마운하 지대의 관리를 파나마
에 넘길 때까지 이어졌다(파나마운하는 1999년에 파나마에 반환되었다—옮긴이)).

1906년 2월 19일, 시어도어 루스벨트Theodore Roosevelt 대통령이 미국
상·하원에 파나마운하 기술자문위원회가 작성한 두툼한 보고서가 딸린

교서를 보냈다. 루스벨트는 위원회가 운하 구조에 만장일치를 보지 못했다고 적었다. 파나마 지협과 가장 비슷한 곳이 수에즈라고 생각한 유럽 출신 자문 위원들은 수에즈와 같은 수평 운하를 지지했다. 위원회의 다수 의견도 마찬가지였다.

그런데 미국 기술자가 주를 이룬 소수 의견은 갑문 운하를 지지했다. 비슷한 운하가 캐나다 온타리오주와 경계를 이루는 세인트메리강에서 슈피리어호와 휴런호를 연결하는 수 운하Soo Locks였다. 수 운하는 이리 운하와 더불어 미국이 추진한 위대한 기반 시설 공사로 꼽혔다. 여름철이면 수에즈운하보다 세 배나 많은 어마어마한 수송량을 수용했다. 전쟁부(미국 국방부의 전신이다—옮긴이) 장관 윌리엄 태프트William Taft(일제의 한반도 강점과 미국의 필리핀 지배를 상호 승인한 가쓰라-태프트 밀약의 당사자—옮긴이)와 기술 책임자 존 프랭크 스티븐스John Frank Stevens가 루스벨트 대통령의 승인을 등에 업고 소수 의견에 찬성했다. 갑문식 설계가 승인되자, 지구 역사상 가장 큰 기반 시설 공사가 시작되었다.

스티븐스가 운하의 최종 설계를 마무리할 때 영감을 받은 것은 19세기에 스코틀랜드 북부에 건설된 한 유명한 구조물이었다. 스코틀랜드인 토머스 텔퍼드Thomas Telford가 설계한 칼레도니아운하는 북해와 북대서양을 곧장 연결하는 뱃길로, 배가 수심이 다른 여러 호수와 언덕진 지협을 지날 수 있도록 높은 갑문을 설치했다.[24]

파나마운하의 성패는 차그레스강에 달려 있었다. 파나마에는 니카라과호 같은 큰 호수가 없었다. 스티븐스는 배가 떡하니 버티고 선 대륙분수령을 넘어가도록 바위투성이 지형을 뚫어 쿨레브라 수로를 만들었다. 또 가툰이라는 곳에 어마어마하게 큰 흙댐을 쌓아 차그레스강을 막았다. 그래서 탄생한 것이 당시 세계에서 가장 큰 인공 호수 가툰호다. 그래도 파나마운하에서 가장 혁신적인 것은 갑문이었다. 어느 갑문 운하와 달리 파나마운하에는 갑실에 물을 채우고 뺄 때 쓰는 펌프가 없었다. 강물이 중력의 힘으로 가툰호로 들어간 뒤 갑문 측벽을 따라 쭉 이어지는 지름 5.5m짜리 관인 암거를 통해 갑문에 다다랐다. 암거에 설치된 소형 갑문이 열렸다 닫혀 갑실에 물을 채웠고, 배가 지나가면 물을 내보냈다. 모든 과정이 물에 기댔다. 갑문을 움직이는 전기도 강에 설치된 수력발전소에서 나왔다.

1913년 10월 10일 오후 2시, 우드로 윌슨Woodrow Wilson 대통령이 백악관 집무실에 놓인 전신기를 눌렀다. 워싱턴에서 출발한 전신이 텍사스주 갤버스턴, 멕시코 코아트사코알코스를 거쳐 태평양 연안의 살리나 크루스에 다다랐다가 다시 니카라과의 산후안델수르를 거쳐 마침내 목적지인 파나마에 도착했다. 걸린 시간은 겨우 몇 초였다. 워싱턴에서 무려 6400㎞ 떨어진 이곳에서 다이너마이트 폭탄 400발이 터졌다. 이 폭발로, 마지막 남은 장애물 감보아 둑이 마침내 사라졌다.[25]

손에 땀을 쥐게 한 곡예 끝에 가툰호의 물이 쿨레브라 수로로 흘러들었다. 가툰호와 갑실에 물을 대는 차그레스강은 원래 태평양으로만 흘러 들어갔었다. 이제는 대서양으로도 물이 빠져나가, 세계에서 유일하게 두 대양으로 물길이 난 강이 되었다. 마침내 파나마운하가 두 대양을 연결했다.[26]

새로운 기준

파나마운하는 유례없는 건설 시대의 극치를 보여줬다. 사람들은 파나마운하에서 끝없는 가능성을 느꼈다. 1914년, 파나마 발보아에 있던 미국 조차지 '파나마운하 지대'의 행정 건물 원형 돔에 뉴욕에서 활동한 화가 윌리엄 반 인젠William B. Van Ingen이 벽화 네 점을 그렸다. 반 인젠은 파나마운하를 '경이로운 작품'이라 일컬었다.

네 벽화 중 하나는 태평양 쪽 운하의 처음 두 단계를 제어하는 미라플로레스 갑문을 건설하는 모습이다. 그림을 바라보노라면 이제 우렁차게 기지개를 켜는 20세기의 상징, 뉴욕 고층 건물의 공사 현장이 떠오른다. 한가운데는 계단식 콘크리트 측벽 아래 묻힌 암거 구역이 보인다. 함께 그려진 일꾼들을 보면 이 구조물이 얼마나 큰지 알 수 있다. 다른 쪽 측벽은 크레인에 가린 채 일부만 보이고, 현장은 연기와 먼지에 덮여 있다. 오른쪽 앞쪽 아래 귀퉁이에 툭 튀어나온 크레인용 커다란 강철 붐이 현장이 얼마나 깊었는지를 생생히 보여준다.

반 인젠에 따르면 갑문을 바라보노라니 이집트의 피라미드가 떠올랐다고 한다. 대영제국의 열정에서 영감을 받아 20세기에 환생한 이집트 건축물이 한창 공사 중이었다. 가툰 갑문을 방문했을 때 로마 시대 건축의 세부 양식을 본뜬 등대가 보였다. 등대를 본 순간 인젠의 머릿속에 어떤 생각이 스쳤다. "왜 오벨리스크 양식을 쓰지 않았을까?"[27] 바야흐로 제국의 시대였고, 그 한가운데 치수가 있었다. 19세기 동안 귀스타브 에펠Gustave Eiffel이 만든 여러 다리와 유명한 에펠탑, 오스만Georges-Eugène Haussmann 남작이 재건설한 파리, 수에즈운하 그리고 공학 기술이 이룬 수많은 업적이 근대 경관을 바라보는 인식을 형성했다. 이제 파나마운하가 그 역할을 맡을 차례였다.[28]

이 모든 성취를 가리켜 유례없는 산업 시대를 보여주는 증거 즉 공학과 설계의 역사를 말하곤 한다. 그러나 기술이 이룬 성취 아래 더 웅숭깊은 발상이 깔려 있었다. 19세기 말 유럽과 미국은 수준 높은 2차 산업혁명이 한창 진행 중인 사회였다. 파나마운하에서 사람들은 인류가 자연을 완전히 정복했고 딱 하나 남은 문제는 자연 속에서 인간의 자리를 찾는 것뿐이라는 확신을 얻었다.

최종 설계에서 파나마운하는 인간이 만든 기반 시설을 자연과 멋들어지게 통합했다. 그러나 주변 지형을 적절히 통제하지 않으면 운하가 제대로 작동하기 어려웠다. 수평 운하가 아닌 갑문 운하를 선택한다는 것은 운하의 작동 체계가 오롯이 차그레스강에서 흘러나오는 물에 의존한다는 뜻이었다. 따라서 운하 지대를 훌쩍 벗어나는 땅까지 미리 적극적으로 관리해야 했다. 그런 관리는 대부분 통치권 행사에 의존했다. 당시 세계 최대의 인공 호수였던 가툰호를 만들려면 가툰 지역의 땅을 수용해야 했다. 짧고 굵게 내리는 열대 강우를 호수로 천천히 흘려보내는 주변 숲도 기반 시설에서 빼놓을 수 없었다.[29]

1920년에 《산업계획》을 쓸 때, 쑨원은 중국에 새로 들어설 공화국을 위해 양쯔강을 탈바꿈시켜야 한다는 생각을 어떻게 떠올렸는지를 꽤 길게 설명했다. 양쯔강의 여러 강줄기를 자세히 그린 지도들을 놓고 이 강줄기들을 어떻게 바꿔야 할지를 밝혔다. 드넓은 땅을 개간하고 거대한 운하를 뚫어 강어귀를 쭉 뻗은 강으로 바꾸는 이 복잡한 공사의 핵심은 나중에 마침내 싼샤댐이 될 인공 호수였다.

쑨원은 19세기부터 20세기 초까지 완성된 대형 건설 공사에 영감을 받아, 바위를 뚫고 장애물을 폭파하자고 주장했다. 인공 호수의 채산성을 어떻게든 뒷받침하고자 책 곳곳에서 건설 비용, 인공 호수로 가능해질 경제 활동의 기대 가치를 추산했다. 쑨원은 이 자세한 계획을 이렇게 마무리했다. "이 공사는 수에즈운하나 파나마운하보다 더 수익성이 클 것이다."[30] 양쯔강 개발의 기준점이 이렇게 정해졌다.

이 정도 규모의 이상적 꿈을 실현하려면 그에 걸맞은 자원과 영토를 움켜쥐고 통제할 크고 강력한 주체가 필요했다. 알고 보면 19세기에 사기업의 노력이 실패한 것도 우연이 아니다. 그런 역할을 맡을 주체는 20세기의 국가, 겨우 몇십 년 전만 해도 체르니솁스키와 헤르츨 같은 몽상가들이 상상만 하던 대담무쌍한 일을 해낼 수 있는 국가였다.

그러나 그런 국가 개입이 예상치 못한 영향을 미쳤다. 사람이 자연을 통제하고 물 세계에 점점 더 강력한 의지를 드러낸 모든 단계마다, 인간 사회와 물이 더 밀접한 관계가 되었다. 자연에 더 깊이 개입할수록, 개입한 효과가 더 명확할수록, 사회가 자연을 통제한다는 환상에 더 깊이 빠져들었다. 이 과정에서 사람의 힘과 물의 힘이 빚어낸 변증법이 서서히 경관을 바꿔놓았다. 그런 변화에 유일하지는 않을지라도 손에 꼽게 크게 기여한 것이 파나마운하다. 파나마운하는 토머스 모어가 《유토피아》에서 그린 섬을 떠올리게 했다. 너비 24㎞인 인공 운하로 육지에서 분리된 섬 유토피아는 공학 기술이 꿈꾼 눈부신 업적이었다.

19세기는 개인이 주도하는 대규모 사업의 전성기였다. 양허 계약과 기업의 시대, 자연스럽게 진화한 중세 시대 원칙을 물려받은 시대였다. 그러나 20세기는 새로 떠오른 막강한 국가가 경관 개발을 이끌 참이었다. 거의 8000년 동안 이어졌던 인간 사회와 물 환경의 느슨한 결합이, 물 환경이 요동치면 인간 사회가 그에 맞춰 적응하던 동조가 막을 내렸다. 이제는 인간 사회가 예측 가능성, 안정성, 통제를 공화국의 기본 특성으로 기대했다. 인간이 마침내 자연의 힘에서 분리되었다는 환상을 채우려면, 국가가 자연의 힘을 흡수해야 했다. 그동안 진행된 대규모 공사가 위대한 국가의 물 경관은 이러이러한 모습이어야 한다는 새로운 기준을 제시했다.

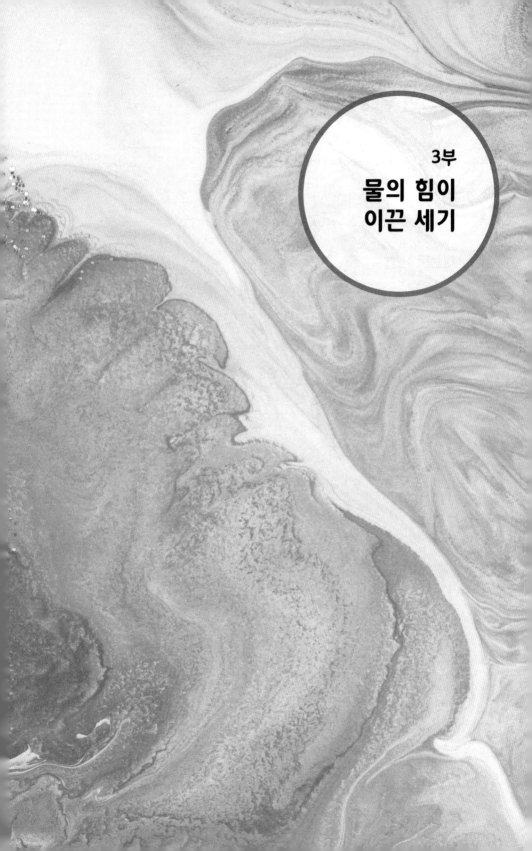

3부

물의 힘이
이끈 세기

[13]
혁명의 무대

새로운 세기

19세기에 여러 국가가 자유주의에 기반한 방법론에 놀라울 만큼 하나로 수렴했다. 이 방법론이 뚜렷이 드러난 것은 물이었다. 이를테면 1884~1885년 베를린 회담이 콩고강 유역뿐 아니라 인도양으로 이어지는 거대한 땅을 모두 포함하는 콩고강 협약 분지를 정확히 정의한 것이 좋은 예다. 100년 전만 해도 이 드넓은 땅 가운데 유럽인의 발길이 닿은 곳을 찾아보기 어려웠다. 1900년까지는 콩고 분지는 자유무역지대라 베를린 의정서에서 합의된 하천 운항 원칙을 따라야 했다.[01] 유럽이 아프리카 대륙으로 옮겨온 것은 사람만이 아니었다. 유럽은 제도도 옮겨 심었다. 로마법 대전, 고전 공화주의, 베스트팔렌 강화 조약의 유산을 널리 퍼뜨렸다. 쑨원이 꿈꾼 중국도 시민, 국가, 경관이 매우 독특한 관계를 추구해 경제 발전과 번영을 이루는 나라였다.

사회를 통치하려 한 모든 사람의 시도가 그렇듯, 20세기 들어 첫 10년 동안 쑨원이 내세운 민족주의, 민주주의, 사회주의도 중대한 전환과 씨름해야 했다. 20세기 초에 쑨원은 여러 심상찮은 변화가 일어날 것을 어렴풋이 직감했다. 그런데 모든 열성적인 혁명가와 마찬가지로 어떤 변화가 세계를 휩쓸고 있는지를 알아챘다. 중국처럼 사람이 많은 가난한 나라가 스스로 미래를 정하지 못하면, 밀려오는 폭풍이 국운을 결정할 터였다. 16년 동안 망명객으로 세계를 돌아다니는 동안, 쑨원은 유례없는 변화가 나타날 징후를 사방에서 읽었다.

당시 나타난 세 흐름이 결국은 인간이 지구와 맺는 관계, 물과 맺는 관계를 바꾸었다. 첫 흐름은 인구였다. 인구가 전보다 훨씬 많이 불어났다. 증가세는 의심할 여지가 없었다. 그때껏 거의 2000년 동안 연간 인구 증가율이 0.2%도 되지 않았었다.[02] 로마 제국 초기에 2억 명을 밑돌던 인구가 서서히 늘어 18세기 초에 6억 명을 살짝 넘겼다. 그러다 증가 속도가 빨라졌다. 200년이 지난 20세기 초에는 15억 명을 훌쩍 넘겼다. 그리고 겨우 몇십 년 뒤 인구 폭발이 일어난다. 실제로 2000년에 지구 인구가 60억 명을 넘겼다.[03] 딱 100년 사이에 사람이 네 배나 불어난 셈이다.

다른 중요한 흐름은 산업화였다. 자본주의는 엄청난 불평등을 낳았다. 그런 불평등을 해소할 임시방편은 누구나 발전을 한 모금은 맛보게끔 값싼 제품을 대량 생산해 널리 소비하게 하는 것이었다. 그런데 인구 증가로 생기는 대량 소비를 충족하려니, 생산량의 척도라 할 에너지 사용이 한 세기 동안 열 배나 늘어난다.[04] 에너지는 중요했다. 적어도 초기에는 이 에너지 혁명의 핵심이 물이었다. 사실, 19세기가 남긴 마지막 선물 하나가 수력발전 기술이었다. 그 덕분에 인간 사회가 강에서 전기를 생산할 수 있었다. 그러므로 20세기 대부분 동안 펼쳐지는 물의 역사는 주로 수력발전의 성장사다.

마지막 흐름이자, 물의 역사에서 가장 중요하다 할 흐름은 정치다. 17세기부터 영토 국민 국가가 인간 사회를 지배하는 정치 조직이었지만, 가장 강력한 경제 주체로 떠오른 시기는 20세기에 들어서다. 인간 사회가 공학 기술에 힘입어 자연계에 유례없는 힘을 행사할 수 있었고, 독특한 근대주의적 발상을 떠올렸다. 수자원 개발이 강력한 영토 국가가 통치하는 나라를 세울 수단이 될 수 있다는 발상을. 파나마운하 같은 규모로 지구의 물을 재배치하려면 물리적 기반 시설에 몇십 년 동안 매여 있을 고정 자금이 어마어마하게 많이 필요했다. 암묵적이든 명시적이든 정부가 보장하지 않으면, 어떤 개인 투자자도 그렇게 오랫동안 그렇게 많은 돈을 내놓으려 하지 않는다. 전에도 도시에 깨끗한 물을 공급하는 문제에서 이런 현실이 뚜렷이 드러났었다. 19세기 말 대불황 뒤로, 수자원 개발 자금을 마련할 유일한 길은 지방채뿐이었다.

20세기의 중심에는 정부가 역량과 추진력을 발휘해 자금을 마련하고 수력공학으로 물 경관을 바꾸는, 즉 공화정의 미래에 투자하는 이야기가 있다. 이런 투자를 어떻게 이끄느냐는 국가의 형식과 목적이 영향을 미쳤다. 진정한 공익을 좇아 투자했을 때는 참정권이 늘어났다. 1차 세계대전 전까지 20년 동안 선거권이 확대되었고, 노사 관계가 더 공인되었고, 복지 국가가 등장할 조짐이 간간이 나타났다.[05] 주권 국가, 민간의 공공사업 참여, 유례없는 공공 자원 동원이 빚어낸 긴장이 근대 국가를 실현하는 다양한 시도로 이어졌다. 서양의 자유민주주의와 사회민주주의부터 소련과 20세기 초의 여러 전제 정권까지, 이 모든 시도가 전근대가 남긴 DNA의 다른 가닥을 나눠 가졌다. 모두 20세기를 빚어낸 흐름에 반응한 시도였다. 그리고 모두 사회와 물의 관계를 재정의하는 데 이바지했다.

세계를 경작하다

세계를 탈바꿈시킨 첫 주요 흐름은 끊임없는 인구 증가였다. 인구 증가가 벌써 20세기 초부터 세계 대부분 지역에서 농경 체계와 수자원에 엄청난 부담을 안겼다. 부유한 국가들이 여기에 대응해 국가의 정치적 책무를 다하고 날로 늘어나는 소비 인구의 요구 사항을 충족하게 도울 수력공학의 잠재력에 푹 빠졌다. 이런 열광이 수에즈운하와 파나마운하 같은 대단한 공사에 맞먹는 규모로 물 경관을 개조하겠다는 포부에 기름을 부었다.

이를테면 인도에서 얻은 경험 덕분에 능력을 확신한 영국 기술자들이 나일강을 개발하고 싶어 안달을 냈다. 영국이 이 지역에서 눈여겨본 작물은 대량 소비 경제의 핵심 원료인 중요한 원자재, 목화였다. 그런데 목화는 여름에 자라고 1년 내내 물을 대야 해 나일강에 범람하는 물만으로는 재배하기 어려웠다. 목화를 키우려면 사시사철 관개용수가 필요했다. 관개지 면적은 저수량과 정비례했다. 1902년, 영국 기술자들이 석조댐으로는 당시 세계에서 가장 큰 아스완댐(현재 아스완로우댐)을 짓기로 했다.[06](1889년에 공사를 시작해 1902년에 완공했다─옮긴이)

1910년, 영국령 이집트 공공사업부 자문관 머독 맥도널드Murdoch Mac-Donald가 아스완댐의 잠재력을 꼼꼼히 살핀 첫 평가서를 내놓았다.[07] 제목은 참으로 적절하게도 〈나일강 통제〉였다. 잠시나마 영국이 나일강 유역을 대부분 아우르는 드넓은 땅을 통치했다. 보호령인 이집트, 1890년대에 허레이쇼 허버트 키치너Horatio Herbert Kitchener 백작이 다시 정복한 옛 이집트 식민지 수단 그리고 케냐, 탕가니카(현재 탄자니아), 우간다가 바로 그런 땅이었다. 이제 영국이 나일강 전체를 아우르는 포괄적 해법을 마음껏 시도할 수 있었다. 가장 유명한 사례가 나중에 빅토리아-앨버트-종글레이 계획이 되는 적도 나일 개발 계획이었다. 계획은 이랬다. 이집트에서 남쪽으로 수천 킬로미터 떨어진 빅토리아호와 앨버트호는 이듬해까지 저수량이 유지될 만큼 증발량이 적으니, 이곳에 댐을 지어 물을 저장한다.[08] 그리고 수드를 우회하는 거대한 운하를 건설해 남수단 종글레이에서부터 저 북쪽 백나일강까지 물을 흘려보낸다.[09] 나일강을 발원지와 통합하겠다는 이 야심 찬 계획은 망상에 가까웠다. 그래서 제대로 수행된 적이 없다. 그래도 종글레이 운하라는 발상은 살아남아 1978년에 수단 정부가 건설에 나섰는데, 2차 수단 내전(1983~2005년-옮긴이)으로 1984년에 건설이 중단되었다. 그래도 이 계획은 20세기에 늘어난 인구에 걸맞은 규모로 물 경관을 통치하려 한 욕망을 나타냈다.

영국이 나일강을 여봐란듯이 개발하겠다는 환상에 빠져 있는 동안, 대서양 건너편에서도 미국이 수자원 개발에 열을 올렸다. 도덕성을 강조한 윌리엄 매킨리William McKinley 대통령 행정부가 진보 시대Progressive Era(1897~1916년-옮긴이)를 열어젖혔다. 이 경험은 연방 정부가 국민의 삶에 훨씬 더 적극적으로 개입하는 시기가 오리라고 예고했다. 19세기에 자작농지법이 성공을 거뒀는데도, 1900년에 미국 인구 90%가 여전히 동부에 살았다.[10] 1890년대 대불황으로 실업률이 20%에 이르렀다. 게다가 유럽에서 가난에 짓눌려 급진 사회주의와 계급 투쟁을 마음에 꼭꼭 눌러 담고 건너온 이민자 수백만 명이 미국의 산업 중심지를 화약고로 만들 위험이 있었다. 그러니 서부에 농지를 개간한다면 동부의 인구 밀도를 줄이고 노동 계층과 빚어진 긴장을 낮출 안전판이 될 터였다.

1902년 6월 1일, 시어도어 루스벨트 대통령이 개정된 개간법에 서명했다.[11] 이 법은 서부 개척지를 계속 확장할 수단이었다. 내무부 산하 개간국Bureau of Reclamation이 개간법에 따라 책정된 기금을 사용해, 아직도 빈 곳이 많은 건조한 서부 지역 열여섯 개 주에 관개 시설, 댐, 운하를 집중적으로 짓기로 했다. 초기 건설 경비는 국유지를 팔아 마련하고, 다음부터는 정착민이 사용료를 내 개발비를 부담하는 식으로 자체 조달하기로 했다.[12] 그러나 국가 보조금이 없으면 이런 개발 계획이 성공하기 어려웠다. 게다가 동부의 농경 기술이 거친 서부에 적합하지 않아, 농무부가 자금을 지원해 새로운 농경법을 개발해야 했다.

시간이 지나자 개간이 서부 경관을 탈바꿈시킬 중요한 정책 수단이 되었다.[13] 연방 정부도 내륙 수로에서 농경으로 초점을 옮겼다. 1909년에 자작농지확대법Enlarged Homestead Act이 제정되어, 정착민이 받을 수 있는 농지 면적이 두 배로 늘었다. 이 법안과 더불어, 정신없이 빠른 산업화에 맞서 건강한 개인주의와 번영의 주춧돌이 될 농업으로, 가족 농장으로, 목가적인 미국으로 돌아가자는 선전 활동이 일었다.[14] 1900~1920년에 정착민이 대초원을 향해 서부로 몰려들었다.[15] 이 이주가 1930년대에 골치 아픈 일이 생겨나는 배경이 되었다. 이제 물은 인구 증가로 생긴 압력을 관리하는 수단이었다.

20세기 초에 물을 중심으로 시골 경관을 체계적으로 개발하는 데 몰두한 나라는 영국과 미국만이 아니다. 당시 국제 질서의 중심이 되는 제도를 발전시키는 데 중요한 역할을 했던 이탈리아도 근대 세계의 기대에 부응하고 자라나는 어린 세대에게 땅을 공급하고자 시골을 근대화하는 데 몰두했다. 이탈리아가 마주한 상황은 특이했다. 이탈리아는 1861년 통일 뒤로 유럽 주요 국가 가운데 말라리아가 식민지 문제가 아니라 본토 문제인 유일한 나라였다. 범람을 이용해 벼농사를 짓는 북부에서는 북아메리카에서도 발견된 비교적 가벼운 삼일열 말라리아 원충 Plasmodium vivax이 고질병이었다. 남부에서는 열대 아프리카에서도 서식하는 열대열 말라리아 원충Plasmodium falciparum이 주를 이뤘다. 그리고 노동 생산성을 크게 해쳤다. 1878년에 시칠리아 철도 노동자 거의 70%가 말라리아에 걸리는 바람에 시칠리아의 근대화가 늦어졌다.[16]

말라리아가 나쁜 공기를 뜻하는 이탈리아어 mal aria에서 비롯했듯이, 이때까지도 사람들은 늪지가 뿜어내는 악취 때문에 말라리아에 걸린다고 믿었다. 그러니 개간이 답으로 보였다. 그러나 정부는 습지 매립이 공중 보건 문제라는 사실을 깨달은 뒤에야 공사에 나섰고, 1882년에 베카리니법을 제정해 매립비를 지원했다. 1915년까지 77만ha를 매립했고, 또 그만큼 넓은 곳에서 물을 빼고 있었다.[17]

인구 증가 및 생산성과 관련한 국가 목표를 이루고자 시골 경관을 바꾼 이 모든 사례에서, 국가가 사업을 주도하는 역할이 날로 커졌다. 시골 경관은 여전히 국가의 주요 관심사였다. 그런데 소비 경제에서 산업 생산의 역할이 날로 커지자, 국가의 수자원 구상에서 또 다른 주요 사안이 빠르게 추진되었다. 주인공은 전력 생산이었다.

수력 국가의 힘, 물

20세기 들어 국가가 시골 경관에 개입하는 속도가 빨라졌다면, 가장 두드러지게 진화한 분야는 따질 것도 없이 에너지 전환이었다. 이제 와 돌아보면 참으로 대단한 전환이었다. 1900년에는 에너지 3분의 1이 순전히 인간과 동물의 근육에서 나왔다. 주로 난방에 쓰인 나머지 에너지원은 땔감이었다. 그런데 한 세기 뒤 에너지 사용량이 열 배나 뛰었을 때는 인간의 노동력이 에너지원에서 겨우 5%만 차지했다.[18] 이 에너지 전환 뒤에 물이 있었다. 석탄 경제를 떠받친 광산 배수부터 운하 운송까지, 초기 단계에서도 에너지 전환이 물과 단단히 묶여 있었다. 수자원 개발은 나중에 석유가 부상하는 데도 영향을 미친다. 그러나 20세기 초에는 에너지와 산업화의 역사가 곧 수력의 역사였다.

수력발전은 19세기 후반에 나타난 기술이다. 첫 수력발전기는 1878년 영국의 한 가정이 강에 처음 설치한 것이었다. 4년 뒤 첫 상업용 수력발전기가 미국 위스콘신주에 들어섰다. 미국은 강을 이용해 산업용 전기를 생산한 개척자 가운데 하나였다. 전기는 꽤 빠르게 발전했다. 1880년대에 토머스 에디슨Thomas Edison이 상업용 전구와 전력 배전 기술을 발명했다. 1891년 프랑크푸르트 전기기술전시회에서 교류 전류가 첫선을 보였다. 교류는 큰 손실 없이 꽤 먼 거리까지 전기를 보낼 수 있었고, 그 덕분에 전기가 산업이 되었다. 이 시기에 수력이 전력을 생산

할 만한 기술이 되었다. 그리고 19세기 말부터 20세기 초 사이에 곳곳으로 퍼졌다.[19]

수자원 개발과 새로운 수력 기술이 어떻게 한 나라를 근대화로 이끌 수 있는지를 더할 나위 없이 잘 보여준 나라는 일본이다. 일본은 아시아권의 근대주의자들에게 무엇이 가능한지를 상상할 영감을 불어넣었다. (쑨원도 망명 초기 몇 년을 많은 중국 혁명가가 근거지로 삼은 일본에서 보냈다.) 그리고 근대화로 가는 속도를 높여 아시아 경제를 선도하고 범아시아주의를 북돋웠다.

일본이 다시 태어나게 이끈 주인공은 복잡한 물 경관이었다. 17세기에 도쿠가와 막부(에도 막부)가 특히 베트남과 교역을 장려했고, 오사카를 이런 국제 교역을 뒷받침할 항으로 키웠다.[20] 부유한 상인인 스미노쿠라 료이角倉了以가 당시 수도인 교토를 오사카와 하나로 잇고자, 수로 기반 시설에 투자해 강을 청소하고 물길을 돌려 바닥이 평평한 강배가 오갈 수로를 만들었다. 스미노쿠라는 투자비를 내는 대가로 막부에서 선적 독점권을 받았다. 같은 시기 유럽과 다를 바 없는 방식으로 개발한 이 운하 시설이 두 세기 뒤 산업 발전을 떠받칠 발판을 마련했다.

1868년, 열여섯 살로 등극한 메이지 천황明治天皇을 중심으로 메이지 유신이 일어났다. 이로써 막부 체제가 해체되었고, 메이지 천황이 중앙집권 체제를 갖추고 근대화를 준비했다. 1867년 파리만국박람회를 계기로 유럽인이 일본산이라면 무엇이든 엄청난 호기심을 느끼던 때였다. 마침 교토의 직물 산업이 전 세계의 수요에 대응할 태세가 되어 있었다. 관건은 그에 맞춰 운송 기반 시설을 확장할 수 있느냐였다. 교토에서 가까운 비와호는 400만 년 전 지각 변동으로 형성된 호수로, 여기서 물을 끌어오면 스미노쿠라가 건설한 수로의 운항 가능성을 높일 수 있었다. 비와호에서 시작하는 운하를 건설하자는 논의가 이미 12세기 때부터 있었지만, 재원을 마련하고 대규모 공사를 조율할 능력이 모자라 언제나 벽에 가로막혔었다. 그러나 19세기 말, 드디어 때가 왔다.

건설 계획을 이끈 사람은 교토 출신인 토목 기술자 다나베 사쿠로田辺朔郎였다. 다나베는 1888년에 미국 콜로라도주 아스펜에 새로 세워진 수력발전소를 견학했다. 이 견학에서 다나베가 무엇보다 중요하게 경험한 것은 강물의 힘이라는 새로 떠오르는 신세계였다. 그리고 이 경험에 영감을 얻어 비와호와 교토 사이에 새로운 수력발전 기술을 적용한 수로를 만들자고 제안했다. 비와호 수로는 굴착 터널 세 개를 지나는 엄청난 기반 시설이었다. 터널 중 하나는 길이가 2436m로, 당시 세계에서 가장 길었다. (비와호 수로 웹사이트에 따르면 당시 일본에서 가장 긴 터널이었다. https://biwakososui.kyoto.travel/kr/about/−옮긴이) 비와호 수로에서 생산된 전기가 교토 거리의 가로등을 밝히고 전차를 운행하고 방앗간을 돌렸다. 쌀과 다른 상품을 나르는 운하용 목선이 비와호에서 출발해 수로를 타고 내려왔다. 마지막 터널을 통과한 배는 쇠바퀴가 달린 선가대에 실려, 600m 길이인 비탈길을 15분 만에 내려갔다. 마지막에는 비탈길 양 끝에 설치된 밧줄 고정용 드럼에 감긴 쇠밧줄을 이용해 위로 들어 올려졌다.

다나베의 수로는 근대 공학 기술이 낳은 그리고 아시아권에서 산업화를 선도할 태세를 갖춘 나라에 걸맞은 경이로운 건축물이었다. 또 근대 경관을 설계하는 데 공공 자금이 새로운 역할을 맡아야 하리라는 증거였다. 비와호 수로는 돈이 많이 드는 공사였다. 모든 관련 조직이 수로 건설 자금으로 재원에 부담을 안았고, 모자란 자금을 여기저기서 끌어와야 했다. 3분의 1은 메이지 천황이 하사했고 4분의 1은 중앙 정부가 댔지만, 나머지는 지방세로 마련해야 했다. 공동체의 헌신이 필요하고 물과 운하에서 동력을 얻는 새로운 경제 국가가 새로운 물 정치학이 들어설 장을 마련했다.

수력발전의 확산

태평양 건너편에서는 미국의 진보 시대 지도자들이 수력발전을 열렬히 받아들였다. 강을 개발해 전력을 생산하게끔 장려하고자 잇달아 법규를 제정했다. 1906년 제정된 댐 일반법General Dam Act이 개인이 소유한 발전 시설을 엄격히 통제했다. 1907년 들어서는 몇몇 주가 규제 기관을 도입했다. 1908년에 내륙수로위원회Inland Waterways Commission가 의회에 제출한 예비 보고서에 시어도어 루스벨트 대통령이 이렇게 적었다. "미국의 하천 체계는 다른 어느 나라보다 국민의 요구에 잘 맞춰져 있습니다. …그러나 문명국 가운데 미국만큼 강을 형편없이 적게 개발하고, 적게 사용하고, 국가의 산업 활동에서 강이 이토록 적은 역할을 맡는 나라는 없습니다."[21]

루스벨트는 경제 강국이 산업화하려면 반드시 강을 개발해야 한다고 믿었다. "수력발전을 사용한다면 고갈되어 줄어드는 석탄 공급 문제가 눈에 띄게 줄어들 것입니다." 1910년대에 수력발전이 산업화를 이끄는 주요 기술이 될 만큼 성장했다.[22] 그리고 1920년에 전력 발전 허가제인 연방전력법Federal Power Act이 제정되었다. 이제 미국에서 물 기반 시설의 주요 고객은 산업이었다. 수력발전은 다른 곳으로도 퍼졌다. 나이아가라 폭포에 첫 대형 발전소를 세운 뒤로 캐나다부터 스칸디나비아, 스위스까지 발전소를 세우기 좋은 비슷한 곳에서 수력발전이 시작되었다.

그렇다고 모든 나라가 곧장 수력발전의 혜택을 누린 것은 아니다. 러시아는 갈피를 잡지 못하고 허우적거렸다. 1886년에 처음으로 상업용 화력발전소를 세웠지만, 교류로 전환하지 않고 직류를 고집한 탓에 발전소가 작았고 수력발전은 거의 공론에 그쳤다. 그러던 1895년, 러시아군이 마침내 첫 수력발전소를 세웠다. 사용처는 화약 공장이었다. 뒤이어 캅카스, 시베리아, 조지아에 광업용 수력발전소가 들어섰다. 그러나 도시에 전기를 공급할 만큼 큰 수력발전 시설은 발도 떼지 못했다. 1차 세계대전에 뛰어들었을 때까지도 많은 도시가 여전히 수입 석탄에 의존한 탓에, 러시아는 어느 나라도 바라지 않았을 불리한 처지에 놓였다.[23]

이탈리아도 일본과 마찬가지로 수력을 발판 삼아 빠르게 산업국가로 탈바꿈했다. 이탈리아에서도 산업화를 이끈 핵심은 물관리였다. 이탈리아에는 19세기 후반의 산업화 모형에 알맞은 에너지원들이 변변찮거나 아예 없었다. 영국에서 수입한 석탄은 산지 가격보다 세 배나 비쌌다. 이탈리아는 엄청난 노동력과 경쟁력 있는 제조업 덕분에 중간재와 기계 장치를 사고파는 매력 있는 시장이 되었다. 알프스산맥을 통과하는 철로가 늘어나자, 유럽이라는 큰 시장이 더 가까워졌다. 그러나 완전한 산업국가로 거듭나려면, 에너지 문제를 해결해야 했다.[24]

이탈리아 북부에 수력발전 잠재력이 엄청난 급경사 하천들이 있었다.[25] 이탈리아는 1880~1886년에 서북부의 항구 도시 제노바에서 가까운 고르첸테강에 처음으로 수력발전 시설을 건설했다. 주로 상수원으로 쓴 저수지들이 꽤 비탈진 곳에 있어서, 도시로 이어지는 수로들로도 수력발전으로 약 750kW를 생산할 역량이 있었다.[26] 그러나 산업 분야가 파편화한 탓에, 산업에만 기대서는 수력발전을 늘리기 어려웠다. 제조업자와 지역의 공공 부문이 서로 협력해야 했다.

이탈리아의 수력발전을 이끈 회사는 정식 이름이 '에디슨 방식을 이용한 이탈리아 전기사용위원회'인 에디슨이었다. 토머스 에디슨과는 아무 상관이 없는 이 전력 회사가 1883년에 유럽에서 처음으로 화력발전소를 세워 라스칼라 극장에 전깃불을 밝혔다. 에디슨은 밀라노에 전력을 공급하는 계약을 맺어 처음으로 안정된 수익원을 확보했다. 당시 가로등용 전기는 가스에 견줘 경쟁력이 없어 딱히 수익을 내지 못했다. 유럽과 미국의 다른 전력 회사들은 전자 기계 장비로 사업을 다각화해

이 문제에 대처했다. 그러나 에디슨에 자금을 댄 이탈리아 대출 기관들은 분산 투자에 익숙하지 않아 에디슨이 새로운 사업에 진출하는 것을 승인하지 않았다. 에디슨은 어떻게든 전력 생산만으로 돈을 벌어야 했다. 막상 뚜껑을 열어보니, 이 조건이 아주 중요한 자극제였다.[27]

다른 선택지가 없었으므로, 에디슨은 밀라노 근처의 아다강이 품은 엄청난 수력발전 가능성에 집중했다. 1890년대 대불황 탓에, 에디슨이 투자자를 잡으려면 믿을 만한 계약을 따내야 했다. 그만한 규모가 되는 실제 수요라고는 밀라노의 대중교통 체계뿐이었다. 에디슨은 시 정부에 대중교통을 전기화하자고 제안했다.[28] 밀라노 지역 제조업자들이 수력발전이 발달하면 모든 제조 산업에 전기를 공급할 기반 시설이 될 것을 알아챘다. 그래서 발전소 건설을 지지했다.

가로등과 전차를 결합한 전력 공급이 아다강 발전소 건설 계획의 상환 능력을 뒷받침한 덕분에(자본을 투자한 곳은 독일이었다),[29] 마침내 유럽에서 가장 큰 발전소가 탄생했다. 1898년에 가동을 시작한 베르티니 수력발전소는 10MW를 발전할 수 있어 유럽에서 전기를 가장 많이 생산하는 발전소가 되었고, 당시 나이아가라 폭포 발전소에 이어 세계에서 두 번째로 전기를 많이 생산했다. 증기 엔진을 쓰던 제조회사 수백 곳이 에너지 공급원을 개선하기로 하자, 1900년 들어 전기 수요가 공급을 따라잡았다.[30] 이에 따라 이탈리아의 전력 산업이 성장했다. 1898년만 해도 설비 용량이 1억 와트에 못 미쳤지만, 20년 뒤에는 10억 와트로 늘었다.[31]

미국과 일본을 포함한 여러 나라에서 그랬듯, 이탈리아가 20세기 산업 사회에 합류하게 도운 발판도 물의 힘이었다.

국가의 새로운 역할

20세기 초에 이미 뚜렷했던 세 번째 주요 흐름은 참정권 부여였다. 그런데 참정권 부여가 물의 역사에 미친 영향을 잘 알려면 국가가 투자에서 맡은 역할을 들여다봐야 한다. 수자원 개발을 바탕으로 농경 시설과 전력 시설을 발전시키려는 열망이 투자 필요성을 늘렸다. 그러나 19세기 말에 닥친 대불황 탓에 대다수 사례에서 개인 자본이 말라붙었다. 게다가 이런 투자는 대체로 공익성이 꽤 컸다.

인구 대다수에게 참정권이 없던 19세기라면 대규모 수자원 투자가 개인 간 합의로만 일어났을 것이다. 그러나 20세기에 참정권 부여가 서양을 더 크게 휩쓸고, 날로 성장하는 경제 덕분에 돈이 훨씬 많이 쌓이자, 물 기반 시설 투자를 가로막는 골칫거리가 재원에서 경제와 정치의 쟁점으로 옮겨갔다. 근대 수력 국가 즉 공익을 위해 공공 자원을 꽤 많이 투자해 환경을 바꿀 능력이 있는 강력하고 실용적인 공공 조직이 이렇게 출발했다.

19세기 동안 국가의 역할은 주로 국방, 치안, 사무 행정에 초점을 맞췄다. 프로이센 왕국(1525~1918년-옮긴이)과 프랑스 제1제국(1804~1815년-옮긴이)이 일찌감치 중앙 집권에 애썼지만, 대규모 경제 기반 시설을 공급하는 문제에서는 국가가 직접 큰 역할을 하지 못했다. 이를 잘 보여주는 지표가 영국이나 네덜란드 같은 산업 국가의 정부 지출이다. 당시 두 나라는 국내 총생산 대비 정부 지출이 10%를 넘은 적이 없었는데, 오늘날 평균에 견줘 4분의 1도 되지 않는 수치다. 그때도 씀씀이가 헤프다는 평가를 받던 이탈리아나 프랑스마저 정부 지출 비율이 12~18%에 그쳤다. 그러나 20세기 동안 더 복잡해지고 야망이 커진 국가는 이를 발판으로 공공 조직을 움직이고 국가 경제를 주도했다. 수자원에 국가가 갈수록 더 많이 개입한 사실이 이를 잘 드러낸다.

참정권 증가와 더불어 국가의 개입이 늘자, 타당한 정책 목표에 공공 자원을 할당하라는 압박이 정치인과 공공 행정가들에게 더 많이 쏟아졌다. 개간부터 전력 공급 계약에 이르기까지, 의사 결정자들 앞에 난제가 나타났다. 공익에 들어맞는 투자를 어떻게 선택해야 할까? 정부에 필요한 것은 규칙, 그러니까 판단을 돕고 선택을 알릴 알고리즘이었다. 바로 이때 공공 재정을 타당하게 할당할 주요 근거로 비용-편익 분석이 등장한다.

어떤 공공 기반 시설의 비용과 편익을 비교하는 관행은 19세기에 프랑스에서 처음 발달했다. 쥘 뒤피Jules Dupuit는 에콜 폴리테크니크에서 교육받은 기술자이자 경제학자로, 오늘날에는 파리의 하수 체계를 설계한 사람으로 가장 잘 알려져 있다. 1844년에 뒤피가 얼핏 단순해 보이는 문제를 해결하려 나섰다.[32] 다리나 운하의 통행료로 얼마를 받아야 할까? 경제학자가 공공시설과 관련한 사안을 분석한 것은 이때가 처음이었다. 그 무렵 모든 가치 평가를 주도한 이론은 데이비드 리카도David Ricardo의 노동 가치론이다. 노동 가치론에 따르면 어떤 것의 가치는 그것을 생산하는 데 들어간 노동량에 비례한다. 그런데 공공 기반 시설에서는 아무리 봐도 편익이 건설 비용과 별개로 보였으니, 노동 가치는 분명히 적합한 답이 아니었다. 뒤피는 경제학적 관점을 완전히 뒤집어 생각했다. 그리고 깨달았다. 공공 기반 시설의 가치는 수혜자가 얻는 효용 측면에서 측정해야 마땅하다.

기반 시설의 가치를 사용자가 얻는 편익에서 추론해야 할 때는 이런 물음이 생긴다. 어떤 편익을 포함해야 할까? 운송 기반 시설에서는 배송 비용 절감이 그런 편익이다. 배송이 빠를수록 소비자와 생산자 모두 추가 편익을 얻는다. 뒤피도 2차 효과를 고려했다. 예컨대 운하 체계를 하나 만들면, 운하가 없을 때는 존재하지 않았을 새로운 산업이 생겨날 것이다. 그런 산업이 국가 경제를 더 부유하게 할 테니, 그렇게 생긴 부 일부를 운하 덕분으로 볼 수 있다.

뒤피의 이론이 경제학자 앨프리드 마셜Alfred Marshal을 거쳐 널리 알려졌고, 마침 대서양 맞은편에서 바로 그 문제의 답을 찾고 있던 미국 공공 행정가들의 귀에 들어갔다. 크고 세찬 미시시피강, 컬럼비아강, 콜로라도강 기슭에 사는 공동체들이 아무리 간절하게 강을 활용하고 싶어도 투자 자금을 감당하기 어려워 연방 정부에서 재정을 지원받아야 할 때가 숱했다. 그러니 연방 정부는 수많은 개발 계획 가운데 어디에 투자할지를 선택해야 했다. 연방 정부가 물 경관에 세금을 투자할 때 특정 주에 치우치지 않으려면, 투자처 선택을 뒷받침할 공식 장치가 있어야 했다. 달리 말해 기반 시설의 건설 비용에 견줘 사회가 기반 시설로 얻을 편익을 비교할 방법이 필요했다.

1888년에 연방 대법원까지 올라가 유명해진 윌래밋강철교회사 대 해치Willamette Iron Bridge Company v. Hatch 소송이 뒤피의 연구를 바탕으로 이 문제의 해법을 개발하는 계기가 되었다. 윌래밋강철교회사가 컬럼비아강의 지류인 윌래밋강을 가로질러 오리건주 포틀랜드와 이스트포틀랜드(지금은 포틀랜드에 통합되었다)를 잇는 철교를 하나 지었다. 지역 기업가인 해치와 론스데일이 대형 원양어선이 정박하곤 했던 부두와 창고를 소유했는데, 위치가 윌래밋강 철교에서 상류 쪽으로 약 700m 올라간 곳이었다. 그러니 철교 때문에 선박의 통행 속도가 느려졌을 것이다.

해치와 론스데일이 윌래밋강철교회사를 상대로 소송을 걸었다. 오리건주가 1859년에 합중국에 가입할 때 오리건주에서는 배가 다닐 수 있는 가항 수로가 어떤 배에든 무료로 열려있어야 한다고 주장했었다. 그런데 윌래밋강 철교가 바다로 나갈 접근권을 침해했다.[33] 사건의 최종 판결을 맡은 연방 대법원은 관습법에 따라 연방 정부에 가항 수로를 보호할 권한이 없다고 선고했다. 만약 연방 정부가 그런 권한을 얻고 싶다면 법규를 새로 도입해야 했다.

연방 정부는 새 법규를 통과시켜 강력하게 권한을 주장했다. 1899년에 제정된 하천·항만법Rivers and Harbors Act 9절이 육군 공병대의 허가 없이 가항 하천에 구조물을 짓는 행위를 불법으로 못 박았다.[34] 이 법규를 계기로 미국에서 물길이 국가의 전략 자산이 되었다. 그런데 이 정치적 권한이 제 몫을 하려면 경제적 의사 결정과 결합해야 했다. 1902년에 개정된 하천·항만법이 육군 공병대 공병총감실에 공병위원회를 설치하게 규정했다. 위원회는 공공 자금을 원하는 개발 계획을 살펴보고, 상업적 이익을 포함한 여러 편익이 투자 타당성을 보장하는지를 권고하는 역할을 맡았다.[35] 이때 뒤피의 가치 평가 방식이 권고의 근거가 될 수 있었다.

1920년 하천·항만법에서부터 1936년 홍수통제법Flood Control Act까지 거의 20년 동안, 연방 정부가 오늘날 경제학자들이 공식적으로 비용 편익 분석이라 부르는 방법을 의사 결정의 근거로 받아들였다.[36] 국가의 수자원 대부분과 관련한 결정을 육군 공병대의 감독을 통해 중앙 정부에서 내려, 지방의 이익과 국가의 공공 정책을 재정으로 단단하게 연결했다. 미국이 세계 곳곳의 물 기반 시설 문제에서 갈수록 더 중요한 역할을 맡자, 공공 투자의 가치를 평가하는 방식도 함께 퍼졌다. 1920년에 《산업계획》에서 양쯔강 개조 계획을 더없이 꼼꼼히 설명할 때, 쑨원은 각 개입에 드는 비용과 그래서 생길 경제 가치가 얼마일지를 추산하느라 애를 먹었다. 그때 쑨원은 중국이 내국채든, 더 가능성이 높게는 부유한 서양 국가의 외국채든 국채 인수에 의존해야 할 것을 알았다.

물 기반 시설을 옹호하는 경제적, 재정적 논거는 정치 지형의 변화에 곧장 대응해 바뀌었다. 20세기가 열렸을 때 사회경제적으로 중요한 변화가 한창 일어나고 있었다. 늘어난 인구의 압력, 전기화, 공공 영역의 역할 증대가 모두 물이 주도하는 국가 발전이 일어나리라고 알리는 신

243

호였다. 그런 흐름이 19세기와 마찬가지인 세계 질서를 배경으로 이어 졌다면 결과가 꽤 달랐을 것이다. 그러나 그런 일은 일어나지 않았다. 19세기를 호령했던 열강 구조가 인류 역사에서 처음으로 일어난 초대형 충돌에 희생되어 겨우 몇 년 사이에 허물어지기 때문이다.

[14]
위기와 불만

대전쟁 Great War

대전쟁(당시 사람들이 1차 세계대전을 가리켜 쓴 용어다―옮긴이)이 터지자 20세기 초반의 조심스러운 낙관주의가 진보 정치와 함께 쓸려나갔다. 많은 사람이 전쟁을 곧 끝날 한바탕 소란쯤으로 여겼다. SF 소설가 허버트 조지 웰스H. G. Wells가 오명을 남긴 1914년 사설에서 "독일을 무찌른다면 온 세상에 무장 해제와 평화의 길이 열릴 것이다"라고 단호하게 주장했다.[01] 웰스가 보기에 대전쟁은 '모든 전쟁을 끝장낼 전쟁'이었다. 이 구호는 3년 뒤 우드로 윌슨 대통령이 사용해 유명해진다. 두 사람 모두 상황을 잘못 읽었다. 전쟁 뒤 등장한 세상은 경제만 탈바꿈한 곳이 아니었다. 정치도 뒤바뀐 곳이었다. 이제 중요한 공공 정책 수단이 된 물 개발이 이 새로운 길을 따라 바뀐 세상으로 들어섰다.

　대전쟁은 피비린내 나는 재앙이었다. 강을 따라 유럽 곳곳이 파괴되었고 싸움이 벌어졌다.[02] 독일군이 서부 전선을 따라 프랑스군과 영국군에 공세를 퍼부어 충돌이 고착화하고 전쟁이 속전속결로 끝나리라는 희망이 깨지자, 강을 따라 잔혹하기 그지없는 전투들이 벌어졌다. 1914년 9월 6~10일에 센강의 동북쪽 지류인 마른강에서 1차 마른강 전투가 벌어진 끝에, 프랑스군과 영국군이 파리로 진격하던 독일군을 물리쳤다. 10월 19일, 영국군이 영국해협을 건너 프랑스 항구에 접근할 길을 차단하고 싶었던 독일군이 영국해협으로 가는 길목을 지키던 벨기에군에 공세를 퍼부어 방어선을 무너뜨렸다. (정확히는 도버해협을 지키던 벨기에군이다-옮긴이) 벨기에군은 이제르강으로 후퇴했다. 10월 25일, 독일군의 공세가 워낙 거세 저항하기 어려워지자 벨기에군과 프랑스군이 이제르강의 둑을 무너뜨려 범람을 일으켰다. 약 340년 전 네덜란드 독립 전쟁 때 오라네 공 빌럼 1세가 스페인군을 물리치고자 마스강에서 썼던 전술이었다. 이제르강 어귀에 있는 해안 도시 니우포르트 근처의 수문을 열자 바닷물이 너비 약 1.5㎞, 길이 15㎞로 이 지역을 덮쳤다. 독일군은 후퇴했고 이제르강 전선은 1차 세계대전이 끝나는 1918년까지 유지되었다.

1차 세계대전 내내, 강을 사이에 낀 전투가 이어졌다. 프랑스 동북부의 비교적 작은 강인 솜강을 무대로 1916년 7~11월에 인류 역사에서 손꼽게 피비린내 나는 잔혹한 전투가 벌어졌다. 이 전투로 다치거나 죽은 사람이 무려 100만 명이 넘었다. 율리안알프스산맥에 자리 잡은 험준한 소차강(이손초강)(현재 슬로베니아와 이탈리아에 걸쳐 있다-옮긴이)을 중심으로도 1915~1917년에 오스트리아-헝가리 제국군과 이탈리아군 사이에 피비린내 나는 전투가 무려 열두 번이나 벌어졌다. 소차강 왼쪽 이탈리아 땅을 흐르는 탈리아멘토강이 1917년 카포레토 전투(12차 이손초 전투)에서 처참하게 패배한 뒤 후퇴한 이탈리아군에게 든든한 방어벽 노릇을 했다. 1918년 11월 피아베강에서는 이탈리아 전선의 승패를 판가름한 전투들이 벌어졌다. 강을 중심으로 벌어진 전투는 이처럼 끝이 없다.

로마 제국에서 그랬듯, 대전쟁도 망가지기 쉬운 국제 교역 체계에서 한 사회가 지닌 약점을 드러냈다. 전쟁 초기 독일은 식량 3분의 1과 비료 대부분을 교역에 의존했다. 교역에 기반한 물 안보 방식을 받아들여 자기네가 공급할 수 없는 물품은 다른 지역에 의존했다. 그런데 영국이 독일 해상을 봉쇄해 교역을 끊었다. 독일은 그런 봉쇄에도 장기전에도 대비가 되어 있지 않았다. 전쟁이 2년째로 들어서자 식료품 가격이 치솟았다. 민간인과 군인 모두 물자 부족에 시달렸다. 정부가 식료품 유통을 점차 엄격하게 제한했다. 농산물 수입에 빗장을 푼 뒤로 생겨난 생산성 격차를 국내 농업 체계가 따라잡지 못했기 때문이다.

영국도 물자를 해외에 의존했으므로 전쟁에 취약하기는 마찬가지였다.[03] 1914년에 영국은 식량 60%를 수입했고, 특히 밀은 80%를 수입했다. 전쟁 초기에 유럽의 공급망이 무너지자, 영국 정부가 상선의 수송력과 해군의 상선 보호 능력에 의존해 다른 공급처를 찾아 나섰다. 그러나 독일 잠수함 유보트가 상선을 격침하기 시작하자 공급로가 심각하게 손상되었다. 1917년에는 상선 네 척 중 한 척이 격침당했다. 영국은 그제야 그런 무역 안보 접근법이 얼마나 큰 도박이었는지를 깨달았다.

1차 세계대전은 모든 참전국에 똑같이 비참한 재앙을 안겼다. 승전국이라 해서 딱히 상황이 좋지도 않았다. 예컨대 영국 정부가 전쟁 경비를 마련하고자 국내외 특히 미국에 어마어마한 빚을 졌다. 1920년대 들어서는 정부 예산 가운데 절반을 이자 상환에 써야 했다. 나폴레옹 전쟁 뒤로는 없던 일이었다. 엄청난 국가 부채, 급등한 세금, 사회로 돌아온 수많은 퇴역 군인, 뚜렷하게 줄어든 국제 교역 탓에 국가 경제가 크게 망가졌다. 1920년대 들어 대영제국은 경험한 적 없는 깊은 불황에 빠졌다.[04] 두 자릿수에 다다른 실업률은 그 뒤로도 10년이나 내려갈 줄 몰랐다.

이 모든 상황의 승자는 미국이었다. 그러나 그런 미국마저도 대가를 치러야 했다. 유럽 전역에서 농업이 무너지고 독일이 러시아산 밀의 수출을 가로막자, 미국이 연합국이 소비할 식량까지 생산해야 했다. 그 덕분에 미국 농업이 한층 성장했지만, 전쟁으로 파괴된 유럽을 먹여 살릴 만큼 곡물을 많이 생산하려면 생산을 장려할뿐더러 국내 소비를 제한해야 했다. 그래서 농장에서부터 곡물값을 비싸게 매기게 통제했다. 미국산 식량이 유럽으로 흘러 들어갔고, 유럽의 돈이 다시 미국으로 흘러 들어왔다. 달리 말해 미국 경제로 엄청나게 많은 안전 통화가 옮겨왔다. 호황에 이끌려 더 많은 사람이 농업에 뛰어들었다. 더 서쪽으로 이동해 정착한 이들이 땅을 갈고 풀을 뽑고 밀을 기르고 땅에서 더 많은 물을 뽑아 올렸다. 전쟁 뒤로 1920년대 대부분 동안 미국은 높은 고용률을 즐겼다.[05] 그러나 경제 패권이 대서양을 건너 미국으로 넘어온 것이 얄궂게도 처참한 붕괴를 알리는 서막이었다.

서부로 이주한 많은 농부가 농장에 투자하고자 돈을 빌렸다. 새 정착민 대다수가 동부나 유럽 출신이라 특히 대초원의 환경이 얼마나 혹독한지를 까맣게 몰랐다.[06] '쟁기질 뒤에는 비가 온다'(당시 기후학 이론으로, 사람이 정착해 땅을 일구면 기후가 습해져 강수량이 늘어난다고 주장했다─옮긴이)라는 말을 철석같이 믿어, 곡물을 키울 물이 넉넉하리라는 약속에 넘어간 사람이 숱했다. 그러나 서부의 장기 기후를 조금이라도 아는 사람이라면 대초원의 강우량이 전혀 믿을 만하지 않다는 사실을 알았을 것이다. 긴 용수로를 놓아 멀리 떨어진 강에서 물을 끌어오기에는 지형이 너무 평평해, 대안이라고는 지하수를 퍼 올리는 것뿐이었다. 그러나 근처에 강이 없고 공업도 찾아보기 어려운 탓에 물을 퍼 올릴 동력을 찾기가 어려웠다. 첫 해법은 풍차였다. 20세기 초까지는 풍차를 우편으로 주문해 현장에 꽤 쉽게 설치할 수 있었다. 우후죽순 설치된 풍차가 물을 계속 공급받으리라는 환상을 불어넣어 농업을 더 위험으로 내몰았다.[07]

대전쟁은 경제에 재앙을 안겼다. 대다수 국가에서 국내는 물론 해외 영토에 기반 시설을 건설할 재원을 마련할 역량이 크게 줄었다. 게다가 전쟁 기간에 총알이 오가던 강이 이제는 합의에 이르러야 하는 외교전의 대상이 되었다. 경제학자 존 메이너드 케인스John Maynard Keynes가 1919년 펴낸《평화의 경제적 결과The Economic Consequences of Peace》(한국어판 부글북스, 2016)에서 베르사유 조약이 독일에 지나치게 가혹하다고 주장하며, 독일이 의존하는 강을 다른 나라가 통제하게 한 조항을 지적했다. 되돌아보면 케인스가 옳았다.[08] 1차 세계대전의 마무리가 2차 세계대전이 터질 조건이 되고 말았다.

그런데 대전쟁이 경제의 분수령으로만 그치지 않았다. 정치에서 대전쟁은 단절을 뜻했다. 여러 행동가가 등장해 19세기에 영국이 큰 성공을 거둔 자유주의에 기반한 제국주의 국가의 대안이 무엇일지, 남은 20세기 동안 수자원이 어떻게 발전할지를 규정하려 했다. 많은 행동가가 미국의 공화정과 대척점에 있는 대안을 내놓았다. 그 선두에 선 사람은 당연하게도 레닌이었다.

레닌 동무

1차 세계대전이 한창이던 1917년 10월, 레닌이 이끄는 볼셰비키가 제정 러시아를 무너뜨린 임시정부를 상대로 쿠데타를 일으켰다. 이 10월 혁명 뒤로 러시아가 피비린내 나는 긴 내전으로 빠져들었다. 블라디미르 일리치 울리야노프Vladimir Ilyich Lenin/Ulyanov 곧 레닌이 레프 트로츠키Leon Trotsky와 함께 중앙 계획 경제에 기반한, 유례없이 거대한 사회 개조 사업에 시동을 걸었다. 사업 대다수는 물이 무대였다. 급진주의자 레닌은 마르크스보다 체르니 스키의 소설 속 주인공 베라 파블로브나에 가까운 꿈을 품었다. 레닌과 트로츠키는 정통 마르크스주의에 따른 계획을 추구하지 않았다. 그러기는커녕 유럽에서 날로 세를 넓히는 전체주의 요소에서 영감을 얻었다.[09]

레닌은 특히 독일의 전시 동원력에 매료되었다. 자유 시장 자본주의가 어떻게 자본주의 국가 독재로 진화해 부르주아 행정부를 무릎 꿇릴 수 있는지를 봤기 때문이다. 전시 독일은 레닌이 생각한 사회주의 경제의 원형, 그러니까 경제 효율에 초점을 맞춘 과학적 관리법인 테일러리즘(미국의 경영학자 프레더릭 테일러Frederick Taylor가 창안한 관리 기법-옮긴이)을 극단으로 추구한 중앙 통제식 계획 경제를 제대로 보여줬다.[10] 레닌은 중앙이 주도하는 과학적이고 전문적인 계획에 따라야만 역사와 단절할 수 있다고 믿었다. 그런 계획을 이해할 마음이나 능력이 없는 사람은 이해할 때까지 교화해야 했다.[11] 그래서 탄생한 것이 혁명 선봉대론vanguardism과 일당제 국가다.

레닌은 러시아 혁명을 뒤따라 유럽 전역에서 빠르게 혁명 운동이 일어나기를 바랐지만, 1차 세계대전이 막바지에 들어서자 다른 나라가 러시아를 뒤따르지 않을 것이 뚜렷해졌다. 레닌은 러시아를 산업화하고 공산당 권력을 강화하는 데 집중했다. 1920년 11월에는 산업화를 이룰 비전을 내놓았다. 10월 혁명에 이은 내전 동안 공산주의 운동의 본거지인 페트로그라드(오늘날 상트페테르부르크)와 모스크바 같은 도시가 곡창 지대인 시베리아, 캅카스, 우크라이나와 단절되었었다. 그러므로 혁명이 국가 경제를 제대로 탈바꿈시키려면 도시와 시골을 다시 연결해야 했다.[12] 레닌은 특히 시골 지역에 전기를 보급하면 도시와 시골을 갈라놓는 큰 격차를 줄일 수 있다고 믿었다. 러시아에서 전기 보급은 물과 긴밀히 얽혀 있었다.

과학기술에 열광한 레닌은 오랫동안 전기화가 중요하다고 생각했다. 프롤레타리아 독재를 실행하면 수많은 농민이 고부가가치 산업으로 옮겨갈 수 있다고 증명하고 싶었다. 그러려면 전기가 필요했다. 레닌이 보기에 "공산주의란 전국적 전기화와 소비에트의 힘이 더해진 것"이었다. 지구의 육지 면적에서 약 15%를 차지하는 자연을 재설계해야 했으니, 소련이 시도한 전기화가 얼마나 대규모였는지 헤아리기조차 어렵다.[13] 1921년 12월, 첫 전기화 계획인 GOELRO(러시아전기화위원회)가 승인되었다. 이 계획의 핵심은 수력발전이었다.[14] 레닌은 지역 발전소를 장려하고자 발 빠르게 움직였다. 먼저 건설 승인을 받은 곳은 핀란드 근처 라도가 호수로 흘러드는 볼호프강과 스비리강이었다. 마침내 러시아가 세계를 따라잡을 참이었다.

레닌은 연료 수입에 의존하지 않고 중공업을 지원하고자 원자재 근처에 수력발전소를 건설할 계획이었다. 알루미늄을 생산하려면 매장지인 북부와 시베리아의 거대한 하천 자원을 개발해야 했다. 신산업을 추진하려면 물길 특히 용수로가 있어야 했다. 기반 시설을 건설하는 데 필요한 부품을 수입하고 숙련된 노동력을 확보하려면 외화가 있어야 하고, 그러려면 반드시 농산물을 수출해야 했기 때문이다. 실제로 농산물 수출이 어찌나 중요했던지 러시아인이 거의 굶어 죽을 지경으로 밀을 많이 수출했다.

GOELRO를 실행하려면 엄청난 투자금과 숙련된 기술력이 필요했다. 적극적으로 두 역량을 제공한 곳은 미국 회사와 독일 회사였다. 1926년 11월에 우크라이나 드니프로강(드네프르강) 수력발전소 건설 계획이 승인되자, 붉은군대를 진두지휘했던 레프 트로츠키가 여러 해외 전문가를 초대해 이 계획에 참여하게 했다. 당시 러시아를 영국의 제국주의에 함께 맞설 잠재 동맹국으로 본 미국이 양국 관계에 활발히 투자했다. 수력공학은 미국이 안긴 주요 선물이었다.

육군 공병대 기술소장을 지냈고 1925년에 테네시강 윌슨댐 건설을 갓 마무리한 휴 L. 쿠퍼Hugh L. Cooper 대령이 드니프로강 발전소 건설을 감독했다. 미국 회사 여러 곳도 기술과 기법을 제공했다.[15] 공업 도시 클리블랜드에 본거지를 둔 선반기 제조사 워너 & 스웨이지, 천공기 및 굴착기 제조사 루트-버트 두 곳이 스탈린그라드(오늘날 볼고그라드)에 제조업을 전파했다. 두 건설사 매키와 오스틴이 제철소와 정유공장 발전에 이바지했다. 포드 공장을 설계한 건축가 앨버트 칸Albert Kahn이 공장 설계로 산업화를 도왔고, 뉴포트뉴스 조선소가 드니프로댐에 세계에서 가장 큰 터빈을 제공했다.

1924년에 세상을 떠날 때 레닌은 새로운 소비에트 공화국의 영웅으로 칭송받았다. 전기화와 산업화를 소비에트 국가의 소중한 핵심 목적으로 삼고 싶었던 꿈도 이뤘다. 전기화와 산업화 모두 그 중심에 강 개발이 있었다.

파시즘의 탄생

러시아는 강을 이용한 전기화로 진정한 공산주의를 낳았다. 그러나 1차 세계대전의 결과에 물을 중심으로 대응한 사례는 러시아가 소련으로 탈바꿈한 것만이 아니었다.

대전쟁으로 일어난 국제 교역 붕괴는 이탈리아 같은 농업 중심의 수출 지향 국가에 엄청난 경제 재앙이었다.[16] 주요 교역국인 미국이 보호주의를 받아들였다. 이전까지 이탈리아산 상품을 사들였던 이탈리아계 미국인 공동체가 자체 상품을 개발했다. 이를테면 1913~1924년에 파스타 수출이 자그마치 30분의 1로 줄었다. 1920년대 초 이탈리아는 식품 수입이 수출보다 두 배나 많았다.

이탈리아의 골칫거리는 교역만이 아니었다. 전쟁 전까지는 미국이 유럽 동남부 사람들을 줄줄이 받아들였다. 그러나 전쟁 뒤로 미국에 국수주의가 퍼져 국가별 이민자 할당법이 생겨났다. 유럽 동남부 출신 이민자의 비율이 10%로 제한되었고, 그 바람에 사람이 넘쳐났던 이탈리아 시골에서 인구가 빠져나갈 중요한 출구가 막혀버렸다. 가뜩이나 인구 과밀이 시한폭탄이 된 마당에 엎친 데 덮친 격으로 고용 전망까지 나빠졌다. 전시 경제로 신흥 산업국 이탈리아의 제조 분야가 유례없이 높은 수준에 올라섰지만, 산업 구조 변화로 생산성이 올라간 만큼 대량 고용에서는 멀어졌다.

우드로 윌슨 대통령의 제안으로 만들어진 국제 연맹(1920~1946년-옮긴이)이 국제주의에 시큰둥하게 대응하자, 이탈리아인들의 정치 성향이 급진주의로 기울었다.[17] 자유주의가 약속한 혜택을 내놓지 못하고 허우적거리는 동안, 이탈리아 농민 사이에 사회주의가 빠르게 퍼졌다.[18] 이탈리아는 언제 불이 붙어도 이상하지 않을 화약고였다. 국제 금융이 이익을 늘리고자 저고용 고생산 산업으로 전환하라고 압력을 넣는데, 만성 실업과 커지는 요구에 짓눌린 사회는 재분배와 국가 개입을 꾀했다. 그런 긴장을 없앨 해결책으로 등장한 것이 안타깝게도 파시즘이었다.

이탈리아가 1921년 총선 뒤 연립 정부를 구성하지 못해 큰 혼란에 빠져 있던 1922년 10월, 국가파시스트당이라는 운동을 이끄는 강력한 지도자 베니토 무솔리니Benito Mussolini가 악명 높은 로마 진군을 계획했다. 무솔리니는 자신에게 새 정부 구성권을 넘기지 않으면 로마를 포위하겠다고 협박했다. 군이 수도 로마를 지키겠다고 다짐했지만, 국왕 비토리오 에마누엘레Vittorio Emanuele 3세가 믿지 않았다.[19] 파시즘의 위협보다 사회주의 혁명이 더 두려웠기 때문이다. 그래서 무솔리니를 로마로 불러들였다.

자유주의자였던 멕시코 대통령 베니토 후아레스Benito Juárez한테서 이름을 따온 무솔리니는 급진주의자로 자랐다. 무솔리니가 정치를 배운 사상은 노동조합주의, 민족주의, 미래파였다.[20] 젊은 시절에 급진 사회주의를 대표하는 유명 인사가 되었지만, 1차 세계대전에 참전해야 한다고 주장하다 참전을 반대한 이탈리아사회당에서 쫓겨났다. 그런데 이 무렵 무솔리니의 사상이 이미 '국가 사회주의' 곧 나치즘으로 기울어 있었다. 무솔리니는 피비린내 나는 1차 세계대전을 겪고 돌아온 사람과 푸대접받는 계층 출신인 추종자들을 모아 검은셔츠단이라는 준군사조직을 꾸렸다. 폭력은 무솔리니의 신조였다.

무솔리니의 정의에 따르면 파시즘은 신조라 할 만한 것이 없이 태어난 이념이었다. 이념의 뿌리가 얕다 보니 청년, 민족, 제국의 힘을 찬양하는 어설픈 사상에 집중했다. 책략에 뛰어난 무솔리니는 권력을 잡는데 도움이 되는 정책이라면 무엇이든 끌어안으려 했다. 당시 볼셰비키 혁명이 이탈리아를 뒤엎을지 모른다는 공포에 시달린 이탈리아 지배층이 사회주의와 반종교주의에서 우파로 돌아선 무솔리니와 그런 무솔리니를 따르는 검은셔츠단을 유용한 도구로 봤다. 1925년 1월 3일, 무솔리니가 마침내 자신을 두체Duce(수령)로 선포하고 우두머리가 되었다. 이로써 이탈리아의 의회 민주주의가 문을 닫았다.

파시즘은 대놓고 전체주의를 내건 정치 체제였다. 개인을 국가에 완전히 종속하는 존재로 끌어내렸다. 공산주의 러시아가 생산 수단을 소유해 권력을 행사했다면, 이탈리아는 폭력적인 문화 패권을 장악해 권력을 행사했다. 물이 이제 경제 발전과 사회 통제를 밑받침할 토대이자 강력한 선전 도구가 되었다.[21] 수력발전이 이탈리아에 엄청난 기회라는 것은 이미 증명된 바였다. 그러나 수력발전과 산업화를 확대하려면 정부가 해외에서 투자를 끌어와야 했다. 이런 상황에서 1927년에 무솔리니가 이탈리아 리라화를 과대 평가된 비율로 금본위제에 고정했다. 무솔리니는 그렇게 하면 미국 달러와 영국 파운드가 상대적으로 싸질 테니, 이탈리아가 세계대전 이전에 누렸던 것과 똑같은 인건비 우위를 이용해 다시 수출에 나섰을 때 산업체의 수익은 늘리면서도 외채를 지는 일은 줄일 수 있으리라고 봤다.

한동안은 이 처방이 효과를 발휘했다. 사회주의와 공산주의의 부상에 겁먹고 도망쳤던 미국 투자자들이 무솔리니를 급진주의에 맞설 해결사로 여겨 이탈리아로 돌아왔다. 유능한 선전 기관이 무솔리니를 미국이 어려움을 마주한 때에 사회 질서를 이끈 점잖은 권위주의자로 그렸다.[22] 수력발전 회사에 투자가 급증했다. 1925~1928년에 발행된 3억 달러 넘는 채권 가운데 절반이 국채이고 나머지는 산업 개발 채권이었는데, 이 가운데 3분의 2가 수력발전을 개발하려는 용도였다.[23] 희한하게도, 무솔리니가 무너뜨리려 하는 자유세계가 무솔리니를 사랑해 마지않아, 사유재산을 위협하지 않으면서도 중앙 집권 체제를 이용해 경제를 이끈다고 찬사를 보냈다.

그러나 끝내는 금본위제가 무솔리니의 발목을 잡았다. 과대 평가된 리라화 탓에 경기가 가라앉자 생산비에 견줘 임금이 비싸졌다. 실업자가 늘었다. 그러자 국내 수요가 무너졌다. 무너진 경제를 일으키기란 민주주의로 선출된 어떤 정부에도 만만치 않은 일이다. 파시스트 정권은 암울한 결과를 억누르고자 폭력에 기댔다. 또 국제 시장에서 경쟁하기 쉽도록 수많은 독점 기업을 만들어 국가 경제의 모든 구성 요소를 강하게 통제했다. 이들은 이런 관행을 협동조합주의라 불렀다.

사상의 기초가 허약하고 엉성했지만, 파시즘이 대중을 파고드는 데는 걸림돌이 되지 않았다. 지적 토대는 어설프기 짝이 없어도 국가 개입, 군국주의, 장밋빛 약속이 뒤섞인 전체주의가 모든 세대를 사로잡았고 유럽 곳곳에 전염성 강한 맹신을 퍼뜨렸다.[24] 그리고 물 개발이 파시즘의 부상에 기름을 부었다.

쑨원이 꿈꾼 국제 개발

대전쟁 뒤 정치 상황이 불안정해졌다. 전 세계가 예상을 벗어나게 길고, 지독하게 파괴적이었던 오랜 충돌의 영향을 느꼈다. 중국에서는 중국 최초의 공화정이 실패했다. 쑨원에게는 쓰라린 실망이었다. 〈삼민주의〉에서도 언급했듯이, 쑨원이 꿈꾼 공화주의 중국은 유교 전통과 서양의 정치·경제 철학을 열과 성을 다해 버무린 것이었다. 그런데 이 무렵 쑨원을 둘러싼 상황이 암울했다.

1911년에 청나라를 무너뜨린 신해혁명을 일으킬 때 쑨원이 꿈꾼 이상을 현실에서 실현하기가 몹시 어렵다는 것이 드러났다. 1916년부터는 정치 상황이 더 나빠졌다. 세계가 전쟁의 혼돈과 충격에 휩싸이자, 군벌들이 한때 제국이었던 영토를 한 자락씩 차지하려 달려들었다. 소용돌이에 휘말린 중국이 국제무대에서 설 자리를 잃어갔다. 베르사유 조약에서 일본이 중국 내 독일령을 차지할 권리를 얻었다. 우드로 윌슨이 그럴싸하게 널리 강조한 민족자결주의를 고려하면, 중국의 불만을 조금도 달래지 못한 결정이었다. 1919년 들어 분노가 들끓었다. 학생들이 천안문 광장에 모여 5·4운동을 일으키자 많은 중국인이 동조했다. 쑨원은 중국이 여러 나라로 갈라질까 두려웠다. 커다란 화약통 같은 중국을 세계가 무심코 산산 조각낼 위험이 있었다.

쑨원은 특히 전쟁 뒤 유럽과 미국이 남아도는 생산품을 중국에 싼값에 마구잡이로 내다 팔 것을 걱정했다. 그런 운명을 막으려면 생산성을 높이고 산업화를 추진할 외국인 투자가 절실했다. 또 중국의 거대한 강들을 이용해야 했다. 바로 이때가 쑨원이 상하이의 프랑스 조차지로 피신해 장차 중국이 자원에 어떻게 접근할지를 안내할 청사진인 《산업계획》을 쓴 시기다.[25] 서양 지도자들이 알기를 바라는 마음에, 쑨원은 이 책을 영어로 썼다.

쑨원은 혁신적인 아이디어를 내놓았다. 영국과 미국에 대전쟁에 쏟아부은 경비의 25%에 해당하는 돈을 중국에 투자하라고 제안했다. 원조 국가들을 대표하는 국제기구가 만들어지기를 바랐고, 원금과 이자는 생산성을 높여 갚으면 된다고 생각했다. 나중에 생겨난 브레턴우즈 체제의 세계은행, 특히 국제부흥개발은행을 여러모로 닮은 발상이었다. 이에 견줄만한 전후 복구 아이디어는 케인스가 1919년에 내놓은 《평화의 경제적 결과》뿐이었다. 그러나 둘 다 받아들여지지 않았다.

쑨원은 19세기 전통에 뿌리를 둔 진보적 이상주의자였다. 미국과 유럽은 쑨원이 꿈꾼 산업화의 모범이었다. 양쯔강에 댐(나중에 싼샤댐이 된다)을 포함한 기반 시설을 건설하면, 수에즈운하와 파나마운하가 국제 교역을 촉진했듯 중국의 교역을 북돋우리라고 믿었다. 새로 태어난 산업 국가 중국이 세계의 온갖 생산품이 오가는 거대한 시장이 되리라고, 아메리카 대륙 발견과 같은 신기원을 이룰 '신세계'가 되리라고 상상했다.

쑨원은 20세기를 내다본 선지자이기도 했다. 민주 진영 대부분에서 국제 협력과 경제 개발, 사회 발전이라는 개념을 이해하지도 못한 시기에 그런 개념을 믿었다. 반제국주의, 사회주의, 자유주의, 중화 민족주의 같은 여러 갈래의 사상을 흡수하는 가운데, 자신의 정치 계획을 떠받칠 주춧돌로 입헌 민주주의에 집중했다. 주목할 것은 1920년대에 서양 민주 국가들이 어려움을 맞닥뜨렸는데도 쑨원이 민주주의를 강조했다는 것이다. 쑨원이 세운 중국 공화정은 몰락하고 있었고, 소련 정권은 새로운 공산주의 시대를 예고하는 듯했다.

민족주의와 국수주의가 판치고 국가 간에 착취를 일삼는 제로섬 게임이 벌어지는 시기에, 쑨원은 중국이 서양과 협력해야 발전하리라고 믿었다. 주중 미국 공사를 지낸 찰스 R. 크레인Charles R. Crane이 보기에는 쑨원의 생각이 터무니없이 비현실적이었지만, 쑨원은 선견지명이 있었다.[26] 쑨원이 세운 계획 대다수가 훨씬 나중에 중국의 개혁·개방을 설계하고 추진한 덩샤오핑의 계획과 그리 다르지 않았다. 1925년에 세상을 떠났을 때만 해도 쑨원은 꿈을 하나도 실현하지 못했다. 그러나 공화주의, 사회주의, 계획 경제를 결합한 글에서, 쑨원은 세상을 휩쓸고 있던 거대한 바람을 담아냈다.

새로운 시대

1차 세계대전 뒤 일어난 변화는 수자원과 정치 과정이 서로 영향을 주고받는 방식에 큰 영향을 미쳤다. 1924년 11월 어느 밤, 존 메이너드 케인스가 옥스퍼드대학교 시험본부에서 시드니 볼 추모 강연에 나섰다. 강연 제목은 '자유방임주의의 종말'이었다. 케인스가 서두에서 당시 상황을 이렇게 요약했다. "우리가 편리하게 개인주의와 자유방임주의로 간략히 묘사하는, 공적 문제를 바라보는 성향은 여러 갈래의 사고에서, 느낌의 원천에서 자양분을 얻었습니다. …그러나 이제 변화의 기운이 감돌고 있습니다."[27]

20세기 들어 첫 20년 동안 세계의 정치 지형에 큰 변화가 일어났다. 말 그대로 혁명이 일어난 곳도 있었다. 제국의 오랜 활동이 막을 내렸다. 중국에서는 거의 2000년 동안 되풀이된 제국이 사라졌다. 러시아는 차르 체제에서 공산주의 체제로 전환했다. 전쟁으로 쑥대밭이 된 유럽은 인기를 좇는 정치인의 사탕발림에 사로잡혔다. 영국은 유례없는 금융 위기에 한창 몸살을 앓느라 대영제국의 지배력을 빠르게 잃어갔다. 대영제국은 교역에 기반한 정교한 통치 체제에 의존했다. 이 체제가 작동하려면 세계 경제가 탄탄하고, 영국이 세계 곳곳에 흩어진 물 관련 자산을 하나로 잇는 교역 체계를 관리할 수 있어야 했다. 그런데 전쟁으로 세계 경제가 위축되었고, 영국이 교역 체계를 유지할 능력이 완전히 망가졌다. 이 틈에 미국이 새로운 패권국으로 떠오를 기회를 잡았다.

케인스는 다가오는 변화를 알아봤고, 이제는 경제에서 국가가 차지하는 역할이 진화해야 하리라고 해석했다. 연구 초기에는 상품의 사회적 가치가 시장에 반영된다는 앨프리드 마셜의 고전 경제학 개념을 받아들였지만, 옥스퍼드대학교에서 강연할 무렵에는 영국이 오랫동안 포용했다가 18세기에 보호주의에 몰두하느라 한동안 내버렸던 자율 조정 경제가 사실은 환상이라고 인정했다.

19세기에는 교역 체계가 금본위제에 기반한 화폐 체계와 맞물린 덕분에 이전과 달리 화폐의 교환이 보증되어 상업이 한층 쉬워졌다. 이 체계에서 1820년대부터 금에 화폐 가치를 고정한 영국의 파운드화가 기축 통화가 되었다. 금본위제로 생긴 제약 하나가 화폐 발행이 금 보유량에 연동되는 탓에, 국가가 합리적으로 발행할 수 있는 부채액과 재정 적자 한도가 제한된다는 것이었다. 실제로 20세기에 들어설 무렵 국가 부채와 재정 지출이 국내 총생산에 견줘 적었다.

그러나 이제는 공공 지출을 늘려야 했다. 복지 국가와 훨씬 잘 관리된 물 경관을 바라는 기대를 더는 외면할 수 없었다. 한 세대 대다수가 전쟁으로 목숨을 잃은 뒤라, 누구도 빅토리아 시대의 더러운 도시 환경을 받아들이려 하지 않았다. 누구도 시골의 처참한 가난을 받아들이려 하지 않았다. 국가가 공동체를 위해 행동할 수 있다면 마땅히 그리 해야 했다.[28] 수자원 개발은 국가가 나서야 할 당연한 조처였다.

러시아의 레닌주의 체제와 이탈리아의 파시즘 체제가 선전 활동을 펼치자, 자유 진영이 사회에 미리 적극적으로 개입할 줄 아는 능력을 보여야 한다는 압박을 느꼈다. 케인스가 "누군가가 100년 전에 한 말을 잘못 해석한 채 50년 전 문제를 해결하고자 세운 계획이 먼지를 뒤집어쓴 채 살아남은 것이나 다를 바 없다"라고 비난한 마르크스 사회주의의 부상이 사회에 널리 퍼진 불평등과 불공평에 강력하게 반대 의사를 드러낼 명분이 되었다. 국가를 변변찮은 경제 행위자로 본 앵글로·색슨 자본주의는 이런 사회적 압력을 버티지 못했다. 빅토리아 시대의 목표였던 개인주의, 사기업, 제한된 국가 개입보다 부의 재분배와 사회보장이 정치 목표로 널리 자리를 굳혔다. 1차 세계대전 전에 경제적 엘도라도의 열매를 맛봤던 케인스는 이 풍요가 불러온 극심한 악영향이 얼마나 크고 깊은 반발을 일으킬지를 알아차리지 못한 정치인 탓에 이런 열매가 망가질까 봐 두려웠다.[29]

자유 진영이 포퓰리스트, 파시스트, 공산주의자의 사탕발림에 맞서 살아남을 유일한 희망은 혼합형 국가 체제 즉 국가 보조금과 관세에 기반한 산업 정책, 경기 변동을 완화할 통화 정책, 국영 기업이 뒷받침하는 복지 제도를 이용해 자원을 재분배하는 체제를 받아들이는 것이었다. 시장에 기반한 제도를 국가 개입, 재분배, 높은 소득세율로 보완하는 혼합형 정치 체제가 이 모든 조처를 뒷받침해야 했다. 머잖아 전 세계의 정부가 이전보다 훨씬 많은 공공 자원을 지출하도록 준비하고 이 자원의 상당량을 물 안보를 확보하고자 경관을 바꾸는 데 써야 했다. 대공황(1929~1939년-옮긴이)으로 1930년대 들어 금본위제가 폐기되었다. 이를 계기로 여러 경기 부양책이 등장했다.[30] 이 무렵 부유한 모든 국가에서 국내 총생산 대비 평균 재정 지출 비율이 이미 20%를 넘어섰다. 영국은 무려 30%를 넘겼다.[31]

19세기의 원칙에 따른 19세기의 식민지 활동도 줄어들기 시작했다. 식민지 체제를 떠받쳤던 가장 유명한 구성 요소는 베를린 회담을 열게 했던 콩고강 운항 자유였다. 정부가 자유 방임주의 경제 정책을 실천했던 19세기에는 이 조항이 타당해 보였다.[32] 그런데 공공 개발과 공공 투자가 경제 정책을 실행할 흔한 수단으로 바뀌자, 이 조항이 큰 골칫거리가 되었다.

1934년, 오스카 친이라는 영국인이 벨기에 정부를 상대로 국제 연맹 산하 상설국제사법재판소에 소송을 걸었다. 친은 콩고강에서 화물선 선단을 운영했고, 벨기에 정부는 친의 경쟁사인 Unatra(하천운송연합)의

대주주였다. 1930년대에 경제 위기가 닥치자, 벨기에 정부가 벨기에령 콩고의 수출을 지원하고자 일부러 콩고강의 운송비를 낮추고 친의 경쟁사에 보조금을 줬다. 법원에서 친은 이런 국가 개입이 불공정 경쟁에 해당한다고 주장했다.

판결은 6 대 5로 아슬아슬하게 갈렸다. 상설국제사법재판소는 친을 대리한 영국에 원고 패소를 선언했다. 다수 의견은 강변 국가의 경제 행위가 베를린 의정서의 대상이 아니니 운항 자유 원칙이 훼손되지 않았다고 봤다. 그러나 소수 의견은 운항 자유 정신의 토대가 콩고강을 이용하는 여러 국가와 독립체의 상업적 평등이므로, 벨기에 정부가 이를 위반했다고 봤다.[33] 진짜 문제는 시대 상황이 베를린 의정서를 작성했을 때와 달라진 것이었다. 주권 국가의 정부가 경제 주체로 활동하지 않을 때 강을 공유하는 것과 국가의 운명이 국가 정책의 경제적 성공에 달려 있을 때 강을 공유하는 것은 사뭇 다른 사안이었다.

20세기에 변화가 일어난 곳은 강이 아니라, 사회였다.

[15]
산업화 시대, 근대

떠오르는 미국

1·2차 세계대전 사이에 세계 곳곳에서 물 기반 시설 개발이 속도를 높였다. 바야흐로 20세기를 정의할 정치·경제 체제 곧 미국의 자유주의 공화정, 소련의 공산주의, 이탈리아의 파시즘 정권이 경쟁을 벌이던 때였다. 근대 경관의 변화는 국가 구조의 변화가 물리적으로 표출된 것이었다. 국가 발전을 이끄는 주요 동력이자 그 결과를 가장 피부에 와 닿게 보여주는 증거였다.

서부 미개척지를 정복할 때 관개 시설이 든든한 버팀목이었듯, 미국이 산업을 키울 때 수력발전이 탄탄한 토대가 되었다. 제조업은 전기료에 민감했고, 20세기 전반에는 기존 대규모 수력발전이 분명히 가격 경쟁력이 있었다.[01] 수력발전소는 한 번 짓고 나면 운영유지비가 적게 들고 연료비는 한 푼도 들지 않았다. 게다가 감가상각기간도 아주 길었다. 터빈 기술과 토목 공학이 발달하자 발전소 규모가 강 크기로 늘고 전기 단가는 내려갔다.[02] 게다가 미국에 충분한 전력을 공급할 잠재력이 있는 세찬 강이 한둘이 아니었다. 예컨대 로키산맥을 따라 가파르게 굽이치다 요란하게 태평양으로 흘러 들어가는 컬럼비아강이 드디어 태평양 연안 서북부 전체에 전기를 공급했다.[03] 수백 킬로미터 떨어진 곳까지 전기를 보내는 고압 장거리 송전 기술이 1950년대에야 등장하므로, 20세기 초반에는 제조업이 강을 따라 들어섰다.[04] 산업을 키울 기본 계획이 물 지형에서 나왔다.[05]

미국은 우위에 있는 수자원 전문 지식을 발 빠르게 이용해 물 제국을 계획했다. 미국 지질조사국이 1921년에 펴낸 《세계 상업 지질학 지도 World Atlas of Commercial Geology》에서 세계의 강 가운데 광업용 전력을 싸게 공급할 만한 곳이 어디인지 평가했다. 전 세계의 수력발전 잠재력을 추산해보니 콩고강 하나가 무려 4분의 1을 차지했다.[06] 그래서 몇 년 뒤, 누구도 상상치 못한 세계 최대 댐 그랜드 잉가를 짓자는 제안이 나온다.

미국의 전문 기술에 특색을 더한 것은 건조한 서부의 복잡한 환경이었다. 그런 환경을 지나는 강들은 홍수 통제, 개간, 용수로, 수력발전 같은 여러 목적을 모두 충족해야 했다. 이를 가장 잘 보여주는 사례가 콜로라도강일 것이다.

떠들썩한 명성과 달리 콜로라도강은 유수량이 그리 많지 않다.[07] 컬럼비아강에 견주면 겨우 10분의 1에 그친다. 콜로라도강 개발을 이끈 첫 요인은 농업이었다. 20세기 초에 민간에서 캘리포니아주 남부의 커다란 건조 지역인 임페리얼밸리를 개발하려 했다. 정착민을 끌어들이고자 화려한 이름을 붙인 이 지역은 유기물이 풍부한 토층이 단단히 굳어 있어, 물만 넉넉히 적셔준다면 매우 비옥해질 가망이 컸다. '캘리포니아개발'이라는 회사가 개발에 팔을 걷어붙였다. 그러나 임페리얼밸리를 개발하려면 콜로라도강의 물줄기를 끌어와야 한다는 것이 금세 명확해졌다. 개인들이 물길을 내기 시작했다. 그런데 이 물줄기들이 곧바로 치명적 위협이 되었다. 개발 전부터도 콜로라도강은 나일강이나 미시시피강보다 일곱 배나 많은 흙모래를 실어 날랐다. 많은 돈을 들여 계속 관리하지 않으면 범람이 일어나, 콜로라도강에서 물을 끌어오고자 만든 모든 용수로가 진흙 범벅이 되는 난리가 벌어지곤 했다.[08] 민간이 놓은 용수로가 물이 범람해 제멋대로 날뛰는 통로가 되었다. 관개라는 골칫거리를 해결하려다 범람이라는 골칫거리를 만든 셈이었다.

미국 기술자들이 그런 복잡한 환경에 이미 익숙한 덕분에 전 세계의 어려운 물 문제를 해결하는 데 앞장설 수 있었다. 이를 잘 보여주는 인물이 해리 토머스 코리Harry Thomas Cory다. 코리는 캘리포니아개발의 수석 기술자로 임페리얼밸리의 관개 공사를 책임졌었다. 이집트와 앵글로-이집트 수단(1899~1956년에 이집트와 영국이 공통으로 통치한 지역. 오늘날 수단과 남수단에 해당-옮긴이) 사이에 물을 어떻게 나눌지를 정하고자 나일강위원회가 소집되었을 때 미국 정부가 코리를 미국 대표로 지명했다. 당시 이집트는 1922년에 영국에서 독립한 상태였다.

이 무렵 영국 기술자들이 상상했던 경계선을 따라 나일강을 통합할 가능성은 거의 0%였다. 그러나 수에즈운하가 인도로 가는 관문이라 이집트가 대영제국의 안전에 워낙 중요해, 영국은 순순히 통제권을 내줄 마음이 없었다. 이집트가 독립할 때, 어느 나라가 수단의 통치권을 쥐느냐는 문제가 해결되지 않았었다.[09] 나일강을 통제할 수 있는 상류를 차지한 영국이 이 이점을 크게 지렛대 삼아, 하류에 새로 독립한 이집트를 좌지우지하려 들었다.

나일강 강물을 어떻게 나눌지 정하고자, 국제 사회가 전문가 세 명으로 구성된 위원회를 만들었다.[10] 위원회는 영국에 유리했다. 회장은 인도 정부가 지명했고, 한 위원은 케임브리지대학교 출신이었다. 그런데 미국이 코리를 지명했다는 것은 그런 사안에서 영국의 패권이 약해지고 있다는 신호였다. 당연하게도 위원회는 결론을 내리지 못했다. 코리가 다른 두 위원에 동의하지 않았기 때문이다. 코리는 이 사안이 콜로라도강 상황과 비슷하다고 봤다. 영국의 식민 체제 안에서 활동한 두 위원은 그런 상황을 경험한 적이 없었을 것이다.

1922년 콜로라도강협정에서 콜로라도강 유역의 주들이 강물 배분을 놓고 고통스러운 협상 과정을 거쳤다. 이들은 상무장관 허버트 후버Herbert Hoover가 이끈 협상이 믿기 어려울 만큼 오래 이어진 끝에야 합의에 이르렀다. 합의안은 상류 유역의 네 주와 하류 유역의 세 주가 어떻게 강물을 나눌지를 명확히 규정했다. (흥미롭게도 멕시코는 협상 대상이 아니었다.) 상황이 복잡한 까닭은 나일강과 아주 비슷하게도 물은 콜로라도강 상류가 공급하는데 기존 농장은 대부분 하류에 있었기 때문이다. 콜로라도강에 물 한 바가지 보태지 않는 캘리포니아주가 가장 가치 있는 농산물을 생산했다. 협상은 상류 유역 주들의 발전을 가로막는 제약 조건을 두지 않으면서도 하류 유역의 생산을 돕는 방안을 다뤘다.[11] (이들이 알지 못한 사실이 있었다. 얼마 지나지 않아 나눌 물이 없어졌다. 하필이면 1920년대가 지난 500년 동안 콜로라도강 유역에 비가 가장 많이 내린 시기였다.)

코리는 당시 수단과 이집트가 선택한 방식이 나중에 두 나라가 맞을 자유를 제약하리라는 것을 알았으므로, 두 나라가 시기에 따라 다르게 필요한 것이 무엇인지를 고려해 비용-편익 분석을 적용해야 한다고 강력하게 주장했다.[12] 위원회는 합의에 이르지 못했다. 결국 앵글로-이집트 수단과 이집트가 1929년에 위원회와 상관없이 합의에 도달했다.[13] 그래도 2차 세계대전 뒤 이어지는 합의는 코리의 제안이 토대가 되었다.

다시 미국으로 돌아가 보면, 임페리얼밸리의 물 문제를 해결할 방법이 20세기를 상징할 물 개발 계획으로 이어졌다. 콜로라도강을 개발하고 임페리얼밸리를 범람에서 보호하기에 가장 좋은 장소가 네바다주와 애리조나주의 경계선에 있었다. 달리 말해 연방 정부가 나서 사안을 조율해야 했다.[14] 개간국이 중재에 나섰다. 중재안의 핵심은 위험한 범람을 관리하고 흐름을 조정하게 도울 커다란 댐이었다. 콜로라도주 볼더 주변과 블랙캐니언 주변이 댐 건설 장소로 떠올랐다.

큰 댐을 지으려면 엄청난 재정 지원이 필요했다. 정치적으로 거센 저항이 일었다. 게다가 댐 건설 계획이 승인되면, 정부가 건설 비용을 마련하고자 전기를 팔 터였다. 당시까지도 전기 판매를 대부분 독점한 민간 발전소가 보기에는 이 거대한 건설 계획이 사업을 위협했다. 이들은 반대 여론을 조성할 셈으로 엄청나게 많은 돈을 썼다. 그런데 예상치 못하게도 자연이 개입해, 교착 상태를 해결할 돌파구를 제시했다.

1926년 12월, 콜로라도강에서 저 멀리 떨어진 테네시강이 범람했다. 1927년 1월에는 메릴랜드주 컴벌랜드가 범람했다. 그해 1월부터 4월까지 미시시피강 유역 전체에 비가 쏟아졌다. 미주리주, 미시시피주 북부, 아칸소주, 오하이오주가 홍건해졌다.[15] 1927년 4월 19일, 미시시피강 강둑이 1.6㎞ 너비로 터져 미주리주 뉴마드리드 근처 땅 50만ha를 덮쳤다. 4월 21에는 마침내 마운드랜딩이라는 고장을 덮쳤다. 미시시피강 최대의 제방 붕괴 사건인 이 일로 미시시피강 삼각주 저지대가 물벼락을 맞았다. 100만ha에 이르는 땅이 7m 높이로 물에 잠겼다.[16] 1927년 미시시피 대홍수는 미국 역사에서 최악의 범람이었다. 결국 700만ha가 물에 잠겼고, 500명이 목숨을 잃었고, 70만 명이 집을 잃었다. 피해액이 그해 미국 연방 정부 예산 3분의 1에 맞먹었다.[17]

미시시피강 유역을 덮친 재앙으로, 연방 정부가 정치적 반발을 잠재우고 홍수통제에 나설 힘을 얻었다. 1928년에 제정된 홍수통제법 덕분에 개간국이 홍수통제에 필요한 기반 시설이라는 근거로 콜로라도강 개발 사업을 승인받았다. 그러나 건설을 시작하려면 자금을 마련할 전력 판매 계약부터 맺어야 했다. 로스앤젤레스 수도전력국장 윌리엄 멀홀랜드William Mulholland가 이 일에 나섰다. 로스앤젤레스가 쓸 물이 없는지 언제나 고심하던 멀홀랜드는 장기 계약으로 전기를 사 물값을 치를 준비가 되어 있었다.[18] 멀홀랜드가 사들인 수력 전기가 로스앤젤레스의 상수원 유지비로 쓰일 테고, 따라서 임페리얼밸리의 농경지를 범람에서 보호하는 데 쓰일 터였다.

미시시피강 개발 사업은 수자원 관리의 새로운 틀을 보여줬다. 그리고 장차 코리 같은 전문가들이 세계 곳곳에 이 방식을 퍼트려 지구의 얼굴을 바꾼다. 다목적 댐이 물 중심 개발을 이끄는 수단이 된다. 1928년 12월, 의회가 볼더캐니언사업법Boulder Canyon Project Act을 승인했다. 착공식 기념사에서 내무부 장관 레이 윌버Ray Wilbur가 놀라운 사실을 발표했다. 댐에 당시 대통령 이름을 붙이겠다는 것이었다. 이 댐이 바로 후버댐이다.

강철 사나이

미국은 물 경관 개발에 국가 자원을 동원하는 데 성공했다. 후버댐 같은 시설을 만들 때 수반된 여러 차원의 협치와 의사 결정 과정에서 미국 공화정의 복잡한 구조가 뚜렷이 드러났다. 시 정부와 주 정부부터 연방 정부까지 사기업, 입법 행위, 공채 발행이 복잡하게 뒤얽혀 있었다.

1·2차 세계대전 사이에 적극적으로 수자원을 개발한 나라가 미국만은 아니었다. 다른 정치 체제가 사뭇 다른 제도를 이용해 수자원을 개발했다. 좋은 사례가 소련이다. 1924년에 레닌이 사망하자, 당시 공산당 서기장이던 이오시프 스탈린Joseph Stalin(본명 이오시프 주가시빌리)이 경쟁자 레프 트로츠키를 밀어내고 30년 동안 권력을 휘둘렀다. 본명으로 굳어진 필명의 뜻 그대로 강철 사나이(러시아어에서 stal이 강철을 뜻한다-옮긴이)가 된 스탈린은 20세기의 전형적인 권위주의 독재자였다. 스탈린이 뜻하지 않게 소련을 파괴한 도구는 중공업화와 집단 농장이었다.[19] 두 정책 모두 중심에 수자원 개발이 있었다.

소련은 스탈린이 주도한 경제 개발 5개년 계획에 따른 숨 가쁜 속도전을 거쳐 국가의 물길을 재설계하는 광대한 체계를 구축했다. 스탈린이 권좌에 앉아있는 동안, 유럽에서 가장 긴 볼가강이 운하로 바뀌었다.[20] 대볼가 계획의 일환으로 수력발전소 서른네 곳을 세우고 볼가강 유역을 개발해 다른 곳과 여러 수로로 연결한 덕분이었다. 이런 개발은 어마어마하게 큰 공사일 때가 많았다. 세계에서 손에 꼽게 큰 쿠이비셰프 저수지를 만들 때는 크고 작은 고장 300곳을 수몰하고 15만 명을 이주시켰다.[21]

그래도 스탈린이 남긴 진정한 물 유산은 농업에 있었다. 소련은 농업 조건이 미국과 사뭇 달랐다. 농경지 65%가 건조 지대나 반건조 지대에 속했다.[22] 거대한 곡창 지대인 중앙아시아 지역이 특히 그랬다. 그러니 소련에서 농업이란 곧 관개를 뜻했다.

중앙아시아의 주요 강인 아무다리야강(아무강)과 시르다리야강(시르강)은 가파르기 짝이 없는 파미르고원에서 발원해 건조 지대와 사막 초원을 거쳐 흐른다. 러시아 내전(1917~1922년-옮긴이) 동안 이런 강들에 있던 오래된 관개 시설이 파괴되었다. 그러니 이 지역을 포섭하려면 반드시 관개 시설을 재건하고 현대화해야 했다. 레닌이 30만ha에 이르는 땅에 관개 시설을 설치하라고 명령했다.[23] 현대식 트랙터를 동원해야 할 대규모 공사였다. 이런 사업을 추진한 목적은 이른바 농공단지에서 산업화와 농업을 연결해 농업과 산업의 성장 속도를 모두 높이는 것이었다. 면적이 2만ha에 이르는 거대한 농공단지가 산업과 농업을 한 묶음으로 조율해야 했다.

추진 계획을 세우던 중에 레닌이 사망하고 스탈린 정부가 들어섰다. 곧 계획이 왜곡되었다. 엥겔스와 마르크스가 주장한 집산화는 아래에서부터 농민이 가담하는 상향식 혁명이었다. 그러나 스탈린이 실행한 집산화는 위에서 강제로 추진한 하향식 통제 수단이었다. 시골 농민을 통제하려는 정치적 목적이 현대화한 농업 기업을 만들려는 경제적 목적을 밀어냈다.[24] 끔찍한 결과가 나타났다.

1929년에 1차 5개년 계획을 실행했을 때까지도 소련의 농업 기반은 대부분 소규모 농장이었다. 그런데 집단 농장을 운영하라는 압박이 생산성은 떨어뜨리고 노동 집약성은 늘려, 현대 농업에 활기를 불어넣을 생산성을 향상할 유인책을 대부분 없애버렸다. 1930년대 들어 국가의 압박과 폭력이 늘었다. 수확량과 비축량이 떨어지는 가운데 농산물 징발까지 겹치자 기아가 찾아왔다.[25] 피해가 얼마나 컸는지는 의견이 갈린다. 어떤 역사가들은 약 1000만 명이 사망했다고 추산한다. 2008년에 러시아 하원도 사망자가 최소 700만 명이라고 인정했다. 그 가운데 최대 300만 명이 소련의 빵 바구니였던 우크라이나에서 나왔다.

중앙아시아는 스탈린이 추진한 정책에 정면으로 맞섰다. 1920년대 말부터 1930년대 초 사이에 많은 미국인 전문가가 관개 시설 건설을 조언하고자 중앙아시아를 찾았다. 건조한 환경에서 현대 기술로 관개 시설을 설치하는 경험을 소련에 전해줄 만한 곳으로 캘리포니아가 적당해 보였다.[26] 그러나 스탈린의 소련은 그런 조언에 귀를 닫았다. 미국 전문가들은 기술에서 비롯한 문제를 해결하기를 바랐다. 그러나 스탈린이 장악한 소련에서 물 기반 시설은이란 무엇보다 억압 수단이었다.

운하 대다수가 봉건적 노예 체제에서 변변한 연장도 없이 고된 강제 노동으로 건설되었다. 1934년에 열린 유명한 제17차 전당대회에서 인민위원회 의장 뱌체슬라프 몰로토프Vyacheslav Molotov(1939년 독일-소련 불가침 조약(몰로토프-리벤트로프 조약)의 당사자)가 소련이 기반 시설 건설에서 거대화에 빠져 있다고 비난을 퍼부었다.[27] 몰로토프가 보기에 거대화 때문에 쓸데없이 일정이 지연되고 있었다. 1930년대 말에 들어서자 건설 열기가 특히 뜨거워졌다. 1939년에만도 운하 52개가 개통했고, 총길이가 무려 1300km에 이르렀다.

집산화로 관개 체계가 거의 망가졌다. 운하가 엉뚱하게 사용되거나 방치되었다. 또 사람들이 살아남고자 불법으로 식량을 생산하면서도 중앙에서 내려온 목표를 채우느라 끝없이 줄타기해야 해 관개 시설의 효능이 크게 줄어들었다. 스탈린이 소련의 수자원을 개발하겠다고 설익은 정책을 막무가내로 몰아붙인 것은 재앙이었다. 그러나 바깥사람들 눈에 비친 소련은 산업화 속도를 높이는 길로 들어선 국가, 풍부한 수자원을 미국과 다르지 않은 방식으로 이용할 줄 아는, 누가 봐도 성공한 계획 경제 국가였다.

그런데 2차 세계대전이 스탈린의 노력을 끝내 가로막았다. 독일과 충돌하기 한 달 전, 소련이 독일군이 침공했을 때 쓸만한 것을 하나도 남기지 않고자 드니프로댐을 무너뜨렸다.[28] 전쟁 뒤 현대 교역 체계가 확립되었을 때는 자급자족하는 고립 경제를 고집했다. 고립이 소련의 경제 실험을 광기로 몰아넣었다. 이제 물이 전 세계에서 민주주의를 위해 다투는 싸움터가 되었다.

무솔리니의 물 개발

1·2차 세계대전 사이에 물 중심 독재를 펼친 사람이 스탈린만은 아니었다. 무솔리니는 자신의 정권을 가리켜 '전체주의 국가'라고 했다. 그리고 권력을 유지할 엄청난 선전 효과를 노리고 물 개발 사업을 이용했다. 1929년에 국제 금융 시장이 무너졌을 때 이탈리아는 충격을 견딜 준비가 전혀 되어 있지 않았다.[29] 신용 체계가 무너졌고, 정부가 거대한 국영 기업을 만들어 무너진 사기업의 손실을 떠안아야 했다.[30] 당연하게도 신용이 떨어지자, 투자금을 제한해야 했고 대출 이자가 올라갔다. 뒤이어 소비자 지출과 생산이 줄어들었다. 20세기 초에 이탈리아의 발전을, 또 수력 전기의 발달을 떠받쳤던 은행 모델과 산업 모델이 막을

내렸다.[31]

흔히들 대규모 물 개발 사업을 본질적으로 독재 개발이라고 생각한다. 그러나 실제로 독재자의 입김이 크게 개입했을 때는 성적이 형편없을 때가 숱하다. 또 다른 좋은 예가 무솔리니다. 무솔리니는 경제 위기에 대응해 수입을 대체하고 국내 생산을 늘리게 장려하고자 관세를 부과하고 무역 장벽을 높였다. 이에 맞서 무역 상대국이 어쩔 수 없이 보복 조처에 나섰고, 예측할 수 있듯이 이탈리아 경제에 극히 중요한 수출이 3분의 1 넘게 줄었다. 무솔리니 정권은 이제 돈을 풀어 위기에서 벗어나려 했다. 산업화 속도를 유지하고 부유한 상류층과 국제 금융가들을 제 편으로 붙잡아두고자, 친카르텔 법안을 통과시켜 이탈리아 경제를 여러 법인으로 나눈 뒤 담합을 부추기고 경쟁을 억눌렀다. 노동자에게 단일 노조를 통한 단체 교섭을 강제했고, 기업가에게 수익을 보장하고자 경기 침체에 맞춰 임금을 고정했다.

무솔리니는 강제로 임금을 낮추면 고용률이 유지되리라고 봤다. 그러나 도매가가 임금이 연동된 소매가보다 더 크게 내려갔고 이탈리아 제품이 대부분 중간재라, 실제로는 생산비 대비 인건비가 늘어났다. 실업률이 치솟았다. 마침내 1930년대 중반, 무솔리니가 이탈리아를 자급자족 국가로 전환하겠다는 계획을 발표했다.

바로 이때부터 파시즘 선전 활동이 이탈리아의 물 경관에 주목했다. 무솔리니는 엄청난 빈곤 인구의 일자리를 마련해야 했다. 만약 산업이 빈곤층을 흡수할 여력이 없는 상황에서 사람들이 일자리를 찾아 도시로 이주했다면, 무솔리니가 심각한 사회 불안을 마주했을 것이다. 부족한 주택, 병원, 학교, 교통을 늘리라는 요구가 제한된 국가 자원에 부담이었겠지만, 그런 시설을 확충하지 않으면 인구 밀도가 높은 지역에서 사회 질서를 유지하기가 어려웠을 것이다. 게다가 산업 노동력이 도시에 집중되었으니, 국가가 후원하는 파시스트 노동조합뿐일지라도 노조의 힘이 더 세졌을 것이다.

무솔리니 정권은 도시로 밀려오는 이주 물결을 되돌리고자 다시 시골로 돌아가라고 적극적으로 장려했다. 도시를 거부하고 소박한 시골 생활이라는 이상을 찾아 돌아가는 전원생활주의자를 광고했다. 그러나 이 목적을 이루려면 생산성이 낮아 일손이 많이 드는 농경지가 더 많이 필요했다. 해법 하나는 식민지를 넓히는 것이었다. 그래서 하일레 셀라시에Haile Selassie 황제가 다스리던 에티오피아를 정복하고자 1935년에 2차 이탈리아-에티오피아 전쟁(1935~1936년. 1차 이탈리아-에티오피아 전쟁(1895~1896년)에서는 이탈리아가 패배했다-옮긴이)을 일으켰다. 다른 해법은 국내 농업이었다.

문제는 농업이 섬유 산업과 식품 가공 산업에 쓸 원재료를 제공하느라 생산성을 높이는 쪽으로 방향을 틀었다는 것이다. 무솔리니 정권이 곡물 가격을 높게 매기자, 자본이 풍부한 북부 농장이 기계와 비료를 동원한 단일 작물 재배로 대응했다.[32] 트랙터가 동물을 대신하자 생산성이 늘고 사료 생산이 줄어 식량을 생산할 여지가 더 많아졌다. 그러나 노동력 수요는 크게 줄었다. 무솔리니는 노동조합이 없어 지주를 이용해 시골 인구를 통제할 수 있는 가난한 남부로 눈을 돌렸다. 농장 노동자들이 20세기 유럽에서 찾아보기 힘들 만큼 잔혹하게 착취당했다. 그래도 땅이 모자랐다. 무솔리니는 이제 개간으로 눈을 돌렸다.

기반 시설과 토지 개간에 쏟아부은 지출이 2차 세계대전 전까지 10년 동안 두 배로 늘었다. 문서에 따르면, 통합 개간을 뜻하는 bonifica integrale가 20세기 처음 10년 동안 수력 기술을 이용해 진행한 배수 사업을 훌쩍 뛰어넘었다. 통합 개간은 운하 건설부터 산림 재생, 용지 변경까지 모든 물 개발 사업을 아울렀다.[33] 그리고 실패작이었다.

개간의 목적은 국제 시장에서 간신히 버티는 산업 장비와 생산품을 국내에서 소비할 수요를 만들어내는 것이었다. 그러나 정부에 이런 구상을 실행할 자금이 없었다. 국내 식민 위원장이 북부에서 남아도는 노동력을 남부에 새로 개간한 땅으로 이주시키는 책임을 맡았다. 그런데 현실에서는 개간 지역에서도 인구가 늘어나 노동력 이동이 어려웠다. 게다가 개간할 땅도 그리 많이 남아 있지 않았다.

선전은 요란했지만, 개간에 매우 알맞은 땅이 파시즘 정권이 들어서기 훨씬 전에 이미 개간된 뒤였다. 결국 파시즘 정권의 야심 찬 계획은 말라리아가 들끓기로 악명 높은 폰티노 습지를 개간하는 데 완전히 집중했다.[34] 로마 남쪽에 자리 잡은 폰티노 습지는 7만ha에 이르는 땅과 숲, 늪이 물에 잠긴 곳이었다. 그리고 이제 파시즘 정권의 근대화 사업을 보여주는 상징이 되었다. 그러나 물을 빼는 데 돈이 어마어마하게 많이 들었다. 습지가 평평한 탓에 중력의 힘을 빌릴 길이 없었다. 만 6000㎞에 이르는 운하를 파고 커다란 양수 시설을 쉴 새 없이 돌려야 했다.[35]

그나마 진척된 개간마저 이탈리아 정부가 마침내 2차 세계대전에 뛰어들면서 모두 물거품이 되었다. 전쟁 막바지에 독일군이 민간인에게 말라리아를 퍼뜨리겠다는 분명한 의도로 폰티노 습지에 다시 물을 채웠다.[36] 이는 이탈리아에서 유일하게 알려진 세균전 사례였다. 무솔리니의 야심 찬 개간 계획은 재앙으로 끝이 났다.

미국의 물 경험과 석유

힘이 세진 전체주의 국가들이 세계를 2차 세계대전이라는 파멸로 이끌자, 미국이 공화정을 배경으로 발전시킨 전문 지식을 활용해 국제 사회에서 영향력을 탄탄히 다졌다. 1·2차 세계대전 사이에 미국의 물 전문

3부 | 물의 힘이 이끈 세기

가들이 세계 곳곳에서 활약했었다. 눈여겨볼 것은 이들의 전문 지식이 미국의 공화정 제도와 훨씬 권위주의적인 국가에서 얼마나 다르게 활용되었느냐다. 해외에서는 미국의 물 전문 지식이 정치 과정과 단절된 채 현지 통치차의 권력을 다지는 도구가 되었고, 때로는 미국 제국주의라는 새 개념을 알리는 수단이 되었다. 미국의 물 전문 지식을 해외에 퍼뜨린 가장 중요한 사례는 아라비아반도에서 나왔다.

1925년, 사우드 가문의 술탄 이븐 사우드Ibn Saud가 아라비아반도 서쪽에 있던 하심 가문의 헤자즈(히자즈) 왕국을 공격해 알리 빈 후세인Ali bin Hussein 왕을 물리치고 이슬람 성지인 메카와 메디나를 차지했다. 이윽고 1927년에 인도 3분의 2에 맞먹게 큰 영토를 손에 넣었다.[37] 아라비아반도는 1922년에 오스만 제국이 무너진 뒤로 혼란에 싸여 있었다. 오스만 제국의 영토는 국제 연맹의 지지를 등에 업은 영국과 프랑스가 겉으로는 아랍의 독립을 지원한다는 명분을 내세워 위임 통치령으로 나뉘 가졌다. 이에 따라 시리아와 레바논은 프랑스 손에, 팔레스타인과 요르단, 이라크는 영국 손에 들어갔다. 1923년에 터키 초대 대통령 무스타파 케말 아타튀르크Mustafa Kemal Atatürk가 터키를 세속주의 공화국으로 탈바꿈시켰다. 1925년에 팔레비 왕조를 세워 샤(페르시아어로 왕이라는 뜻이다-옮긴이)가 되고 1935년에 국호를 페르시아에서 이란으로 바꾸는 레자 샤 팔라비Reza Shah Phalave도 아타튀르크의 개혁에서 영감을 얻었다. 이슬람 지역이 독립과 근대화로 방향을 돌리고 있었다.

아라비아반도를 기반으로 권력을 다진 이븐 사우드 앞에 중대한 문제가 놓여 있었다. 사우디아라비아는 찢어지게 가난했다. 소득이라고는 영국에서 받는 재정 지원과 메카를 찾는 순례자들이 쓰는 돈뿐이었다. 국가를 운영하기가 영토 정복보다 훨씬 더 어려웠다. 나라가 조금이라도 안정되려면 유목민인 베두인족을 정착시켜야 했다. 한 가지 방법은 신앙이었다. 이븐 사우드는 이들을 사우드 가문이 처음부터 지원했고 지금도 관계가 밀접한 이슬람 근본주의 운동인 와하비즘에 끌어들였다. 장기적으로 정착을 지원할 유일한 대안은 농업 협동조합을 꾸리는 것이었다.[38] 그런데 농사를 지으려면 물이 있어야 했다.

도움의 손길을 내민 사람은 당시 흔히 그랬듯 기업가 정신이 넘치는 미국인이었다. 1919년에 우드로 윌슨이 주중 미국 공사를 지낸 찰스 R.크레인을 킹-크레인 위원회King-Crane commission 위원에 지명했다. 킹-크레인 위원회는 아랍인들이 1차 세계대전 뒤 패전국 오스만 제국의 아랍 영토를 어떻게 나누기를 바라는지 파악하고자 만들어졌다. 윌슨은 민족자결주의를 열렬히 지지했지만, 자기네 제국을 지키고자 독일 제국주의와 죽자 살자 싸울 준비가 된 유럽 열강의 이해관계를 넘어서지 못했다. 위원회는 아무런 성과도 내지 못했다.[39] 그래도 이 경험을 계기로 크레인이 아랍 세계에 눈을 돌렸다.

몇 년 뒤 크레인이 예멘의 수도 사나를 방문해 통치자 이맘 야히아Imam Yahya를 만났다. 1차 세계대전 뒤 아라비아반도 국가들의 생산이 늘었지만, 형편없이 저개발 상태이기는 마찬가지였다.[40] 크레인은 이맘 야히아에게 예멘의 발전에 도움이 될 만한 광물자원이 있는지 탐사해보겠다고 약속했다. 그래서 등장한 인물이 또 다른 진취적 미국인 칼 트위첼Karl Twitchell이다. 크레인은 버몬트 출신인 광산 기술자 트위첼을 고용해 1927년부터 1932년까지 예멘에 머물며 사업을 감독하게 했다. 크레인이 자금을 대려 한 사업은 광물자원 탐사, 풍차와 펌프 설치, 실험용 정원과 농장 설립, 기반 시설 개발이었다. 그러므로 크레인의 개발 사업은 그저 광산 탐사에 그치지 않았다. 크레인은 경제 개발 임무를 맡았다.[41]

보기 드물게 비범한 이 계획을 알리는 소문이 빠르게 퍼졌다. 1931년에 이븐 사우드가 크레인을 사우디아라비아 수도 리야드로 초대했다.

예멘이 그런 도움을 받을 수 있다면 사우디아라비아가 그렇게 하지 못할 까닭이 있을까? 이븐 사우드는 물을 찾고 있었다. 크레인은 트위첼을 사우디아라비아로 보내 약 2400㎞를 뒤지게 했다. 그런데 트위첼이 아무리 뒤져도 새로운 수원이 있다는 증거가 나오지 않았다. 트위첼의 머릿속에 문득 새로운 생각이 떠올랐다. 광물자원 탐사가 또 다른 소득원이 될지도 모를 일이었다. 트위첼은 이제 물뿐 아니라 광물까지 찾아 페르시아만으로 향했다.

바로 그 무렵, 페르시아만에 자리 잡은 섬나라 바레인이 석유를 찾고 있었다. 페르시아만 맞은편 이란에서도 영국이 적극적으로 석유를 찾고 있었다. 1911년에 해군 장관이 된 윈스턴 처칠Winston Churchill이 제국 함대의 연료를 석탄에서 석유로 완전히 전환해 대영제국의 이해관계를 중동 특히 이란의 석유와 하나로 묶었다. 석유를 가장 많이 뽑아내는 곳은 오늘날 BP로 알려진 앵글로-이란 석유회사였다.[42] 트위첼은 바레인에서 석유를 찾아낸다면 지질 구조가 비슷한 사우디아라비아에도 거의 틀림없이 석유가 나오리라고 봤다. 그리고 마침내 바레인에서 석유가 발견되어 에너지 혁명의 장이 마련되었다.

사우디아라비아는 추가로 석유 탐사에 나설 재원이 없었다. 1933년, 이미 바레인에서 석유를 찾아낸 캘리포니아스탠더드오일(Socal·소칼)이 트위첼을 불렀다.[43] 그리고 사우디아라비아에 돈을 더 빌려준 뒤 텍사스컴퍼니 Texaco(텍사코)와 합작해 캘리포니아-아랍 스탠더드오일을 세웠다.[44] 이 회사가 나중에 아랍-아메리카 석유회사Arabian American Oil Company: Aramco 곧 아람코Aramco가 된다. 마침내 석유의 시대가 물 탐사의 부산물로 역사에 등장했다.

1931년 여름

20세기 초반 중국도 아랍만큼이나 미국의 물 전문 지식을 크게 받아들였다. 1925년에 쑨원이 세상을 떠난 뒤로 중국이 미국의 공화정 전통에서 훨씬 더 벗어나는 태도를 보였다. 이 무렵 국민당이 소련에 영향을 받았다. 지도자인 장제스도 소련에서 훈련받았고, 민족주의자와 공산주의자 모두 코민테른(국제공산당) 덕분에 준군사조직인 일당 국가를 세우는 법을 배웠다. 그래도 미국이 물 덕분에 세계의 곡창 지대로 거듭났고 1차 세계대전으로 세계 시장으로 나갈 문이 열렸으니, 대홍수를 겪은 중국이 다시 태평양 건너 미국으로 눈을 돌릴 수밖에 없었다.

이 궁핍한 시기는 유난히 추웠던 1930년 겨울에 눈이 많이 내리면서 찾아왔다. 중국 서부에 쌓였던 많은 눈이 1931년 봄에 녹아 양쯔강으로 흘러들었다. 여기에 더해 봄비까지 보기 드물게 많이 내렸다. 7월 들어 태풍이 잇달아 일곱 번이나 양쯔강 유역을 덮쳐, 평소라면 1년 반에 걸쳐 내렸을 비가 한 달 동안 한꺼번에 쏟아졌다.[45] 1931년 8월 19일, 범람한 물이 오늘날 우한에 속하는 한커우에 다다랐다. 최고 수위가 상하이 와이탄보다 1.8m나 높은 16m로 올라갔다.

사람들은 범람 방지용 둑을 믿고 무사태평했다. 지나치게 많은 사람이 둑을 믿고 이주했다. 물이 넘치자 단층집과 이층집이 물에 잠겼다. 물이 더 차오르자 도시를 떠나지 못한 3만 명이 높은 곳으로 올라갔다. 처음에는 도시를 가로지르는 10km짜리 철로용 제방으로 피했다. 그마저도 물에 잠기자 어떤 사람들은 보트로 탈출했고, 어떤 사람들은 더 높은 건물이나 나무로까지 기어올랐다.

양쯔강 지류인 화이허강이 범람하자 물이 거침없이 퍼져나갔다. 화이허강 주변이 평평한 충적 평야였기 때문이다. 여기서는 더 높은 곳을 찾을 길이 없었다. 사람들이 무엇이든 물에 뜰 만한 것을 찾아 기어올랐다. 8월 25일 밤, 대운하를 흐르는 물의 압력이 한계에 이르렀다. 끝내는 안후이성과 장쑤성에 걸쳐 있는 가오유 호수 근처에서 제방이 터졌다. 단잠을 자던 20만 명이 그대로 익사했다. 당시 수도이던 난징에 9월 16일까지 계속 물이 차올랐다.

1931년 중국 대홍수로 그레이트브리튼 섬에 맞먹는 약 2000만ha가 물에 잠겼다. 범람이 남쪽으로는 광둥성, 북쪽으로는 만주에까지 미쳤다. 엄청나게 많은 민물이 마치 바다처럼 경관을 집어삼켰다. 피해자가 2500만~3500만 명에 이르렀고, 그 가운데 수십만 명이 익사한 것으로 보인다. 겨우 범람을 피한 사람들도 질병에 시달리기 일쑤였다. 우한에서는 당장 상수도가 작동하지 않았다. 도시를 덮친 물, 진흙, 산업 폐기물, 오물이 뒤섞여 악취가 진동하는 시궁창으로 바뀐 탓에 식수를 얻기가 불가능했다. 인류 역사에서 손꼽게 끔찍한 이 자연재해로 얼마나 많은 사람이 죽었는지는 정확히 모르지만, 추정치가 40만에서 400만 명에 이른다. 중국은 자국이 물에 얼마나 형편없이 취약한지를 다시 한번 몸서리치게 깨달았다.

난징에 있던 중화민국 정부는 이미 8월 초부터 얼마나 큰 재앙이 닥쳤는지를 뚜렷이 알았다. 난징 정부는 지도력을 과시하기 좋아하는 서툰 정부였다. 당시 국가 주석 장제스가 보기에 범람에 적절히 대처하려면 중앙 정부가 나서야 했다. 8월 14일, 장제스의 지시로 수재구제위원회가 설치되었다. 위원장은 중화민국 행정원 부원장이자 장제스의 처남인 쑹쯔원宋子文이 맡았다. 위원회는 공산주의자와 민족주의자가 정치적으로 충돌하는 가운데 균형을 잡아야 하는 어려운 상황에서 활동해야 했다.

쑹쯔원이 마주한 시급한 문제 하나가 침수된 지역 사람들이 먹을 곡물을 마련하는 것이었다. 범람으로 농업 체계가 대부분 파괴된 상황이었다. 겨울이 코앞이라 기근이 정말로 크나큰 위험이었다. 쑹쯔원은 미국과 인연이 깊었다. 중화민국 초기에 서양에서 꾸준히 자문단이 찾아왔고, 미국과 상업 관계로도 몇 차례 얽힌 적이 있었다. 쑹쯔원이 밀 선적을 놓고 곧장 미국곡물안정공사American Grain Stabilization Corporation와 협상에 들어갔다. 시점이 완벽했다.

대공황으로 몸살을 앓던 미국이 사람들에게 일자리를 주고 상품을 팔 기회를 찾고 있었다. 9월 25일, 미국이 서방의 밀 45만 톤을 제공하기로 합의했다. 합의 조건 중 하나는 미국 제분업자들이 일거리를 얻도록 밀 절반을 밀가루로 제공한다는 것이었다. 미국은 식량에 이어 곧바로 기술도 지원했다. 그때까지 전문 기술이란 대부분 경제 분야였지만, 이제는 물 기술이 필요한 때였다. 중국 전문가들이 록펠러재단 같은 곳의 지원으로 미국을 찾아 미국이 물로 이룩한 놀라운 성과를 두 눈으로 확인했다. 그 뒤로 2차 세계대전 전까지, 1930년대 중국은 미국의 기술 지원에 문을 열었다. 이로써 20세기에 물 개발과 지정학을 잇는 또 다른 주춧돌이 놓였다.

미국 공화정이 전기화와 산업화를 촉진한 밑바탕에 수자원이 있었다. 수자원은 미국이 세계의 농산물 시장을 장악하게 뒷받침했다. 여러 나라가 날로 늘어나는 시민과 이 시민들의 요구에 발맞춰 경관을 바꾸고자 발걸음을 재촉할 때, 수력공학 기술의 선두 주자이자 세계의 곡창 지대가 된 미국이 주도권을 잡았다. 이 위치 선점이 1930년대 중반 들어 미국의 경험을 집대성한 근대화 사업으로 농축되고, 이 개발 모형이 한동안 전 세계를 주름잡는다.

3부 | 물의 힘이 이끈 세기

[16]
프랭클린 루스벨트의 근대화 사업

대공황

1930년대 들어 미국이 보기 드물게 기술을 통합하고 정치 관념을 만들었다. 그리고 이를 발판 삼아, 국가 발전을 이끌 핵심 도구로서 수자원 개발을 몇십 년 동안 촉진했다. 이 통합은 위기의 한복판에서 첫발을 뗐다.

1929년에 주식 시장이 바닥을 모르고 추락하자, 미국 경기가 심각하게 위축되었다. 전 세계가 그 뒤를 따랐다. 처음에 미국은 수입 농산물에 매겼던 악명 높은 스무트-홀리 관세Smoot-Hawley Tariff를 빠르게 다른 상품으로까지 확대했다. 다른 나라들이 보복 관세를 매겼다. 미국이 애초에 관세로 보호하려던 사람들의 삶이 끔찍한 타격을 입었다.[01] 이미 대공황이 닥친 상황이었다. 1920년대 미국의 위치를 고려할 때 대공황이 미국에 끼친 영향은 헤아리기조차 어렵다. 4년 만에 국내 총생산이 3분의 1이나 줄었고, 노동 인구 가운데 5분의 1이 일자리를 잃었다. 사회 안정 자체가 위태로웠다.

후버 대통령은 위기를 벗어나고자 1929년부터 1932년 사이에 재정 지출을 두 배로 늘렸다. 그래도 케인스학파 관점에서 보면 적자 지출이 아닌 데다, 당시 연방 정부의 주요 세수였던 국내소비세도 똑같이 급격히 늘어 재정 균형이 맞았다.[02] 정부가 여기서 그치지 않고 통화를 통제했다. 1929년부터 1933년 사이에 연방준비은행이 은행 파산을 줄이려

하지 않았고, 금본위제를 유지하고자 화폐 유통량을 제한했다. 대공황이 더 깊은 수렁에 빠졌다.[03]

그 와중에 물 환경이 잔인한 장난을 쳤다. 1930년대 초 대공황으로 곡물 가격이 폭락한 바로 그때 심각한 가뭄이 대평원을 덮쳤다.[04] 엎친 데 덮친 격이었다. 모래폭풍이 일기 시작했다. 큰 빚을 졌던 농부들이 파산했다. 존 스타인벡John Steinbeck의 소설 《분노의 포도The Grapes of Wrath》에서 오클라호마 사람들이 서부로 이주했듯이, 농부들이 땅을 개간한 만큼이나 빠르게 땅을 버리고 떠났다. 농부들이 떠나자 아무것도 자라지 않은 표토가 가뭄에 바싹 말라 부스러졌다. 대초원의 바람에 일어난 흙먼지가 해를 가릴 만큼 커다란 검은 폭풍이 되어 가뭄을 한층 더 악화시켰다. 캐나다에서 만들어진 찬 공기와 다코다주에서 만들어진 따뜻한 공기가 평원 위에서 뒤엉켜 폭풍을 일으키자, 대기가 지구 위를 도는 커다란 진공청소기처럼 수백 킬로 너비에 수백 미터 높이로 돌풍을 일으켜 먼지 수십만 톤을 하늘로 빨아들였다.[05]

1933년, 프랭클린 델러노 루스벨트Franklin Delano Roosevelt가 미국 역사에서 가장 길게 이어질 대통령 자리에 올랐다. 미국이 경제 파탄이라는 깊은 구렁텅이를 마주하고 있을 때였다. 루스벨트가 눈 앞에 펼쳐진 신용 위기에 놀랍도록 재빠르게 대처해 예금 인출 사태를 막았다. 물론 후버의 재정 규칙을 준수했지만, 경제에 현금을 투입하고자 취임 후 100일 동안 공공사업진흥국Works Progress Administration부터 사회보장국Social Security Administration까지 여러 사업을 마련했다. 이 가운데 많은 사업이 추진 과정에서 경관을 바꿔놓았다.

전기화는 특히 시골 사회에서 중요한 관심사였다. 1930년에 거의 모든 도시에 전기가 보급되었지만, 전기를 이용하는 농가가 겨우 10%에 그쳤다. 루스벨트가 취임했을 때 전력 산업이 요금 결정에서 거의 독점권을 쥐고 있었다. 감당하기 어려운 생활비에 짓눌린 실업자들과 근대화에 나설 준비는 되었으나 신용이 부족한 제조 분야에 값싼 전기가 몹시 필요했다. 답은 강에 있었다.[06] 루스벨트는 미국 국민에게 제안한 뉴딜 정책 중 하나로 강에서 기술 관료의 계획과 민주주의를 대통합하려 했다. 장대한 미시시피강, 줄기찬 컬럼비아강, 거센 콜로라도강이 미국의 경관을 결정했다. 그리고 이제 야심 찬 경제 부흥 구상에 투입될 참이었다.[07]

시사 화보 잡지 〈라이프〉 발행인 헨리 루스Henry Luce가 뉴딜 정책의 본질을 보여줄 셈으로 사진기자 마거릿 버크화이트Margaret Bourke-White를 고용했다. 버크화이트는 당시 사회 참여 예술을 추구한 사실주의 전통을 따랐다. 그러나 산업 사진으로 경력을 시작했으니 진척 중인 공학 기술을 담아내는 데 특히 제격이었을뿐더러, 버크화이트의 미의식이 〈라이프〉 창간호에 완벽하게 들어맞았다.[08] 루스벨트의 뉴딜이 얼마나 웅장한 규모인지 담아내려면 강 개발을 선택할 수밖에 없었다. 처음에는 컬럼비아강에서 진행 중인 보너빌댐 건설을 취재하려 했다. 그러나 미주리강에 짓고 있는 거대한 댐이 시대의 본질을 담기에 더욱 적합해 보였다.

포트펙댐은 세계에서 가장 큰 흙댐으로 설계되었고, 후버댐으로 만들어진 미드호에 이어 두 번째로 큰 저수지를 만들 예정이었다. 포트펙댐을 건설할 인력들이 지낼 곳으로, 몬태나주에 뉴딜이라는 도시가 생겨났다. 버크화이트는 그곳에서 노동자, 창녀, 사기꾼 같은 어중이떠중이를 다 만났다. 멋진 숙녀부터 술집 카운터에 앉아 있는 아기까지 온갖 장면을 보았다. 버크화이트가 찍은 〈라이프〉 창간호 표지 사진은 아직 물이 채워지지 않은 여수로였다. 보루가 우뚝 솟은 거대한 방어벽처럼 보이는 여수로가 미국의 산업이 자연을 얼마나 크게 정복했는지를 고스란히 보여줬다.[09]

이것이 루스벨트가 꿈꾼 미국이었다. 헨리 루스의 말마따나 "모험으로 잉태되고 인류 진보에 헌신한 국가", 미국이었다.[10] 이제 바야흐로 "처음으로 위대한 미국의 세기"가 열릴 참이었다. 루스벨트에 힘입어, 활기를 선사하는 풍부한 물에 굳게 뿌리내린 세기가.

릴리엔솔의 꿈

대통령 선거 운동 기간에 루스벨트가 전력 회사의 독점을 깨도록 전기 요금을 크게 내리자는 공약을 내걸었다. 그러려면 정부가 국토를 사분면으로 나눠 대형 전력 공사를 하나씩 세워야 했다. 동북쪽은 세인트로렌스강, 서북쪽은 컬럼비아강, 서남쪽은 콜로라도강, 동남쪽은 테네시강이 대상이었다. 루스벨트는 정부가 주도한 개발 사업이 적절한 전기 요금이 얼마인지를 결정할 잣대를 내놓기를 바랐다.[11] 그런데 이 개발 사업들이 전력 공급보다 더 큰 꿈을 품고 있었다. 이 사업들은 경제 발전을 위한 투자였다.[12]

콜로라도강과 마찬가지로 일곱 주에 걸쳐 있는 테네시강 유역은 당시 미국에서 손꼽게 낙후되고 가난했다. 테네시강이 오하이오강의 지류이니 결국은 미시시피강의 지류였지만, 테네시강 유역은 지리학 관점에서 보이는 것보다 훨씬 더 고립되어 있었다. 변덕스러운 유수량, 위험한 여울, 가파른 경사 탓에 배가 다니지 못했고 걸핏하면 범람해 농경지를 모조리 파괴했다.[13] 200만 명 넘는 인구 가운데 시골 거주자가 4분의 3으로, 다른 지역보다 비중이 훨씬 높았다. 1인당 소득도 처참하게 낮았다. 연간 소득이 700달러 미만으로, 전국 평균의 절반에도 못 미쳤다. 그나마도 인구 5분의 1은 연간 채 250달러가 안 되는 돈으로 살았다.

전기도 거의 보급되지 않았다. 시골 가정 가운데 겨우 4%만 전기를 사용했고, 3%만 수도를 사용했다. 위생 시설이 충분하지 않아 장티푸스, 결핵, 유아 사망이 일상이었다. 교육 접근성이 전국 평균을 훨씬 밑돌았고, 문맹률이 그만큼 높았다. 비탈진 불모지를 개간해 경작한 탓에 토양 침식이 더 심해졌다. 숲이 크게 줄었고 많은 숲이 민둥산이 되었다. 경작지 520만ha 가운데 80% 넘는 땅에서 극심한 침식과 붕괴가 일어났다. 광산도 고갈되었다. 테네시강 유역에는 2차 산업혁명의 손길이 거의 미치지 않았다.

취임한 지 37일째인 1933년 4월 10일, 루스벨트 대통령이 의회에 테네시강유역개발공사법Tennessee Valley Authority Act을 제출했다. 테네시강유역개발공사 즉 TVA는 파나마운하를 지을 때보다 콘크리트를 두 배 반이나 많이 쓸 예정일 정도로 규모가 어마어마하게 컸다.[14] 그리고 그만큼 큰 포부를 담았다. TVA는 한낱 개발 사업만을 뜻하지 않았다. 개발과 보존을 모두 아우른 틀 안에서 천연자원과 인적 자원을 짜임새 있게 사용한다는 것을 토대로 한 사상이기도 했다.[15] 루스벨트는 의회에 이렇게 전했다. "테네시강을 이용한다는 것은 단순한 전력 개발을 초월합니다. 홍수 통제, 토양 침식, 숲 가꾸기, 불모지의 농지 사용 배제, 산업의 재배치 및 다각화라는 넓은 장으로 가는 길입니다. 간단히 말해, 힘든 시기에 진행할 이 전력 개발은 당연하게도 수많은 사람의 미래와 행복, 많은 주를 품는 완벽한 강 유역을 만들 국가 계획으로 이어집니다."[16]

TVA 설립은 전 세계에 중요한 이정표가 되었다. 사회에서 국가의 역할을 바꾸는 데 이바지했기 때문이다. TVA는 "정부에서 권한을 부여받으나 사기업의 융통성과 진취성을 보이는 기업"이었다.[17] 루스벨트의 조처 덕분에, TVA는 사기업으로 운영할 특별한 권한뿐 아니라 개발 기관으로 운영할 권한도 얻었다. 그러나 적절한 정치적 보호 장치가 없으면 과학과 기술에 기반한 질서라는 근대주의의 이상에 내재한 권위주의로 퇴보할 위험이 상당히 컸다.[18]

TVA는 여러 정부 부처에서 권한을 얻었다. 따라서 이사회는 TVA의 정치 권한을 해석해 농산물 생산 대 여가, 전력 생산 대 공중 보건처럼 서로 충돌하는 정책 목표를 중재하고 매듭지을 줄 알아야 했다.[19] 기술 기관으로는 흔치 않은 조건이었다. TVA는 공공 경영을 산업화했다. 여느 공공사업과 달리 건설 공사를 사기업에 맡기지 않고 스스로 사업을 수립할 능력과 역량을 개발했다. 현지 노동력을 고용하는 과정에서 수습생 양성 기관으로도 작동했다. 또 노동자들에게 주거를 제공했다. 건설 공사 때문에 삶의 터전을 옮겨야 했던 농부들에게는 이주 기관 노릇도 했다. TVA는 문제에 개입할 때 심판처럼 행동했는데, 여기에는 TVA가 어느 쪽에 매수당할 리 없다는 믿음이 깔려 있었다.

1933년에 TVA 초대 이사 세 명 중 한 명으로 지명되었고 1941년에 이사장이 되는 데이비드 E. 릴리엔솔David E. Lilienthal은 TVA의 성공이 본질적으로 어떤 정치 프레임을 쓰느냐에 달렸다는 것을 알았다.[20] 릴리엔솔은 책《TVA: 진군하는 민주주의TVA: Democracy on the March》에서 거의 학술 논문에 가깝게 뛰어난 정치적 주장을 다뤘다.[21] "검증된 민주주의 원칙으로 볼 때 우리는 이 기계 시대에 맞춰 우리를 안내하고 뒷받침해 개인의 자유와 행복을 달성할 기회를 늘릴 철학과 도구를 이미 손에 쥐고 있다." 릴리엔솔은 대의 민주주의의 보호 장치들이 어떤 지방 기관을 통해 TVA의 보기 드문 집행 권한을 견제할 수 있느냐를 신념의 문제로 봤다.

릴리엔솔은 페리클레스의 웅변과 키케로의 가부장주의가 메아리치는 유토피아를 꿈꿨다. 그리고 그 유토피아를 '풀뿌리 민주주의'라 불렀다. 만약 다수를 이롭게 하고자 개인에게서 권력을 빼앗아 산업화했던 근대 경제가 마주한 난제를 해결할 답이 TVA라면, 테네시강 유역 주민들에게 자치권을 주는 것도 답이어야 했다. 릴리엔솔은 상향식 참여로 사업의 수혜자에게 권한을 준다면 정말로 효율이 높아지리라고 생각했다.[22]

강에는 정치가 없지만, 강 개발은 누가 뭐래도 정치가 얽힌 문제다. 릴리엔솔은 이를 잘 알았다. 개발에 담긴 정치적 목적과 개발을 주도한 기술 관료의 경험 사이에서 힘의 균형을 추구했고, 행정가의 왜곡된 관심사에 유일하게 맞설 진짜 보호 장치가 관련된 대중을 교육하고 일깨우는 것이라고 봤다. 많이 보고들은 대중이야말로 관료를 감독할 큰 동력이 되리라고 봤다.

TVA는 강을 강의 경관과 묶어 단일 기능 체계로 운영했다. 공동체의 복지를 위해 강 유역의 여러 생산 요소 이를테면 농장, 공장, 가정의 관계를 최적화했다. 반드시 그런 최적화를 이뤄야만 편익을 제공할 수 있었다. TVA는 지역에 초점을 맞추고 풀뿌리 참여를 강조해, 권한은 중앙에 모으고 집행은 지방에 나눠줬다. 여기에서 릴리엔솔은 토크빌(토크빌은 중앙 정부의 횡포를 막고 민주주의를 지킬 수단으로 지방 자치를 강조했다—옮긴이)을 염두에 뒀다.

릴리엔솔은 TVA가 도덕을 목표로 민주주의를 실현할 현대적 수단이라고 봤다. TVA는 한낱 지역 기관이 아니었다. 특별한 원칙에 따라 자원을 짜임새 있게 다루고 지역민과 다른 기관이 얽힌 문제를 처리하는 기관이었다.[23]

세계로 퍼져나갈 본보기

테네시강유역개발공사는 경제적으로 성공했다. 공사가 마무리되자, 테네시강과 컴벌랜드강이 댐 54개가 가동되고 언제나 배가 다닐 수 있는 곳이 되었다. TVA는 알루미늄 생산업체 알코아부터 육군 공병대까지 다른 곳이 소유한 댐 14개도 관리했다.[24] 홍수철이면 댐 체계가 테네시강 유역에 내리는 강우량 가운데 10%를 수용했고, 수력발전으로 전력을 거의 4GW까지 생산할 수 있었다.[25] 2차 세계대전 때는 전력을 알루미늄 공장으로 보내 맨해튼 프로젝트에 전기를 공급했다. 건물과 길을 따라 이어진 송전선 덕분에 한때 목화 농장과 소작농의 판잣집만 있던 곳에서 공장, 전기 펌프, 냉장고가 돌아갔다. 결핵과 말라리아는 옛일이 었다. 현대의 물관리가 경제 발전에 활기를 불어넣었다.[26]

투자가 경제 성장과 발전을 이끈다는 생각이 나온 지 얼마 되지 않은 때였다. 20세기 초반 경제학자들은 대체로 경제 성장을 특이한 현상으로 다루지 않았다. 이는 19세기가 남긴 유산이었다. 19세기에는 대규모 사회 이동과 자치권을 기대하기 어려웠고, 토지를 소유한 귀족들이 대체로 모든 사람을 위해 경제 규모를 키우는 방법에 무관심했다. 1차 세계대전 뒤 가장 시급한 사안은 불황과 호황을 거치는 동안 어떻게 경제적 수단을 이용해 고용을 유지하느냐였다. 이때 케인스가 시장의 보이지 않는 손이 언제나 노동 시장을 안정시키지는 않는다고 설득력 있게 주장해, 훨씬 더 개입주의에 기운 국가로 가는 문을 열었다.

그러다 두 경제학자, 영국인 로이 해러드Roy Harrod와 폴란드계 미국인 에브세이 도마르Evsey Domar가 소득이 늘어나는 이유를 설명하는 이론을 따로따로 내놓았다.[27] 이들의 기본 통찰은 케인스가 단기 경제를 분석할 도구로 소개한 투자, 총저축, 수요를 사용해 성장이라는 장기 문제를 다루자는 것이었다. 해러드와 도마르는 한 나라의 성장률이 저축 수준과 한계 자본 계수(경제 생산량을 한 단위 늘리는 데 필요한 자본금)라는 두 요인에만 좌우된다고 가정했다. 달리 말해 투자가 모든 저축을 흡수하는 적정 성장률이 있고, 국가는 이 수치를 달성해야 했다.

해러드-도마르 모형은 당시 나타난 TVA 같은 경험을 딱 들어맞게 설명한다는 장점이 있었다.[28] 실제로 지금 되돌아봐도, TVA가 국가 경제 전체에 미친 영향은 겉보기보다 더 미묘하다.[29] TVA가 지역의 제조 생산성에 이바지한 정도는 국가 차원에서 측정할 수 있을 정도로 컸다.

그러나 경제 활동에 추가로 활기를 불어넣었느냐는 그리 명확하지 않다. 테네시강 유역에 산업을 끌어모았지만 다른 지역에서는 산업이 줄어들었으니, 최종 결과는 거의 변화가 없었다. 그러나 지역 경제 발전에 미친 영향을 보여주는 일화 증거가 워낙 확실해, 정부가 경기 순환에 따라 국가 경제를 관리하고자 결연하게 대처한 상징이 되었다.

경제 성장을 설명하는 이 초기 이론의 관점에서 보면 미국의 경험이 소련의 경험과 그리 다르지 않아 보였을 것이다. 투자의 보상으로 무엇을 기대하느냐는 사뭇 달랐지만, 어쨌든 소련이 국가가 소유한 생산 수단에 주로 의존한 것과 달리, 미국은 민간 영역의 '야성적 충동animal spirits'(케인스가 인간의 경제 행태를 설명하고자 만든 용어-옮긴이)을 신뢰해 세금으로 투자에 보답했다. 미국과 소련은 실제로 경관에 공격적으로 투자했고, 그 덕분에 경제가 성장했다.

그러나 소련의 국가 주도 접근법과 달리, TVA의 독특한 집행 권한은 민주주의 공화정의 다른 모든 정치 기관과 마찬가지로 압박에 취약했다. 시간이 지나자, 늘어나는 기대와 현실의 한계가 크게 벌어져 TVA의 타당성을 무너뜨렸다.[30] 사람들이 연방 정부의 세력 확장에 불만을 터트리자, TVA 같은 개발 기관을 늘리는 데 반대하는 정치적 목소리가 극복하기 어려울 만큼 커졌다. TVA는 미국에서 국가가 주도하는 수자원 개발의 정점을 보여줬다. 그리고 그런 개발 사업이 지닐 수밖에 없는 한계 즉 권력의 중앙 집중을 견제하는 미국식 공화정에서는 경영 효율 자체로 정치적 타당성을 얻기 어렵다는 현실도 보여줬다.

비록 TVA가 공화정이라는 정치 문화의 한계에 부닥쳤지만, 국제무대에서는 관리 중재 기관으로서 엄청난 장래성을 증명했다. 미국 안에서는 기세가 줄었지만, 바깥 세계에서는 TVA의 경험이 놀랍도록 중요해졌다. 1944년에 릴리엔솔이 보고한 바에 따르면, 거의 세계 모든 곳에서 1100만 명이 TVA를 방문했었다. 그 가운데 중국, 인도, 영국, 오스트레일리아, 브리질, 체코의 정치인과 전문가가 TVA를 찾아 배움을 청했다. 이제 TVA 모델이 미국 바깥으로 뻗어나갈 참이었다.

싼샤댐

중국은 TVA의 경험이 기술 지원 형식으로 수출된 초기 사례 중 하나다. 중국이 1931년 대홍수에 대처하고자 미국곡물안정공사와 계약했을 때 쑹쯔원이 미국에 유리한 거래를 맺고 말았다. 시장가를 받아들이는 실수를 저지른 것이다. 그 바람에 미국과 거래하는 상품의 가격이 올라가, 중국이 그 뒤로 훨씬 비싼 값에 물건을 사야 했다. 그래도 홍수에 대처하는 과정에서 국민당과 미국의 긴밀한 협력 관계가 더 굳어졌다.

바로 이 무렵에 테네시강유역개발공사가 성장하고 있었다. 중국 전문가들이 록펠러재단의 주선으로 미국을 찾아 TVA의 경험을 배웠다. 그리고 깊은 감명을 받았다. 실제로 중국은 릴리엔솔이 TVA의 접근법이 유익할 나라로 꼽은 곳이었다.[31] 그리고 중국 정부를 둘러싼 상황이 바뀌자 TVA를 고스란히 베끼려는 노력이 일어났다.

중국이 여전히 대홍수로 휘청거리던 1931년 9월 18일, 일본이 중국 동북부 선양을 공격했다.[32] 2차 세계대전이 벌어진 무렵에는 중국의 주요 경제 기반 시설이 몰려 있던 동부 지역을 대부분 장악했다. 또 영국이 홍콩, 싱가폴, 버마(미얀마)를 방어할 능력이 없는 상황을 틈 다 남부도 장악했다. 그사이 소련이 유럽의 서부 전선을 돕고자 북부에서 지원을 끊었다. 중화민국 국민정부는 서부에 갇혀 고립되었다.[33] 쑹쯔원이 다시 한번 미국에 지원을 요청했다. 장제스가 목을 빼고 기다린 지원은 군사와 재정이었다. 그런데 미국이 보낸 것은 토목 기술자 존 L. 새비지 John Lucian Savage였다. 새비지는 미국 개간국의 수석 설계 엔지니어였다.

후버댐, 그랜드쿨리댐, 올아메리칸운하 그리고 테네시강유역개발공사의 초기 댐 몇 개를 모두 새비지가 설계했다. 굵직한 개발 사업을 어찌나 많이 설계했던지 총건설비가 10억 달러를 넘겨 '10억 달러 엔지니어'로 불렸다.[34] 그의 명성은 미국이 영향력을 행사하는 강력한 도구였다.

1944년 후반, 새비지가 국무부 문화협력프로그램의 후원으로 중국에 도착했다. 24년 전 쑨원이 내놓은 제안이 여전히 살아 있었고, 창장싼샤 근처를 개발하는 사업을 쑹쯔원이 앞장서 지지했다. 새비지가 후베이성 이창 근처에서 양쯔강 개발의 핵심이 될 후보지 다섯 곳을 찾아냈다. 새비지는 놀라운 혜안을 보였다. 높이 220m가 넘는 커다란 콘크리트 중력댐을 상상한 것이다. 새비지가 상상한 대로 댐을 지으면 전력을 100억 와트 넘게 생산하고 농경지 약 1000만ha에 물을 댈 수 있었다. 새비지는 댐 전체 높이까지 배를 들어 올릴 수 있는 갑문이 하나 있어야 한다고 생각했다.

새비지는 그런 개발 사업이 산업 발전을 이끌고 값싼 에너지가 산업화를 촉진하리라고 믿었다. 미국 개간국도 새비지의 생각에 동의했다. 양쯔강 개발 사업이 중국에 분명히 이익이 될뿐더러, 미국 기술진이 기술과 실적을 높일 엄청난 기회가 될 터였다. 1945년까지 미국 전시정보국Office of War Information이 중국에 릴리엔솔의 책《TVA: 진군하는 민주주의》를 5만 부나 나눠줬다. 이 방법이 효과가 있었다. 중국 국민정부의 전문가들이 중국을 찾은 미국 관료들에게 《진군하는 민주주의》에 나온 원칙을 인용했다. 장제스가 양쯔강유역개발공사를 세우고 싶다는 희망을 드러냈다. 릴리엔솔을 중국으로 데려와 곳곳에서 강연을 펼치게 하자는 이야기까지 나왔다.[35]

이 무렵 아시아권에서 강에 TVA 같은 투자를 고려한 곳은 중국만이 아니었다. 일본군과 영국군이 버마를 놓고 싸울 때, 인도 제국 관료들이 인도 동북부 벵골 서부 지역의 다모다르강에 TVA 모델을 그대로 적용하는 방안을 심사숙고했다. 다모다르강이 영국군을 벵골 서부 콜카타와 연결하는 보급로를 가로질러 흘렀기 때문이다. 1943년 7월 14~16일에 이른 폭풍이 닥쳐 다모다르강의 유수량이 늘어났다. 7월 17일, 북쪽둑이 무너져 끔찍한 범람이 일어났다. 마을이 초토화되었고 인도 북부로 가는 철로가 끊겼다. 범람은 군사 작전에 재앙이었다. 일본군에 맞서 싸우던 영국군과 인도군의 보급로가 모두 끊겼다. 이 사건으로 홍수가 벵골의 기반 시설과 벵골인의 건강에 미치는 영향, 홍수 통제 방안을조사할 위원회가 서둘러 설치되었다. 인도가 보기에 테네시강유역개발공사는 성공한 '일괄 대책'이자, 세계 다른 지역에도 적용할 수 있는 해법이었다. 릴리엔솔 밑에서 일한 엔지니어의 도움으로 다모다르강유역개발공사라는 발상이 전개되었다.[36]

그러나 중국과 관련해서는 미국 정부 안에서 의심의 눈초리를 던지는 사람들이 있었다. 내무부가 과연 중국이 양쯔강 개발 사업으로 예상되는 전력 생산량을 흡수할 수 있을지 고개를 갸웃거렸다. 실현 가능성이 떨어져 보였을뿐더러, 경제적으로 건전해 보이지도 않았기 때문이다. 게다가 중국의 정치 상황이 불안했다. 1945년에 2차 세계대전이 끝나고 일본이 항복하자마자, 미국이 어떻게든 피하려 했던 공산당과 국민당의 충돌이 총력전으로 치달았다. 상황이 상황이니만큼, 외교 정책전문가들이 그런 대규모 개발 사업에 미국이 참여할 가치가 별로 없다고 판단했다. 개간국에서 은퇴한 새비지가 곧바로 양쯔강 개발을 자문하기로 계약했지만, 1947년에 장제스의 국민당이 공산당에 패해 타이완으로 퇴각했다. 중국에 공산당 시대가 열렸고, 미국은 중국을 미국의세력권에 묶어둘 기회를 잃었다.

그런데 새비지의 활동은 끝났지만, 새비지가 남긴 유산과 TVA가 남긴 유산이 소련의 수력공학과 충분히 어우러져 쭉 이어졌다. 60년 뒤, 중국이 새비지의 비전을 거의 그대로 좇아 마침내 싼샤댐 건설에 성공했다. 양쯔강 중류에 줄줄이 들어선 댐 중 하나인 싼샤댐이 양쯔강을 중국의 산업 발전을 이끌 동력으로 바꿔놓았다.[37] 새비지의 예언이 옳았다.

미국식 흥정

루스벨트는 세계에 미국의 TVA 경험이 필요하다고 믿었다. 중국이 아니라면 사우디아라비아가 알맞은 시험장이 될 터였다. 1945년 2월 얄타 회담을 마치고 돌아오는 길, 루스벨트는 아라비아반도를 낮게 날아달라고 요청했었다. 건조한 지형을 본 순간 왜 농업이 발달하지 않았을까 궁금해진 그는 함께 여행하던 육군 공병대 대원에게 물었다. "건조 지역에 관개 시설을 설치하면 문제를 해결할 수 있을까?" "네, 그럴 것 같습니다. 지하에서 물을 퍼 올려 건조한 자연 지형에 맞게 사용한다면요." 루스벨트는 미국의 경험에서 보편적인 답을 봤다. 그리고 테네시강 유역에서 그랬듯, 미국의 경험이 이를 받아들이는 국가에 부와 발전을 선사하리라고 믿었다.[38] 어찌 보면 루스벨트가 옳았다. 물 개발 활동이 이 지역에 발전을 선사했다. 또 세계 경제를 바꿔놓을 전환을 일으켜, 마침내 수력발전을 세계 에너지 역사의 주인공으로 올려놓았다.

1938년에 아람코가 사우디아라비아 다란에서 상업적으로 생산할 만한 석유를 발굴했고, 마침내 세계 최대의 석유 매장지를 찾아냈다.[39] 석유는 부를 쌓는 데 매우 요긴했다.[40] 그러나 부는 권력이 아니었다. 이븐 사우드가 권력을 쥐려면, 부를 사회 통제력으로 바꿔야 했다. 석유 수출로 번 돈을 살림살이를 나아지게 할 개발 사업에 투자해야 했다. 사우디아라비아인 대다수가 농업에 의존했으니, 물이 여전히 주요 제약 요소였다. 이븐 사우드는 이들에게 물을 제공해야 했다. 사우드 왕가는 농업 국가 사우디아라비아를 일구고 싶었다. 1937년에 이븐 사우드가 나지드 동부 알카르지에서 개발 사업에 착수했다. 사업 대상인 땅은 대부분 이븐 사우드와 동생, 재무부 장관의 소유였다. 이 사업은 사우디아라비아에서 처음 시도하는 농업 기계화로, 사우디의 대규모 농업을 알리는 신호였다.[41] 사우드 왕가가 꿈꾼 농업은 기계를 사용한 근대 상업 기업이었다. 그러나 그 꿈을 이루려면 도움이 필요했다.

미국이 2차 세계대전에 완전히 발을 담갔으므로, 루스벨트가 아랍에 더 큰 관심을 보였다. 루스벨트 행정부가 사우디아라비아에 개입해 추가로 자원과 전문 기술을 제공하고 근대 농업 기술과 관행을 소개했다. 이런 개발의 주요 주제는 언제나 같았다. 지하에서 물을 뽑아 올려 생산량을 늘리는 것.[42] 미국 농무부가 칼 트위첼이 이끄는 농업 자문단을 보내 지하수가 어디에 있는지, 얼마만큼 있는지, 얼마나 사용할 수 있는지를 광범위하게 제시했다. 자문단은 지하수를 퍼 올려 개간 사업을 진행하라고 조언했다.[43] 미국 서부에서 썼던 방법을 사우디아라비아에 적용한 것이다. 이 무렵 사우디아라비아 정부가 석유 발굴로 받는 로열티가 농업 발전 기금을 댈 만큼 많아졌다. 아람코 임직원의 전문 기술 덕분에, 이전에는 감당하기 어려웠던 기반 시설을 추가할 수 있었다.[44] 따라서 근대화를 추진할 기술 문제와 재정 문제가 해결되었다. 그러나 정치 문제는 사정이 달랐다.[45]

1945년 2월 얄타 회담이 끝난 직후, 프랭클린 루스벨트 대통령이 수에즈운하 한가운데 있는 그레이트비터 호수에 정박 중이던 미국 해군 순양함 퀸시호로 아랍 지도자 세 명을 잇달아 초대했다. 가장 먼저 배에 오른 사람은 이집트 국왕 파루크Farouk 1세였다. 같은 날 에티오피아 국왕 하일레 셀라시에가 승선했다.[46] 그리고 다음 날, 루스벨트 대통령이 사우디아라비아 국왕 압둘 아지즈 이븐 사우드를 맞이했다.[47] 파루크 1세, 셀라시에에 이어 이븐 사우드를 만나다니, 놀라운 일이었다. 사우디아라비아는 전통적으로 영국 세력권에 속했지만, 트위첼이 석유를 발굴한 뒤로 상황이 바뀌었다. 누가 봐도 이븐 사우드가 중요한 인물로 떠올랐다. 몸이 달은 영국이 사우디아라비아가 계속 영국과 함께해야 한다고 이븐 사우드를 설득했다. 전쟁이 끝나면 미국이 서반구로 물러날 테니, 사우디아라비아는 영국 해군과 육군을 동맹군이자 수호자로 삼아 파운드화 세력권에 머물러야 한다고 회유했다. 루스벨트는 생각이 달랐다. 중동에 미치는 영향력을 미국과 영국이 나눠 가져야 한다고 봤다.[48] 페르시아 석유는 영국이 이권을 챙기고, 쿠웨이트와 이라크의 석유는 영국과 미국이 함께 나눠야겠지만, 사우디아라비아는 미국 소관이라고 믿었다.

이븐 사우드는 미국이 계속 사우디아라비아에서 큰 역할을 맡아, 영국이 아랍에서 휘두르는 상당한 영향력과 균형을 맞춰주기를 바랐다. 게다가 엄청난 석유 매장량 때문에, 사우디아라비아가 미국이 무슨 일이 있어도 챙겨야 할 전략적 요충지가 되었다.[49] 그 덕분에 이븐 사우드는 경호원과 만일에 대비해 식량으로 가져온 양 떼까지 대동하고 미국 해군 구축함 머피호 갑판에 올라 금박을 두른 의자에 앉은 채 그레이트 비터호를 가로질러 퀸시호로 향했다. 루스벨트와 이븐 사우드는 다섯 시간 동안 회동했다. 팔레스타인 문제를 매듭짓지 못한 채 길게 토론한 뒤, 루스벨트가 농업으로 주제를 바꿨다. 그런 건조한 환경에서 통치권을 확립하려는 신생 국가에는 농업을 지원하는 문제가 지도자의 중요한 관심사일 것을 알았기 때문이다. 사우디아라비아가 정말로 농업을 발전시키고 싶다면 물을 얻을 기술뿐 아니라 개발 방식에도 집중해야 했다. 이때 루스벨트는 테네시강유역개발공사의 경험이 탁월한 물 중

심 개발 방식이니 사우디아라비아에 유용하리라고 믿었다.[50]

릴리엔솔의 《진군하는 민주주의》가 사우디아라비아의 발전에 직접 기여했는지는 결코 모를 일이다. 루스벨트는 당시 노동부 장관 프랜시스 퍼킨스Frances Perkins에게 자리에서 물러나면 테네시강유역개발공사의 개발 방식을 중동과 다른 나라에 수출하는 데 힘쓰겠다고 말했다.[51] 그런 물 중심 개발이 진보를 부른다고 믿었기 때문이다. 얄타 회담에서 루스벨트가 스탈린에게 TVA가 유럽의 경제를 부흥시킬 방식으로 적합하다고 제안했었다. 어떤 이들은 마셜 플랜(공식 명칭이 유럽 부흥 계획 European Recovery Program이다-옮긴이)을 가리켜 '유럽식 TVA'라 부르기도 했다.[52] TVA는 국제 관계의 기본 수단이 될 만큼 널리 퍼졌고, 아시아에서는 메콩강 개발로 이어졌다.[53] 릴리엔솔의 말마따나 테네시강에서 교훈을 얻을 만한 강이 족히 천 개는 있었다.

루스벨트가 압둘 아지즈 이븐 사우드와 역사적 회동을 마친 지 두 달 뒤 재임 중에 세상을 떠났으니, TVA 방식이 세계 곳곳에서 단단히 자리 잡는 것을 보지는 못했다. 이븐 사우드는 1953년에 세상을 떠났고 아들 사우드Saud bin Abdulaziz Al Saud가 뒤를 이었다. 그러나 두 사람이 나눈 대화는 오랫동안 영향을 미쳤다. 세계 경제가 식량과 석유의 관계를 중심으로 재편되었기 때문이다.

루스벨트가 믿은 TVA의 힘은 마치 예언처럼 결국 실현되었다. 1949년 1월 20일 두 번째 취임식에서 해리 트루먼Harry Truman 대통령이 미국의 과학 발전과 산업 발전을 이용해 개발도상국을 돕겠다고 약속한 포인트 포Point Four 계획을 발표했다.[54] 루스벨트가 뉴딜 정책으로 남긴 핵심 유산 TVA가 이제 미국의 근대화 이론이 되었다. 그리고 20세기 후반 대부분 동안 세계를 지배한다.[55]

냉전 시대

성장 경쟁

2차 세계대전 뒤 미국이 세계를 주무르는 경제 강국이자 군사 강국으로 거듭났다. 미국은 1944년 브레턴우즈협정으로 고정 환율제를 실행한 덕분에 세계의 은행이 되었다. 자본을 효율적으로 사용해 세계 곳곳에서 개발을 추진할 수 있었고, 이런 활동이 자주 물 기반 시설 투자로 이어졌다. 유럽을 재건하는 동안 마셜 플랜 같은 계획을 이용해 자금을 지원함으로써, 충실한 동맹을 확보할뿐더러 미국 상품을 팔 시장을 넓히고 제조업체의 생산성을 높이기를 바랐다.

그런데 1946년, 처칠이 경고를 날렸다. "발트해를 바라보는 (폴란드)슈체친에서부터 아드리아해를 바라보는 (이탈리아)트리에스테까지 유럽 대륙을 가로질러 철의 장막이 드리웠습니다." 패권국으로 떠오른 소련이 엄청난 지리적 분열을 일으켜 유럽을 반으로 쪼갰다. 1946년 2월 9일 선거 연설에서 스탈린이 2차 세계대전 승리가 소비에트 국가의 성공 가능성을 증명한다고 자축하며, 경제 개발 5개년 계획이 맞는다는 것을 확인했다고 주장했다.[01] 냉전은 2차 세계대전으로 등장한 두 경제·정치 체제의 전쟁이었다. 이제 세계의 물을 중심으로도 전투가 벌어져 유례없이 빠르게 물 경관이 바뀔 참이었다.

이미 산업화를 마친 나라들이 경쟁에 휘말렸고, 충실한 동맹의 대가로 투자를 받아 이익을 보곤 했다. 이를테면 이탈리아는 미국에 중요한 동맹이었지만, 동구권 바깥에서 가장 큰 공산당이 있던 탓에 미국의 소련 견제 전략을 심각하게 위협하기도 했다. 미국에서 지원금을 받았지만, 미국 제품의 수요를 촉진하는 데 사용하지 않고 자국 제조업이 생산한 제품을 수출하는 데 국가의 명운을 걸었다.[02] 그래서 수자원 개발에 속도를 높였다.

이탈리아의 산업 기반 시설, 특히 수력발전은 전쟁에도 거의 훼손되지 않았다. 산업 시설이 대부분 몰려 있던 북부가 독일 점령지와 연합군이 공략한 남부를 가르는 고딕 라인에서 멀리 떨어져 있었기 때문이다. 이와 달리 이탈리아에서 가까운 프랑스와 독일은 융단 폭격과 공습으로 그야말로 쑥대밭이 된 상태였다.[03] 이탈리아는 생산할 준비가 되어 있었고, 다른 서유럽 국가는 구매할 준비가 되어 있었다. 유럽의 석탄 시장이 붕괴했고 영국산 석탄이 노조 활동으로 발목이 잡혔으므로, 이탈리아는 시장 기회를 놓치지 않고자 수력발전에 투자했다. 2차 세계대전 뒤로 1960년까지 이탈리아의 수력 발전량이 두 배로 뛰었고, 그 덕분에 서구 세계에서 가장 높은 산업 생산과 경제 성과를 기록했다. 1950년대부터 1960년대 대부분 동안 경제가 연평균 5% 넘게 성장해, 세계에서 손꼽는 고성장률을 자랑했다. 많은 사람이 '이탈리아의 경제 기적'을 이야기했다. 보아하니 이탈리아의 성공은 강을 따라 펼쳐졌다.

이탈리아는 이미 산업화를 일부 마친 나라였다. 그리고 냉전 덕분에 투자 속도를 높였다. 그러나 이 시기를 크게 장식한 주인공은 낡은 제국주의 질서가 무너진 가운데 독립한 아시아와 아프리카의 많은 나라였다. 그 뒤로 30년 동안, 새로 독립한 이 나라들은 어떻게 해야 산업화의 길로 들어서느냐는 문제로 골머리를 앓았다. 해러드-도마르의 경제학 정설이 산업 생산을 촉진할 방법으로 물 중심 투자가 적합하다고 봤고 이탈리아 같은 사례가 이를 뒷받침했지만, 가난한 나라에는 물 중심 투자가 거의 쓸모가 없었다. 초기에 자본 이익률이 변변찮을 수밖에 없었기 때문이다. 그런데 이 문제를 해결할 답이 이번에도 물로 이어졌다. 서인도제도의 영국령 세인트루시아 출신인 경제학자 아서 루이스Arthur Lewis가 가난한 나라에 어마어마하게 많은 생계형 영세 자영농을 자본 집약적 산업에 동원하면 수익을 늘릴 수 있다는 제안을 내놓았다.[04] 루이스는 수익이 늘면 저축률이 올라가 추가 투자가 일어나는 선순환으로 이어지리라고 봤다. 실제로 적용했을 때는 적절하지 않았지만, 이 이론이 수십 년 동안 개발 방식의 틀로 작동했다. 루이스는 "뛰어난 정부, 적절한 강수량, 합리적인 중등 교육 체계만 있다면 발전하지 못할 나라가 없다"라고 적었다.[05] 2차 세계대전 뒤 가난에서 벗어나고자 몸부림친 많은 나라가 열대 지방에 있었다. 열대에서는 '적절한 강수량'이 실제로는 들쭉날쭉 고르지 않게 내리는 엄청나게 많은 비를 뜻했다. 만약 농업 분야가 경제 성장에 이바지하고 제조업을 일굴 인력을 공급한다면, 물을 저장하고 흘려보내고 관리할 기반 시설이 반드시 있어야 했다. 바로 이런 이야기가 인도 아대륙과 아프리카에서 펼쳐진다.

성패는 경제 성장과 경관의 모습에 달려 있었다. 한때 손에 꼽게 저명한 마르크스주의 사회학자로 프랑크푸르트학파를 만들었던 중국 전문가 카를 비트포겔Karl Wittfogel이 1957년에 《동양식 전제정치Oriental Despotism》라는 책을 썼다.[06] 비트포겔은 동양의 전체주의 공산당 정권과 서양의 자본주의 사회가 맞붙은 경쟁을 경관이 주도하는 전투로 해석했다. 비트포겔이 보기에 수력 사회란 경제가 정부 주도의 대규모 물관리에 의존하는 사회였다. 비트포겔은 마르크스가 생각한 아시아식 생산 방식을 개선해 확장했다.

비트포겔은 자신처럼 중국을 주제로 글을 쓴 사회학자 막스 베버Max

Weber에게 영향을 크게 받았다. 중국을 방문한 적은 없어도 중국이 봉건 제에서 중앙 집권 국가로 변모하는 데 주목한 베버는 중국의 관료제를 지배권력의 도구로 봤다. 비트포겔도 이 견해에 동의해, 전체주의 공산 당 정권의 약점은 대규모 수력 기반 시설을 운영하는 데 필요한 강력한 관료 정치가 숨 막히는 경직성을 보이는 것이라고 주장했다.[07] 비트포 겔은 사회가 발전하느냐를 생태계가 좌우한다고 생각했다.[08] 사회 발전 은 "지리적 위치의 변증법"이었다.

사회학 연구로서《동양식 전제정치》는 세월의 시험을 이기지 못하고 시들해졌다.[09] 그러나 책은 예상치 못한 성공을 거둬 지금껏 수많은 반 론이 오가는 논쟁을 불러일으켰다. 비록 결정론을 바탕에 깐 주장에 의 견이 갈렸지만, 국가의 구성, 구조, 밑바탕에 깔린 정치 철학을 경관에 서 찾아볼 수 있다는 중요한 핵심을 담아냈다. 한 국가가 수자원을 다 루고자 선택하는 방식을 경관이 물리적으로 드러냈다. 소련 공산주의 체계와 미국 자본주의 체계 모두 개간, 관개, 수력발전을 국가의 성공을 떠받치는 기둥으로 삼았다. 그러므로 세계의 물 경관을 개발하는 경쟁 에서 성패가 정치 체제의 우위에 달려 있었다.

전후 세계는 많은 변화가 펼쳐진 무대였다. 세계에서 가장 큰 민주주 의 국가가 태어났고 소련 체제가 혼란에 빠져들었다. 수자원 공유를 다 룬 전후 첫 국제 조약이 전개되었고 오랜 제국이 몰락했다. 그리고 이 모 든 사례에서 물 기반 시설의 경제 가치뿐 아니라 정치 기능이 드러난다.

고통스러운 결별

냉전은 세계를 분열시켰다. 분열에 가장 취약한 곳은 2차 세계대전 뒤 가장 중요한 독립 활동이 일어난 아시아 한복판이었다. 이 독립 활동이 지난 세계의 완전한 종말과 새로운 세계의 시작을 나타냈다.

인도와 파키스탄의 분할은 실제로 뜻밖의 일이었다. 두 나라가 제 갈 길을 가는 해법은 인도 제국이 마지막 숨을 헐떡이던 막바지에야 등장했다. 무함마드 알리 진나Muhammad Ali Jinnah가 이끈 모슬렘연맹All-India Muslim League이 갈수록 분리주의로 기울어, 자와할랄 네루Jawaharlal Nehru 가 이끄는 인도와 계속 틈이 벌어졌다. 1947년 7월 18일에 영국 의회가 인도 독립법을 통과시켜 인도를 인도 자치령과 파키스탄 자치령으로 분리했을 때, 모든 일이 너무 서둘러 진행되었다. 인도에서 가장 중요한 강인 인더스강을 어떻게 나눌지 해법을 찾지 못했다. 특히 영국이 지구 에서 가장 큰 관개 체계에 남긴 자본 시설을 어떻게 나누느냐에 큰 이해 관계가 걸려 있었다.

인도 제국이 인도에 가본 적도 없는 시릴 래드클리프Cyril Radcliffe 경을 펀자브국경선위원회와 벵골국경선위원회의 위원장으로 임명해 해법을 제시하게 했다. 래드클리프는 2차 세계대전 때 정보부 국장을 지낸 신 뢰받는 관료였다. 영국이 래드클리프를 국경선위원회 위원장으로 지명 한 까닭은 어느 쪽에도 치우치지 않으리라고 생각했기 때문일 것이다.

래드클리프는 영토 분할이 관개 체계에 미칠 영향을 깊이 잘 알았다. 그래서 네루와 진나가 인더스강의 관개 시설을 공동으로 관리하도록 설득하려 했다. 그런 일은 일어나지 않았다. 인더스강 공동 관리가 두 사람이 생각한 국가 정체성과 충돌했다.[10] 시간에 쫓긴 래드클리프는 실제 지형을 거의 알려주지 못하는 부정확한 지도를 바탕으로 국경선 을 그었다. 그렇게 인더스강 유역의 위쪽을 가로질러 그은 국경선이 지 류 대다수를 둘로 나눴다. 인도는 원류와 상류 지역을 얻었고, 파키스탄 은 범람원 대부분을 얻었다. 1947년 8월 15일, 국경선이 확정되었다.

인더스강은 티베트고원을 따라 흐르는 다른 강들과 다르다.[11] 겨울 동안 러시아 평원에서 남쪽으로 이동한 서쪽의 제트 기류가 파키스탄과 아프가니스탄을 지나는 힌두쿠시산맥과 히말라야산맥이 교차하는 티베트고원에 충돌한다. 인도 북부와 파키스탄의 연간 강수량 가운데 3분의 1이 티베트고원의 기후, 특히 눈에서 비롯한다. 인더스강 유수량은 비보다 빙하와 눈 녹은 물이 약 1.5배 더 많다.[12] 실제로 인더스강 유역은 대부분 건조해 연간 강수량이 채 500㎜도 되지 않는다.

인더스강에서 자본과 노동력을 적게 들이고 농사를 지으려면 관개 시설이 있어야 했다.[13] 인더스 문명 초기인 기원전 3000년대부터 영국이 도착하기 전까지 수천 년 동안 이어진 가장 흔한 관개 방식은 토양을 충분히 물에 잠기게 하는 관수 관개였다.[14] 그러나 1947년에 인더스강은 운하 하나가 포토맥강이나 템스강만 한, 세계에서 가장 큰 관개 체계였다. 그야말로 수력공학이 이룬 기적이었다. 그러나 정치권에는 악몽이 따로 없었다. 인더스강 운하 체계에 자리 잡은 관개 농경지 1050만ha 가운데 영토 분할에서 인도가 소유권을 주장할 수 있는 땅은 겨우 2ha였다. 인도에 속한 유역은 대부분 앞으로 개발해야 할 땅이었다. 한쪽으로 치우쳐 보이기는 물 배분도 마찬가지였다. 파키스탄으로 가는 물은 6400만 에이커풋(약 1233㎥에 해당하는 부피-옮긴이)이 넘었는데, 인도로 가는 물은 간신히 8에이커풋을 넘겼다. 파키스탄이 단위 면적당 사용할 수 있는 물이 인도보다 50% 더 많아, 인도는 인더스강 물을 훨씬 더 얕게 퍼뜨려야 했다.

운하 체계 분리는 생각보다 어렵지 않았다. 파키스탄에서 133개, 인도에서 12개 운하가 계속 변함없이 작동했다. 따라서 전체 관개 농경지 가운데 95%가 영토 분할에 영향을 받지 않는 듯했다. 그러나 분할해야 했던 몇몇 운하가 심각한 골칫거리였다.[15] 인도는 라비강에 설치된 마도푸르 보와 수틀레지강유역개발계획의 상류 유역 특히 피로즈푸르 보를 넘겨받았다. 마도푸르 보는 상 바리도압운하와 연결되어 베아스강을 지나 수틀레지강까지 물을 흘려보냈다. 피로즈푸르 보 서쪽 기슭은 디팔푸르운하에 연결되어 파키스탄 쪽으로 이어졌다. 골치 아픈 구조였다. 만약 인도가 두 운하를 틀어막으면 대부분 파키스탄에 속한 수틀레지강유역개발계획의 해당 지역을 바싹 말라버릴 터였다.

래드클리프가 중재한 국경선은 물 사용과 관련한 문제를 하나도 명확히 밝히지 않았다. 래드클리프도 적어도 피로즈푸르 보는 합동 관리하도록 어느 정도 중재가 필요하다고 생각했지만, 중재안을 끌어내는 것이 래드클리프의 권한 밖이었다. 국경선위원회의 결정이 나왔을 때, 물 사용과 관련한 중재안이 빠져 있는 것이 명확해졌다. 인도령 동펀자브와 파키스탄령 서펀자브의 수석 엔지니어들이 상 바리도압운하와 피로즈푸르 보를 1년 동안 현상 유지하기로 합의했다. 강의 두 지점을 배분하는 논의는 1948년 3월 31일까지 중지되었다. 그런데 1948년 4월 1일, 인도가 물길을 막아버렸다. 경계선을 가로지르는 운하들이 메말라 갔다.

보아하니 이 결정은 새로 들어선 동펀자브 정부가 독단으로 내린 결정이었던 듯하다.[16] 파키스탄을 괴롭히려 했다기보다 인도에 힘을 실어주려 한 조처였을 것이다. 동펀자브는 힌두교가 대다수인 인도에서 드물게도 시크교가 장악한 곳이었다. 그래도 물길 차단이 국가 차원의 사안이 되자, 매우 중요한 국제 문제로 번질 위험을 알아차린 네루 총리가 물길 차단을 옹호하고 나섰다.[17]

1948년 물 위기로 파키스탄에서 민족주의에 올라탄 구호가 불길처럼 퍼졌다. 난데없이 물길이 끊기자 경작지에 물을 댈 수 없었다. 국가 비상사태였다. 물을 다시 공급해야 한다는 다급한 마음에 파키스탄이 물을 한층 더 많이 끌어오는 운하를 건설해 인도의 수량 제어 장치를 우회하려 했다. 그러나 그랬다가는 인도가 보복에 나서 제어 장치를 훨씬 더 상류로 옮길 것이 뻔했다. 타협안이 있어야 했다. 파키스탄이 역사적으로 기존 물길에 권리가 있다고 주장했지만, 인도가 콧방귀를 뀌었다.[18]

1948년 물 사태는 두 나라의 신뢰를 무너뜨렸다. 사태를 해결하려면 서로 협조해 기반 시설을 바꿔야 했다.[19] 달리 말해 동편자브는 파키스탄으로 가는 물길을 서서히 줄이고, 파키스탄은 새 운하를 건설해야 했다.

인도가 인더스강을 통제하고자 내디딘 첫 큰 발걸음은 바크라-난갈댐이었다. 이 공사는 인더스강에서 처음 진행된 저수 사업이었다. 네루는 가바크라 같은 댐을 '새로운 인도의 사원'이라 불러, 동편자브와 이 지역의 물 기반 시설을 국가 정체성과 하나로 연결했다. 바크라-난갈댐은 국가 권력을 강력히 주장하는 시설이었을뿐더러, 인더스강과 관련한 선언이자 수틀레지강의 흐름을 완전히 통제해 파키스탄 신드 지역을 흐르는 하류에 큰 영향을 미치겠다는 뜻이었다.

설사 영토 분할 이전에 인더스강을 공동으로 관리할 희망이 있었더라도, 1948년 사태로 완전히 물거품이 되었다. 분할 당시 누구도 예상하지 못했던 상황은 국경선이 명확하지 않았다는 것이다. 지상을 통제하지 않은 채 서둘러 분할 절차를 진행한 탓에, 수많은 사람이 공포에 질려 삶의 터전을 옮겼다. 20세기 최대 기록인 1500만 명 남짓이 겨우 몇 달 만에 이주했다. 인도 제국 막바지에 만연했던 종족 갈등과 종교 분쟁으로 가뜩이나 긴장이 감돈 가운데 이주가 일어난 탓에 그 뒤로 오랫동안 희생자가 줄을 이었다. 추산에 따라 다르지만, 대량 학살과 인종 청소로 약 200만 명이 목숨을 잃었다고 한다. 그런 끔찍한 사태에서는 인더스강을 공동으로 관리하는 합의가 살아남을 수 없었다.

인더스강 관리 체계를 분리하려면 양쪽 기술자들이 인더스강 유역의 물 기반 시설에 광범위하게 투자한다는 조건으로 별개의 국가 비전과 물 안보 장치를 내놓아야 했다. 분할 경계선 지배권과 인더스강 수계

통합이 일으킨 긴장은 그 뒤 두 나라를 크게 괴롭힌다. 분할은 히말라야산맥을 가로지르는 균열을 일으켰다. 히말라야산맥은 균열이 생기면 가장 위험한 곳이었다. 이제 파키스탄과 인도는 러시아와 영국의 제국주의가 100년 넘게 충돌한 최전선이던 아프가니스탄에 둘러싸인 채 위태로운 협정을 관리해야 했다. 그사이 소련, 중국, 미국이 스탈린의 경제 성장 정책이 그림자를 짙게 드리운 인도 아대륙에 관심을 높였다.

스탈린의 물 집착

밖에서 보면 소련권은 정말로 걱정거리였다. 엄청난 야심을 숨긴 스탈린의 경제 정책이 몇 년 뒤 비트포겔이 암시하는 대로 물 기반 시설이 패권을 다투는 무대가 된다는 생각을 뒷받침하는 듯했다. 되돌아보면 물 기반 시설은 대부분 강력한 선전 도구였다. 그리고 스탈린은 물 기반 시설을 정확히 그런 용도로 사용했다. 그러나 당시에는 성장 계획을 달성하려면 쓸 수밖에 없는 해법처럼 보였을 것이다.

스탈린이 세운 계획에는 새로운 수력발전이 어김없이 포함되었다. 예니세이강에 설비 용량 6GW로 건설된 크라스노야르스크 수력발전소나, 마찬가지로 엄청난 규모로 안가라강에 건설된 브라츠크댐이 모두 스탈린이 남긴 유산이었다. 인류 역사에서 손꼽게 쓸모없는 건축물도 여럿 세워졌다. 알렉산드르 솔제니친Aleksandr Solzhenitsyn이 쓴 《굴라크 군도Gulag Archipelago》는 강제 수용소 굴라크의 죄수들이 화강암을 파내 발트해와 백해를 연결한 무려 227km 길이의 백해-발트해 운하를 생생하게 묘사한다. 이 운하는 실수투성이 설계에 부실 공사까지 겹쳐 쓸모가 없었다. 무엇보다 운하 수심이 원래 설계에서 의도한 항해용 선박이 오갈 만큼 깊지 않았다.[20] 운하의 진짜 의도는 쓰임새보다 정권 선전이었다.

스탈린은 목화에 특히 관심이 많았다. 중앙아시아는 차르 시절부터 목화를 생산했다.[21] 그런데 2차 세계대전 때 중앙아시아가 전쟁에 거의 휘말리지 않았는데도 생산이 부진했다.[22] 노동력이 줄고 기계가 부족한 탓에 관개 기반 시설을 제대로 관리하지 못해 생산량도 줄었다. 그런데 식량과 달리 목화는 공산품이었다. 소련에는 목화가 산업화의 필수 요소였다. 석유부터 의류, 염료, 종이, 플라스틱까지, 타이어부터 폭발물까지 모든 제품에 목화가 필요했다. 또 소련이 가장 확실하게 투자할 만한 작물이었다. 목화 재배를 기계화하고 군산 복합체에 연결할 수 있었기 때문이다.

스탈린은 집단 농장을 운영하면 목화를 자급자족하리라고 기대했다. 실제로 중앙아시아의 목화 수확량을 채우는 데 유난히 집착했다.[23] 1946~1954년에 중앙아시아 관개지에서 목화 생산이 무려 170%나 늘었다. 관개 시설 확충과 생산성 향상에 엄청나게 투자한 덕분이었다. 목화 경작과 수확을 기계화했고, 식량과 사료 생산을 희생하면서까지 재배지를 늘렸다. 1952년까지 전체 농산물은 생산량이 떨어졌지만, 목화는 계속 늘었다. 실제로 1940년에 견줘 1954년에 생산량이 두 배가 되었다. 목화 재배는 가혹한 조건에 강제 노동력을 재정착시키는 광범위한 활동이었다.[24] 정부가 생산을 조율해 새로운 수준으로 끌어올리겠다고 목화재배부까지 만들었다. 이렇게 기를 쓰고 노력했는데도, 소련은 미국의 목화 생산 역량을 한 번도 따라잡지 못했다.

소련이 조경 공학에서 시도한 아주 특이한 사업은 스탈린이 1948년 8월 20일에 가뭄에 맞서고 땅을 기름지게 하고 생산량을 늘리고자 600만 ha 가까운 땅에 다시 숲을 가꾸겠다고 포고령을 내렸을 때 나왔다. 주로 농장 주변과 강에 바람막이숲이 조성되었다. 목적은 토지를 바람에서 보호해 더 많은 수분을 품게 하고 기후를 습하게 만드는 것이었다.

20세기 전반 유럽의 독재자들은 숲 가꾸기를 좋아했다. 나치 독일의 산림부 장관 헤르만 괴링Hermann Göring이 1934년에 숲 가꾸기를 국가사업으로 추진했다. 무솔리니도 산림 민병대를 설치해 검은셔츠단과 함께 같은 사업을 추진했다.[25] 스탈린은 우크라이나 남부의 대초원과 유럽러시아 남부의 지형을 바꾸고자 숲 가꾸기를 지시했다.

'스탈린의 자연개조 대계획'으로 알려진 이 계획이 물 기반 시설에도 엄청나게 많이 투자했다. 볼가강이 지나는 쿠이비셰프(현재 사마라)와 스탈린그라드(현재 볼고그라드)에 세워진 어마어마하게 큰 수력발전 시설 그리고 거대한 투르크멘운하, 남우크라이나운하, 북크림운하를 건설하는 사업도 이 계획에서 나왔다. 개발에 포함된 땅은 약 2500만ha였다. 이 모든 사업을 아울러 '공산주의의 위대한 건설 공사'라 한다.[26] 스탈린은 세계에 경관을 개조하겠다는 새로운 야심을 드러냈다. 신생 독립국, 특히 코민테른에서 학습한 혁명가가 이끄는 나라들이 소련식 모델을 뒷걸음질 치지 않고 경제 성장을 이룰 비결로 보았다.

그러나 자연개조 대계획은 1953년 3월에 스탈린이 죽자마자 무너졌다. 권력을 쥔 니키타 흐루쇼프Nikita Khrushchev가 집산화를 비판했다. 1953년 9월에는 집산화의 성과가 형편없었다며 집단 농장의 효율이 손톱만큼 올라갔을 뿐이라고 지적했다.[27] 그러나 이런 상황에도 스탈린의 유산이 나아갈 방향은 흔들림이 없었다. 흐루쇼프 체제에서도, 후임인 레오니트 브레즈네프Leonid Brezhnev 체제에서도 집단 농장이 현대식 국영 농공단지로 모습을 바꿔, 이용할 만한 땅을 거의 모두 경작했다.[28]

그 뒤로 30년 동안 소련은 약 3000만ha를 개간하거나 관개지로 바꾼다. 그러나 농장의 효율이 워낙 떨어져, 물 공급이 늘어났는데도 생산량이 늘지 않았다.[29] 계획에 따른 현대화의 힘을 철석같이 믿은 소련 지도자들이 국가를 서서히 내분으로 몰아갔다.

릴리엔솔의 해법

아시아 한복판에 집중해 부상한 소련식 경제 모델에 미국의 정책 입안자들이 큰 관심을 보였다. 1951년에 데이비드 릴리엔솔이 종합 잡지 《콜리어스》의 취재 차 인도와 파키스탄을 둘러봤다. 민간인 자격이었지만, 릴리엔솔은 평범한 관광객이 아니었다. 테네시강유역개발공사를 떠난 뒤 미국원자력위원회 초대 위원장을 지냈고, 개인 컨설팅 회사를 운영하던 당시에도 정계에 인맥이 탄탄했다.[30] 인도와 파키스탄을 둘러본 릴리엔솔은 특히 잠무 카슈미르를 둘러싼 분쟁을 크게 우려했다.

영토를 나눌 때 번왕국 잠무 카슈미르를 통치한 마하라자(인도, 동남아에서 통치자를 일컫는 말-옮긴이)는 하리 싱Hari Singh이었다. 싱은 힌두교도였지만, 총리인 셰이크 압둘라Sheik Abdullah와 백성 대다수가 모슬렘이었다. 인도가 독립해 영토를 나눌 때, 여러 번왕국이 인도나 파키스탄에 합류할지 독립 왕국으로 남을지를 결정해야 했다. 히말라야의 스위스를 꿈꾼 싱은 독립국으로 남고 싶었지만, 끝내 인도에 합류했다. 수도 스리나가르 서쪽의 모슬렘 다수 지역인 푼치에서 감당하기 어려운 반란이 일어날까 두려웠기 때문이다. 인도 합류에 반발한 변경 지역 모슬렘 부족이 카슈미르를 습격하자, 싱이 인도 수상 자와할랄 네루에게 원군을 요청했다. 네루가 비행기로 군대를 투입했다. 이에 맞서 파키스탄 정규군이 잠무 카슈미르로 들이닥쳤다. 전투가 시작되었다. 마침내 유엔 안전보장이사회가 중재에 나선 덕분에 휴전이 선언되었고, 양쪽 사이에 휴전선이 그어졌다.[31]

1951년에 아시아를 둘러싼 정치권의 물 경계선이 파키스탄과 인도 사이에 새로 만들어진 통제선으로 이동했다. 릴리엔솔은 분쟁 당사국이 인도와 파키스탄만이 아닌 상황을 알아챘다. 여기에는 중국, 티벳 그리고 가장 중요한 소련까지 얽혀 있었다. 릴리엔솔은 카슈미르를 가리켜 "공산주의가 인도-파키스탄 아대륙의 풍부한 전략 물자와 인력으로, 또 인도양으로 뻗어나갈 관문"이라 일컬었다.³² 잠무 카슈미르는 두 냉전 세력이 맞닿은 접경이었다.

미국에 인도는 아시아에 영향을 미칠 새로운 기회, 새비지를 중국에 보냈을 때 놓쳤던 기회였다. 얼마 전 한국전쟁이 일어나 국제 사회에 큰 파장을 일으켰다. 중국과 마찬가지로 인도도 인구가 엄청났고 또 가난했다. 인도와 파키스탄이 충돌할 위험이 심상치 않게 컸다. 종교전으로 번진다면 이슬람권이 파키스탄을 도왔을 테니, 인도도 동맹군을 구해야 했을 것이다. 그랬다면 소련과 중국이 인도 아대륙에 공산주의를 퍼뜨릴 셈으로 지원군을 보내 상황을 유리하게 이용하려 했을 것이다. 그러니 인도를 소련과 공산주의 세력권에서 끌어내 미국의 세력권으로 끌어당길 천금 같은 기회를 놓칠 수 없었다.

릴리엔솔은 긴장을 일으키는 주요 원인이 두 나라가 관개용수를 공유해서라는 것을 알아챘다. "어떤 군대가 포탄을 퍼부은들, 인도가 파키스탄 사람들과 농경지의 젖줄인 수원을 영원히 끊는 것만큼 파키스탄 땅을 철저히 파괴하지는 못한다." 카슈미르가 유엔이 마주한 아주 시급한 문제였는데도, 인더스강으로 흘러드는 물 3분의 2가 카슈미르에서 발원한다는 사실을 반영하는 논의가 없어 보였다. 파키스탄 수상 리아콰트 알리 칸Liaquat Ali Khan이 릴리엔솔을 만난 자리에서 카슈미르를 가리켜 "파키스탄이 쓴 모자"라 불렀다. "인도가 이 모자를 벗기는데도 내가 가만있으면, 나는 언제나 인도에 휘둘릴 겁니다." 그야말로 두 나라의 갈등을 잘 드러낸 태도였다.

릴리엔솔이 해법을 제안했다. 릴리엔솔이 보기에 인더스강의 강물 중 관개용수로 사용되는 물은 5분의 1뿐이었다. 나머지는 헛되이 아라비아해로 흘러 들어갔다. 이 물을 이용할 수 있다면, 두 나라의 수요를 모두 채울 수 있을 터였다. 파키스탄이 인도와 협력해 인더스강을 공동으로 사용한다면 파키스탄의 물 사용을 승인할 수 있을 터였다. 문제는 헛되이 바다로 흘려보내는 물을 어떻게 저장하느냐였다. 릴리엔솔은 세계은행의 도움을 염두에 둔 듯 "공동으로 자금을 지원받아" 인더스강 개발공사를 만든 뒤 어디든 최적지에 두 나라에 모두 도움이 될 댐을 짓자고 제안했다. 정치 문제가 아닌 기능 문제에서 비롯한 계획이라면, 기반 시설을 건설한 뒤 농경지의 생산성을 올려 융자를 상환할 수 있을 테니 건설 기금을 지원받을 수 있었다. 다시금 테네시강유역개발공사가 재현되었다.

무너지는 제국

파키스탄과 인도가 공유하는 복잡한 물 경관 때문에 몇십 년 동안 냉탕과 온탕을 오갈 갈등이 일어났지만, 곳곳에서 물 기반 시설에 투자하려는 활동이 속도를 높이고 있었다. 영국마저 무너지는 제국을 구할 마음에 물 기반 시설에 관심을 보였다.

아프리카는 오래되고 드넓은 대륙이다. 고원과 고지대가 수천 킬로미터나 펼쳐지다가 바닷가 가까이에서 가파르게 낮아진다. 다른 대륙에 견줘 산맥은 별로 없다. 아틀라스산맥, 에티오피아고원, 케냐고원, 앨버트 지구대, 앙골라고원이 거의 전부다. 바로 이 산맥들이 아프리카에 물을 공급하는 물탱크다.[33] 이런 산맥들이 비와 눈을 가로막는 곳에서 여러 긴 강이 발원한 뒤 건조 지역이나 반건조 지역으로 흘러든다.

식민주의는 아프리카의 지리를 깡그리 무시한 채 대륙을 자치령, 보호령, 속령으로 쪼갰다. 그리고 식민지 시대가 끝난 뒤 들어선 국민 국가들이 이런 행정 구역을 그대로 이어받았다.[34] 이런 국경선 탓에, 건조 지역이나 반건조 지역에 유난히 많이 자리 잡은 내륙 국가들이 여러 나라를 지나는 긴 강을 나눠 써야 했다.[35] 아프리카에서 산업화의 꿈이 꿈틀거리자, 골치 아픈 문제들이 모습을 드러났다.[36]

2차 세계대전 뒤, 영국이 대영제국의 시대가 끝날 것을 깨달았다. 아프리카 민족주의를 부르짖는 아프리카민족회의와 인종 분리를 부르짖는 남아프리카 백인 정착민 아프리칸더의 충돌로 제국이 쪼개졌다. 아프리카로 세력권을 넓히고 싶어 안달이 난 미국과 소련이 날로 거세게 압박하는 가운데, 구석에 몰린 대영제국이 제국에 다시 활기를 불어넣을 마지막 발버둥을 치기로 했다. 핵심은 물 기반 시설에 투자하는 것이었다.

1953년, 영국이 식민지 세 곳을 합쳐 중앙아프리카연방을 만들었다. 대상은 북로디지아(오늘날 잠비아), 남로디지아(오늘날 짐바브웨), 니아살랜드(오늘날 말라위)였다. 겉으로는 다민족주의와 협력을 내세웠지만, 실제로는 값진 땅과 광물자원을 잃지 않으려는 필사적인 그리고 끝내는 실패로 끝날 실험이었다.[37] 영국은 먼저 소수인 백인에게 권력과 자치권을 주되 시간이 지나면 흑인에게도 기회를 늘리겠다고 주장했다. 한동안은 중앙아프리카연방이 경제 성과를 높였다. 달리 말해 투자가 늘어났다. 그 중심에 잠베지강이 있었다.

잠베지강은 콩고강만큼은 아니어도 아프리카 남부에서 가장 큰 강이었다. 게다가 중앙아프리카연방 한가운데를 가로질렀으니, 주요 개발 대상이 될 수밖에 없었다. 잠베지강의 흐름은 크게 세 단계로 나뉜다. 발원지에서부터 오늘날 잠비아와 짐바브웨의 경계에 있는 빅토리아폭포까지는 흡수성이 좋은 평지를 따라 흐른다. 완만하게 폭이 넓어지는 이 강줄기에서는 사시사철 물에 잠겨 무산소 상태인 토양이 대부분이라 나무가 자라지 못하고 키 큰 풀로 뒤덮여 있다.[38] 반투어로 모시 와 툰야Mosi-oa-Tunya(천둥 치는 연기)인 빅토리아폭포에서는 강이 마지막 협곡인 카호라바사로 빠르게 굽이쳐 내달린다. 그리고 마지막으로 모잠비크의 해안 평야를 지나 바다로 향한다.

대영제국이 생각해보니 이 엄청난 잠재 전력을 이용하면 전기가 부족한 잠비아 북부의 구리 광산 지대에 전기를 공급할 수 있었다. 그때까지 유일한 대안은 기차로 석탄을 실어와 화력발전을 하는 것뿐이었다. 당시 널리 상용화된 330kV 장거리 송전선이 기회를 열어젖혔다.[39] 잠베지강에 커다란 수력발전소를 세우면 2000km 넘게 떨어진 곳까지 전기를 보낼 수 있어, 오늘날 잠비아에 속하는 북부의 코퍼벨트와 짐바브웨에 속하는 남부 하라레까지 다다를 수 있었다. 그래서 빅토리아호수와 카호라바사 사이에 카리바댐을 세웠다.[40]

카리바댐은 1955~1959년에 지어진 이중 곡률 아치형 콘크리트 댐으로, 설비 용량이 거의 15억 와트에 이르러 중앙아프리카연방의 전력량을 세 배로 늘릴 것으로 예상되었다. 카리바댐 건설은 1950년대에 세계 어디에서도 찾아보기 어려운 최대 개발 공사였다. 국가 주도 개발에 과감히 승부수를 던진 공사이자, 북부와 남부에 전기를 공급할 엔진이었다.[41] 민간 기부자와 세계은행이 자금을 댔고, 이탈리아와 프랑스의 전문가들이 건설을 맡았다.

카리바댐은 예정보다 빠른 1960년 5월 17일에 예산보다 적은 비용으로 완공되었다. 댐 완공은 엄청난 성공이자 전후 개발 공사의 금자탑으로 보였다. 그러니 중앙아프리카연방의 건축가들이 자기네가 대영제국을 구했다고 깜빡 잘못 생각했을지도 모른다. 그러나 댐만큼이나 큰 난관이 나타났다. 댐으로 만들어진 카리바호는 저장량이 1800억㎥로, 지금까지도 세계에서 가장 큰 인공 호수일 만큼 어마어마하게 컸다. 그런데 이런 호수가 지각 변동이 활발한 동아프리카 지구대의 남쪽 끝에 자리 잡았으니, 엄청난 물 무게로 얕은 지진이 일어날 위험이 있었다.

처음에 카리바댐 설계자들은 카리바호가 만 년에 한 번 있을까 말까 한 큰 홍수에도 끄떡없게 설계할 생각이었다. 그런데 참고할 자료가 드물었을뿐더러 믿을만하지 않았다. 댐을 짓던 중인 1957년, 기록상 가장 큰 홍수로 최고 초당 8000㎥ 넘는 물이 쏟아져 모든 기대를 무너뜨렸다. 서둘러 여수로를 늘려야 했다. 이듬해에도 예상치 못한 홍수가 덮쳐 여수로를 더 늘려야 했다.

카리바호는 건조한 지형을 커다란 호숫가로 바꿔놓았다. 백인 정착민에게는 멋지기 그지없는 변화였지만, 댐을 짓느라 통가 종족 5만 7000명이 터전을 옮겨야 했고, 5500㎢에 걸쳐 모든 생태 과정이 모조리 파괴되었다. 카리바댐 건설은 당시 인류 역사에서 한 번 만에 생태계를 가장 빠르고 되돌릴 길 없이 파괴한 행위였다.[42] 카리바댐은 경제 성장에 저절로 동력을 공급하고 안정성을 제공하리라는 믿음 속에 거대한 경관을 서로 연결된 에너지 체계로 묶으려는 시도였다. 그러나 그런 믿음은 이뤄지지 않았다. 중앙아프리카연방 곳곳에서 독립을 외치는 목소리가 부글부글 끓어 올랐다.

전후 세계에서 물의 역사는 투자의 역사였다. 냉전에서 비롯한 갈등이 대형 기반 시설 개발을 가로막았다. 두 경제 체제 사이에 벌어진 근본적인 경쟁이 모두 19세기에 뿌리를 두었으므로, 두 체제 모두 물 중심 성장 방식에 몰두했다. 공산주의와 자본주의 모두 국가를 위해 환경을 활용하려 했다. 그러나 물밑에서 정치 체제 사이에 경쟁이 벌어진 탓에, 수자원 개발이 국가가 손에 쥔 중립적인 도구가 되지 못했다. 그러기는커녕 국가가 물 기반 시설을 통해 국가의 기반 구조를 드러냈다. 물 경관과 관련한 결정을 내리는 곳이 권력을 쥐었다.

[18]
발을 넓히는 미국

인더스강의 해법

냉전이 정점에 이르렀을 때 미국이 세계를 위한 최고 수문학자라는 역할을 기꺼이 받아들였다. 개간국이 국제 활동을 전문 분야로 확장했다. 이미 1953년에 100명 넘는 직원이 20개 넘는 국가에 자문을 건넸다. 미국의 주요 도구는 아메리카 대륙의 복잡한 물 특성에서 경험을 쌓은 기술 기관들이었다. 미국의 지원으로 가장 두드러지게 혜택을 누린 곳은 인도 아대륙이었다.

파키스탄과 인도 순방에서 돌아온 릴리엔솔이 잡지 〈콜리어스〉에 기사를 한 편 실었다. 아이디어 하나가 역사의 수레바퀴를 돌릴 수 있다면, 이 기사가 바로 그런 예다.[01] 기사를 읽은 세계은행 총재 유진 R. 블랙Eugene R. Black Sr.이 릴리엔솔의 의견을 받아들이기로 한 것이다.[02] 세계은행은 인도와 파키스탄 분할로 이러지도 저러지도 못하는 상황이었다. 파키스탄과 인도 모두 이사회에서 한 자리를 차지했기 때문이다. 수틀레지강에 바크라댐을 건설할 차관을 인도에 제공하려 했지만, 파키스탄이 반대했다. 그러자 이번에는 인도가 파키스탄이 인더스강에 코트리 보를 건설하게 도울 차관을 제공하지 못하도록 막았다. 그러니 무엇이든 갈등을 극복할 만한 방법이라면 마다할 까닭이 없었다. 블랙이 인도 수상과 파키스탄 수상 양쪽에 서신을 보내 공학 기술을 바탕으

313

로 문제를 해결할 수 있다는 릴리엔솔의 제안을 언급하고, 세계은행이 뛰어난 인력, 기술 자문, 자금을 지원하겠다고 제의했다.[03]

다행히 블랙의 제의가 교착 상태를 깨기에 알맞은 시기에 나왔다. 인도와 파키스탄 모두 이 조건을 받아들여 협상에 나섰다. 세계은행의 기술 고문은 미국 육군 공병대 출신인 퇴역 중장 레이먼드 A. 휠러Raymond A. Wheeler였다.[04] 실제로 모범 해법은 미국과 미국의 지리였다. 인도 쪽 협상가 니란잔 굴하티Niranjan Das Gulhati가 인더스강을 컬럼비아강에 빗대 설명했다. 처음에 휠러는 릴리엔솔이 생각했던 경계선을 따라 통합 방안을 세우려 했다.[05] 그러나 실패했다. 협상이 타결되려면 릴리엔솔이 제안한 통합 체계에서 벗어나야 했다.

1954년, 인더스강 지류 여섯 개를 각각 세 개씩 나눠 갖자는 제안이 등장했다. 단, 파키스탄이 동쪽 지류를 잃는 대신 서쪽 지류에서 물을 공급받을 운하를 건설할 수 있도록 이행 기간을 둬야 했다. 이 제안은 물 분할이라기보다 강 분할이었다.[06] 행정 구역이 자연을 따르기보다 자연이 행정 구역을 따르게 하자는 요청이었다. 원칙에서는 합의가 이뤄졌다. 뒤이어 세부 사항을 조율할 기나긴 협상이 이어졌다.

핵심 쟁점은 세 가지였다. 첫째, 파키스탄은 송수로 대체가 그저 송수 체계를 새로 건설한다고 해결될 일이 아니니 물을 어느 정도 저수해야 한다고 생각했다. 이는 급수 체계에 크나큰 변화였다. 건설 자금을 꽤 떠안아야 하는 인도가 여기에 의문을 제기했다. 둘째, 인도도 잠무 카슈미르 지역에서 관개용수를 이용할 수 있다는 승인을 원했는데, 그러려면 서쪽 지류의 물길 일부를 잠무 카슈미르로 돌려야 했다. 물을 얼마나 많이 잠무 카슈미르로 보낼지는 특정하지 않았지만, 원칙에서는 이 부분에 합의가 이뤄졌다. 셋째, 인도가 인도 땅을 지나는 모든 강에 수력발전소를 건설하기를 바랐다. 그런데 파키스탄은 자기네 것이라 여기는 강의 물을 인도가 가두는 데 반대했다. 따라서 서쪽 지류에는 물을 많이 저수하지 않고 흐르는 물을 이용하는 수로식 수력발전소만 세우자고 절충했다. 파키스탄 소유인 강 상류에는 어떤 대규모 저수 시설도 세워서는 안 됐다.

제안에 따르면 파키스탄은 인더스강, 젤룸강, 체나브강에, 인도는 라비강, 베아스강, 수틀레지강에 소유권이 있었다. 인더스강과 젤룸강에 새로 송수로를 건설할 자금 10억 달러가 1960년에 확보되었다. 이 가운데 5분의 1은 인도가 대기로 했다. 세계은행이 기금을 댈 기부자와 기관을 한데 모을 파키스탄 원조 협의체를 꾸렸다. 파키스탄 소유인 지류의 인도 쪽 강줄기에 추가로 관개 시설과 수력발전소를 세우는 문제는 여전히 풀리지 않았다. 협상단은 분쟁 해결 방식을 적용하기로 했다.[07] 방식은 이랬다. 처음에는 인도와 파키스탄의 전문 위원으로 구성된 협상단이 해결에 나선다. 이때 해결책을 찾지 못하면 의견이 갈리는 본질에 따라 세계은행이나 국제중재재판소가 지명한 중립적 전문가에게 해결을 맡긴다.[08]

길게 이어진 협상 끝에 마침내 1960년에 파키스탄 대통령 모하메드 아유브 칸Mohammad Ayub Khan과 인도 수상 자와할랄 네루가 인더스강 조약에 서명했다. 완벽하지는 않아도, 인더스강 조약은 여러모로 협력을 상징하는 기념비였다. 놀랍게도 조약은 1965년 인도-파키스탄 전쟁, 1971년 방글라데시 독립, 1999년 카르길 전쟁(파키스탄이 인도령 잠무 카슈미르주 카르길을 불법으로 점령해 일어난 전쟁-옮긴이) 속에서도 세월의 시험을 견디고 살아남았다.

혹시 국제 조약이 과연 한낱 종잇장에 그치지 않겠느냐는 의심이 든다면, 인더스강 조약은 그 의심이 틀렸다고 입증했다. 조약은 물리적으로 큰 영향을 미쳤다. 협상이 시작된 뒤로 바크라댐을 건설하기 전까지만 해도, 전체 운하 체계가 의존할 곳이라고는 히말라야의 눈과 빙하가 녹은 물뿐이었다.[09] 조약이 체결된 뒤로는 망글라댐과 타르벨라댐, 강을 연결하는 운하 9개, 보 3개가 건설되어, 인더스강이 두 나라에 도움이 될 길을 열었다.

오늘날에도 지구에서 가장 큰 접속 관개contiguous irrigation(여러 강을 운하로 연결한 관개 방식-옮긴이) 체계인 인더스강의 관개 체계는 예나 지금이나 인간이 이룩한 놀랍기 그지없는 성과다. 1400만ha가 넘는 유역을 통제하고, 물 220억㎥를 저장한다. 보가 16개, 강을 연결하는 운하가 12개, 사이펀 여수로가 2개, 주요 운하가 43개고, 운하 총길이가 약 5만 7000㎞로 적도 둘레보다 더 길다.[10] 말 그대로 기반 시설이라 할 만하다.

에티오피아의 강 길들이기

아프리카에서도 기반 시설 개발이 빠르게 이어져, 미국이 외교 정책에서 쓸 수 있는 가장 뛰어난 수단이 기반 시설 개발이라는 것을 다시금 증명했다. 기반 시설 개발을 가장 먼저 받아들인 나라는 아프리카에서 보기 드물게 계속 독립을 지킨 에티오피아였다. 루스벨트 대통령은 2차 이탈리아-에티오피아 전쟁 중에 하일레 셀라시에 황제가 영국으로 망명했을 때 처음으로 친분을 맺었다. 루스벨트는 에티오피아가 발전하도록 지원하겠다고 손을 내밀었다. 물론 여기에는 에티오피아 수도 아디스아바바를 항공 기지로 활용해 미국의 항공 운수 사업을 확장하려는 의도가 깔려 있었다.

에티오피아와 미국의 관계는 트루먼 대통령 시절 한층 깊어졌다. 미국이 아프리카의 뿔을 전략적 요충지로 인식했기 때문이다. 트루먼이 셀라시에 황제에게 자신이 내세운 개발도상국 원조계획 포인트 포에 맞춰 에티오피아의 농업 분야를 발전시킬 기술 지원을 제안했다. 1954년에 셀라시에 황제가 마침내 미국을 방문했다. 순방 일정에 미국의 발전을 상징하는 유명한 기반 시설을 몇 군데 방문하는 것도 포함되었다. 테네시강유역개발공사는 말할 것도 없고, 컬럼비아강과 그곳의 그랜드쿨리댐이 셀라시에의 마음을 사로잡았다.

이 순방 뒤 1953년에 개간국 전문가들이 특히 청나일강과 아와시강에 초점을 맞춰 에티오피아의 수자원을 조사했다. 암하라주, 오로미아주, 소말리주에 걸쳐 있는 아와시강은 지표수가 모여드는 커다란 배수유역으로, 아디스아바바 근처의 고원에서 발원해 아파르주로 흘러들었다가 지부티 국경에 있는 소금 호수 아베호에서 여정을 마친다.[11] 아와시강 유역은 에티오피아에서 가장 비옥한 데다 아디스아바바를 통해 꽤 쉽게 시장에 접근할 수 있어, 에티오피아에서 경제 개발 원조를 펼치기에 가장 눈에 띄는 곳이었다. 이탈리아도 에티오피아를 정복했을 때 아와시강 지류인 아카키강에서 수력발전을 시작했었다. 2차 세계대전 뒤 1947년 파리 조약에 따라 전쟁 배상금을 물어야 했을 때도 아와시강에 코카 수력발전 댐을 건설하는 것으로 갈음했다.

이탈리아가 추구한 개발은 미국이 추구한 개발과 사뭇 달랐다. 이탈리아도 에티오피아도 여러 수력발전 사업을 서로 상관없는 별도 사업으로 여겼다. 이와 달리 미국 개간국 직원들은 거시 경제 관점에서 사업을 들여다봤다. 즉 유역 전체를 개발하는 데 초점을 맞췄다. 아와시강을 수력발전과 더불어 관개용수로 활용할 가능성이 자연스럽게 눈에 들어왔다. 아와시강을 개발하는 목적은 그저 전력 생산만이 아니었다. 가장 큰 경제 성과를 내도록 수자원을 배분하는 것도 목적이었다.

1962년, 테네시강유역개발공사를 본떠 아와시강유역개발공사AVA가 설립되었다. 목적은 아와시강 유역의 수자원을 중심으로 전체 지역을 개발하는 것이었다. 여기에는 수력발전, 상업용 관개 체계, 부수 사업이 포함되었다. 지부티까지 철로가 이어진 덕분에 상품이 국제 시장으로 나갈 수 있었으므로, 아와시강이 특히 돋보이는 선택이었다.[12] 그런데 밑바탕이 되는 제도는 들여오지 않은 채 개발 방식만 덜컥 수입한 것이 불씨를 남겼다.

아와시강을 개발하려면 에리트레아, 에티오피아, 지부티에 넓게 퍼져 목축으로 살아가는 아파르족이 정착해야 했다. 이들이 오랜 세월 가축에게 풀을 먹였던 땅을 이제 중앙 정부가 사용하려 했다. 아파르족은 반유목생활을 하는 부족이라 근본 생활 방식이 아와시강 사업이 추진하는 개발 방식과 공존하기 어려웠다. 농산물 생산을 높이고자 특정 목축지를 수용한 것이 유목 생활과 충돌했다. 목축지가 줄자 아파르족이 가뭄에 더 취약해졌다.[13] 토지 수용으로 얻은 이익도 매우 불공평하게 배분되었다. 놀랄 것도 없이 아파르족은 아무런 혜택을 누리지 못했다. 개발 뒤로 첫 가뭄이 덮치자, 기근이 뒤따랐다.

아와시강유역개발공사의 잘못은 일관성과 협력이라는 목적을 크게 가로막을 복잡한 긴장과 권력 구조가 오랫동안 존재했는데도 이런 배경에 근대화 모델을 강제로 적용한 것이다. 아와시강 유역 개발은 미국의 경험이 어떻게 잘못 해석될 수 있는지를 보여주는 지극히 나쁜 사례였다. 여러 결점이 있었어도, 테네시강유역개발공사가 최종 수혜자로 삼은 대상은 테네시강 유역의 주민들이었다. 이와 달리 아와시강유역개발공사는 수출 증가를 목적으로 기반 시설과 상업형 농업을 키우고자 설계되었고, 따라서 고객이 아와시강 유역의 지역민이 아니라 중앙 정부였다. 미국의 경험을 본떠 시작한 개발이 한순간에 전체주의 통치의 상징으로 바뀌었다.

아프리카의 물 독립

아프리카에서 냉전이 한창일 때 미국이 물 기반 시설을 다루는 경험과 전문 기술이 정점에 올랐다. 이 무렵 마침내 식민주의라는 족쇄에서 벗어나 새로 독립한 아프리카 국가들이 나라를 번영의 길로 이끌 개발 방식을 찾고 있었다. 20세기 초부터 아프리카 디아스포라 사이에 민족주의 운동이 자라났다. 미국의 듀보이스W. E. B. Du Bois 같은 저술가부터 가나의 콰메 은크루마Kwame Nkrumah, 케냐의 조모 케냐타Jomo Kenyatta, 탄자니아의 줄리어스 니에레레Julius Nyerere 같은 정치 지도자들이 변화를 일으킬 준비를 하고 있었다.[14] 그리고 2차 세계대전 뒤, 이들이 아프리카 대륙의 운명을 결정한다.

카리바댐을 건설할 무렵 대영제국은 멀리 떨어진 식민지 영토를 제대로 통제할 능력이 없었다. 1947년에 인도가 독립하자 제국의 크기가 반으로 줄었다. 2차 세계대전이 끝난 뒤로는 식민지들이 도미노처럼 잇달아 떨어져 나갔다. 1957년에 가나, 1960년에 나이지리아, 1961년에 시에라리온과 탕가니카, 1962년에 우간다, 1963년에 케냐가 독립했다. 1963년에는 중앙아프리카연방이 끝내 해체되었다. 1964년 들어 잠비아와 말라위가 독립했다. 1965년 11월 11일에 남로디지아의 백인 민족주의자들이 권력을 장악하고 일방적으로 로디지아공화국으로 독립했다.[15] 아프리카에서 마침내 대영제국이 사라졌다. 이제는 아프리카 사람들에게 어떻게 더 나은 미래를 전달하느냐는 물음에 새로 독립한 나라들이 답해야 했다.

이제 두 나라의 국경이 된 카리바호가 잠비아와 로디지아공화국 사이에, 뒤이어 잠비아와 짐바브웨 사이에 긴장과 협력을 일으키는 원인이 되었다. 원래는 대영제국이 남로디지아의 산업화를 돕고자 잠베지강 남쪽 강둑에 첫 발전소를 지을 계획이었다.[16] 그런데 로디지아가 일방적으로 독립을 선언하자, 잠비아가 곤란해졌다. 구리 산업을 카리바호에서 나오는 전력에 완전히 의존했기 때문이다.[17] 전후 호황으로 에너지 수요가 늘고 있었다. 잠비아는 원래 카리바호 북쪽에 지으려던 발전소를 계속 추진하기보다(이 발전소는 1977년에야 완공된다) 잠베지강에서 가장 큰 지류인 카푸에강에 다른 댐을 짓기로 했다.

두 나라의 관계에서 핵심은 잠베지강의 꽤 중요한 자원을 나눠 쓰려는 투쟁이었다. 1970년대 후반에 구릿값이 내려가자 잠비아와 로디지아에서 모두 전력 수요가 줄었다. 로디지아에서 흑백 갈등이 내전으로 치달아, 마침내 1980년에 짐바브웨가 탄생한다. 이 무렵에는 전력을 공급하는 쪽이 짐바브웨가 아니라 잠비아였다.[18] 어느 정도였냐면 잠비아에서 광물 다음가는 수출품이 전기였다. 여기서 보듯이 물 기반 시설에 근거한 하이모더니즘 개발 사업은 명확한 제도가 뒷받침해야만 성공했다. 같은 기술일지라도 배경이 바뀌면 성공이 곧잘 실패로 뒤바뀌었다.

세계를 주름잡는 물 개발 방식은 미국식이었지만, 아프리카에서 독립을 주장하는 반제국주의 운동은 대부분 사회주의에서 영감을 받았다. 전환이 일어난 계기는 1945년 10월에 맨체스터에서 열린 7차 범아프리카회의였다. 2차 세계대전 전까지 엘리트와 지식인이 주도했던 범아프리카회의가 이 회의에서 사회주의를 완전히 받아들였다. 민족주의와 마르크스 사회주의 이념이 결합한 결과, 아프리카 곳곳에 마르크스·레닌주의가 퍼졌다.[19] 가나의 콰메 은크루마 같은 많은 혁명가가 계획 경제 모델을 기꺼이 받아들였다. 제도보다 기술에 기댄 시설인 카리바 댐이 아프리카 전체가 수력발전으로 전환하게 이끌었다.[20] 미국과 소련의 경험을 발판으로, 독립운동이 기술에 전념했다.[21]

가나의 초대 수상이자 초대 대통령 은크루마가 1961년에 펴낸 책 《자유를 말하다 *Speak of Freedom*》에 이렇게 적었다. "아프리카인 대다수는 가난하다. 그러나 우리 대륙에는 부유해질 잠재력이 어마어마하게 많다. …모든 경제 발전에서 중요한 요인인 전력을 예로 들어보자. 발전에 쓸 수 있는 전 세계 포장 수력에서 유럽은 약 10%, 북아메리카는 약 13%를 차지한다. 이에 견줘 아프리카는 무려 40%가 넘는다. 그런데 지금껏 개발된 비율은 채 1%가 되지 않는다. 이것이 우리 아프리카가 풍요로운 가운데 가난하고 풍부한 가운데 결핍을 겪는 이유 중 하나다." [22] 이곳에서도 강의 힘이 번영으로 가는 길이 되고 있었다.

은크루마는 아서 루이스를 초대해 가나의 경제 고문으로 삼았다. 아프리카의 많은 지도자가 그랬듯, 은크루마도 발전 계획을 세울 때 커다란 댐을 중심에 뒀다.[23] 주인공은 볼타강에 세워진 아코솜보댐이었다. 루이스와 은크루마는 초기 단계에서부터 볼타강 개발 사업을 놓고 의견이 갈렸다. 두 사람 모두 볼타강 개발이 지닌 잠재력에는 동의했다. 그런데 은크루마는 이 중요한 사업에서 정치적 가치를 봤고, 이와 달리 자신이 옹호한 경제 개발 모델에 충실한 루이스는 많은 사람을 고용할 수입 대체 산업에 투자하지 않은 채 값싼 전기를 공급하면 외국 자본이 군침을 다실 자본 집약적 산업화로 이어질 뿐이라고 걱정했다. 이런 상황에서 대개 그렇듯 결국은 눈앞의 이익을 노린 정치적 계산이 이겼고, 루이스는 가나를 떠났다.[24]

1960년, 벨기에에서 독립한 콩고에서 콩고강의 잉가 폭포를 개발하자는 논의가 일었다. 만약 콩고민주공화국 초대 수상 파트리스 루뭄바Patrice Lumumba가 모부투 세세 세코Mobutu Sese Seko의 쿠데타를 누르고 살아남았다면, 잉가 폭포 개발이 루뭄바의 유산이 되었을 것이다. 잉가 폭포는 20세기 초에 미국이 상업용 수력발전을 조사했을 때 어마어마한 잠재력을 확인한 곳이다. 폭포는 30㎞에 걸쳐 길게 굽이친 물길이 둘로 갈리는 대목에 있었다. 350㎞에 걸쳐 270m 낙차로 흐른 강줄기가 급격

히 오른쪽으로 방향을 틀어 마침내 약 15㎞에 걸쳐 96m 낙차로 떨어진
다. 콩고강의 유수량이 많고 변화가 크지 않은 덕분에, 독특하게도 이곳
강 양쪽의 굴곡진 부문을 연결하면 커다란 저수지를 만들지 않아도 어
마어마하게 많은 수력 전기를 생산할 수 있었다.[25] 잠재력을 따져보니
세계 최대로, 후버댐보다 대략 20배나 더 컸다. 강어귀에서도 꽤 가까
워, 제조업과 항구에 접근하기도 좋았다.

　역시나 이때도 에드가 드트윌러라는 미국 투기꾼이 '그랜드 잉가' 개
발 합의서에 서명하라고 루뭄바를 설득했다. 그러나 루뭄바가 다른 아
프리카 국가의 압박에 발을 뺐고 끝내는 쿠데타로 목숨을 잃었다.[26] 그
뒤로 모잠비크에서 카호라바사댐이 건설되었다. 1960년대 중반에서
1970년대 초, 아프리카가 수력발전에 눈을 떴다. 그러나 안타깝게도 때
가 늦었다. 부유한 국가들이 이미 수력발전 기술에 관심이 시든 뒤였
다. 에너지 분야의 대세가 석유로 바뀌었다.

물기 많은 사막, 파키스탄

수자원 개발 계획에서 세계적으로 이론의 여지가 없는 선진국은 미국
이었다. 그리고 파키스탄 쪽 인더스강에서 그 능력을 최고로 실현한다.
1961년에 파키스탄 대통령 아유브 칸이 워싱턴에서 미국 대통령 존 F.
케네디John F. Kennedy를 만났다. 파키스탄이 소련에 맞서 방어선을 구축
했다고 생각한 백악관은 아유브 칸이 케네디 대통령에게 전임 드와이트
D. 아이젠하워Dwight D. Eisenhower의 군사 원조 정책을 이어갈 것을 요청
하리라고 봤다. 그러나 당시 주인도 대사이자 네루와 가까웠던 존 케네
스 갤브레이스John Kenneth Galbraith는 파키스탄에 군사를 원조하면 인도도
똑같이 군사 원조를 요구할 것을 잘 알았다. 그렇게 양쪽에 군사를 원
조했다가는 군비 경쟁이 벌어져 카슈미르를 둘러싼 갈등이 고조될 터

였다. 카슈미르는 공산주의가 득세한 아시아 한복판에 있는 폭탄이었다. 그런데 무기를 줄 수 없다면 무엇을 줘야 할까?

케네디 대통령이 조언을 구하고자 과학자문위원회 위원장 제롬 위스너Jerome Wiesner를 불렀다. 위스너는 MIT에서 전기공학을 연구하는 교수였다. 공교롭게도 1961년에 MIT가 개교 100주년을 맞았고, 파키스탄 정부의 과학 고문인 파키스탄 물리학자 압두스 살람Abdus Salam이 기념식에서 연설할 예정이었다.[27] 위스너가 과학으로 개발도상국을 도울 길을 논의하는 토론회를 열었고, 살람이 이 자리에 참석했다.

한 발표에서 살람이 임페리얼 칼리지 런던에서 상사였고 자와할랄 네루의 가까운 고문이던 영국인 물리학자 패트릭 블래킷Patrick Blackett과 격렬한 설전을 벌였다. 블래킷은 개발도상국에 필요한 모든 기술을 '세계 과학 슈퍼마켓'에서 구할 수 있다고 주장했다. 그저 필요한 과학기술을 찾아 가져가기만 하면 된다는 뜻이었다. 살람이 단호하게 반박했다. 고객이 '과학 제품 슈퍼마켓'에 적힌 상표를 읽을 줄 아는 능력이 있어야 한다고 생각했기 때문이다. 살람은 이 주장을 뒷받침할 예로 파키스탄 쪽 인더스강을 언급했다. 인더스강 유역은 염분화와 침수로 농경지를 거의 50만ha나 잃었다. 이 문제에서 중요한 것은 과학기술만이 아니었다. 기술을 사용하는 요령, 이해력 그리고 무엇보다 중요하게도 깊은 연구가 필요했다.[28]

위스너가 여기서 기회를 알아봤다. 토론이 끝나자마자 살람에게 말을 걸었다. 바로 이 주제로 파키스탄 정부와 아유브 칸 대통령께 지원을 드릴 수도 있을 것 같습니다만. 살람도 이 제안에 동의했다. 그날 밤 위스너가 케네디 대통령에게 전화해 여러 정부 사업에 참여했던 과학자 로저 리벨Roger Revelle을 주축으로 특별지원단을 꾸리자고 제안했다. 다음 날 리벨, 위스너, 살람이 워싱턴에서 만나 계획을 짰다.[29]

리벨이 하버드대학교 응용과학부의 해럴드 A. 토머스[Harold A. Thomas Jr.]를 포함한 스무 명가량으로 팀을 꾸렸다. 하버드대학교 수자원 프로그램을 이끈 토머스는 그 무렵 수자원 문제에 시스템 분석과 선형 계획을 적용했었다.[30] 컴퓨터를 이용한 분석법은 나중에 물 문제 해결에서 필수 요소가 된다. 지원단은 몇 차례 파키스탄으로 날아가 펀자브주와 신드주를 방문했다.[31]

리벨은 비행기에서 내려다본 황폐한 경관을 이렇게 회고했다. "소금이 땅 위에 눈처럼 쌓여 있었다. 격자 모양 개간지 여기저기 버려진 마을이 마치 천공카드에 난 구멍 같았다." 서펀자브에서 극심한 침수와 염분화를 겪은 지역이 약 260만ha였고, 해마다 2만~4만ha씩 늘고 있었다. 신드주 북부에서는 관개용수를 사용한 160만ha 가운데 적어도 40만ha가 심하게 소금땅이 되었다. 신드주 남부에서도 40만ha가 농사를 짓지 못할 정도로 소금기가 쌓였다.

이제 문제는 명확했다. 관개 시설이 생기기 전에는 지하수면이 강 근처 지표면까지만 이어졌다. 그런데 영국이 인더스강 유역의 평원에 대규모 관개 시설을 도입하자 동쪽 관개 수로에서 물이 빠져나갔다. 운하가 널리 퍼뜨린 물 가운데 약 40%가 땅으로 스며들었다. 인더스강 유역이 워낙 평평해 수평 배수가 느리기 짝이 없어, 물이 땅 아래로 쌓였다. 관개용수가 지하수의 새로운 원천이 되었다. 그렇게 100년에 걸쳐 대수층이 채워졌다. 지하에서 올라온 물이 이윽고 지표면에 다다랐다. 파키스탄이 물기 많은 사막으로 바뀌고 있었다.

해법도 꽤 간단했다. 필요한 것은 수직 배수였다. 물이 옆으로 빠져나가지 못한다면, 위로 퍼 올려 다시 지표수에 집어넣어야 했다. 펀자브에서 이미 그런 목적으로 관 우물을 썼지만, 토머스가 분석해보니 기존 관 우물로는 아주 좁은 면적에서만 물을 빼낼 수 있었다. 측면에서 물이 다시 흘러들어오는 속도가 물을 퍼내는 지역의 둘레와 함수 관계였다. 이와 달리 지표수가 대기로 날아가는 증발 속도가 면적과 함수 관계였다. 면적이 커질수록 둘레 대비 면적의 비율이 커졌으므로, 증발량이 수평 배수를 앞질러 지하수면이 낮아질 터였다. 특별지원단은 물을 훨씬 더 많이 빼내도록 땅을 약 40만ha씩 구획하자고 제안했다.[32] 이 방식이 효과가 있었다.

1960년대에 이 배수 방식이 널리 퍼져, 깊은 관 우물 수천 개를 박아 지하수면을 낮추고 침수와 염분화 문제에 대처했다.[33] 마침내 40~120m 깊이로 관 우물 1만 5000개를 설치했다.[34] 실제로 이 방식이 효과가 매우 좋았다. 국가가 소유한 관 우물이 급증하자 모든 인더스강 유역, 특히 펀자브에서 사설 관 우물이 늘어났다. 1960년대 후반에는 사설 관 우물이 국유 관 우물의 숫자를 넘어섰다. 따라서 관개 시설에서 지하수의 역할이 커졌다. 1996년 들어 파키스탄에 설치된 관 우물이 무려 30만 개였고, 대다수가 펀자브 지역에 있었다. 이 관 우물들이 관개용수 40%를 공급했다. 2006년 들어서는 이 수치가 60%로 늘었다.[35]

지원단은 또 다른 면에서도 중요한 기여를 했다. 토머스와 리벨이 침수와 염분화 문제가 훨씬 더 광범위한 문제 즉 낮은 농업 생산성을 나타내는 징후라는 것을 알아챘다. 단원 중 한 명으로 미국이 건조한 서부로 확장할 때 남긴 유산인 농무부 염류연구소 소속 찰리 바우어Charlie Bower가 옥수수 줄기에서 이파리를 하나 뜯어내 몇 분 동안 꼼꼼히 살펴봤다. 그리고 고개를 들어 이파리에서 질소 결핍증 징후가 보인다고 알렸다. 소금기 말고도, 관개 효율 말고도, 다른 문제가 있었다.[36] 농부들이 물을 효과적으로 사용하지 않았다. 물을 제대로 쓰는 법을 알지 못했다. 현대식 비료와 관개 방식은 딴 세상 이야기였다. 문제는 과학기술이 아니라 사회와 경제에 있었다.[37] 파키스탄은 인더스강 유역의 생산성을 높여야 했다. 물을 흠뻑 주지 않은 것이, 넉넉하지 못한 물이, 더 정확히는 변변찮은 농업 생산성이 문제였다. 파키스탄 쪽 인더스강을 구하려면 작물 생산에 물을 훨씬 더 많이 써야 했다.[38] 실제로 뒤이어 일어난 녹색혁명이 펀자브를 바꿔놓았다.

새 제국을 알리는 기술자

이 장에서 살펴본 예들은 미국의 전문 지식이 세계 곳곳에서 전후 경관을 얼마나 크게 결정했는지를 보여준다. 특히 개간국이 미국 국무부의 대외 기술 기관으로 활동해, 수자원을 개발하려는 나라를 도왔다. 그렇게 도운 나라가 100개국이 넘는다. 관점에 따라 어떤 지원은 성과로 이름을 날렸고, 어떤 지원은 오명을 남겼다. 개간국은 청나일강 말고도 1960년대 내내 아프가니스탄에서 헬만드강 유역을 개발할 계획을 제공했다. 1960년대 후반에는 대한민국 한강 유역 개발을, 1964~1973년에 브라질 상프란시스쿠강 개발을, 1964~1974년에 태국과 라오스에서 메콩강 유역 개발과 파몽 개발을 지원했다. 지원 범위가 놀랍도록 다양했다.

대영제국의 제국주의에 반대하던 기조에서 소련의 세력권을 억누르는 쪽으로 방향을 틀었을 때, 미국은 기술 지원을 외교 수단으로 활용했다. 분쟁을 조정할 단독 기관이나 국제 사법 체계가 없는 상황에서는 강 개발 경쟁을 기술 논쟁과 권력관계가 좌우했다. 이런 개발 활동 초기에 개간국 전문가들의 목적은 강이 대영제국의 주장과 달리 기업을 위한 공간이 아니라고, 그보다는 국가 경제를 떠받칠 자산이라고 상대국을 설득하는 것이었다.

후버댐과 테네시강유역개발공사는 본보기가 되는 종합 개발 사업이었다. 후버댐은 다목적 사업을 정의했고, 테네시강유역개발공사는 강 유역 개발의 원형을 제시했다. 두 사업 덕분에, 개발을 추진할 기반이 조성되었다. 강 개발은 기술 관료가 주도한 진보적 접근법이자 19세기 유토피아주의자들이 품은 꿈이었다. 그리고 이 방식이 퍼져나갔다. 정확히는 미국이 이 방식을 퍼뜨렸다. 미국의 전문 지식이 영향력을 미칠 수단이 되었다. 처음에는 루스벨트가 추구했고 뒤이어 트루먼이 공식화했다가 마침내 케네디와 존슨 시대에 추진한 기술 지원이 되었다.

개간국이 국내외에서 활용한 지식의 기술적 특성이 국내 사업과 해외 사업의 중요한 차이를 흐릿하게 만들었다. 연방 정부가 미국 서부의 수자원을 개발하고자 국내 사업을 밀어붙이기는 했어도, 공화주의 개발 즉 공동체의 이익을 추구하려는 정치 체제에 기반한 개발이라는 맥락 안에서 움직였다. 이와 달리 해외 사업은 미국 도급업자를 위한 기회를 만든다는 목적이 더 컸다. 더 큰 강 유역에 맞는 청사진은 개간국 전문가들이 개발했겠지만, 민간 기업들이 뒤를 바짝 쫓아 사업을 개발했을 것이다.

아이젠하워 행정부 동안 개발 철학이 바뀌기 시작했다. 미국 내 주류 세력이 공공 투자와 뉴딜식 정부 개입에 반대해 자유 기업 쪽으로 방향을 틀었다.[39] 이런 신제국주의가 발달하자, 한때 미국의 경험이 장악했던 도덕적 권위가 사라졌다. 1960년대 중반 들어 해외에서 수자원을 개발하는 문제가 국제기구로 이전되었다. 갈수록 양극화하는 세계에서 물을 공유하는 문제를 다루기가 날로 복잡해지고 이해관계가 커졌기 때문이다. 이런 상황이 이미 인더스강에서 세계은행이 중재에 나설 때 일어났었다. 그러나 국제 질서와 국제기구의 주요 후원자로서 미국의 영향력은 한 번도 뒷걸음질 치지 않았다.

메콩강 개발 사업에서 미국은 처음에 메콩강 하류 국가, 즉 태국과 새로 독립한 라오스, 베트남, 캄보디아를 세력권에 편입하려 했다. 개간국이 해외 사업에서 가장 치열한 노력을 메콩강에 쏟아부었다. 그중에서도 라오스 수도에서 북쪽으로 몇 킬로미터 떨어지지 않은 메콩강 상류에 엄청나게 큰 다목적 댐인 파몽댐을 건설할 계획을 세웠다. 마침내 유엔이 아시아극동경제위원회를 통해 개입하기 시작했고, 1957년에 여러 정부가 참여한 메콩위원회Mekong Commission가 설립되었다.

미국의 영향력은 이 새로운 시대에도 길게 이어졌다. 메콩강위원회는 세계은행 고문이자 육군 공병대 출신인 레이먼드 A. 휠러의 제안으로 생겨났다.[40] 지리학자 길버트 F. 화이트Gilbert F. White가 이끈 미국 전문가들이 1961년에 포드 재단에서 기금을 받아 연구한 끝에 추가 제안서도 작성했다.[41] 메콩강 개발 계획이 이 지역에 평화를 불러오기를 바란 린든 존슨 대통령이 데이비드 릴리엔솔을 고문으로 파견하기까지 했다.[42] 1965년 들어 미국 육군 공병대와 테네시강유역개발공사가 개발 계획을 실행에 옮길 사전 작업으로 중요한 기술 자문을 제공하고 메콩강 유역의 경제 자원과 사회자원을 파악했다. 그러나 미국 내부에서 이 지역에 개입하는 것을 반대하는 목소리가 커져 사업이 중단되었다.

제국주의 사업의 특성을 받아들이자마자, 수자원 기반 시설 개발이 내리막으로 들어섰다.

[19]
한 시대의 끝

양쯔강 길들이기

20세기의 물 역사는 정치사였다. 나날이 늘어나 갈수록 많은 참정권을 얻은 소비 인구가 경관의 변화를 낳았다. 이 변화는 근대화에 필요한 요소를 충족할 정치 체제를 영토 주권을 이용해 발전시키려는 시도를 나타냈다. 그리고 그런 영토 주권을 행사하는 방식이 헌법 구조에 따라 달라졌다.

물 중심 개발은 미국이 공화정의 본보기이자 국제 패권을 거머쥔 국가로 부상한다는 상징이었다. 개인의 참정권과 집단의 공동 대응 사이에 계속 협상이 이어져야 했던 복잡한 경관 개발 체계는 완벽함과 거리가 멀었다. 안타깝게도 공화정은 약속을 거의 지키지 못했다. 국민에게 건네준 완전한 참정권이 종종 속도를 제한하는 요인이 되기도 한다. 경작지를 확장할 때 쫓아낸 아메리카 원주민부터 개발의 광범위한 혜택에서 체계적으로 배제한 빈민까지, 미국 공화정은 경관에 발붙이고 살아간 수많은 유권자에 대처할 때 공화정의 이상에 어긋나게 행동했다.

그러나 이런 심각한 한계에도 미국 공화정은 다수에게 안전을 제공했고 산업화와 부를 일굴 강력한 토대가 되었다. 공산주의 국가에 견줘 성과를 비교했을 때는 비트포겔의 직관이 맞는다고 확인하는 것으로 끝이 났다. 결국 물 기반 시설은 정치 구조를 겉으로 드러낸 것이었다.

이를 뚜렷이 보여주는 매우 중요한 사례가 중국이다.

1956년 5월, 중국 공산당 주석 마오쩌둥이 오늘날 싼샤댐 자리에서 400㎞ 떨어진 하류에서 유명한 양쯔강 횡단 수영을 선보였다. 마오쩌둥은 우한시 우창에서 맞은편 한커우까지 헤엄쳤다. 6월에는 반대로 한커우에서 우창으로 헤엄쳤다. 이 수영은 공산주의 중국을 뜻깊게 상징하는 전통이 되었다. 이때 마오쩌둥은 상류를 바라보고 〈수조가두(중국 운문의 한 형식-옮긴이)-수영水調歌頭.游泳〉이라는 시를 한 수 지었다. "서강에 돌담 쌓고 우산현의 비구름 흐트러뜨리리. 깎아지른 협곡에 고요한 호수 생길 때까지."[01]

20세기 후반 들어 물 그리고 물을 관리하는 데 필요한 기반 시설이 중국의 진화를 이끄는 주역이 된다. 그사이 마오쩌둥의 양쯔강 횡단 수영이 지구에서 가장 큰 하천 기반 시설인 싼샤댐을 성공적으로 건설한 신화의 한 자락을 차지했다. 그러나 중국의 어둡기 그지없던 시절을 비극적으로 관통하는 것이 물이라는 사실은 쉽게 잊힌다.

1958년 5월, 마오쩌둥이 대약진운동을 시작했다. 대약진운동은 중국이 러시아와 관계가 틀어지면서 생겨났다. 1956년, 흐루쇼프가 스탈린 체제를 비판하고 수정주의로 방향을 틀었다. 마오쩌둥은 흐루쇼프와 생각이 크게 달랐다. 마오쩌둥이 보기에 이제 마르크스·레닌주의를 그리고 스탈린주의 사업을 이어받을 진정한 상속자는 중국이었다. 그래서 이를 증명하기로 마음먹었다.

니키타 흐루쇼프가 10월 혁명 40주년 기념식에서 철강 생산 같은 경제 지표에서 15년 안에 미국을 뛰어넘겠다고 선언했다. 마오쩌둥은 중국이 산업화에서 서방 국가는커녕 소련에도 크게 뒤처진 현실을 누구보다 잘 알았지만, 그 와중에도 서방을 한발 앞설 기회를 봤다. 중국도 서방과 경쟁한다는 것을, 따라서 소련과 경쟁한다는 것을 보여주고 싶었다. 그래도 궁극의 적은 미국이었다. 한국전쟁은 미국과 중국이 맞붙은 전쟁이었고, 미국의 대만 지원과 대중국 통상 금지는 모두 미국이 중국에 적대적이라는 증거였다. 그렇다고 미국에 맞서자니 능력이 달렸다. 마오쩌둥은 자본주의 세계에서 두 번째로 큰 나라, 영국과 경쟁하기로 하고, 15년 안에 영국을 뛰어넘겠다고 선언했다.[02]

이렇게 생겨난 대약진운동의 목적은 19세기에 영국이 일으킨 아편전쟁, 공화주의 혁명과 뒤따른 국민당 정부의 실패로 극심하게 손상된 중국의 위대함을 다시 국제 사회에 알리는 것이었다. 소련이 그랬듯 마오쩌둥도 생산 목표를 가장 중요한 경제 지표로 봤다. 마오쩌둥은 산업화를 추진할 때 소련의 처방을 따랐다. 그래서 출발점이 중공업이었다. 그 무렵 중국은 이미 산업화의 길로 들어서 있었다. 1953~1957년 진행된 1차 5개년 경제 개발 계획이 이미 소련의 투자로 중공업을 장려했었다. 그러니 철강 생산에서 영국을 따라잡아야 했다. 그러나 대약진운동에 착수하기 전까지는 철강 생산 목표가 꽤 낮았다. 1957년 중국의 철강 생산량은 겨우 500만 톤이었다. 마오쩌둥은 1962년까지 생산량을 3000만 톤으로 늘리라고 지시했다.

그런데 문제가 하나 있었다. 이 많은 철강을 생산하는 데 필요한 설비, 노동력, 산업 설비, 에너지에 투자할 돈을 어디서 구해야 할까? 소련이 어느 정도 자금을 지원했었지만, 중국 전체의 산업화에 자금을 댈 처지는 아니었다. 1956년 국유화로 자본 시장에 접근할 만한 민간 영역도 없었다. 무역도 매우 변변찮았다. 유일한 방법은 중국이 위급할 때 늘 버팀목이 된 농업뿐이었다.

만약 농업 생산량이 늘어난다면 거기서 나오는 세금이 자금줄이 될 수 있었다. 그런데 이 무렵 중국 농업이 대부분 생계형 자급자족 농업이었다. 그런 농업에서는 산업화를 떠받칠 여유 생산물이 나오기가 거의 불가능했다. [03] 가뜩이나 높았을뿐더러 농부들의 생존에 필요한 양과 상관없이 설정되곤 했던 곡물 생산 목표가 터무니없이 더 높게 올라갔다. 대약진운동의 표어는 '더 많이, 더 빨리, 더 좋게, 더 싸게'였다. 대약진운동의 처참한 실패는 이 터무니없는 기대치에서 비롯했다. [04]

미국은 물론이고 인도와 다른 여러 나라의 경험으로 보건대, 농업 생산성을 빠르고 과감하게 높이는 가장 중요한 방법은 관개 시설에 투자하는 것이었다. 따라서 물 기반 시설이 답이었다. 그것도 많은 물 기반 시설이. 그런데 개발 공사에 인력이 워낙 많이 들어간 탓에, 농촌에서 노동력이 빠져나가는 주요 원인이 되었다. 1958~1959년에 농부 약 10만 명이 운하와 여러 관개 시설 공사에 배치되었다. 들판에서 일할 노동력이 빠져나간다는 것은 추수철에 곡식을 거둬들일 일꾼이 없어 곡식이 그대로 썩어나간다는 뜻이었다. 1958년 초에 인구 여섯 명당 한 명이 중국의 경관을 바꾸고자 땅을 팠다. 그해에 이들이 옮긴 바위와 흙이 무려 6억㎥였다. (남산 600개에 해당하는 부피다.-옮긴이)

이런 활동 탓에 어마어마하게 많은 목숨이 희생되었다. 한 추정치에 따르면 관개지 5만ha마다 100명이 목숨을 잃었다. [05] 대약진운동이 효과가 없다는 증거가 늘어가는데도, 마오쩌둥은 고집을 꺾지 않았다. 비난이 오히려 마오쩌둥을 더 고집불통으로 만들었다. 현지 관료들이 다양한 증산 활동을 벌였다. [06] 그런데 많은 관료가 마오쩌둥의 눈에 들고 싶거나 처벌이 두려워 충성 경쟁을 벌인 탓에, 증산 활동의 악영향을 모조리 지역민이 떠안았고 나쁜 소식이 거의 차단되어 중앙으로 올라가지 않았다. 곡물 생산량이 늘기는커녕 줄었다. 1959년에 15%가 줄었고, 그 뒤로도 2년 동안 비슷한 양이 줄었다. 곡물 생산량 감소가 그러잖아도 가뜩이나 취약한 체계에 치명타를 안겼다. [07] 뒤이어 기근과 굶주림이 나타났다. [08]

대약진운동은 끔찍한 재앙이었다. 사망자만 무려 2000만~3,500만 명으로 추산된다. 물론 이 모든 재앙이 마오쩌둥 탓만은 아니었다. 농업 기반 시설과 농업 기법이 열악한 탓에 홍수와 가뭄 같은 날씨가 경제 안정성에 훨씬 크게 영향을 미치곤 했다.[09] 1960~1961년 수확량 감소는 적어도 일부는 날씨 탓이었다.[10] 그러나 그렇다고 사람의 행위가 아무런 영향을 미치지 않았다는 뜻은 아니다. 오히려 그 반대였다. 마오쩌둥이 당시 일어난 참상의 실상을 낱낱이 알았다고 보기는 어렵다. 대약진운동은 실제로 얼마나 큰 참사가 일어났는지가 뚜렷해지고서야 마침내 막을 내렸다. 그래도 마오쩌둥의 유산에 엄청난 무게가 실렸다.

마오쩌둥의 실패는 기반 시설의 근간이 되는 정치 구조에 적어도 같은 수준으로 노력을 쏟아붓지 않으면, 기반 시설 중심 성장이 기대에 부응하는 결과를 내놓지 못한다는 가장 최근의 증거일 뿐이었다. 물 기반 시설은 과학기술이 아니라 권력의 표출이었다. 이 본질을 이해하지 못하면 심각한 결과를 낳았다.

발전의 흐름을 따라잡지 못한 중국은 현대주의가 꿈꾼 수자원 개발 막바지에 아시아에서 형성된 협력 사업에서 끝내 배제되었다. 1960년대 말 들어 캄보디아, 라오스, 베트남의 상황이 미국 관료들이 감당할 수 있는 수준을 넘어섰다. 미국 대통령으로 당선된 리처드 닉슨Ricahrd Nixon이 이 지역에서 발을 빼라고 압박했다. 메콩강 유역을 통합 개발한다는 발상이 빛을 잃었고, 주도권이 세계은행과 유엔 산하 단체로 확실하게 넘어갔다. 오늘날까지도 메콩강위원회가 존재하지만, 하류 주변국가들의 기술 협력을 추구할 뿐 초기 활동의 핵심이던 기반 시설에 근거한 통합 개발 같은 발상은 이제 추구하지 않는다. 물론 이제는 상황이 몰라보게 바뀌었다. 중국이 마침내 큰 발걸음을 내디뎠을 때만 해도 아시아의 지정학이 몰라보게 바뀌리라고는 누구도 예측하지 못했다.

에티오피아의 기근

느지막이 물 중심 개발을 받아들인 나라들에서도 초기에 보였던 환호가 사그라들었다. 에티오피아는 아프리카에서 물 근대화를 가장 먼저 받아들인 나라였다. 미국이 에티오피아에서 아와시강보다 훨씬 먼저 개발 대상으로 점찍은 것은 청나일강이었다. 청나일강이 하류의 이집트를 제어할 지렛대 노릇을 했기 때문이다. 당시 이집트는 냉전이 빚어낸 긴장이 만나는 중심고리였다. 이집트가 1950년대부터 아스완하이댐 건설을 고려했는데, 에티오피아에 의견을 구하지 않아 셀라시에 황제 정부의 짜증을 한없이 돋웠다. 1952년 이집트 혁명 뒤에는 나세르 대령이 댐 건설 자금을 확보할 셈으로 미국과 소련 사이에서 교묘하게 줄타기를 했다. 소련이 특히 수에즈운하에 가까운 아프리카의 뿔과 이집트를 세력권에 끌어들일 중요한 대상으로 봤다. 미국이 청나일강의 잠재력을 탐사한 배경에는 나일강의 수도꼭지를 잠글 수도 있다고 이집트를 은밀히 위협하려는 속셈도 있었다.

개간국 전문가들은 청나일강 탐사를 물 중심 산업화와 발전을 이룰 엄청난 기회로 봤다. 1964년에 개간국이 내놓은 계획은 그야말로 대단했다. 수력발전, 관개, 다목적용으로 꽤 골고루 계획한 총 33개 사업이 물 1200억㎥를 저수하고 농경지 50만ha에 물을 댈 예정이었다. 그런데 그 무렵 지정학적 상황이 바뀌었다.

에티오피아 관료들이 소련이 경제 전반을 고려하지 않은 채 세계 곳곳에서 기금을 지원해 댐을 완공하는 것을 염두에 두고, 통합 개발 계획보다 특정 지지층에 지원을 강화할 눈에 보이는 개별 사업에 더 관심을 보였다. 장기 전략으로서 기술 지원은 이들의 관심 밖이었다. 결국 무사히 완공된 댐은 세계은행이 자금을 지원하고 미국이 개입해 1974년에 완공한 핀차댐뿐이었다.

1970년대에 하일레 셀라시에 왕정이 몰락의 길로 들어섰다. 멩기스투 하일레 마리암Mengistu Haile Mariam이 이끄는 데르그Derg(에티오피아어로 평의회라는 뜻이다) 즉 임시군사행정평의회가 들어서자 이 지역의 정치 역학이 바뀌었다.[11] 아프리카의 뿔에서 미국의 영향력이 약해졌다. 게다가 미국의 관심이 급격히 중동으로 기울었다. 폴란드 언론인 리샤르트 카푸시친스키Ryszard Kapuściński에 따르면 왕정이 기울어 갈 무렵 셀라시에 황제가 "만인이 우러러보게 자신을 기릴 위풍당당한 기념물을 남기고 싶어" 했다고 한다.[12] 셀라시에는 건설을 계획 중인 커다란 댐들이 경제 발전의 유산으로 남으리라고 생각했다. 헛된 바람이었다.

1973년 영국 ITV 방송국의 시사 프로그램 〈디스위크〉에서 일한 스물아홉 살 언론인 조너선 딤블비Jonathan Dimbleby가 에티오피아 북부를 덮친 '알려지지 않은 기근'을 보도했다. 딤블비가 내보낸 영상이 세계를 뒤흔들었다. 그때껏 한 번도 텔레비전에서 본 적 없는 기아 장면이 세계 곳곳으로 방영되었다.[13] 기근은 오랫동안 심각하게 이어졌다. 에티오피아는 기아에 거의 대비가 되어 있지 않았다. 가뭄이 덮쳤는데, 엎친데 덮친 격으로 당국이 주민들의 어려움을 무시했다. 동요가 커졌다.

1974년, 마침내 하일레 셀라시에가 폐위되었다. 그러나 에티오피아 앞에 훨씬 나쁜 상황이 펼쳐졌다. 셀라시에 황제가 폐위될 무렵, 소련이 아프리카 대륙의 통제권을 놓고 미국과 다투고 있었다. 아프리카에서 일어난 반제국주의 독립운동은 대부분 사회주의 운동에 영향을 받았다. 가나의 은크루마처럼 많은 혁명가가 계획 경제 모델을 팔 벌려 받아들였었다.[14]

소련의 군사 독재에서 영감을 얻은 데르그 정권이 에티오피아에서 셀라시에의 자리를 대신했다. 데르그는 딤블비의 영상을 자신들의 선전 활동에 이용할 셈으로 국내 방송에 내보냈다. 그렇다고 데르그가 범아프리카주의운동과 크게 관련하지는 않았다. 데르그 정권은 기아 때 왕정의 지주 엘리트에 반발한 군대가 세운 것이다. 그러나 데르그 정권이 표방한 일당 공산주의 통치는 아프리카에서 소련의 영향력이 날로 커지고 있다는 징후였다.

데르그 정권은 토지 개혁을 단행했다. 사람들은 그릇된 관습을 바로잡는 조치라고 반겼다. 그런데 데르그 정권이 마르크스·레닌주의의 신조에 맞춰 토지 소유권을 집산화하는 데 모든 개혁을 쏟아부었는데도, 토지를 둘러싼 권력관계와 편파성을 거의 바로잡지 못했다. 1977년, 멩기스투 대령이 복잡한 권력 투쟁 끝에 자칭 마르크스·레닌주의 정권의 독재자로 올라섰다.

멩기스투 정권은 5개년 단위 경제 개발 계획을 따랐다. 이런 계획의 핵심은 농업 생산성을 높이는, 따라서 국가의 수자원 이용을 개선하는 활동이었다. 멩기스투는 기계화한 대규모 국영 농장과 협동조합을 농업 혁신의 주춧돌로 삼았다. 협동조합은 토지, 보조금, 노동력 확보에 특혜를 받았다. 문제는 토질이 날로 떨어지는 토양의 생산성이 인구 증가를 따라잡지 못했다는 것이다.

반란이 늘었다. 골머리를 앓은 멩기스투 정권은 흩어져 살던 농민을 쉽게 통제하고자 마을을 만들어 농민을 정착시켰다. 그러나 이런 계획이 형편없이 운영되어 토질을 더 떨어뜨리고 농민들의 상황을 더 악화시켰다. 셀라시에가 미국에서 개발 모델을 들여왔다면, 데르그 정권은 소련의 경험을 본떴다. 그리고 둘 다 20세기 초 산업화 계획을 에티오피아 땅에 맞게 해석하는 데 무능했다.

1983~1985년에는 엘니뇨로 생긴 가뭄 탓에 기아로 100만 명 넘게 목숨을 잃었다. 가뭄이 언제 터질지 모를 정치 갈등, 인종적 갈등과 결합했다. 마침내 티그라이주에서 티그라이 인민해방전선TPLF이 들고 일어나

데르그 정권과 맞서 싸웠다. 1980년대 들어 소련의 엄호가 사라지자, 데르그 정권이 무너졌다. 1987년에 멩기스투가 데르그 정권을 에티오피아 인민민주공화국으로 개편했지만, 1991년에 끝내 권좌에서 쫓겨난다.

1963년 10월 어느 밤

물 기반 시설을 향한 열광은 오랜 시간에 걸쳐 식어갔다. 그리고 기반 시설 개발을 옹호했던 투자 주도 성장이라는 오랜 학설이 다른 경제 이론으로 대체되던 1970년대에 근본적으로 가라앉는다. 그런데 개발 이론이 애지중지한 물 기반 시설이 쇠락하도록 부채질한 사건들이 있었다. 특히 1963년 10월 9일 밤 10시 30분쯤 알프스산맥에 자리 잡은 이탈리아 론가로네 하늘에 느닷없이 번쩍 섬광이 비친 사건이 현대의 수력발전 개발에 종말을 알렸다.

론가로네는 이탈리아 북부 피아베강 유역과 바욘트강 유역이 교차하는 곳에 자리 잡은, 인구가 겨우 4500명인 자그마한 고장이었다. 수력발전 개발자들이 1900년부터 피아베강의 지류인 바욘트의 급류를 눈여겨봤고, 20세기 전반 동안 피아베강 전체를 개발할 큰 그림을 그렸다. 피아베강 개발의 꽃은 바욘트강이 마지막 빙하 극대기 뒤 300m 깊이로 깎아낸 좁은 골짜기에 자리 잡은 바욘트댐이었다.

1957년에 첫 삽을 떴을 때 바욘트댐의 목표 높이는 261.6m였다. 완공되면 세계에서 가장 높은 댐이 될 참이었다.[15] 댐은 현대 토목 공학의 기적 덕분에 약 2년 만에 빠르게 완공되었고, 1960년 초에 시험 가동에 들어갔다. 그런데 곧바로 문제가 드러났다. 바욘트강 왼쪽에 있는 토크산이 움직이고 있었다. 댐에 처음으로 물을 채우자 저수지 양쪽 지형이 움직이기 시작했다.

론가로네 주민들이 산에서 심상찮은 소리가 난다고 하소연했다. 지리학자들이 확인해보니 고대에 생성된 깊은 균열이 저수지와 맞닿은 탓에 산이 저수지로 무너지는 산사태 위험이 있었다. 그러나 되돌리기에는 너무 늦은 일이었다. 댐을 건설한 전력 회사 SADE가 시험 가동을 멈출 생각이 없었다. 그러기에는 너무 많은 돈이 걸려 있었다. 시험 가동 중에 처음 채웠던 물을 빼내자, 상황이 몹시 나빠지기 시작했다.

1963년 10월 1일, SADE가 배수 속도를 높였다. 토크산 북쪽이 움직이기 시작했다. 10월 6일, 강 왼쪽 둑에 있던 폐쇄 도로가 솟거나 패여 몹시 울퉁불퉁해졌다. 길가에 늘어선 나무도 심하게 기울었다. 더러는 아예 쓰러진 나무도 있었다. 토크산 깊은 곳에서 더 심상찮은 소리가 들렸다. 공사 기술자가 회사에 위험을 알렸다. 그런데도 SADE는 인근 주민에게 이 사실을 알리지 않기로 했다.

10월 8일, 무언가 큰일이 터질 것이 분명해졌다. 토크산 산비탈이 무너지려 했다. SADE가 마침내 저수지 주변 주민을 피난시키기로 했다. 그런데 하류 주민은 대비시키지 않았다. 무슨 일이 터지든 댐이 끄떡없이 하류 주민을 지켜주리라고 믿었기 때문이다.[16]

그리고 10월 9일 밤 10시 30분쯤, 일이 터졌다. 론가로네 주민 가운데 잠자리에 들 준비를 하던 사람도 있었지만, 아직 읍내에 있는 사람도 많았다. 그날 밤 UEFA 챔피언스리그에서 맞붙은 레알 마드리드와 글래스고 레인저스의 시합이 큰 구경거리였기 때문이다. 집에 텔레비전이 있는 가정이 드물 때라 아주 많은 사람이 중계방송을 보려고 읍내에 모였다. 시합은 레알 마드리드가 6 대 0으로 압승했다. 사람들이 집으로 돌아갈 채비를 할 때, 느닷없이 하늘에 번쩍 섬광이 비쳤다. 뒤이어 우르릉 쾅쾅, 난데없이 천둥이 쳤다. 거리와 집의 등이 꺼졌다. 이상한 바람이 불었다. 나중에 이 재난을 수습할 때 발견된 손목시계가 대부분 10시 39분을 가리켰다.

그 순간 2㎞ 너비로 산사태가 일어나 토크산이 무너졌다. 2억 6000만 ㎥가 넘는 바위와 흙이 시속 100㎞로 바욘트댐의 저수지로 몰려들었다. 전문가들은 그렇게 큰 산사태가 일어난다면 속도가 몹시 느리리라고 예상했었다. 그러나 이날 산사태는 가속도가 워낙 커 흙더미가 저수지 일부를 메운 다음 골짜기 맞은편으로 100m나 밀고 올라갔다.[17] 저수지 에 있던 물 5000만㎥가 곧장 넘쳐났다. 200m 넘는 엄청나게 큰 물결이 저수지 오른쪽 둑을 덮쳐 변압기를 망가뜨렸다. 번쩍, 섬광이 일더니 주 변 지역 전체에서 전기가 나갔다.

물결이 다시 거세게 되돌아 나왔다. 이번에는 댐 쪽으로 내달려 200m 높이로 댐을 타고 넘었다. 그리고 론가로네 마을로 곧게 뻗은 협 곡을 따라 총신을 빠르게 빠져나가는 총알처럼 거칠게 내달렸다. 마을 까지 1600m를 내달리는 동안 높이 70m에 다다른 물결이 1910명을 쓸 어갔다. 대부분 젊은 부부와 아이들이던 론가로네 인구 3분의 1이 목숨 을 잃었다.[18]

바욘트댐에 일어난 재앙이 현대 이탈리아와 물의 관계를, 또 세계 수 력발전의 운명을 결정지었다. 기술 전략의 종말이었을뿐더러, 수십 년 동안 나라를 탈바꿈시키고 제도를 만들고 경제에 활기를 불어넣었던 물 중심 개발에 마침표를 찍었다. 그런데 이 운명적 사건이 석유 쪽으 로 빠르게 바뀌고 있던 에너지 전환의 지정학과 결합해 더 심각한 영향 을 미쳤다.[19] 바욘트댐의 재앙은 이탈리아만의 재앙이 아니었다. 서방 이 주도한 적극적인 대형 댐 개발에 마침표를 찍은 국제적 재앙이었다.

1970년대의 위기

수력 시대의 역사에서 1970년대는 분수령을 상징했다. 이 무렵 부유한 국가 대다수는 자국의 수자원을 대부분 개발했었다. 미국은 수력발전

가능성이 있는 곳 가운데 70%에 발전소를 세웠고, 유럽 국가 대다수도 마찬가지였다. 개발하지 않은 곳은 대체로 경제성이 떨어졌다. 게다가 최신 화력발전 기술이 수력발전을 대체해 산업화를 진행할 밑바탕이 되었다. 적어도 부유한 나라는 수력에너지의 정점을 지났고, 따라서 돈이 많이 들어가는 기반 기술에도 시큰둥해졌다.

심각한 경제 위기 속에서 일어난 이 전환이 20세기 역사를 장식했다. 2차 세계대전 뒤 미국은 세계에서 가장 앞서나가는 소비국이 되었다. 이를 뒷받침한 것은 달러 가치를 금에 고정한 브레턴우즈 체제였다. 미국은 공산품의 순 수입국이 되었고, 그에 따라 탈산업화와 실업률 증가가 나타났다.

케인스의 정책 처방이 여전히 영향을 미친 경제학 정설에 따르면 실업이 일어날 때는 통화를 풀어 노동 수요를 유지해야 했다. 그래서 연방준비은행이 실업률 증가를 막고자 돈을 풀었다. 그런데 이때 미국의 문제는 총수요가 아니었다. 미국 제조업의 생산성이 너무 낮고 생산품 가격이 너무 비싸 수익이 떨어진 탓에 노동 수요를 늘리지 못했을 뿐이다. 1971년, 닉슨 대통령이 경제에 충격을 주고자 금본위제를 폐지해 브레턴우즈 체제를 끝내고 변동 환율제를 도입했다. 그런데 실업이 줄기는커녕 도리어 물가가 치솟았다.

그사이 철의 장막 건너편에서도 소련의 경제 체제가 급격히 무너지고 있었다. 1960년대 대부분 동안 소련은 식량 자급자족을 고수했다. 1970년대 초, 곡물 가격 통제로 국내 수요가 소련의 공급 능력을 넘어섰다. 소련이 곡물을 사고자 세계 시장에 모습을 드러낸 바로 그때, 경제 상황에 짓눌린 미국과 캐나다가 2차 세계대전 때부터 수출을 지탱한 보조금을 폐지하고 곡물 비축량을 크게 줄이기로 했다.

오랫동안 동떨어져 살았으므로, 양곡 무역상에게 소련은 속내를 모를 구매자였다. 새로 등장한 이 구매자가 가격을 끌어올릴지 모른다는 두려움이 실제로 가격을 끌어올리는 기폭제가 되었다. 투기 거품과 사재기가 밀 가격을 세 배나 끌어 올렸다. 가격이 치솟자 상거래가 식량 원조를 밀어냈다.[20] 기아가 나타났고, 1972~1975년 세계 식량 위기로 번졌다. 식량 위기에 더해 석유 파동과 이에 따른 닉슨 행정부의 통화 조정까지 겹치자, 소련은 경제적으로 미국의 시장 지배력에 더 취약한, 가난하고 고립된 국가가 되었다.[21]

마지막 오판

소련이 지형을 바꿔 식량 생산을 늘리려는 마지막 발버둥을 쳤다. 아무다리야강과 시르다리야강은 카스피해 동쪽, 염분이 많은 커다란 내륙호인 아랄해로 흘러들었다. 소련이 1950년대부터 두 강의 물길을 지나치게 많이 관개 수로로 돌린 바람에 1960년대부터 아랄해가 줄어들었다. 소금에 뒤덮인 강바닥이 드러났고, 수백 킬로미터에 걸쳐 쌓인 소금 수백만 톤이 강한 바람에 흩날려 호수와 주변 생태계를 파괴했다.[22]

공산당 정치국이 보기에 기름지고 건조한 중앙아시아 지역에 물을 더 많이 끌어와 식량 생산을 늘릴 유일한 길은 북극으로 흘러드는 러시아 북부의 강을 남쪽으로 흐르게 하는 것이었다. 새로운 발상은 아니었다. 1954년에 기드로프로옉트라는 회사가 러시아 북부 페초라강의 물길을 틀어 카마강을 지나 볼가강까지 연결하자고 제안했었다.[23] 이 방안이 1976~1980년 10차 경제 개발 5개년 계획 때 수정되어 반영되었다. 정부가 고려한 구간은 두 곳이었다. 하나는 북극과 발트해의 배수 유역에서 물길을 돌려 볼가강과 드니프로강으로 보내는 것이고, 다른 하나는 시베리아의 오비강과 이르티시강을 중앙아시아로 흘러가게 하는 것이었다. 다음 단계에서는 예니세이강도 관개 체계에 포함할 셈이었다. 공상 과학 소설이 따로 없는 계획이었다. 계획대로 했다가는 새로 물길을 내느라 경작지 27만ha와 토탄층 10억㎥가 물에 잠겼을 것이다. 이 문제는 몇 년 뒤 소련이 경제 파탄을 이기지 못하고 사라졌을 때 완전히 해결되었다.[24]

1970년대 이후 20세기는 물 중심 개발 시대의 종말을 보여주는 듯했다. 1970년대에 나타난 경기 침체, 고물가, 실업률 증가가 공공 지출을 높이는 정책을 향한 신뢰를 무너뜨렸다. 소련이 해체된 뒤 유일한 패권국이 된 미국이 경제 논리의 방향을 소비와 사유화로 바꿨다. 물 중심 개발과 기반 시설은 이제 확실히 한물간 발상이 되었다.

정확히 말하면 국가를 바라보는 다른 견해가 등장했다. 신자유주의가 부상하고 있었다. 이제는 국민의 삶을 관리하는 헌법 구조로서 국가가 사회의 구성 원리가 아니라는 관념이 사람들을 파고들었다. 이때 사회가 하나로 작동하게 연결한 것은 정치가 아니라 시장이었다. 1980년대 들어 이른바 워싱턴합의에 따라 개발도상국 대다수가 자유 시장을 자본을 배분할 주요 수단으로 받아들이고, 국제기관에서 금융을 지원받는 대가로 국가 자산을 사영화해야 했다. 개발 경제학자들은 구조 조정과 시장 개혁으로 눈길을 돌렸다. 신고전 경제학자들은 20세기 초 산업화의 근간이던 물 기반 시설을 더는 선호하지 않았다.

20세기 말 들어 물 중심 개발이 중앙 집중식 계획 경제나 산업화 정책과 마찬가지로 매력을 대부분 잃은 듯했다. 그런 개발은 공공 영역에 지나치게 많이 개입하고 개인의 힘을 빼앗았다고 봐야 할 시대가 남긴 유물이었다. 소련의 실패는 1980년대와 1990년대의 자유화를 부추기는 듯했다. 세상이 세계화라는 또 다른 커다란 물결에 문을 열자 시장 가치가 가장 중요해졌다. 기반 시설, 국가 주도 개발, 보호무역주의가 모두 돈이 많이 드는 형편없는 생각으로 보였다. 정치 체제가 진화의 종점에 이르는 '역사의 종결End of history'(미국 정치경제학자 프랜시스 후쿠야마 Francis Fukuyama가 주장한 개념-옮긴이)이 일어날 것 같았다.

세계화는 기술 변혁이 아니라 정치 변혁이었다. 시민보다 소비자로서 개인의 주체성을 보인 사람들이 자신의 삶에 관심을 집중했다. 선진국에서 환경보호주의가 등장해 생태계가 얼마나 복잡한지, 인류에 어떤 가치가 있는지를 갈수록 크게 일깨웠다. 그러나 환경보호주의는 공화정을 공유지를 관리하는 데 필요한 기반으로 보지 않아, 정치적 통제를 옹호하기보다 개인을 교화하려 했다. 국가를 문제를 풀 해결사는커녕 문제의 원인으로 볼 때가 숱했다. 대규모 공사를 주도한 기술자들을 한때는 현대 세상을 빚어낸 영웅으로 환호했지만, 이제는 환경 파괴를 남긴 주범으로 보았다. 대규모 물 공사와 국가 주도 투자는 확실히 시대에 뒤처진 일이었다.

그러나 물의 역사는 여기서 끝나지 않았다. 수천 년에 걸친 작용과 반작용 즉 제도적 적응이라는 과정이 여전히 매우 활발히 일어나고 있었다. 집단의 권력을 행사할 수단으로써 영토 국가의 역할이 여전히 주요했다. 다만 인간 사회와 물의 협상이 다른 공간, 대부분 눈에 띄지 않는 공간으로 옮겨 갔을 뿐이었다.

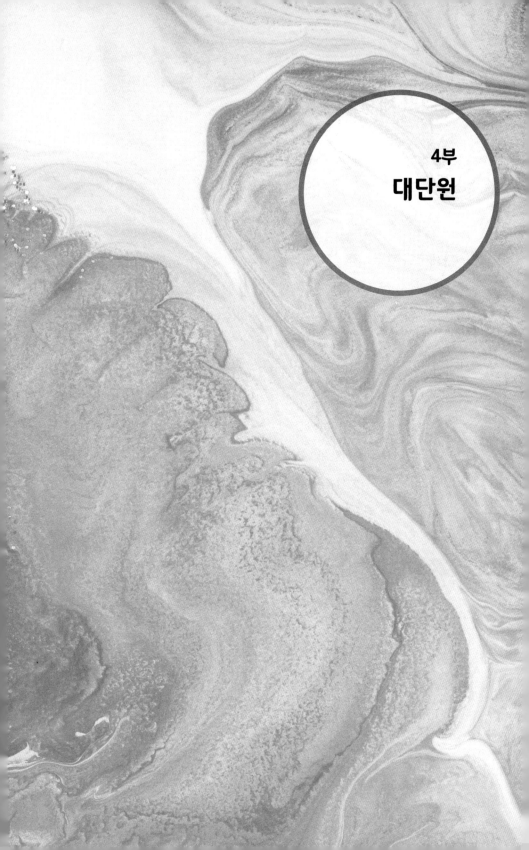

4부

대단원

[20]
결핍의 세계

나세르와 프로젝트 알파

1970년대 들어 물 기반 시설 개발이 정점에 이른 듯 보였다. 부유한 나라는 개발할 만한 곳을 대부분 개발한 뒤였다. 가난한 나라는 여전히 개발 비용을 감당할 능력이 없었다. 주요 발전 기술로써 수력발전의 종말이 수력 국가의 시대가 마침내 끝났다는 인상을 남겼을 것이다. 수력 발전은 현대 산업 국가의 부상을 수반했고 서방 공화정의 성공을 지원했다. 그러나 부유한 나라에서 성공했던 하이모더니즘 개발 사업을 누구나 따라하기에는 비용이 너무 많이 들었다.

인간 사회가 물과 씨름할 때 초점을 맞추는 대상이 바뀌었다. 20세기 전반에는 물과 인간 사회를 잇는 주요 고리로 수력발전과 다목적 댐에 초점을 맞췄다면, 후반에는 다른 에너지 영역 즉 석유로 초점을 옮겼다. 또 한때 정치의 주요 영역이 국가 건설이었다면, 이제는 정치가 지역 시장과 세계 시장을 둘러싼 경쟁이 주도하는 지정학 안에서 움직였다. 시간이 흐르자 그런 경쟁의 중심지가 동쪽으로 이동했다. 이런 변화와 여기에 숨은 의미를 재구성하려면 중동, 특히 나일강으로 돌아가야 한다.

2차 세계대전 뒤 이집트에서 정치 동력을 제공한 깊은 원천은 농민의 불만이었다. 펠라힌fellahin이라 부른 농민들은 좀체 빠져나오기 어려운 가난에 허덕이는데 오스만 제국의 민간인 상류층과 전직 군인인 파샤 계층은 터무니없이 많은 부를 누리는 상황이 혁명에 불씨를 댕겼다. 참 패로 끝난 1948년 아랍-이스라엘 전쟁이 급격한 변화의 속도를 높였다. 파루크 1세가 통치권을 잃고, 1952년 7월 '자유 장교단'이 쿠데타를 일으켰다. 결국 파루크 1세는 퇴위하고, 모하메드 나기브Mohammed Naguib 장군이 이끄는 새로운 군사 정권이 권력을 잡았다. 그러나 진짜 지도자는 따로 있었다. 서른네 살이던 육군 대령 가말 압델 나세르Gamal Abdel Nasser가 카리스마가 한 지역을 얼마나 바꿔놓을 수 있는지를 곧 세상에 보여준다.

이집트는 이슬람권, 아라비아, 아프리카가 교차하는 특이한 나라다. 나세르는 범아랍 세계를 이끈 출중한 지도자였다. 1948년 전쟁에서 아랍이 이스라엘에 진 까닭이 분열이라 생각했고, 무엇보다 영국의 제국주의에 맞서는 데 몰두했다. 그래서 양해와 지원을 얻어내고자, 냉전에 발목이 잡힌 미국과 소련 사이에서 줄타기하는 길을 택했다.[01]

그런데 이집트의 경제 구조에 풀어야 할 문제가 하나 있었다. 인구 증가를 고려하면 농업 생산량을 급격히 늘려야 했다. 2차 세계대전 중 봉쇄로 비료 수입이 가로막혔을 때 이집트에서 가장 중요한 수출 품목인 목화 산업이 낭패를 봤다. 농업을 근대화하려면 산업화를 추진해 비료 생산 역량을 키워야 했다. 그러려면 당연히 전기화가 필요했다.[02] 이집트에서 전기화란 수력발전을 뜻했다.

정확히 말하면 수력발전은 새로운 화두가 아니었다.[03] 1930년대부터 기업가들이 영국이 건설한 아스완댐(아스완로우댐)의 수력발전 잠재력을 이용하자고 제안했었다. 이 발상이 1943년에 나온 이집트 경제 개발 5개년 계획에 반영되었다.[04] 그러나 자유분방한 기업 활동으로 만족하기에는 나세르의 포부가 워낙 컸다.[05] 앞서 터키의 아타튀르크 대통령이 국가 주도 산업화가 어떤 모습인지를 중동에 보여준 뒤였다. 선례를 잘 이용할 줄 알았던 나세르가 그저 아이디어로만 떠돌던 제안 하나를 놓치지 않았다.

1947년에 공공사업부 소속인 그리스계 이집트인 기술자 아드리안 다니노스Adrian Daninos가 대담한 공사 계획을 하나 제안했다.[06] 범람을 통제하고자 나일강을 따라 작은 저수용 댐과 둑을 여럿 만드느니, 기존 아스완댐 남쪽으로 4㎞ 내려간 곳에 커다란 댐을 하나 새로 지으면 어떨까? 이 발상은 하늘에서 뚝 떨어진 것이 아니었다. 다니노스는 릴리엔솔이 이끈 테네시강유역개발공사를 방문한 뒤 생각이 바뀐 많은 외국인 가운데 한 명이었다.[07] 아스완하이댐은 두 가지 변화를 나타냈다. 첫째, 이집트가 강 국수주의로 확실히 전환한다는 뜻이었다. 이전의 적도 나일 개발 계획과 사뭇 다르게, 아스완하이댐이 완공되면 이집트가 여러 해 동안 쓸 물을 오롯이 국내에 저수할 수 있었다. 둘째, 국가 경제가 주도하는 수자원 개발로 전환한다는 뜻이었다. 텍사스유역개발공사가 품었던 유서 깊은 이상이 바로 이것이었다.

나세르는 아스완하이댐 건설이 경제 발전 계획의 핵심이 될 것을 곧장 알아챘다. 이 지역의 안정을 도모하려 한 영국과 미국 외교관들이 새로 등장한 지도자를 소련에서 떼어놓을 유인책을 제공하려 했다.[08] 아랍과 이스라엘의 갈등이 해결되지 않았으니 군사 지원은 어림도 없는 일이었다. 나세르는 무엇을 요구해야 할지 잘 알았다. 이집트에 필요한 것은 아스완하이댐을 지을 자금이었다. 댐 건설 계획은 이름하여 프로젝트 알파였다.[09]

댐 건설 자금을 찾아

현대 외교사에서 서방의 아스완하이댐 건설 지원은 얼토당토않게 계산기를 잘못 두드린 사례로 손꼽힌다. 원인은 오해와 실수였다. 나세르

정부가 주로 걱정한 것은 영국이 수에즈운하와 나일강 상류 쪽 국가를 통제해 나일강을 계속 제국주의의 먹잇감으로 삼는 것이었다. 영국에 맞서려는 나세르에게는 소련의 원조보다 미국의 지원이 훨씬 간절했다. 미국이 마음만 먹었다면 나세르를 미국의 세력권으로 끌어오기가 식은죽 먹기였을 것이다.[10]

그런데 아이젠하워 대통령이 이집트를 도와 영국과 이집트 사이를 중재하기를 거절했다. 게다가 미국 내에서 아스완하이댐 건설을 반대하는 목소리가 컸다. 미국은 아스완하이댐 때문에 다른 아랍 국가들이 서운해하지 않을까 걱정했다. 특히 이 지역에서 소련의 영향을 억누르고자 1955년에 미국이 주도해 북대서양조약기구(NATO)나 동아시아조약기구(SEATO)와 비슷한 집단 방위 조약을 맺으려고 만든 바그다드조약기구(중동조약기구, METO)(1955년 당시 가입국은 이란, 이라크, 파키스탄, 터키, 영국이었다-옮긴이) 가입국들이 문제였다. 미국이 발을 담그려 하지 않는다는 것을 눈치챈 나세르가 급격하게 방향을 틀었다.[11] 그해 이집트가 체코슬로바키아에서 무기를 사들이고 중국을 국가로 인정하자, 두 나라의 불신이 정점에 이르렀다.[12]

나세르의 태도에 화가 머리끝까지 치민 미국 국무부 장관 존 포스터 덜레스John Foster Dulles가 이집트에서 최대한 양보를 끌어낼 셈으로 차관 지원 협상을 질질 끌었다. 그때 소련이 이집트를 지원할 마음이 있다고 손을 들었다. 이 제안이 판을 완전히 뒤엎었다. 미국 의회에서 지지 목소리가 사라졌다. 자금 지원은 없던 일이 되었다. 지원을 철회할 때, 덜레스가 이해하기 어렵게도 이집트 쪽 협상자에게 마지막까지 거만하게 생색을 냈다. "이집트는 당분간 아스완댐보다 더 작은 개발 사업을 진행해야 할 겁니다."[13] 나세르는 곧장 소련과 댐 건설 계약을 맺었다.[14]

소련의 지원만으로는 자금 조달이 꽤 어려웠다. 재원을 추가로 마련해야 했다. 나세르는 미국과 소련 사이의 냉전에서 소련의 장기짝이 될 생각이 없었다. 게다가 소련이 동유럽 국가에 지나치게 간섭했다. 1956 년 7월 19일, 여러 상황을 고려한 나세르가 유고슬라비아 브리유니 (현재 크로아티아 영토)에서 유고슬라비아 대통령 요시프 브로즈 티토Josip Broz Tito, 인도 수상 자와할랄 네루를 만나 브리유니 선언서에 서명했다. 세 나라는 소련과 미국으로 이원화한 국제 질서에 맞서 주권과 독립을 확립하고자 '비동맹운동Non-Aligned Movement'이라는 기구를 창설했다. 며 칠 지나지 않아 나세르가 의도를 드러냈다.

1956년 7월 26일, 나세르가 알렉산드리아에서 연설하던 중 이제 영 국군이 수에즈운하에서 최종 철수했으니 운하를 국유화하겠다고 발표 했다.[15] 세계가 충격에 빠졌다. 19세기 서방에 물 기반 시설의 시대를 알렸던 위대한 개발 사업이, 여러 세대의 이상주의자들에게 자연을 정 복할 수 있다는 영감을 불어넣은 개발 사업이, 이제 한때 점령지였던 나 라의 소유가 될 참이었다. 게다가 운하를 소유하면 이집트가 아스완하 이댐 공사를 마무리할 재원을 얻을 터였다.

결국 2차 중동 전쟁이 터졌다. 영국, 프랑스, 이스라엘이 운하 통제권 을 되찾으려고 동맹군을 결성해 이집트를 침공했다. 그런데 침공을 미 국과 미리 조율하지 않았다. 대통령 선거로 한창 바쁜 미국이 이런 사 건에 신경 쓰지 않으리라고 봤기 때문이다. 미국이 펄쩍 뛰었다. 전쟁 을 멈추고 철수하라고 동맹군을 압박했다. 동맹군에는 치욕스러운 철 수였다. 한때 식민지를 호령했던 영국과 프랑스의 위상은 추락했고, 나 세르의 명성은 굳건해졌다.

당연하게도 아스완하이댐 건설 계획이 수단과 갈등을 일으켰다.[16] 이 무렵 수단은 1929년에 이집트와 합의한 바에 따라 해마다 사용할 수 있 던 물의 양이 고갈된 상태였다. 1958년에 수단에 새로 들어선 정권이 머뭇거림 없이 청나일강에 국영 시설인 로세이리스댐을 짓기로 했다. 댐을 지으려면 어떻게든 세계은행에서 자금을 지원받아야 했는데, 그러려면 먼저 이집트와 나일강 문제를 해결해야 했다.

상황에 떠밀린 두 나라가 1959년에 나일강 이용 협정에 합의했다. 이에 따라 연간 유수량 중 이집트는 555억㎥, 수단은 185억㎥를 사용할 권리를 얻었다. 몇몇 세부 사항을 제외하면, 이 협정은 30년 전에 해리 토머스 코리가 나일강위원회에 참여했을 때 제안한 내용을 반영했다.[17] 마침내 1960년, 어마어마하게 큰 아스완하이댐 건설이 첫발을 떼었다. 완공까지는 10년이 걸렸다. 댐 건설로 길이가 무려 500㎞인 인공 호수 누비아호가 만들어졌다. 이 정도면 나일강의 2년치 유수량을 담수하고 이집트가 사용하는 전력을 대부분 생산할 수 있었다. 이제 이집트는 사시사철 농경지에 물을 댈 수 있었다. 오늘날 나세르호로 부르는 호수가 바로 누비아호다.

이집트가 아스완하이댐을 개발하던 시기에, 미국이 이 지역을 바라보는 관점이 바뀌었다. 이제 미국에 중동은 물 기반 시설에 투자하는 곳이 아니라 곡물과 에너지 같은 상품을 사고팔 시장이었다. 이런 변화가 일어난 원인은 1950년대와 1960년대에 미국과 캐나다가 국내 정치에서 마주한 문제였다. 국내 식량 생산을 지원하고자 뿌린 보조금으로 곡물이 엄청나게 남아돌았다. 2차 세계대전 뒤 유럽 농업이 다시 시장에 돌아오자, 과잉 생산으로 국내 곡물 가격이 폭락할 위험이 불거졌다. 미국과 캐나다의 곡물 생산업자가 그때까지 그럭저럭 자급자족하던 개발도상국 시장으로 눈길을 돌릴 수밖에 없었다.

보조금을 받는 해외 곡물의 공세를 개발도상국이 이겨낼 길은 없었다. 그런데 그런 나라 대다수가 수입품 대금에 안전한 전환성 통화를 쓰지 않았다. 그 상태가 이어졌다면 미국 재무부가 골머리를 앓았을 것이다. 문제를 해결하려면 대금을 달러로 받아야 했다.[18] 그렇다면 달러는 어디서 왔을까? 가장 중요한 원천은 중동이 석유 수출로 받은 대금이었다.[19] 석유 수출은 곡물을 사들일 달러를 벌어들일 놀라운 원천이었다. 1960년대에 미국 경제가 중동의 값싼 석유에 완전히 의존했다. 얄궂게도 석유는 미국이 중동에서 수원 탐사를 장려하다 발견한 부산물이었다. 바야흐로 석유의 시대였다.[20]

석유의 시대

요르단강은 꽤 긴 구간에서 요르단과 이스라엘, 또 요르단과 팔레스타인의 국경선 구실을 한다. 꽤 짧고 좁은 요르단강은 상류를 지나 갈릴리호로 흘러들었다가 이스라엘과 요르단의 국경을 지난 뒤 사해에서 여정을 마친다. 사해는 해수면보다 421m 이상 낮은 염수호로, 2000만 년도 더 전에 아라비아반도가 아프리카 대륙에서 떨어져 나올 때 형성된 열곡대 맨 아래쪽에 있다.

1948년에 팔레스타인에서 영국의 위임 통치가 끝난 뒤 이스라엘이 세워지고 곧이어 제1차 중동 전쟁이 터졌다. 그 뒤로 요르단강에 빠르게 개입이 시작되었다. 1951년에 요르단 왕국이 요르단강의 지류인 야르무크강의 물길을 동고르운하(현재 압둘라 1세 운하)로 돌릴 계획을 발표했다. 이에 맞서 이스라엘이 2년 뒤 국가수로National Water Carrier 건설에 착수했다. 국가수로는 특히 건조한 남부에서 물 안보를 확실히 다지고자 갈릴리호에서 물을 많이 끌어오는 수송관과 수로 체계였다.

이제 요르단강을 공유하는 상황이 문제가 될 참이었다. 1950년대 초 아이젠하워 행정부의 특사로 파견된 에릭 존스턴Eric Johnston이 테네시강 유역개발공사의 접근법을 따르도록 요르단강 주변 국가들을 설득하려 애썼다. 오늘날까지 존재하는 요르단강개발공사는 이 노력이 남긴 유산이다. 이 계획에 따르면 요르단강을 개발할 때 주변 국가들이 이익을 공유해야 했다. 비율은 요르단이 약 56%, 이스라엘이 약 31%, 시리아가 약 10%, 레바논이 약 3%였다. 이 계획에 결정적으로 기여한 조항은 팔레스타인 난민 200만 명이 정착하도록, 송수관을 설치해 나일강의 강물을 시나이반도 북부로 보내는 것이었다. 미국이 협상을 중재하려 애썼지만, 내재한 갈등이 부글부글 끓다가 마침내 1960년대에 완전히 폭발해버렸다.

1964년, 이스라엘 국가수로가 작동에 들어가 요르단강에서 물을 끌어갔다. 주변 아랍 국가들이 보기에는 이 상황이 희귀 자원을 둘러싼 제로섬 게임이었다. 나세르가 정상 회담을 소집했다. 한자리에 모인 아랍 국가들은 이스라엘보다 위쪽에 있는 요르단강 원류의 물길을 여러 저수지로 돌린 뒤 레바논, 시리아, 요르단으로 보내기로 했다. (야세르 아라파트Yasser Arafat가 이끄는 팔레스타인 해방기구가 이 회담에서 설립되었다.) 1965년, 물길 전환이 시작되었다. 이스라엘은 이런 조처가 주권 침해라고 선언했다.[21] 긴장이 한층 팽팽해졌다.

1967년 5월, 나세르가 이집트, 시리아, 레바논, 요르단의 군대를 동원에 이스라엘을 포위했다. 이스라엘이 6월 5일부터 6일 동안 번개처럼 빠르게 선제공격을 퍼부었다. 이스라엘군은 시리아 쪽 공사 현장을 파괴한 뒤 골란고원, 서안 지구, 가자 지구, 시나이반도를 점령했다. 이로써 원류 지역 대부분뿐 아니라 하류까지 이용할 수 있는 요르단강 통제권을 확보했다. 여기서 그치지 않고 과감히 이집트까지 밀고 들어가 앙갚음으로 화력발전소 두 곳을 파괴했다. 전력 부족에 빠진 이집트가 하는 수 없이 아스완하이댐의 터빈 두 기를 예정보다 일찍 가동해야 했다.

이렇게 물을 둘러싼 충돌이 벌어지는 동안, 아랍에서 식량과 석유가 더 끈끈하게 결합했다. 사우디아라비아가 농업 생산량을 적극적으로 늘리는 활동에 들어갔다. 아람코가 땅속 깊은 곳에서 화석수 대수층을 발견한 덕분이었다. 사우디아라비아 농업이 이 화석수에 중독되었다.[22] 사우디 정부는 밀 생산자에게 아낌없이 보조금을 푸는 프로그램을 만들어 농부들이 마음껏 화석수를 끌어쓰게 부추겼다. 기계화, 개량 종자, 비료를 포함한 현대 농업의 갖가지 생산량 증대 수단에도 보조금을 지원했다. 1965년이 되자 경작지가 30만ha에 이르렀다. 사우디아라비아는 국내 밀 증산 계획에 더해 수단에 투자한 농경지까지 결합해 아랍 세계의 빵 바구니가 되는 꿈을 꿨다. 석유 수출 대금으로 아랍의 식량 안보를 보장할 수 있을 것 같았다. 그러나 그런 일은 일어나지 않았다.

닉슨이 금본위제를 버렸을 때 석유, 식량, 물의 얽히고설킨 관계가 더욱 복잡해졌다. 그 무렵 달러로 대금을 받던 석유 수출업자 대다수가 달러 가치 하락으로 수입이 크게 주는 어려움을 겪었다. 그래서 원유 생산업자들이 카르텔을 형성할 동기가 생겼다. 가격을 밀어 올리고 수익을 보존할 수 있다면 인위적으로 공급을 축소하는 방안이 달가웠을 것이다. 아랍과 이스라엘의 갈등이 2막으로 접어들었을 때, 생산업자들이 바로 이런 일을 일으킨다.

1970년에 나세르가 사망한 뒤 권좌에 오른 안와르 사다트Anwar Sadat 가 1973년 10월 6일에 아랍 동맹국과 함께 이스라엘을 공격했다. 이것이 유대교 속죄일인 욤키푸르에 맞춰 시작된 욤키푸르 전쟁이다. 이스라엘을 고립시킬 셈으로, 아랍석유수출국기구OAPEC가 이스라엘을 지원하는 나라에 원유 수출을 금지하기로 했다. 석유 수출 금지가 겨우 두세 달 이어졌을 뿐인데, 석유값이 달러로 환산했을 때 전쟁 전보다 4배나 치솟았다.

석유 수출 금지가 세계의 공급망에 석유 파동을 일으켜, 달러를 중동으로 끌어들이고 서방에서 인플레이션을 부채질했다. 중동에서 긴장이

고조되는 상황을 막고자, 미국이 사다트가 이스라엘과 평화 회담에 들어간다는 조건으로 이집트에 식량을 원조하기로 했다. 이집트와 이스라엘의 충돌은 1978년에 미국이 중재한 캠프데이비드협정으로 막을 내렸다. 이 평화협상이 중동의 물 지형을 크게 바꿔놓을 수도 있었다. 사다트가 이스라엘이 네게브사막을 개발한다면 30여 년 전 존스턴의 제안에 따라 나일강 강물을 시나이반도 북부로 보내 네게브에서 관개용 수로 쓰게 하겠다고 제안했다. 그러나 1981년에 사다트가 암살되고 말았다. 아마 이스라엘과 협력해 평화를 추구하려 했기 때문일 것이다. 사다트의 제안은 없던 일이 되었다.

1979~1980년 2차 석유 파동은 그해 이란 혁명과 이듬해 이라크의 이란 침공으로 이란과 이라크의 석유 생산이 급감해 발생했다. 이번에는 석유 가격이 두 배로 뛰었다. 미국이 보복 조처로 식량 수출을 금지하겠다고 위협했다. 하필이면 오랫동안 고립 경제를 고수했던 소련이 시장에 등장해 식량 위기를 일으킨 직후였다. 식량 위기가 곡물 가격에 미친 영향이 사우디아라비아의 농업 체계와 물 저장이 마주할 운명을 결정했다.

국제 곡물 시장의 변동성에 겁을 집어먹은 사우디아라비아 지도부가 아랍권 통합이라는 꿈을 접고 식량 자급자족 정책으로 완전히 방향을 틀었다. 정부가 농업 보조금에 더해 곡물 수매가까지 보장하자, 밀 생산이 심각하게 뒤틀렸다. 농부들이 밀을 어찌나 많이 생산했는지 저장할 곳이 모자라 밀알이 들판에서 썩어나갔다.[23] 보조금에 눈이 먼 농부들이 갈수록 더 깊숙이 우물을 팠다. 그 바람에 지하수면이 붕괴했다. 이븐 사우드 국왕의 물 중심 개발이 처음에 영향을 미친 사우디아라비아 동부는 주민 대다수가 시아파였다. 이란 혁명으로 시아파가 국제 사회에서 목소리를 내기 시작한 1979년 11월 말, 동부 해안 도시 카티프에서 거친 저항이 일어났다.[24] 수니파의 맏형인 사우디아라비아 정부가 이 저항을 사납게 억눌렀다. 이제 물 중심 개발이 안보 문제가 되었다.

1970년대 석유 파동이 바꾼 것은 중동이 물에 대처하는 방향만이 아니었다. 석유 파동은 모든 것을 바꿔놓았다. 여러 중동 분쟁으로 생겨난 석유 가격 상승이 이중으로 영향을 미쳤다. 소득이 늘어난 석유 수출국은 투자 기회를 찾아 나섰다. 높은 석유 가격으로 생겨난 무역 수지 적자를 메꿔야 하는 수입국은 국채를 발행하느라 나랏빚이 늘었다. 그러자 미국이 방향을 수정했다. 연방준비은행이 통화 공급을 줄이고 거침없이 금리를 올렸다. 미국의 인플레이션을 억누르려던 이 조처가 전 세계 경제에 영향을 미쳤다. 달러로 자금을 빌린 나라들이 미국의 고금리 정책에 이자 부담으로 허리가 휘었다. 게다가 뒤이어 일어날 수밖에 없었던 미국의 경기 침체로, 이 나라들이 상품을 수출하려 했던 미국 시장이 위축되었다. 많은 나라가 부도 위험을 맞닥뜨렸다.

20세기 후반 들어 석유 경제, 식량 안보, 물 기반 시설 투자가 서로 복잡하게 얽히고설켰다. 1970년대의 위기가 불러온 최종 결과는 개발도상국에서 공공 기반 시설에 투자할 자본이 말라붙었다는 것이다. 이로써 미국, 유럽, 소련이 따랐던, 재정을 대규모로 물 기반 시설에 쏟아붓는 자본 집약적 산업화가 막을 내렸다.

용의 비상

한동안 전 세계의 강에서 기반 시설 개발이 멈춰선 듯 보였다. 그런데 대다수 국가가 서방이 세계의 물 기반 시설에 개입했을 때 생기는 득실만 따지고 있을 때, 강 기반 시설 개발이 동쪽으로 이동하고 있었다. 신자유주의 혁명이 국가의 역할을 크게 바꾸지 못한 곳으로.

1978년에 덩샤오핑이 권력을 잡은 뒤, 중국이 뚜렷하게 방향을 틀었다. 마오쩌둥의 신념과 달리, 덩샤오핑은 시장 경제와 계획 경제를 혼합해야 한다고 인정했다. 달리 말해 시장을 이용해 자원 배분을 돕고, 정부는 기반 시설 투자와 전략 분야를 완전히 장악해 산업 구조를 농업에서 제조업과 서비스업으로 조정해야 한다고 봤다. 또 닉슨 대통령 때부터 시작된 해빙 기류를 이용해, 소련 경제와 결별하고 소비에 목마른 미국 시장에 과감하게 승부수를 던졌다. 1970년대 후반부터 미국에서 '메이드 인 차이나'가 유행어가 되었다.

이 공격적인 수출 주도 성장 정책이 믿기지 않을 만큼 빠르게 선진국을 추격했다. 1979년에 중국 정부가 농촌의 집단 생산 체제를 해체하자 농업 생산성이 60%까지 뛰었다.[25] 그래도 중국은 찢어지게 가난했다. 1960년대만 해도 인구 60%가 빈곤선인 하루 1달러 이하로 먹고살았다. 수출 주도 성장과 정부의 엄청난 기반 시설 투자가 풍부하고 값싼 노동력과 놀라운 속도로 올라가는 저축률을 최대한 활용했다. 중국 경제가 성장에 성장을 거듭했다.[26]

1970년부터 2010년까지 40년 동안 중국은 어느 나라보다 빠르게 성장했다.[27] 2001년에 드디어 세계무역기구WTO에 가입했다. 2010년에는 빈곤층 인구가 8% 아래로 떨어졌다. 마침내 미국에 이어 세계 2위의 경제 대국으로 뛰어올랐다. 그야말로 놀라운 비상이었다.

경제 성장은 중국의 경관에도 큰 영향을 미쳤다. 기반 시설이 여전히 정부 정책을 실현할 매우 중요한 지렛대였고, 그 중심에 범람과 강물이 있을 수밖에 없었다. 40년 동안 수력발전 시설이 20배나 늘어, 설비 용량이 350GW를 넘어서 세계 어느 나라보다 많았다. 오늘날 전 세계의 수력발전 시설 용량에서 중국이 무려 4분의 1 이상을 차지한다.[28] 2000년에 약 50억 달러였던 중국의 물 안보 투자액이 2010년 뒤로 거의 350억 달러까지 치솟았다.[29] 이 성장기를 나타내는 경이로운 상징이자 중국의 성공을 무엇보다 세상에 널리 알린 주요 사업이 바로 지금으로부터 100년 전에 쑨원이 꿈꿨던 싼샤댐이다.[30] 마침내 시험 가동에 들어갔을 때 싼샤댐은 자그마치 600㎞에 걸친 긴 저수지를 유지하는 세계 최대의 단일 기반 시설이 되었다.

싼샤댐은 조정지 댐이다. 달리 말해 기술자가 저수량과 지속 방류를 결합해 홍수를 통제할 수 있다. 나일강의 아스완하이댐 같은 댐들은 몇 년 분량인 유수량을 담수할 수 있다. 그러나 양쯔강은 워낙 커 그럴 수 없다. 게다가 싼샤댐의 용도가 저수와 홍수 통제만이 아니었다. 싼샤댐은 경제 발전을 떠받칠 수단이기도 했다. 홍수 통제 말고도 후버댐보다 열 배나 많은 설비 용량(220억W)으로 전력을 생산하고, 갑문을 움직여 화물이 거대한 싼샤댐을 꾸준히 오가게 해야 했다. 완공하자마자 사람을 보호하고 경관을 바꾸고 경제 가치를 만들어내 한 세기 전 미국이 서부나 테네시강 유역에서 이룬 것만큼 놀라운 성과를 올린 개발 활동이었다. 그야말로 쑨원의 꿈에 꼭 맞는 유산이었다. 그런데 쑨원이 의도한 정치적 의미는 아직 완전하게 반영되지 않았다. 기술 측면에서는 성공했지만, 공화정의 원칙과 권위주의의 관습이 불안한 균형을 이루며 유지되는 정치 구조가 이룬 성과이기 때문이다. 어쨌든 싼샤댐은 개발 회사가 중앙 정부에서 권한을 얻은 덕분에 성공했다.

미국이 트루먼 대통령의 포인트 포 전략에 따라 세계에 물 안보 방식을 수출했듯이, 이제 중국도 자국의 전문 지식, 기술, 자금을 세계 곳곳으로 내보내려 했다. 싼샤댐의 성공으로 중국 정부가 어렵기 짝이 없는 공사를 시행할 수 있다는 엄청난 자신감을 얻었다. 이제는 그 자신감을 드러낼 때였다. 1997년 아시아 금융 위기를 무사히 넘긴 덕분에 돈이 쌓여 있었다. 한동안은 이 자금을 대부분 미국 재무부 채권에 투자했지만, 21세기 초에 서방 세계의 경제 성과가 주춤하자 다른 투자처를 찾아 나섰다. 이제 세계의 여러 강에 발을 들일 차례였다.

히말라야산맥의 화약고

중국은 여기저기 가리지 않고 투자했다. 지정학적 이유도 있었다. 미국과 달리 여러 중요한 이웃과 국경을 맞댄 중국은 영토 안보가 훨씬 더 복잡하다. 21세기에 중국이 수자원을 개발한 까닭은 그저 해외에 힘을 과시하려는 것이 아니었다. 수자원 개발이 중국의 국내 안보와 떼려야 뗄 수 없는 관계였다.

중국이 수입하는 석유와 가스는 대부분 중동에서 출발해 믈라카해협을 통과한 뒤 태평양 쪽 항구를 거쳐 본토로 들어간다. 그런데 믈라카해협이 인도네시아 수마트라섬과 말레이시아 사이에 있는 좁은 항로라 적어도 이론상으로는 취약하다. 만약 이 항로가 위태로워지면 중동에서 인도양을 거쳐 빠르게 태평양으로 나가는 고리가 끊겨 중국이 고립될 테니, 연료 수요를 맞출 석유와 가스를 공급받느라 무척 애를 먹을 것이다.

대안은 파키스탄 극서 지역의 과다르 항구와 신장 웨이우얼 자치구 서북쪽의 카슈가르를 연결해 육로로 운송하는 것이다.[31] 매우 중요한 이 안보 통로가 중국이 파키스탄과 맺은 수자원 협정에 포함되었다. 중국은 중국·파키스탄 경제 회랑 사업에 따라 파키스탄에 기반 시설을 개발할 자금과 기술을 지원하기로 했다. 과다르항은 이미 중국이 자금을 지원했었다. 중국의 국영 전력기업인 창장싼샤그룹이 젤룸강 같은 인더스강 지류의 개발에 깊이 개입했으므로, 수력발전이 이 투자의 필수 요소가 될 예정이었다.

파키스탄이 보기에 이런 사업은 개발 계획이었다.[32] 그런데 파키스탄 외부, 특히 인도와 미국이 보기에는 중국이 세력권을 넓히고자 펼치는 지정학 게임이었다. 그리고 위험하기 짝이 없는 위협이었다. 이 경제 회랑이 작동할 유일한 길은 잠무 카슈미르를 지나는 것뿐이었다. 일찌감치 1950년대에 데이비드 릴리엔솔이 히말라야산맥에 자리 잡은 이 작은 번왕국의 위험성을 언급했었다. 한때 번왕국이던 잠무 카슈미르가 이제 파키스탄과 인도의 관계에서뿐 아니라 중국의 이해관계가 집중된 핵심 지역이 되었다. 미국 대통령 빌 클린턴Bill Clinton이 이곳을 가리켜 '세계에서 가장 위험한 지역'이라 했던 것도 놀랄 일이 아니다.

경제 발전을 둘러싼 긴장이 수력발전에도 영향을 미쳤다. 잠무 카슈미르 안에서 흐르는 닐룸강은 인더스강의 지류인 젤룸강의 지류다. 닐룸강의 고도가 젤룸강보다 꽤 높아, 둑을 쌓은 뒤 젤룸강으로 이어지는 터널로 물길을 돌리면 상당한 전력을 생산할 수 있다. 1차 인도-파키스탄 전쟁(1947~1949년-옮긴이) 뒤 그어진 휴전선이었던 통제선이 뜻하지 않게 두 강을 끊었다. 이제 닐룸강은 인도령 잠무 카슈미르를 지나 통제선을 넘은 뒤 파키스탄령 아자드 잠무 카슈미르에서 젤룸강과 만났다. 인도도 파키스탄도 이 독특한 수문학적 상황을 이용할 수 있었지만, 두 나라가 동시에 이용할 수는 없었다. 자연이 완벽한 제로섬 게임 상황을 만들어 인더스강 조약을 시험대에 올렸다.

먼저 움직인 쪽은 파키스탄이었다. 1980년대 후반, 파키스탄이 닐룸강-젤룸강 수력발전 계획을 구상했다. 원래는 커다란 기가와트급 발전 시설을 2002년에 착공해 2008년에 완공할 예정이었다. 그러나 여러 문제와 일정 지연, 특히 2005년 카슈미르 지진으로 발전소를 재설계해야 했다. 2008년 무렵 중국이 나서 자금과 기술을 지원했다. 2011년에 중국이 수력발전소 같은 발전 시설을 인수, 개발, 건설, 소유, 운영할 목적으로 파키스탄 수도 이슬라마바드에 창장쌴샤그룹의 지주회사인 쌴샤 남아시아투자유한회사CSAIL를 세웠다.

그사이 인도가 파키스탄 상류에 더 많은 댐을 지을 길을 찾았다.[33] 그런 댐 중 하나가 닐룸강-젤룸강 수력발전 계획과 똑같은 원리로 작동해 330MW를 생산할 수 있는 키샨강가댐이었다. 먼저 착공에 들어간 쪽은 인도였다.

2018년에 키샨강가댐이 준공되자, 파키스탄 외교부가 불편한 심기를 드러냈다. "분쟁을 해결하지 않은 상황에서 키샨강가댐 준공식을 하는 것은 인더스강 조약 위반이나 마찬가지다."[34] 파키스탄 정부는 인도를 국제중재재판소에 세울 셈으로, 파키스탄 지역에서 인도가 인더스강의 '기존 용도'를 방해할 만한 계획을 세우지 못하도록 못 박으려고 집어넣었던 조항을 근거로 문제를 법정 싸움으로 키웠다.[35] 결국 중재재판소가 키샨강가 사업을 수정하라고 판결했지만, 두 사업의 상호 영향은 밝혀지지 않은 채 둘 다 계속 진행되었다. 앙숙인 두 이웃의 분쟁을 틈타, 중국이 국영 기업인 창장싼샤그룹을 이용해 두 나라에 모두 존재감을 드러냈다.

중국은 특유의 강 지형 때문에 강 개발에서 안보와 경제 발전을 따로 떼어 생각하기 어렵다. 이를 잘 보여주는 사례가 미국이 한때 관심을 쏟았던 메콩강이다. 메콩강의 발원지는 중국으로, 중국에서는 이 강을 란창강이라 한다. 메콩강 주변 국가가 메콩강위원회를 설립했을 때 중국은 배제되었다. 중국이 아시아의 절대 강자가 되리라고 누구도 예상하지 못했을 때였다. 이제 중국은 티베트에 있는 상류에서 시작해 윈난성을 거쳐 미얀마와 라오스로 흘러 들어가는 란창강에 커다란 댐 23개를 지을 계획을 세웠다. 댐이 줄줄이 들어서면 란창강은 설비 용량이 30GW가 넘는, 세계에서 손꼽히는 수력발전 시설로 탈바꿈할 것이다.[36] 게다가 여러 지류에 세울 자그마한 댐 800개에서도 몇 기가와트를 생산할 것이다.

이 가운데는 어마어마하게 많은 물을 저수하는 댐도 있다. 샤오완댐과 뉘자두댐의 담수 용량을 합치면 후버댐의 미드호보다 더 많다. 이런 시설들은 철이 바뀔 때 강의 유수량을 조절할 수 있어, 세계에서 가장 큰 민물 어업을 지탱하는 하류의 계절별 유수량에 적어도 이론상으로 는 차질을 빚을 수 있다. 중국이 메콩강의 목줄을 쥔 셈이다.

중국은 란창강 개발이 순전히 자국의 경제 발전 전략일 뿐이라고, 윈난성 경제를 산업화하려는 목적일 뿐이라고 주장한다. 댐이 생산할 재생 에너지를 가리켜, 이런 투자야말로 평화로운 패권 장악과 지속 가능한 번영을 상징한다고 강조한다.[37] 중국이 보기에 국제 사회가 란창강 개발에 드러내는 모든 우려는 수십 년 전에 똑같은 방식으로 강을 개발해놓고서도 중국은 강을 개발하지 못하게 막으려는 위선이다.[38]

그러나 하류 지역 사람들이 보기에는 상류에 자리 잡은 패권국이 란창강 개발로 하류 쪽 네 나라의 목숨줄을 좌지우지할 절대 권력을 쥘 위험이 있었다. 나일강에서 영국과 이집트가, 콜로라도강에서 미국과 멕시코가 그런 관계였다. 메콩강에서 그런 일이 벌어지지 말란 법이 있을까?

이제 보니 20세기가 보기 드문 세기였고 미국의 부상과 동반한 경관 개발이 다시 일어나기 어려운 특이한 일이라는 생각이 오판으로 보인다. 새로 부상한 중국이 이제껏 있었던 경관 개발이 하찮게 보일 만큼 거대한 개발에 착수했다. 20세기가 미국의 세기였다면, 21세기는 중국의 세기일 것이다.

[21]
지구의 실험

자연 실험 natural experiment

(당시 사람들이 1차 세계대전을 가리켜 쓴 용어다-옮긴이) 참고할 사례가 없으면 현대 세계와 물의 관계를 결정하는 정치 저변을 어렴풋이 윤곽만 파악할 수 있다. 그래도 그런 윤곽에서 예전 방식의 흔적과 새로운 경로가 드러난다.

20세기 동안, 본보기가 된 근대 공화정의 성공에 영감을 얻은 부유한 국가 대다수가 국민을 기후의 영향에서 보호하고 경제 경쟁력을 높이고자 지구의 물길을 바꿨다. 이를 위해 물의 힘을 활용했고, 누구나 산업화에 발맞춰 살 수 있게 했다. 적어도 부유한 나라에서는 사람들의 삶에서 기후의 영향을 거의 찾아보기 어려웠다. 그때껏 어디서든 필요한 때마다 용도에 맞는 물을 항상 이용할 수 있었던 적은 한 번도 없었다. 아무런 걸림돌 없이 물 경관 주변을 돌아다닌 적도, 개울을 정비하고 강을 통제해 범람 피해를 겪지 않게 하는 기술에 둘러싸여 산 적도 없었다. 기술이 사람과 기후의 관계를 바꿨다. 그러나 결과를 판가름하는 데 계속 가장 주요한 역할을 하는 것은 수천 년 동안 쌓인 제도, 오랜 세월에 걸쳐 사회와 물의 관계를 규정한 제도다.

이제 기후가 바뀌고 있다. 현대가 대기의 화학 작용에 미치는 영향 탓에, 최근에 우리가 경험한 무엇보다도 크게 기후가 바뀔 가능성이 매

363

우 크다. 화석 연료를 태울 때 나오는 이산화탄소와 유례없이 규모가 큰 경관 변화가 모두 지구의 에너지 균형에 눈에 띄는 영향을 미쳤다. 아마 마지막 빙하 극대기 이후로 가장 큰 영향일 것이다. 기후가 이런 변동에 대응하면 지구의 물 특성이 그에 맞춰 대응하므로, 국가는 오랜 문제를 해결할 새로운 해법을 찾아야 한다. 무엇보다 중요한 물음은 현재의 제도 장치가 그런 변화에 탄력적으로 대처할 것이냐다. 20세기는 누구에게나 같은 답을 건네지 않았다. 따라서 나라에 따라 기반 시설과 제도가 사뭇 달라졌다. 물의 역사는 안보가 가장 약한 지점에서 사회가 무너진다는 사실을 거듭 보여줬다.

기후 변화가 던지는 난제가 어느 정도인지 판단하기에는 아직 너무 이르다. 그래도 가끔은 기후가 앞으로 무슨 일이 닥칠지 엿볼 수 있는 자연 실험을 제공한다. 싼샤댐이 처음 시험 가동에 들어간 2010년은 엘니뇨 남방 진동ENSO(El Niño Southern Oscillation)이 특히 기승을 부린 해였다. 엘니뇨 남방 진동은 거의 3~5년 단위로 일어나는 기상 현상으로, 열대 태평양에서 몇백 미터 아래까지 따뜻해진 바닷물이 마치 커다란 시소처럼 엘니뇨 때는 동쪽 페루로 몰려갔다가 라니냐 때는 서쪽 오스트레일리아로 몰려간다. 이 현상이 가장 잘 드러나는 곳은 해수면이다. 페루 앞바다가 따뜻해지는 엘니뇨 때는 난류가 동태평양 쪽으로 몰려 서태평양 해수면이 평년보다 더 깊은 곳까지 차가워진다. 반대로 페루 앞바다가 차가워지는 라니냐 때는 난류가 서태평양으로 몰려 동태평양 해수면이 평년보다 더 차가워진다. ENSO는 기후 체계에서 우리가 측정할 수 있는 가장 중요한 신호다. 또 기후가 여러 해에 걸쳐 바뀔 때 일어나는 자연 실험이기도 하다.

라니냐 때는 페루에서 오스트레일리아까지 펼쳐지는 해수면의 온도 기울기가 평년보다 커진다. 비정상적으로 차가운 바닷물이 지구에서 가장 큰 바다에서 적도를 가로지르면 당연하게도 대기가 반응을 일으킨다. 또 지구 곳곳의 물 분포에 커다란 영향을 미친다. 일반적인 라니냐 때는 미국 일부와 남아시아에 비가 많이 내린다. 그런 변화가 다른 단기 기상 현상과 영향을 주고받아, 모든 지역에서 회복성을 시험하는 국지적 기상 이변을 수없이 만들어낸다. 2010년 7월 양쯔강을 덮친 폭우도 일부는 그런 기상 이변 때문이었다. 2010년 들어 몇 달 동안 라니냐가 유난히 강하게 일어났다.[01] 사회가 어떻게 대응하는지를 드러낼 완벽한 실험이었다.

두 나라 이야기

2010년 4월 27일, 미국 기상국이 미시시피강 유역에서 심상치 않은 일이 일어날 것 같다고 예측했다. 열대 지방의 수증기는 중위도로 균일하게 이동하지 않는다. 마이크로파 위성 자료를 살펴보면 대기가 폭 400~500㎞, 길이 수천 킬로미터인 기다란 끈 모양으로 이동한다.[02] 이런 대기의 강atmospheric river에는 수증기가 가득하다. 대기의 강 하나에 들어 있는 수증기를 모두 더하면 미시시피강의 열 배고 아마존강에 맞먹는다.[03] 2010년 늦봄, 기상학자들이 이런 대기의 강 하나가 오하이오 강 지류인 테네시주 컴벌랜드강 유역으로 이동하는 것을 목격했다. 이대기의 강은 동태평양과 멕시코만에서 물기를 머금고 중앙아메리카에서부터 줄기차게 확장하는 매우 응축된 공기였다. 자연이 열대 바다에 호스를 박아 물을 빨아들인 뒤 미시시피강 유역을 적시기로 작정이라도 한 듯했다. 대기가 엄청난 수증기를 품고 왔다. 수증기 때문에 대기가 불안정해졌다. 대기가 불안정해지자 폭풍이 몰려왔다.[04]

주말이던 2010년 5월 1일과 2일 이틀 동안 커다란 폭풍 두 개가 테네시주 중부와 서부, 켄터키주 일부를 덮쳐 유례없이 많은 비를 쏟아부었다. 컴벌랜드강은 당국이 공들여 설계한 하천 체계라, 육군 공병대가 여러 곳에서 댐 10개로 강을 관리했다. 댐 4개는 홍수 통제가 목적이었다. 이 가운데 세 곳은 지류에 있었고, 가장 큰 울프크리크댐은 컴벌랜드강에 있었다. 컴벌랜드강 유역 가운데 절반 조금 넘는 곳은 이 홍수 통제 시설보다 상류에 있었지만, 나머지 유역은 아래쪽에 있었다. 달리 말해 하류 유역에는 컴벌랜드강과 거주지 사이에 뱃길과 수력발전 시설만 있을 뿐 이렇다 할 담수 시설이 없었다. 안타깝게도 폭우가 대부분 이 지역에 쏟아졌다. 상류의 담수 용량이 무용지물이었고, 빗물이 컴벌랜드강 하류 유역을 강타했다.

5월 1일에 몰아친 첫 폭풍우가 빗물로 강과 시내를 가득 채우고 땅을 흠뻑 적셨다. 저녁 7시, 내슈빌을 지나 하류 쪽에 있는 치팀 갑문&댐이 빗물을 감당하지 못하고 넘쳤다. 5월 2일에 몰아친 2차 폭풍우가 결정타를 날렸다. 5월 3일, 홍수 통제 시설 네 곳 가운데 제 기능을 하던 스톤스강 J. 퍼시 프리스트 댐이 가득 찼다. 물어 넘쳤으므로, 댐이 터지지 않게 막으려면 물을 방류해야 했다.[05] 그 시점에 할 수 있는 일이란 거의 없었다.[06] 컴벌랜드강과 테네시강의 수위가 모두 기존 기록을 넘어섰다. 스물여섯 명이 목숨을 잃었다. 대부분 하류 유역에서 갑자기 불어난 급류에 휩쓸린 사람들이었다. 컴벌랜드강이 하늘에서 계속 쏟아지는 비를 감당하지 못해 내슈빌의 콘서트홀과 스포츠 시설, 사무실, 상가 주택이 흙탕물로 뒤덮였다.

이 범람으로 무려 20억 달러가 넘는 피해가 발생했다. 미국이 100년 동안 쌓은 경험을 탄탄하고 촘촘한 제도로 구현해 사람을 보호하려 했지만, 아마존강에 맞먹는 대기의 강이 머리 위로 지나가는 상황에서 컴벌랜드강 유역 주민들이 아무런 영향도 받지 않기에는 모자랐다. 물은 움직인다. 어떤 상황에서나 효과가 있는 단일 해법은 없다. 그런데 컴벌랜드강 범람이 비록 비극이긴 했어도, 겨우 몇 달 뒤 남아시아에서 일어날 사건에 견주면 작은 소동이었다.

늦봄 들어 강력한 라니냐가 일자, 인도양의 해수면 온도가 평년보다 올라갔다. 대기의 수증기도 늘어났다.[07] 저지 저기압 즉 며칠 동안 같은 자리에서 꿈쩍도 하지 않고 고기압을 가로막는 저기압이 러시아 중부와 서부를 맴돌았다. 이 저지 저기압이 대기의 이동을 가로막았고, 이때 이동하던 대기가 저지 저기압의 측면에 충돌하면서 폭풍이 발생했다.[08] 파키스탄 북부가 바로 그런 충돌이 일어난 정체 기단 아래 있었다.

7월 13일부터 파키스탄에 구름 한 점 없는 날씨가 이어졌다. 연일 내리쬐는 햇볕에 지표면이 달궈져 마침내 대기가 불안정해졌다. 상승 기류가 팔팔 끓어오르는 냄비처럼 강하게 위로 치고 올라갔다. 7월 18일, 하층 바람이 아라비아해에서 발생한 수증기를 달궈진 지표면 바로 위로 끌어왔다. 마침내 폭풍우에 불을 댕길 불씨가 도착했다. 이 무렵 찍은 위성 사진을 보면 첫 폭풍우는 히말라야 산기슭의 구릉지에서 생성되었다. 7월 19일, 마침내 비가 내리기 시작했다. 온도가 뚝 떨어졌다. 비 때문에 습도가 올라가 대류가 한층 더 빨라졌다.

7월 20일, 파키스탄 기상국이 첫 홍수 경보를 내보냈다. 러시아 상공의 저지 고기압 측면에 충돌한 저기압이 7월 21일에 파키스탄 북부에 다다랐다. 부글부글 끓어오른 대기가 이제는 진짜 폭풍우로 바뀌었다. 펀자브주 라호르가 물에 잠겼다. 시드주를 제외한 모든 주에서 사망자가 나왔다. 7월 22일, 군부가 조처에 나섰다. 대피시켜야 할 사람이 무려 수만 명이었다.

그사이 인도 계절풍이 벵골만 상공에서 저기압을 형성한 뒤 수증기를 잔뜩 품은 채 인도반도로 이동했다. 그리고 7월 24일, 파키스탄 북부에 다다랐다. 지독한 폭풍우였다. 러시아 중부를 점령한 정체성 고기압 탓에, 파키스탄으로 향하던 강한 대기 흐름이 방향을 틀었다. 게다가 계절풍이 아라비아해와 벵골만에서 파키스탄으로 수증기를 끌어왔다. 7월 27일, 그렇게 모인 수증기가 몽땅 파키스탄 사람들 머리 위로 쏟아졌다. 기상국이 다시 홍수 경보를 발령했다.

끔찍한 재앙이 벌어졌다.[09] 인더스강의 주요 지류에서 홍수 통제에 쓸 만한 댐이라고는 달랑 두 곳 타르벨라댐과 망글라댐뿐이었다. 나머지는 속수무책이었다. 범람한 강물이 인더스강 유역 곳곳을 휩쓸어 수천 명의 목숨을 앗아갔다.[10] 카불강과 스와트강의 둑이 터졌다. 성난 듯 쏟아진 강물에 수백 명이 목숨을 잃었다. 서북부에서 일어난 산사태로도 수백 명이 사망했다. 파키스탄 영토 5분의 1이 물에 잠겼다. 듣도 보도 못한 처참한 상황이었다. 7일 31일, 유엔이 역사상 최악의 홍수가 일어났다고 선언했다. 8월 상순 동안 물이 빠지자 재앙의 규모가 드러났다.[11] 거의 2000명이 목숨을 잃었고, 구호가 필요한 이재민이 2004년 인도양 지진 해일, 2005년 남아시아 지진, 2010년 아이티 지진, 2008년 사이클론 나르기스 때를 합친 것보다 많은 약 2000만 명에 이르렀다.[12]

2010년 기상 이변은 미국과 파키스탄 두 나라의 회복력을 시험했다. 두 나라가 얼마나 성공했는지 실패했는지는 20세기에 설정된 물 안보의 기대치에 견줘 평가되었다. 그때까지 세계 인구 대다수가 미국보다 파키스탄에 훨씬 더 가깝게 범람에 취약했다. 컴벌랜드강 범람도 인더스강 범람도 모두 재앙이었지만, 미국은 부유한 덕분에 더 잘 대처했다. 그러나 두 나라의 차이가 그저 빈부 차이에서만 비롯하지는 않았다.

테네시주 주민들은 현지 기반 시설에도 기댈 수 있었을뿐더러, 대체로 국민의 요구에 민감하게 반응하고 그 요구를 충족할 자원을 제공하는 국가의 힘을 빌릴 수 있었다. 미국이 그럴 수 있었던 까닭은 100년에 걸쳐 그런 수자원을 이용하는 법을 터득했기 때문이다. 파키스탄이 홍수에 어찌할 바를 몰랐던 그 주에, 히말라야산맥 저편에서는 싼샤댐이 인더스강에 맞먹게 양쯔강을 덮친 홍수를 무사히 막아내 첫 시험대를 통과했다.

부유한 나라가 물을 더 잘 관리한다. 그런데 그런 나라가 부유한 까닭은 물을 잘 관리할 방식을, 나날이 늘어 갈수록 많은 참정권을 얻고 경제 활동을 하는 시민을 수용할 수 있는 사회 계약을 물 경관에 반영하는 관리 방식을 찾았기 때문이다. 이것이 강을 중심으로 산업화를 주도한 20세기가 남긴 핵심 유산이다.

제도의 깊은 뿌리

그런데 지금도 물과 사회의 오랜 관계가 눈에 보이지 않는 더 깊숙한 곳을 흐른다. 현대의 교역 기반을 확립한 것은 사유재산권, 법치, 국민 국가의 부상이었다. 2010년까지 그런 제도가 기후가 보내는 신호를 지구 곳곳에 전파할 수 있는 망을 형성했었다.

2010년 여름철 인도 계절풍 때 파키스탄에 물 폭탄을 끌어온 특이한 저기압은 서아시아까지 계속 고기압에 묶여뒀던 행성파에 속했다.[13] 고기압에 묶인 러시아 서부에 따가운 여름 햇볕이 내리쬐었다. 7월 25일부터 8월 8일까지 적어도 1880년 이후로 최악의 무더위가 덮쳐 모스크바 기온이 평년보다 무려 18℃나 높았다.[14] 이글이글 내리쬐는 햇볕에 8월 들어 보름 동안 농경지 100만ha가 불길에 휩싸였다. 2010년은 전에 없는 가뭄이 든 해이기도 했다. 러시아에서는 화재가 드문 일이 아니지만, 그해 화재는 워낙 심각해 도시에 사는 사람에게까지 영향을 미쳤다. 추산에 따르면 엄청난 무더위와 공기 오염으로 5만 5000명이 목숨을 잃었다.[15]

그러나 가뭄 피해가 가장 크게 나타난 것은 식량이었다. 2010년 들어 러시아가 국제 밀 시장을 독보적으로 주름잡았다. 농업이 끝이 보이지 않는 나락으로 빠져들어 소련이 허구한 날 밀을 수입하던 1980년대는 옛 이야기였다. 길고 긴 여정 끝에 마침내 2010년, 러시아가 다시 식량 교역 체계의 꼭대기에 올라서 밀 수출로 무기 수출만큼 돈을 많이 벌었다.[16]

그런데 2010년 폭염으로 러시아의 곡물 생산지 대부분에 가뭄이 들었다. 결국 농경지 17%가 불모지가 되었다.[17] 러시아 최대 곡창 지대인 볼가강 유역의 수확량이 70%나 줄었다. 러시아 전체 수확량은 3분의 1이 줄었다. 작물 피해가 심각하다는 사실이 뚜렷해지자 곡물 가격이 치솟았다. 사실, 곡물 가격은 생산량이 떨어지기 전부터 오르기 시작했다. 곡물 가격이 오르겠다는 공포에 시장으로 몰려든 구매자들이 마구잡이로 사재기에 나섰는데, 투기꾼들이 공급을 틀어막고 있었다. 그 바람에 구매자들의 예상이 현실이 되었다.

8월 중순, 러시아 정부가 충격을 제어하고자 비축 식량을 풀었다. 이와 더불어 곡물 수출 금지 명령도 내렸다. 국내 공급량을 확보하려는 목적이었지만, 이제는 판매자 마음대로 값을 매길 수 있을 때라 가격이 더 뛰어올랐다. 구매자와 판매자의 심리 그리고 정부가 국내 시장에 개입하려다 일으킨 시장 왜곡이 영향을 크게 증폭했다.[18] 국제 밀 수출 시장에서 5분의 1을 차지하는 러시아의 밀 생산이 3분의 1 떨어졌는데, 국제 밀 가격은 두 배가 되었다.

2010년 가을, 중국이 무대에 등장했다. 2009년 여름부터 2010년 봄까지 중국 북부에 전에 없이 큰 가뭄이 들어 인구 1600만 명과 소 1100만 마리가 식수 부족에 시달렸다. 심각한 가뭄이었다. 피해 농경지가 400만ha에 이르렀고, 이 가운데 적어도 4분의 1이 낟알 하나 생산하지 못했다. 강물이 30%에서 80%까지 줄어든 강이 한둘이 아니었다. 아예 맨바닥을 드러낸 강들도 있었다. 더러 비가 많이 내린 곳도 있었지만, 호수가 메말라 물고기가 떼죽음을 당하고 지형이 사막으로 바뀌었다.[19]

초여름 들어서도 가뭄이 수그러들 기세가 없었다. 100년에 한 번 올까 말까 한 가뭄이었다. 러시아를 덮친 가뭄이 10월 들어 중국 동북부까지 밀어닥쳤다.

중국 정부도 눈앞에 닥친 재앙이 국내 식량 공급을 위협할까 두려웠다. 그래서 국제 시장에서 밀을 대량으로 사들였다. 중국의 사재기로 러시아의 수출 금지가 시장에 더 큰 악영향을 미쳤다.[20] 7월에 밀 1톤이 180달러였는데, 8월에는 250달러로 뛰었다. 2011년 2월에는 마침내 350달러에 다다랐다.

곡물 특히 밀은 식량 공급에서 여전히 가장 중요한 몫을 차지한다. 세계 식량 공급에서 밀 생산이 차지하는 비중이 20%가 넘는다. 전후 경제와 서방의 농업 보조금 때문에 개발도상국 대다수가 밀 수입국이 되었다. 이 개발도상국들이 국제 밀 시장에서 4분의 3 이상을 소비한다. 이런 국가 대다수는 식량 불안을 억제하고자 공공 재정에 크나큰 부담을 지면서까지 정부가 소비자 가격을 보조한다. 따라서 국제 시장에서 일어나는 가격 변동에 몹시 취약하다.[21]

이 모든 상황을 지켜본 국가 대다수가 러시아의 밀 수출 시장 점유율과 2010년 폭염이 미친 영향을 중요한 정책 문제로 삼았다. 특히 중동 국가에서 그런 반응이 두드러졌다.

고대의 반복

2010년 가을 들어, 세계 절반이 러시아 폭염과 중국 가뭄으로 일어난 곡물 가격 급등에 허덕였다. 소비자 물가가 곡물 도매가에 민감하게 반응하는 중동과 북아프리카가 특히 타격이 컸다. 보조금과 가계 소득 보전으로 소비자를 보호하려 했던 공공 재정에 부담이 커졌다.[22] 그러던 2010년 12월 19일, 불에 기름을 붓는 사건이 벌어져 중동 전체를 불길로 몰아넣었다.

사건이 일어난 곳은 튀니지의 시디부지드였다. 거리에서 과일과 채소를 팔던 스물여섯 살 청년 무함마드 부아지지Mohamed Bouazizi가 경찰이 요구한 뇌물을 거부했다. 경찰이 앙갚음으로 부아지지 가족의 유일한 생계 수단인 수레에서 저울을 압수했다. 이곳저곳에 호소해도 소용이 없자, 부아지지가 끝내 주지사 집무실 앞에서 몸에 불을 붙였다. 절망에서 나온 마지막 몸부림이었다. 순식간에 튀니지가 항의의 물결에 휩싸였다. 부아지지가 화상으로 목숨을 잃은 지 열흘 뒤인 2011년 1월 14일, 26년 동안 권력을 휘둘렀던 독재자 제인 엘아비디네 벤 알리Zine al-Abidine Ben Ali 대통령이 사우디아라비아로 도망쳤다. 튀니지의 재스민 혁명이 아랍의 봄에 불을 댕겼다.

식량 가격이 아랍의 봄을 일으킨 직접 원인이었느냐보다 중요한 것은 국가가 사회를 통제하는 아주 중요한 수단인 식량 체제가 취약성을 드러냈다는 사실이다. 벤 알리 대통령이 망명하자, 봉기가 빠르게 알제리로 퍼졌다. 그다음은 레바논, 그다음은 예멘이었다. 1월 25일에는 이집트에서 걷잡을 수 없는 상황이 벌어졌다.

이집트는 세계 최대 밀 수입국으로, 수출과 송금으로 얻는 수익 10%를 식량 수입에 지출했다.[23] 달리 말해 1인당 소득 3분의 1 이상을 식량에 썼다. 식량 가격 급등과 민주주의를 향한 열망이 이집트를 뜨겁게 달궜다. 시위대가 거리에 넘쳐났다. 호스니 무바라크Hosni Mubarak 대통령은 처음에 성난 군중을 달래려 했다. 그러나 실패하자, 이번에는 무력으로 억누르려 했다. 타흐리르 광장에 모인 시위대를 진압하려 한 판단이 치명적이었다. 2월 11일, 30년 동안 절대 권력을 휘두른 독재자가 자리에서 물러났다.

이집트 다음은 리비아였다. 벵가지에서 치안 부대가 시위대에 과격하게 대응했다. 무장한 저항군이 독재자 무아마르 카다피Muammar Gaddafi 에 거세게 반발했다. 머잖아 카다피가 사망했다. 카다피 정권의 몰락이 난데없이 뜻밖의 결과를 낳았다.

리비아 아래쪽으로 사하라사막과 사헬 지역이 드넓게 펼쳐져 있다. 그중에서도 서아프리카의 사헬 지역에 니제르, 말리 일부, 알제리 남부, 부르키나파소, 챠드, 나이지리아 일부가 걸쳐 있다. 이 지역은 가난하고 기반 시설도 변변찮고 제도도 허술해 강우량 변화에 매우 취약했다. 불안정한 조건에서 농업으로 살아가는 많은 사람이 직업과 더 나은 삶을 찾아 도시나 다른 나라로 숱하게 이주했다.

1980~1990년대에 카다피가 리비아를 범아프리카 이주민의 중심지이자 노동력의 종착지로 만들려 했다.[24] 그래서 사헬 지역 사람들이 사하라사막을 건너 리비아까지 오는 데 도움이 되도록 사막 이동로, 연료 보급소 같은 탄탄한 이주 기반 시설을 개발하도록 장려했다. 카다피 정권이 무너지자, 그런 기반 시설이 지중해를 건너 유럽으로 가는 디딤돌이 되었다. 가뭄, 기아, 전쟁을 피하려는 사람들이 그런 통로를 뚜벅뚜벅 지나 유럽 해안가로 향했다. 시리아 피난민 말고도 이주민 행렬이 갈수록 늘어, 유럽 전역에서 포퓰리즘에 기름을 부었다.

물과 관련한 사건이 미치는 영향은 대개 가장 취약한 사람들을 통해 드러난다. 그렇다고 모든 이주민이 난폭하다는 뜻도, 이주민의 목적지가 이들을 환영할 리 없다는 뜻도 아니다. 그러나 결국은 가장 약한 고리가 모든 사람의 취약성을 드러내는 법이다.

앞으로 다가올 변화

인간 사회가 경험하는 물 사정은 물리적인 것에 그치지 않는다. 그런 상황은 기후 체계 그리고 사회가 기후를 해결하고자 오랫동안 발전시킨 제도의 상호 작용에서 비롯한다. 가뭄 하나만으로 식량 가격이 급등하지도 않고, 식량 부족만으로 사회 불안이 일어나지도 않는다. 두 상황 모두, 정책 실패가 같이 일어나야 한다. 2000년 이후 시작된 경제 통합이 물과 인간 사회의 변증법이 유례없는 규모로 펼쳐진 복잡한 세계 무대를 만들어냈다.

앞으로 일어날 듯한 사건들에 견주면 작지만, 2010년에 일어난 사건들이 현대 세계가 첨예하게 대립하는 몇몇 문제를 드러내는 동요를 일으켰다. 이 사건들에는 수백, 수천 년 동안 일어났던 사건들과 공통된 기본 특성이 있었다.[25]

여러 나라가 이미 기후 변화에 적응해 앞으로 닥칠 일에 대비하고 있다는 몇몇 조짐이 있다. 세계 경제의 중심이 동쪽으로 이동하자, 물 안보에서 강조하는 지점이 이런 신흥 국가 특히 중국의 우려를 반영하는 쪽으로 바뀌었다. 중국이 최근 물 기반 시설과 수력발전에서 보여준 우위는 전략적 선택이 낳은 결과로, 중국을 2000년대 초를 주름잡은 발전 모델로 올려놓았다. 예전에 미국이 그랬듯, 이제 중국도 물 개발 기술을 국제 관계의 수단으로 활용하려는 것 같다. 그러나 미국과 달리, 중국은 이제껏 노골적인 정치 선전을 미뤄두고 기술에 집중했다. 중국의 위상이 커질수록 그런 상황도 바뀔지 모른다. 이 전환의 첫 조짐이 이미 나타나기 시작했다.

아프리카는 21세기 물 안보의 변경이자 앞으로 닥칠 지정학 상황을 알리는 카나리아다. 중국의 엄청난 자금력과 국영 기업이 자국의 기반 시설 중심 개발 경험을 아프리카에 수출하기를 갈망했다. 2000~2017년에 중국이 아프리카에 대출을 가파르게 늘려 총액이 1430억 달러에 이르렀다. 2000년 대출액은 1억 3000만 달러에 그쳤지만, 2010~2017년에는 100배 넘게 늘어 약 연간 150억 달러를 빌려줬다.[26] 대출 목적은 주로 중국이 목말라하는 원자재, 전력 공급, 가파르게 성장하는 중국으로 향하는 항구로 상품을 옮길 운송 기관에 자금을 조달하는 것이었다. 그런데 주요 수혜국이 아프리카에서 선두를 다투는 물탱크, 앙골라와 에티오피아였다.

2011년 2월 11일, 30년 동안 절대 권력을 휘둘렀던 호스니 무바라크가 아랍의 봄에 밀려 쫓겨났다. 이집트가 혼돈에 빠져들었다. 그 주에 에티오피아 아디스아바바에서 발행되는 주요 영어 신문 〈아디스 포천〉 1면에 놀라운 기사가 한 편 실렸다. 에티오피아 공사팀이 청나일 강 지류인 아바이강에 어마어마하게 큰 수력발전 시설을 짓는 공사를 이제 막 시작했다는 소식이었다. 발표 시기가 그야말로 상징적이었다. 그때껏 이집트가 늘 혹시라도 다른 나라 특히 청나일강의 발원지인 에티오피아가 나일강 상류에 담수 시설을 개발한다면 군사 보복에 나서겠다고 위협했었다. 그러나 무바라크가 물러났으니, 새롭게 각오를 다진 에티오피아가 개발 계획 실행을 더는 무를 까닭이 없었다.

60억 와트급 발전 시설인 르네상스댐이 아프리카에서 가장 큰 댐이 될 참이었다. 투자액은 발표 당시 에티오피아 GDP 4분의 1에 해당하는 50억 달러보다 많았다. 여기에도 중국이 개입했다. 한 세기 전 미국이 중국에 그랬듯, 이제는 중국이 에티오피아에 놀라운 발전 모델이었다. 그러나 20세기 초 중국은 19세기 공화주의의 영향으로 한창 정치 과정에 있었지만, 21세기 초 에티오피아는 기꺼이 계획 경제 체제를 받아들인 사회주의 공화국이었다.

중국의 경험이 에티오피아에 미친 영향이 한 개발도상국이 다른 개발도상국을 돕는 경험으로 묘사되곤 한다. 실제로 덩샤오핑 시절 중국은 국가 주도 기반 시설과 수출 주도 기업 활동을 결합한 덕분에, 인류 사회에서 빈곤 완화에 가장 성공한 사례가 되었다.[27] 많은 아프리카 지도자가 보기에는 19세기에 산업화했던 나라보다 중국의 경험이 훨씬 더 중요했다. 그러니 당시 에티오피아 수상 멜레스 제나위Meles Zenawi가 나일강에 거대한 발전 시설을 건설할 자금을 중국이 지원해주기를 갈망한 것도 놀랄 일이 아니다. 에티오피아는 아프리카에서 손꼽히는 수자원 국가였고, 중국의 경험이 조금이라도 의미하는 바가 있다면 에티오피아의 경제 발전에 강 개발이 매우 중요한 역할을 할 터였다.

이 이야기가 전통적 세력권이 전환하는 과정에서 일어난 여러 급변 중 첫째를 나타낼지도 모른다. 어쩌면 기후 변화가 이런 전환의 속도를 높였을지도 모른다. 이 전환이 마침내 물 지정학에서 또 다른 중대한 변화가 된다면 한 가지는 분명하다. 물을 관리할 기술을 선택하는 것보다 물을 어떻게 이용해야 할지 결정하는 정치 제도의 특성이 훨씬 더 중요하다.

나가며

물의 역사는 여기서 끝나지 않는다. 이 이야기는 움직이는 물의 세계와 타협하면서도 함께 살아가려 하는 정주 사회가 빚어내는 극심한 긴장에 이끌려 앞으로도 계속 진화할 것이다. 첫 인류 공동체가 후퇴하는 빙하에서 흘러나온 물과 씨름한 뒤로, 사람들이 그 힘겨웠던 몸부림을 이야기하기 시작한 뒤로, 지금껏 물은 인간과 환경의 관계를 지배한 요인이었다. 큰 홍수, 물이 바꿔놓은 경관, 신의 뜻을 드러냈던 강 같은 이야기들이 현대까지 전해졌다. 이 이야기들은 여러 인류 문화에서 공통으로 나타나는, 물을 향한 두려움을 담아낸다.

오늘날에도 물관리는 대부분 그런 두려움에 맞서, 지금껏 수백 년 더러는 수천 년 동안 기술을 활용해 이용한 경관을 바꾸려 한다. 지금도 세계에서 가장 긴 중국 대운하는 7세기부터 파기 시작해 13세기에 오늘날의 모습을 갖췄다. 오늘날에도 로마의 하수 체계로 작동하는 클로아카 막시마는 기원전 6세기에 만들어졌다. 수메르의 도시 국가 라가시가 티그리스강과 유프라테스강을 연결한 운하는 4000년이 더 지난 지금도 강물이 찰랑인다. 물의 역사는 그저 기술의 발전사가 아니다. 기술이 사라졌거나 감당하기 어려워서가 아니다. 물의 역사가 주로 정치 제도의 역사이기 때문이다.

국가의 탄생, 교역의 발달, 어려운 조건에 적응하는 문화, 먼 옛날부터 내려왔거나 새로 등장한 정치 제도, 사회의 힘을 크게 늘린 경제 자원 축적. 이 모든 일이 사회가 홍수, 폭풍, 가뭄에 맞서는 법을 배울 때, 달리 말해 어디에 정착할지 어떻게 살아갈지, 그 과정에서 특별한 조직을 어떻게 조정할지 익힐 때 일어났다. 달리 말해 물 사정이 제도와 행동을 형성했다. 오늘날 사회에 영향을 미치는 어떤 물리 조건도 정치 제도의 본질과 발달에 이토록 밀접하게 묶여 있지 않다. 국가의 힘을 이용하고 강화하는 데 이토록 적합한 개입도 없다.

이 책은 쑨원의 이야기로 시작했다. 쑨원은 혁명가였다. 조국이 더 나은 미래를 맞이하기를 꿈꿨다. 쑨원이 남긴 국가 청사진이 중국 정부에 계속 영향을 미쳐, 중국이 하이모더니즘으로 이루고자 한 꿈에 역사적 정당성을 부여했다. 그러나 쑨원이 묘사한 것은 경관만이 아니었다. 쑨원은 공화정에 기반한 제도를 꿈꿨다. 청나라 말기에 경험했던 폭정을 권력 분립으로 저지해 국민을 보호할 입헌 민주주의를 상상했다. 공화정에 집중하는 국가, 국민의 안녕에 헌신하는 국가, 국가의 권한이 주권에서 나오는 국가를.

쑨원이 본보기로 상상한 공화정은 개인과 집단이 수백, 수천 년 동안 때로는 거칠게 충돌하며 타협한 결과물이었다. 쑨원이 살던 시대에 공화정을 가장 탁월하게 실현한 국가는 미국이었다. 미국은 복잡한 권력 분립이 조건인 지방 정부, 주 정부, 연방 정부로 구성된 복잡한 체계를 정리하고 발달시켰다. 그런 체제가 미국의 독특한 물 경관에 반응하며 진화했다. 그 바탕에는 서부 변경의 어마어마한 자연과 농부의 관계, 산업화와 강의 관계, 관개 농업과 무역 흑자의 관계가 있었다. 미국은 특유의 물 지형과 경관 위에서 사회 계약을 단련했다. 이런 의미에서 쑨원이 본보기로 꿈꾼 공화정은 수력 국가였다. 그리고 미국이 바로 그 수력 국가였다.

공동체의 이익 즉 공화정을 주요 목적으로 삼는 복잡한 헌법 구조를 정의한 것은 그리스의 플라톤과 아리스토텔레스에서 시작해 로마의 리비우스와 키케로를 거쳐 중세 유럽의 마키아벨리와 몽테스키외까지 줄곧 이어진 정치 사상이다. 현대의 물관리가 요구하는 대로 개인의 주체성을 정교하게 국가에 이전할 때, 제도의 권한과 시민의 권한을, 집단의 책임과 개인의 권리를 조합하는 시도가 시험대에 오른다. 현대 공화정은 국가에 경관을 좌지우지할 최대 권한과 기반 시설을 개발할 재정을 주는 대가로 기후가 사라지게 하는 거래를 맺었다. 정치 조직의 주요 도구이자 주요 경제 주체인 국가가 물을 관리할 단독 주인공이 되었다. 국가의 국내외 활동이 물이 지구에 미치는 힘에 사회가 대응하는 방법을 규정했다.

쑨원이 《산업계획》을 쓴 지 83년 뒤 싼샤댐 완공으로 그 꿈이 일부 실현되었을 때, 얼핏 싼샤댐이라는 대공사를 홍수 관리와 수력발전이라는 당면한 물질적 문제를 푸는 데 필요한 기술적 대응으로 볼 수도 있었을 것이다. 그런 관점에서 보면 싼샤댐 같은 시설이 필요하다고 밝힌 쑨원에게 선견지명이 있었을지도 모른다. 그러나 쑨원은 경제 조건과 기술 조건이 충족할 때만 실행할 수 있는 기술적 개입을 고려해보라고 후임 지도자들에게 영감을 주었을 뿐이다. 그러나 이것이 전부가 아니다.

수천 년에 걸친 물과 인간 사회의 관계는 사회가 물의 힘에 보이는 반응이 기술적 조처와 제도적 조처의 밀접한 조합으로 구성된다는 것을 증명했다. 사회의 주체성은 사회가 물에 적용하는 공학 기술이 아니라 주로 사회 계약의 조정에 반영된다. 쑨원의 꿈은 온통 중국 경관에 어떻게 반응할지를 나타냈다. 물 안보 추구는 물 안보를 이끄는 제도의 운명과 절대 따로 뗄 수 없다.

그러므로 이야기는 다시 현대 중국으로 돌아간다. 21세기에 들어선 뒤로 지금껏 중국은 자국의 강에 역사상 어떤 나라보다 많은 콘크리트를 쏟아부었다. 경제를 발전시키고자 끊임없이 물 경관을 설계했다. 겉 보기에 그런 근대화는 국민의 안녕에 투자하는 국가를 반영했다. 그런 데 적어도 시장이 사회 활동의 주요 구성 원리가 된 뒤로 우리가 근대 성에 품는 크나큰 환상이 하나 있다면, 물과 인간 사회를 연결했던 깊은 관계가 마침내 끊어진 덕분에 현대 생활이 가능하다는 것이다. 이 환상 은 인간이 설계한 경관 덕분에 사회가 변덕스러운 기후의 영향에서 해 방된다고 주장한다. 환경과 관련한 결정권을 국민의 의견과는 거리가 먼 국가 관료에 위임하는 것을 정당화한다. 여기서도 물음은 이 환상이 언젠가는 반드시 깨질 텐데, 그때 무슨 일이 일어날 것인가다.

어떤 사회도 국민과 소비자를 상대로 개인의 권리라는 이상을 그토록 높이 평가하면서도 실질적으로 그토록 중요한 문제에서 그토록 많은 권 리를 개인에게서 빼앗아 위임한 적이 없었다. 이 개인들은 변덕스러운 자연에 방해받지 않은 채 경제 생산성을 위해 산다. 개인 안전을 담보로 집단의 권력을 계속 국가에 위임하는 거래는 취약하기 짝이 없다. 부패 하기 쉽고, 걸핏하면 기대에 어긋나고, 왜곡과 약탈에 시달리기 쉽다.

이런 상황은 공화국이 통치권의 경계를 넘어 제국이 될 때 가장 뚜렷 이 나타난다. 미국은 다른 국가의 문제에 대처할 때 자국에서 적용했던 기술을 똑같이 사용했다. 그러나 이런 해법은 해당 국가에서 다른 제도 를 마주했다. 이제 물관리는 사회와 공정한 거래를 맺는 수단이 아니었 다. 물의 간섭에서 벗어난 일상을 대가로 경관 통제를 국가에 위임하는 단체 협약의 구성 요소가 아니었다. 그러기는커녕 국가 간 경제 교류의 대상이자, 원자재 채취나 동맹을 후원하는 행위가 되었다.

오늘날에는 중국이 비슷한 방식을 추구하고 있다. 미국과 매우 비슷 하게, 중국의 국영 기업도 중국인의 돈으로 자금을 대고 중국인 노동자 와 전문가가 만든 중국 기술을 제공한다. 그러나 그런 개입이 추구하는 국제 질서가 무엇인지, 중국이 퍼뜨리려는 정치 원칙이 무엇인지는 그리 뚜렷하지 않다.

이 중요한 질문이 머잖아 시급한 질문이 될 것이다. 대기의 화학 성질이 바뀌는 데 대응해 진화하는 기후 체계가 유례없는 방식으로 공학적, 제도적 해법에 도전장을 던질 것이다. 앞으로 나타날 균열이 사회가 얼마나 탄탄하게 적응했는지를 시험할 것이다. 재앙은 정치 에너지의 강력한 원천이라, 압제에 도움이 되는 만큼이나 국가 건설의 다음 단계에도 쉽게 힘을 보탤 수 있다. 이상적인 공화주의 국가는 집단의 자원을 넓게 말해 공익에 봉사하도록 중재해 사회에 이바지했다. 그러나 이런 국가는 언제나 불안정했다. 앞으로 공화주의 국가를 대체할지도 모를 권위주의 국가나 제국주의 국가는 자연에 맞선 사회의 투쟁을 통제 수단으로 사용했다.

물과 인간 사회의 싸움이 수면 위로 떠오를 때는 어디든 제도와 기반 시설의 보호벽이 가장 얇은 곳, 달리 말해 공동체가 파괴되고 가뭄으로 피난민이 생기고 기반 시설을 건설하느라 사람들이 삶의 터전을 옮겨야 하는 곳이 국가가 경관에 휘두르는 권한을 떠받치는, 신중하게 설계된 환상을 파괴할 수 있다. 기후 변화가 물에 미치는 영향은 세계의 강과 범람원뿐 아니라 인간 사회의 제도를 따라서도 이동한다. 오늘날에는 사회가 어느 때보다 물 안보라는 요구에 묶여 있다. 세계 어디서든 사회가 그런 요구를 충족하지 못하거나 그럴 의지가 없을 때 무슨 일이 벌어지느냐가 지구에서 살아가는 모든 사람의 미래를 결정할 것이다.

감사의 말

물과 제도를 향한 내 관심은 물 공학자 존 브리스코John Briscoe와 여러 해에 걸쳐 수없이 대화를 나누는 과정에서 크게 바뀌었다. 브리스코가 물과 관련해 쌓은 지식의 폭과 깊이는 누구에게도 뒤지지 않았다. 나는 그런 토론이 더 많이 이어지기를 바랐다. 그러나 그런 일은 일어나지 않았다. 이 책은 적어도 일부는 그런 대화의 연장선에 있다. 브리스코의 멋진 유머, 싸움닭 기질, 지적 진실성이 이 글에 활기를 불어넣었다.

나를 물로 이끈 여정에서 여러 사람이 나와 함께했다. 리 애덤스, 데이브 앨런, 토니 밸런스, 피터 브라베크-레트마테, 닉 브라운, 마크 버거, 장 미셸 드버네이, 앤드리아 에릭슨, 애덤 프리드, 칼 갠터, 크리스토퍼 개슨, 빌 진, 데이비드 해리슨, 존 히긴스, 마이크 케틀린, 레이철 카이트, 브라이언 리스, 브라이언 맥피크, 우샤 라오-모나리, 알렉스 멍, 제프 오퍼먼, 스튜어트 오르, 윌리엄 렉스, 브라이언 릭터, 댄 스키미, 마틴 스터치티, 알렉스 테이트, 리처드 테일러, 마크 터섹, 스테번 판헬던, 카리 비거스톨, 앤디 웨일스, 캐서린 와틀링, 도미닉 워레이가 모두 내게 가르침을 줬다. 세계경제포럼, 산하 단체인 차세대 글로벌 리더, 글로벌 어젠다 위원회가 활기찬 대화를 많이 주최했다.

내 대리인 맥스 브록먼은 아이디어가 실현되도록 도왔다. 출판사 판테온의 편집자 에롤 맥도널드 덕분에 중구난방인 주제를 이해할 수 있는 구조로 가다듬을 수 있었다. 자연보호협회의 동료들이 내가 원고를 끝마치기까지 한없는 배려를 베풀었다. 스텔라 차, 앤드리아 에릭슨, 조 키로스, 린 스칼렛, 비앙카 쉐드가 너그럽게도 시간을 내어 조언을 건넸다. 어맨다 디킨스는 지난 20년 동안 그랬듯 전체 기획에 놀라운 지혜를 더해주었다. 여러 해 전 안토니오 나바라와 조지 필랜더가 과학자에게 가장 중요한 기술, 바로 호기심을 활용하는 법을 내게 가르쳐줬다. 제러미 오펜하임과 마틴 스터치티는 그 훈련을 실제 연구에 맞게 바꿔줬다.

대양과 대륙이 우리를 갈라놓을지라도 언제나 함께하는 부모님 수전 윌리엄스와 파올로 보칼레티는 모든 것을 가능하게 하셨다. 안드레아 마티엘로는 물과 관련해 내가 쏟아내는 말을 한없이 듣고 내가 역사 문헌에서 방향을 찾도록 도운, 누구나 바랄 만한 사색의 파트너였다. 우리가 로마에서 감춰진 수도교를 찾으려 했을 때 그랬듯, 마테라에서 지하 저수조를 찾으려 했을 때 그랬듯, 아레조에서 프레스코 벽화를 살펴볼 때 그랬듯, 함께하는 삶은 그야말로 가치 있는 지식과 의미를 찾는 놀라운 탐구다.

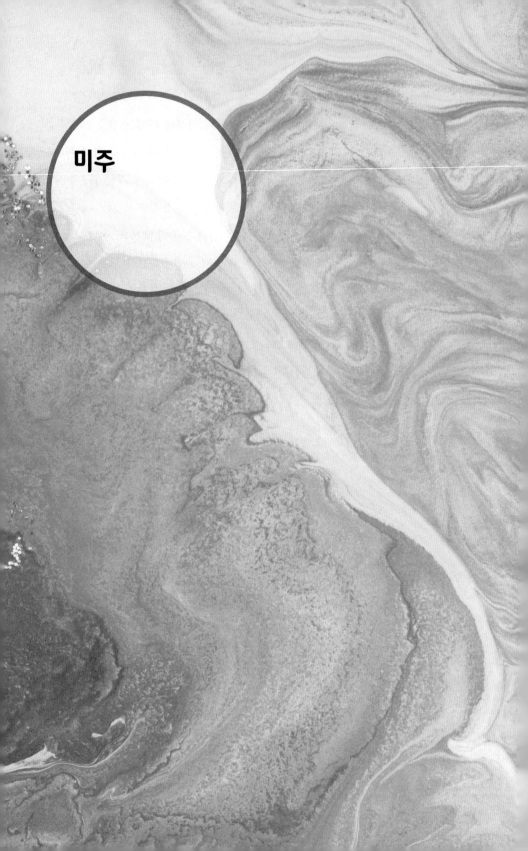

미주

27   Capinera, "Insects in Art and Religion," 227.

28   Bauer, "Introduction," xxv.

29   García, "The Maya Flood Myth."

30   Anzelark, Water and Fire, 11.

31   Nunn and Reid, "Aboriginal Memories of Inundation."

32   George, *The Epic of Gilgamesh*, 1. (한국어판 《길가메시 서사시》, 현대지성)

33   Cregan-Reid. *Discovering Gilgamesh*, 37.

02. 수력 국가의 출현: 메소포타미아 문명

01   Goldstone and Haldon, "Ancient States, Empires, and Exploitation."

02   Carneiro, "A Theory of the Origin of the State."

03   J. Finkelstein, "Mesopotamia."

04   Foster, Before the Muses, 379.

05   Hoskins and Hodges, "New Perspectives on the Northern Hemisphere Winter Storm Tracks."

06   Rodwell and Hoskins, "Monsoons and the Dynamics of Deserts."

07   Wilkinson, "Hydraulic Landscapes and Irrigation Systems of Sumer," 33.

08   Adams, *Heartland of Cities*, 7.

09   Adams, *Heartland of Cities*, 130.

10   Cole and Gasche, "Second-and First-Millennium BC Rivers in Northern Babylonia."

11   Rothman, "Studying the Development of Complex Society."

12   Widell et al., "Land Use of the Model Communities."

13   Wilkinson, "Hydraulic Landscapes and Irrigation Systems of Sumer," 36.

14   Liverani, *Uruk, the First City*, 15.

15   Wilkinson, "Hydraulic Landscapes and Irrigation Systems of Sumer," 42.

16   Eisenstadt, *The Political Systems of Empires*, 33.

17   Chen et al., "Socio-economic Impacts on Flooding."

18   Birrell, "The Four Flood Myth Traditions of Classical China."

19   Rothman, "Studying the Development of Complex Society."

20   Liverani, *Uruk, the First City*, 19.

21   Jacobsen, "The Historian and the Sumerian Gods."

22   Dalley, *Myths from Mesopotamia*, 9.

23   Kilmer, "The Mesopotamian Concept of Overpopulation."

24   Wilkinson, "Hydraulic Landscapes and Irrigation Systems of Sumer," 42.

25   Yoffee, "Political Economy in Early Mesopotamian States."

26   Liverani, *Uruk, the First City*, 40.

27   Rey, *For the Gods of Girsu*, 76.

28   Cooper, "The Lagash-Umma Border Conflict," 8.

29   Adams, *Heartland of Cities*, 134.

30   ooper, *Reconstructing History from Ancient Inscriptions*, 19.

31   Altaweel, "Simulating the Effects of Salinization on Irrigation Agriculture."

32   Jacobsen and Adams, "Salt and Silt in Ancient Mesopotamian Agriculture."

33   H. Weiss, "Megadrought, Collapse, and Causality," 1.

34   Liverani, *The Ancient Near East*, 115.

35   H. Weiss, "Megadrought and the Akkadian Collapse," 93.

36   Westenholz, *Legends of the Kings of Akkade*, 38.

37   A. Westenholz, "The Old Akkadian Period.

38   Brumfield, "Imperial Methods," 3

39   Cullen et al., "Climate Change and the Collapse of the Akkadian Empire."

40   Black et al., "The Electronic Text Corpus of Sumerian Literature."

41   Weiss et al., "The Genesis and Collapse of Third Millennium North Mesopotamian Civilization."

03. 청동기 시대의 국제화: 이집트와 주변국

01   Radivojević et al., "The Provenance, Use, and Circulation of Metals in the European Bronze Age."

02   Kristiansen and Suchowska-Ducke, "Connected Histories: The Dynamics of Bronze Age Interaction and Trade."

03   Kristiansen and Larsson, *The Rise of Bronze Age Society*, 32

04   Yin and Nicholson, "The Water Balance of Lake Victoria."

05   Conway, "The Climate and Hydrology of the Upper Blue Nile River."

06   Hassan, "The Dynamics of a Riverine Civilization."

07   Butzer, *Early Hydraulic Civilization in Egypt*, 18.

08   Kremer, "Population Growth and Technological Change."

09   Chernoff and Paley, "Dynamics of Cereal Production at Tell el Ifshar."

10   Hassan, "The Dynamics of a Riverine Civilization."

11   Hughes, "Sustainable Agriculture in Ancient Egypt."

12   Hassan, "The Dynamics of a Riverine Civilization."

13   Hughes, "Sustainable Agriculture in Ancient Egypt."

14   Kemp, *Ancient Egypt: Anatomy of a Civilization*, 19.

15   Parkinson, *The Tale of Sinuhe*, 21.

16   Genesis 12:10, Hebrew Bible.

17   Booth, *The Hyksos Period in Egypt*, 9.

18   Finkelstein and Silberman, *The Bible Unearthed*, 52. (한국어판 《성경: 고고학인가 전설인가》, 까치, 2002)

19   Weiss, "The Decline of Late Bronze Age Civilization."

20   Kaniewski et al., "Drought and Societal Collapse 3200 Years Ago in the Eastern Mediterranean."

21   Kaniewski et al., "Late Second-Early First Millennium BC Abrupt Climate Changes in Coastal Syria."

22   Singer, "New Evidence on the End of the Hittite Empire."

23   Kaniewski et al., "Environmental Roots of the Late Bronze Age Crisis."

24   Finné et al., "Late Bronze Age Climate Change."

25   Kaniewski et al., "The Sea Peoples."

26   Astour, "New Evidence on the Last Days of Ugarit."

27   Astour, "New Evidence on the Last Days of Ugarit."

28   Liverani, *Israel's History and the History of Israel*, 33.

04. 사상과 신앙: 중국과 레반트 남부

01   Needham, *Science and Civilization in China*, 223.

02   Dodgen, *Controlling the Dragon*, 1.

03   Needham, *Science and Civilization in China*, 232.

04   Dodgen, *Controlling the Dragon*, 35.

05   Sima Qian, *The First Emperor*, 102.

06   Zhuang, "State and Irrigation."

07   Brody, "From the Hills of Adonis Through the Pillars of Hercules."

08   Liverani, *Israel's History and the History of Israel*, 41.

09   Joffe, "The Rise of Secondary States in the Iron Age Levant."

10 Broshi and Finkelstein, "The Population of Palestine in Iron Age II."

11 Finkelstein, *The Forgotten Kingdom*, 87.

12 2 Kings 6:24, Hebrew Bible.

13 Finkelstein, *The Forgotten Kingdom*, 109.

14 Finkelstein and Silberman, *The Bible Unearthed*, 200.

15 Kletter, "Pots and Polities."

16 Finkelstein and Silberman, *The Bible Unearthed*, 208.

17 Dever, "Histories and Non-Histories of Ancient Israel."

18 Finkelstein and Silberman, *The Bible Unearthed*, 3.

19 Faust and Weiss, "Judah, Philistia, and the Mediterranean World."

20 Jeremiah 44:1 and 46:14, Hebrew Bible.

21 Luckenbill, *The Annals of Sennacherib*, 17.

22 Genesis 13:5-10, Hebrew Bible.

23 Genesis 26:19, Hebrew Bible.

24 Genesis 29, Hebrew Bible.

25 Laster et al., "Water in the Jewish Legal Tradition."

26 Deuteronomy 11:10-11, Hebrew Bible.

27 Deuteronomy 11:16-17, Hebrew Bible.

28 Snarey, "The Natural Environment's Impact upon Religious Ethics."

29 Mathew and Perreault, "Behavioural Variation in 172 Small-Scale Societies."

30 Richerson and Boyd, "Cultural Inheritance and Evolutionary Ecology."

31 Purzycki et al., "Moralistic Gods, Supernatural Punishment and the Expansion of Human Sociality."

32 Kaufmann, "The Bible and Mythological Polytheism."

33 Botero et al., "The Ecology of Religious Beliefs."

05. 물의 정치학: 그리스

01 Drake, "The Influence of Climatic Change on the Late Bronze Age Collapse."

02 Chadwick, *The Mycenaean World*, 188.

03 Morris, "Economic Growth in Ancient Greece."

04 Hansen, *The Other Greeks*, 27.

05 Gallant, "Agricultural Systems, Land Tenure, and the Reforms of Solon."

06   Homer, *Odyssey*, 543.

07   Crouch, *Geology and Settlement: Greco-Roman Patterns*, 380.

08   Herodotus, *The Histories*, 291.

09   J. D. Hughes, *Environmental Problems of the Greeks and the Romans*, 111.

10   Horden and Purcell, The Corrupting Sea, 11.

11   Crouch, *Geology and Settlement: Greco-Roman Patterns*, 9.

12   Krasilnikoff, "Irrigation as Innovation in Ancient Greek Agriculture."

13   Morris, "Economic Growth in Ancient Greece."

14   Manville, *The Origins of Citizenship in Ancient Athens*, 45.

15   Forrest, *The Emergence of the Greek Democracy*, 88.

16   Aristotle, *The Politics*, 267.

17   Hansen, *The Other Greeks*, 566.

18   Koutsoyiannis et al., "Urban Water Management in Ancient Greece."

19   Foxhall, *Olive Cultivation in Ancient Greece: Seeking the Ancient Economy.*

20   Forrest, *The Emergence of the Greek Democracy*, 131.

21   Herodotus, *The Histories*, 497.

22   Bresson, *The Making of the Ancient Greek Economy*, 158.

23   French, "The Economic Background to Solon's Reforms."

24   Manville, *The Origins of Citizenship in Ancient Athens*, 133.

25   Hansen, *The Other Greeks*, 109.

26   Pnevmatikos and Katsoulis, "The Changing Rainfall Regime in Greece and Its
        Impact on Climatological Means."

27   Manville, *The Origins of Citizenship in Ancient Athens*, 187.

28   J. D. Hughes, *Environmental Problems of the Greeks and the Romans*, 136.

29   Morris, "Economic Growth in Ancient Greece."

30   Morison, "An Honorary Deme Decree."

31   Krasilnikoff, "Irrigation as Innovation in Ancient Greek Agriculture."

32   Bresson, *The Making of the Ancient Greek Economy*, 164.

33   Hughes, *Environmental Problems of the Greeks and the Romans*, 69.

34   Hughes, *Environmental Problems of the Greeks and the Romans*, 136.

35   Plato, *The Republic*, 176.

36   Plato, *The Laws*, 299.

37   Demosthenes, *Orations*, 55.1.

38   Aristotle, *The Politics*, 114.

39   Manville, *The Origins of Citizenship in Ancient Athens*, 45.

06. 공공재: 로마

01   Büntgen et al., "2500 Years of European Climate Variability."

02   Lionello et al., "Introduction: Mediterranean Climate—Background Information."

03   van Bath, *Agrarian History of Western Europe*, 238.

04   Potter, *The Roman Empire at Bay*, 16.

05   Kessler and Temin, "The Organization of the Grain Trade in the Early Roman Empire."

06   Erdkamp, *The Grain Market in the Roman Empire*, 2.

07   Kessler and Temin, "The Organization of the Grain Trade in the Early Roman Empire."

08   Thomas and Wilson, "Water Supply for Roman Farms."

09   S. P. Scott, *The Civil Law*, 8.3.2.

10   Quilici Gigli, "Su alcuni segni dell'antico paesaggio agrario presso Roma."

11   Thomas and Wilson, "Water Supply for Roman Farms."

12   Scott, *The Civil Law*, 39.3

13   Cicero, *On Obligations*, 19.

14   MacGrady, "The Navigability Concept in the Civil and Common Law."

15   Scott, The Civil Law, 43.12.1.7.

16   Cicero, *On Obligations*, 9.

17   Sallust, *Catiline's War, The Jugurthine War, Histories*, 6.

18   Wirszubski, *Libertas as a Political Idea at Rome*, 1.

19   Cicero, *The Republic and the Laws*, 19.

20   Polybius, *The Histories*, 371.

21   Lintott, *The Constitution of the Roman Republic*, 55

22   Lintott, *The Constitution of the Roman Republic*, 34.

23   Ulbrich et al., "Climate of the Mediterranean: Synoptic Patterns."

24   Dünkeloh and Jacobeit, "Circulation Dynamics of Mediterranean Precipitation Variability."

25   Temin, "The Economy of the Early Roman Empire."

26   Kessler and Temin, "The Organization of the Grain Trade in the Early Roman Empire."

27   Keay, "The Port System of Imperial Rome," 34.

28   Duncan-Jones, "Giant Cargo-Ships 6in Antiquity."

29   Keay, "The Port System of Imperial Rome," 35.

30   Reinhold, *Marcus Agrippa*, vii.

31   Temin, "The Economy of the Early Roman Empire."

32   Evans, "Agrippa's Water Plan."

33   Wilson, "Machines, Power and the Ancient Economy."

34   Hodge, "A Roman Factory."

35   Wilson, "Machines, Power and the Ancient Economy."

36   Kay, *Rome's Economic Revolution*, 87.

37   S. Williams, *Diocletian and the Roman Recovery*, 264.

38   Cheyette, "The Disappearance of the Ancient Landscape."

39   Alexander, *Der Fall Roms*.

40   P. S. Wells, "Creating an Imperial Frontier."

41   Pitts, "Relations Between Rome and the German 'Kings' on the Middle Danube."

42   Williams, *Diocletian and the Roman Recovery*, 264.

43   Stanković, "Diocletian's Military Reforms."

44   A. H. M. Jones, "Capitatio and Iugatio."

45   Wickham, *Framing the Early Middle Ages*, 58.

46   Wickham, *Framing the Early Middle Ages*, 100.

47   Columella, *De Re Rustica*, 29.

48   Cheyette, "The Disappearance of the Ancient Landscape."

49   Heather, *The Fall of the Roman Empire*, 592. (한국어판 《로마제국 최후의 100년》, 뿌리와이파리, 2008)

50   Chen et al., "Socio-economic Impacts on Flooding."

51   Lattimore, "Origins of the Great Wall of China."

52   Di Cosimo, "China-Steppe Relations in Historical Perspective."

53   Salzman, "Jerome and the Fall of Rome in 410."

54   Jerome, "Letter 127, to Principia."

2부

07. 과거가 남긴 조각들

01 A. H. M. Jones, *The Later Roman Empire*, 824.

02 Hodgkin, *The Letters of Cassiodorus*, 515.

03 Hallenbeck, *Pavia and Rome*.

04 Cheyette, "The Disappearance of the Ancient Landscape."

05 Hoffmann, "Economic Development and Aquatic Ecosystems in Medieval Europe."

06 Lewit, "Vanishing Villas."

07 Squatriti, *Water and Society in Early Medieval Italy*, 66.

08 Lamb, Climate, *History, and the Modern World*, 149. (한국어판 《기후와 역사》, 한울, 2021)

09 Hodgkin, *The Letters of Cassiodorus*, 518.

10 Newfield, "The Climate Downturn of 536-50," 447.

11 Haldon, "Some Thoughts on Climate Change, Local Environment, and Grain Production in Byzantine Northern Anatolia."

12 Procopius, *History of the Wars*, 451.

13 Newfield, "Mysterious and Mortiferous Clouds," 89.

14 McCormick et al., "Climate Change During and After the Roman Empire."

15 Gregory of Tours, *The History of the Franks*, 295.

16 Verhulst, *The Carolingian Economy*, 11.

17 McCormick et al., "Volcanoes and the Climate Forcing of Carolingian Europe."

18 Goosse et al., "The Origin of the European 'Medieval Warm Period.' "

19 Büntgen et al., "2500 Years of European Climate Variability.

20 Mann, *The Sources of Social Power*, 376.

21 Brooks Hedstrom, *The Monastic Landscape of Late Antique Egypt*, 114.

22 Brown, *Augustine of Hippo: A Biography*, 285.

23 Weithman, "Augustine's Political Philosophy."

24 Di Matteo, *Villa di Nerone a Subiaco*, 125.

25 Ashby, *The Aqueducts of Ancient Rome*, 252.

26 Wickham, *Framing the Early Middle Ages*, 558.

27 Gardoni, "Uomini e acque nel territorio Mantovano."

28 Lambertenghi, "Codex Diplomaticus Longobardiae," 17.

29 Verhulst, *The Carolingian Economy*, 58.

30 Mann, *The Sources of Social Power*, 390.

31 Arnold, "Engineering Miracles."

32 Dameron, "The Church as Lord," 457.

33 Rinaldi, "Il Fiume Mobile."

34 Wickham, *The Inheritance of Rome*, 513.

35 Malara and Coscarella, *Milano & navigli*, 11.

36 Boucheron, "Water and Power in Milan."

37 Grillo, "Cistercensi e societa cittadina in eta comunale."

38 Christensen, "Introduction," xii.

39 Rodes, "The Canon Law as a Legal System."

40 Muller, "The Recovery of Justinian's Digest in the Middle Ages."

41 Torelli, *Regesta Chartarum Italiae*, 138.

42 Gardoni, "Élites cittadine fra XI e XII secolo."

43 Helmholz, "Continental Law and Common Law."

44 McSweeney, "Magna Carta, Civil Law, and Canon Law."

45 "The 1215 Magna Carta: Clause 33, Academic commentary," the Magna Carta Project, trans. H. Summerson et al. https://magnacartaresearch.org/read/magna_carta_1215/Clause_33

46 Helmholz, "Magna Carta and the Law of Nature."

47 Helmholz, "Magna Carta and the Ius Commune."

48 Wickham, *Sleepwalking into a New World*, 1.

49 Skinner, *The Foundations of Modern Political Thought*, 3. (한국어판 《근대 정치사상의 토대》, 한국문화사, 2012)

50 Boucheron, "Water and Power in Milan."

51 Skinner, *The Foundations of Modern Political Thought*, 9.

52 Cavallar, "River of Law."

08. 돌아온 공화정

01 Skinner, "Machiavelli's Discorsi and the Pre-humanist Origins of Republican Ideas."

02 Temin, "The Economy of the Early Roman Empire."

03 Epstein, *An Economic and Social History of Later Medieval Europe*, 138.

04 Cipolla, *Storia Economica dell'Europa Pre-Industriale*, 227.

05   Bartolomei and Ippolito, "The Silk Mill 'alla Bolognese,'" 31.

06   Racine, "Poteri medievali e percorsi fluviali nell'Italia padana."

07   Pini, "Classe Politica e Progettualita Urbana a Bologna nel XII e XIII secolo."

08   Putnam et al., "Little Ice Age Wetting of Interior Asian Deserts and the Rise of the Mongol Empire."

09   Pederson et al., "Pluvials, Droughts, the Mongol Empire, and Modern Mongolia."

10   Büntgen and Cosmo, "Climatic and Environmental Aspects of the Mongol Withdrawal from Hungary in 1242 CE."

11   Haw, *Marco Polo's China*, 68.

12   Huang, *Taxation and Governmental Finance in Sixteenth-Century Ming China*, 316.

13   Hanyan, "China and the Erie Canal."

14   Kershaw, "The Great Famine and Agrarian Crisis in England, 1315-1322."

15   Nesje and Dahl, "The 'Little Ice Age'—Only Temperature?"

16   Newfield, "A Cattle Panzootic in Early Fourteenth-Century Europe."

17   Jordan, "The Great Famine: 1315-1322 Revisited."

18   Epstein, *An Economic and Social History of Later Medieval Europe*, 171.

19   Blanshai, *Politics and Justice in Late Medieval Bologna*, 500.

20   De Vries, *The Dutch Rural Economy in the Golden Age*, 28.

21   Kaijser, "System Building from Below."

22   W. H. Scott, "Demythologizing the Papal Bull 'Inter Caetera.' "

23   More, *Utopia*, 57.

24   Davies, "The First Discovery and Exploration of the Amazon in 1498-99."

25   Medina, *Relacion que escribio Fr. Gaspar de Carvajal*, 1.

26   Wang and Dickinson, "A Review of Global Terrestrial Evapotranspiration."

27   Erickson, "The Domesticated Landscape of the Bolivian Amazon."

28   Erickson, "The Domesticated Landscape of the Bolivian Amazon."

29   Meggers, "Environmental Limitation on the Development of Culture."

30   Willis et al., "How 'Virgin' Is the Virgin Rainforest?"

31   Koch et al., "Earth System Impacts of the European Arrival."

32   Skinner, "Machiavelli's Discorsi and the Pre-humanist Origins of Republican Ideas."

33   Masters, *Machiavelli, Leonardo, and the Science of Power*, 260.

34   Mann, *The Sources of Social Power*, 451.

35 Barthas, "Machiavelli, Public Debt, and the Origins of Political Economy."

36 Machiavelli, Discorsi sopra la prima Deca di Tito Livio, 94. (한국어판 《로마사 논고》, 한길그레이트북스, 2018))

37 Nelson, "Republican Visions," 193.

38 Warner and Scott, "Sin City."6

39 Colish, "Machiavelli's Art of War."

40 Masters, Machiavelli, Leonardo, and the Science of Power, 240.

09. 물 주권

01 Parker, Global Interactions in the Early Modern Age, 3.

02 David, "The Scheldt Trade and the 'Ghent War' of 1379-1385."

03 Bindoff, The Scheldt Question to 1839, 32.

04 Cornelisse, "The Economy of Peat and Its Environmental Consequences," 95.

05 Wijffels, "Flanders and the Scheldt Question."

06 Bindoff, The Scheldt Question to 1839, 82.

07 De Vries, "The Economic Crisis of the Seventeenth Century After Fifty Years."

08 Ogilvie, "Germany and the Seventeenth-Century Crisis."

09 Parker, "The Global Crisis of the Seventeenth Century Reconsidered."

10 De Vries, The Dutch Rural Economy in the Golden Age, 1.

11 Gray et al., "Solar Influences on Climate."

12 MacDonald and McCallum, "The Evidence for Early Seventeenth-Century Climate from Scottish Ecclesiastical Records."

13 Zhang et al., "The Causality Analysis of Climate Change and Large-Scale Human Crisis."

14 Bacon, The Essayes or Counsels Civill and Morall, 45.

15 Zhang et al., "The Causality Analysis of Climate Change and Large-Scale Human Crisis."

16 Cyberski et al., "History of Floods on the River Vistula."

17 Ciriacono, Building on Water, 194.

18 Israel, The Dutch Republic: Its Rise, Greatness, and Fall, 272.

19 Roberts, "The Earl of Bedford and the Coming of the English Revolution."

20 Knittl, "The Design for the Initial Drainage of the Great Level of the Fens."

21 Bowring, "Between the Corporation and Captain Flood," 235

22   Degroot, *The Frigid Golden Age*, 57.

23   De Vries, *Barges and Capitalism*, 26.

24   Baena, "Negotiating Sovereignty."

25   Rowen, *The Low Countries in Early Modern Times*, 179.

26   Wijffels, "Flanders and the Scheldt Question."

27   Bindoff, *The Scheldt Question to 1839*, 102.

28   De Vries, *Barges and Capitalism*, 34.

29   Degroot, *The Frigid Golden Age*, 97.

30   Gross, "The Peace of Westphalia, 1648-1948."

31   Bogart, "Did the Glorious Revolution Contribute to the Transport Revolution?"

32   North and Weingast, "Constitutions and Commitments."

10. 물 공화국 미국

01   Franklin, "Pennsylvania Assembly: Reply to the Governor, 11 November 1755," Founders Online, National Archives, accessed September 29, 2019, https://founders.archives.gov/documents/Franklin/01-06-02-0107.

02   Bailey, *Description of the Ecoregions of the United States*, 126.

03   Doyle, *The Source*, 17.

04   Littlefield, "The Potomac Company."

05   Littlefield, "The Potomac Company," n12.

06   Rowland, "The Mount Vernon Convention."

07   Madison, *The Papers of James Madison*, 470.

08   Kramnick, "Editor's Introduction," 16.

09   Richard, The Founders and the Classics, 1.

10   Fiske, *The Critical Period of American History*, 212.

11   Hamilton, *The Papers of Alexander Hamilton*, 686.

12   Littlefield, "The Potomac Company."

13   Farrand, *Records of the Federal Convention of 1787*, vol. 1, 330.

14   Farrand, *Records of the Federal Convention of 1787*, vol. 1, 439.

15   Farrand, *Records of the Federal Convention of 1787*, vol. 2, 586.

16   Paine, *Common Sense*, 27.

17   Trew, *Infrastructure Finance and Industrial Takeoff in England*.

18   Doyle, *The Source*, 28.

19   C. Smith, *City Water, City Life*, 57

20   Murphy, " 'A Very Convenient Instrument': The Manhattan Company."

21   J. Salzman, *Drinking Water: A History*, 61.

22   Cutler and Miller, "Water Everywhere."

23   Niebling et al., "Challenge and Response in the Mississippi River Basin."

24   Hobsbawm, *The Age of Revolution*, 299.

25   Portmann et al., "Spatial and Seasonal Patterns in Climate Change, Temperature, and Precipitation Across the United States."

26   Lipsey, "U.S. Foreign Trade and the Balance of Payments."

27   Forrest, *The Emergence of the Greek Democracy*, 35.

28   Rogers, *America's Water*, 48.

29   Powell, Report on the Lands of the Arid Region of the United States, vii. https://pubs.usgs.gov/unnumbered/70039240/report.pdf.

30   Belhoste, "Les Origines de L'École Polytechnique."

31   Doyle, *The Source*, 36.

32   Twain, *Life on the Mississippi*, 400-3. (한국어판 《미시시피 가의 추억, 홍진북스, 1998)

33   Everett, *Address of Hon. Edward Everett*, 82.

34   Thucydides, *The Peloponnesian Wars*, 91.

35   Machiavelli, *Discorsi sopra la prima Deca di Tito Livio*, 25. (로마사 논고)

36   De Tocqueville, *Democracy in America*, 655. (미국의 민주주의)

11. 물 제국, 세계를 주름잡다

01   Harris, "John Stuart Mill: Servant of the East India Company."

02   Mill, *Memorandum of the Improvements in the Administration of India*, 52.

03   Bell, "John Stuart Mill on Colonies."

04   Atchi Reddy, "Travails of an Irrigation Canal Company in South India."

05   Gilmartin, *Blood and Water*, 27.

06   Brown, *Agriculture in England, 1*.

07   Brezis, "Foreign Capital Flows in the Century of Britain's Industrial Revolution."

08   Cain, "British Free Trade, 1850-1914: Economics and Policy."

09   Gilmartin, *Blood and Water*, 147.

10   Gilmour, "The Ends of Empire."

11   Richards, "The Indian Empire and Peasant Production of Opium."

12   J. B. Brown, "Politics of the Poppy."

13   Richards, "The Indian Empire and Peasant Production of Opium."

14   Asthana, *The Cultivation of the Opium Poppy in India.*"

15   Karl Marx, "Revolution in China and in Europe." New York Daily Tribune, June 14, 1853.

16   Brown, "Politics of the Poppy."

17   Hao et al., "1876-1878 Severe Drought in North China."

18   Cook et al., "Asian Monsoon Failure and Megadrought During the Last Millennium."

19   Janku, "Drought and Famine in Northwest China: A Late Victorian Tragedy?"

20   Edgerton-Tarpley, *Tears from Iron.*

21   Reader, *Africa*, 16. (한국어판 《아프리카 대륙의 일대기》, 휴머니스트, 2013)

22   Kenyon, *Dictatorland*, xiii.

23   Mavhunga, "Energy, Industry, and Transport in South-Central Africa's History."

24   Jeal, *Explorers of the Nile*, 1.

25   Westermann, "Geology and World Politics: Mineral Resource Appraisals as Tools of Geopolitical Calculation, 1919-1939."

26   Mavhunga, "Energy, Industry, and Transport in South-Central Africa's History."

27   Reader, *Africa*, 528-32. (한국어판 《아프리카 대륙의 일대기》, 휴머니스트, 2013)

28   Conrad, *Heart of Darkness*, 124.

29   Craven, "Between Law and History: The Berlin Conference of 1884-1885 and the Logic of Free Trade."

30   Reader, *Africa*, 534-42. (한국어판 《아프리카 대륙의 일대기》, 휴머니스트, 2013)

31   Salman, "The Helsinki Rules, the UN Watercourses Convention and the Berlin Rules: Perspectives on International Water Law."

32   "General Act of the Conference of Berlin Concerning the Congo."

33   Schwartz, "Illuminating Charles Darwin's Morality."

34   Haller, "The Species Problem: Nineteenth-Century Concepts of Racial Inferiority in the Origin of Man Controversy."

35   Thornton, "British Policy in Persia, 1858-1890, I."

36   G. Rawlinson, *A Memoir of Major-General Sir Henry Creswicke Rawlinson*, 21.

37   H. C. Rawlinson, "Memoir on the Babylonian and Assyrian Inscriptions."

38   Holloway, "Biblical Assyria and Other Anxieties in the British Empire."

39   Malley, "Layard Enterprise: Victorian Archaeology and Informal Imperialism in Mesopotamia."

40   Champollion, *Lettre a M. Dacier*, 52.

41   Edwards, "Was Ramases II the Pharaoh of the Exodus?"

42   Winterton, "The Soho Cholera Epidemic 1854."

43   Snow, *On the Mode of Communication of Cholera*, 31.

44   Broich, "Engineering the Empire: British Water Supply Systems and Colonial Societies."

45   Ritvo, *The Dawn of Green*, 65.

46   Mill, *Nature, the Utility of Religion, and Theism,* 32.

47   Ritvo, *The Dawn of Green*, 26.

12. 유토피아가 꿈꾼 통합

01   Bergère, *Sun Yat-sen*, 59.

02   Schiffrin, *Sun Yat-sen and the Origins of the Chinese Revolution*, 135.

03   Berger and Spoerer, "Economic Crises and the European Revolutions of 1848."

04   Marx, *Capital*, 284.

05   Montesquieu, *The Spirit of the Laws*, 126.

06   Smith, *The Wealth of Nations*, 174.

07   Karl Marx, "The British and Chinese Treaty." *New York Daily Tribune*, October 15, 1858.

08   Bergère, *Sun Yat-sen*, 65.

09   Fokkema, *Perfect Worlds*, 211.

10   Chernyshevsky, *A Vital Question; or, What Is to Be Done*, 384.

11   Kelly et al., "Large-Scale Water Transfers in the USSR."

12   Popescu, "Casting Bread upon the Waters," 17.

13   Coopersmith, *The Electrification of Russia*, 78.

14   Josling et al., "Understanding International Trade in Agricultural Products."

15   Marx and Engels, "Manifesto of the Communist Party." (공산당 선언)

16   Bellamy, *Looking Backwards*, 79. (한국어판 《뒤돌아보며》, 아고라, 2014)

17   Penslar, "Between Honor and Authenticity: Zionism as Theodor's Life Project."

18   Herzl, *Altneuland*.

19   Taboulet, "Aux origines du canal de Suez."

20   McCullough, *The Path Between the Seas*, 61.

21   Arendt, *The Origins of Totalitarianism*, 123. (한국어판 《전체주의의 기원》, 한길사, 2006)

22   Harding, *The Untold Story of Panama*, 47.

23   Major, "Who Wrote the Hay-Bunau-Varilla Convention?"

24   McCullough, *The Path Between the Seas*, 28.

25   "Wilson Opens Panama Canal," Aurora Democrat, October 17, 1913.

26   Palka, "A Geographic Overview of Panama."

27   Van Ingen, "The Making of a Series of Murals at Panama."

28   Belhoste, "Les Origines de L'École Polytechnique."

29   Carse, "Nature as Infrastructure: Making and Managing the Panama Canal Watershed."

30   Sun, The International Development of China, 33.

3부

13. 혁명의 무대

01   "General Act of the Conference of Berlin Concerning the Congo."

02   Kremer, "Population Growth and Technological Change."

03   Bongaarts, "Human Population Growth and the Demographic Transition."

04   Smil, *Energy and Civilization*.

05   Wimmer and Min, "From Empire to Nation-State."

06   Robinson et al., "The High Dam at Aswan," 237.

07   Hurst, "Progress in the Study of the Hydrology of the Nile in the Last Twenty Years."

08   Glennie, "The Equatorial Nile Project."

09   Jonglei Investigation Team, "The Equatorial Nile Project and Its Effects in the Sudan."

10   Pisani, *Water and American Government*, xi.

11   McGerr, *A Fierce Discontent*, xiii.

12   Vincent et al., *Federal Land Ownership*

13   Pisani, "State vs. Nation: Federal Reclamation and Water Rights in the Progressive Era."

14   Gates, "Homesteading in the High Plains."

15   Samson et al., "Great Plains Ecosystems: Past, Present, and Future."

16   Snowden, *The Conquest of Malaria*, 8.

17   Porisini, "Le bonifiche nella politica economica dei governi Cairoli e Depretis."

18   Smil, "Energy in the Twentieth Century."

19   Cintrón, *Historical Statistics of the Electric Utility Industry*.

20   Totman, Early Modern Japan, 11

21   Roosevelt, "Message from the President of the United States."

22   Severnini, *The Power of Hydroelectric Dams*, 65.

23   Coopersmith, *The Electrification of Russia*, 78.

24   Mori, "Le guerre parallele. L'industria elettrica in Italia nel periodo della grande guerra."

25   Nitti, *L'Italia all'alba del secolo XX*, 169.

26   Temporelli and Cassinelli, *Gli acquedotti genovesi*, 82.

27   Pavese, *Cento Anni di Energia: Centrale Bertini*, 18.

28   Conti, "Alle origini del sistema elettrico toscano."

29   Bruno, "Capitale straniero e industria elettrica nell'Italia meridionale."

30   Pavese, *Cento Anni di Energia: Centrale Bertini*, 41.

31   Ministero per la Costituente, *Rapporto della Commissione Tecnica, Industria*, 86.

32   Dupuit, "On the Measurement of the Utility of Public Works."

33   U.S. Supreme Court, Willamette Iron Bridge Co. v. Hatch, 125 U.S. 1 (1888).

34   Barker, "Sections 9 and 10 of the Rivers and Harbors Act of 1899.

35   Rivers and Harbor Act of 1902, 32 Stat. 372-73 (1903).

36   River and Harbor Act, 41 Stat. 1009-10 (1920).

01   Johnson, *Topography and Strategy in the War*, 1.

14. 위기와 불만

02   Johnson, *Topography and Strategy in the War*, 1.

03   Offer, *The First World War: An Agrarian Interpretation*, 468.

04   Denman and McDonald, *Unemployment Statistics from 1881 to the Present Day*, 5.

05   Lebergott, "Annual Estimates of Unemployment in the United States."

06   Libecap and Hansen, " 'Rain Follows the Plow' and Dryfarming Doctrine."

07   Baker, "Turbine-Type Windmills of the Great Plains and Midwest."

08   Keynes, *The Economic Consequences of the Peace*, 52.

09   Lenin, "The State and Revolution," 381.

10   Scott, *Seeing like a State*, 100.

11   Lenin, "What Is to Be Done?," 347. (한국어판《무엇을 할 것인가?》, 박종철출판사, 2014)

12   Lenin, "Our Foreign and Domestic Position," 408.

13   Richter, "Nature Mastered by Man: Ideology and Water in the Soviet Union."

14   Coopersmith, *The Electrification of Russia*, 148.

15   Melnikova-Raich, "The Soviet Problem with Two 'Unknowns.' "

16   Preti, "La politica agraria del fascismo: Note introduttive."

17   Einaudi, "Il dogma della sovranita," 2.

18   D'Antone, "Politica e cultura agraria: Arrigo Serpieri."

19   Guerriero, "La Generazione di Mussolini."

20   Delzell, "Remembering Mussolini."

21   Salvemini, *Le origini del fascismo in Italia: Lezioni di Harvard*, 452.

22   Diggins, *Mussolini and Fascism: The View from America*, 37.

23   Migone, *The United States and Fascist Italy*.

24   De Felice, *Mussolini e Hitler: I rapport segreti, 1922-1933*, 17.

25   Sun, *The International Development of China*, v.

26   Bergère, *Sun Yat-sen*, 280.

27   Keynes, *The End of Laissez-Faire*.

28   Keynes, *The General Theory of Employment, Interest and Money*, 383. (한국어판 《고용, 이자, 화폐의 일반이론》)

29   Keynes, *The Economic Consequences of the Peace*, 3. (한국어판 《평화의 경제적 결과》, 부글북스, 2016)

30   Berend, *An Economic History of Twentieth-Century Europe*, 1.

31   Tanzi and Schuknecht, *Public Spending in the 20th Century*, 8.

32   Johnson, "Freedom of Navigation for International Rivers: What Does It Mean?"

33   Permanent Court of International Justice, December 12th, 1934. The Oscar Chinn Case. Series A./B., Fascicule 63: 65-90.

15. 산업화 시대, 근대

01   Schramm, "The Effects of Low-Cost Hydro Power on Industrial Location."

02   Billington et al., *The History of Large Federal Dams*, 62.

03   Severnini, *The Power of Hydroelectric Dams*, 77.

04   Severnini, *The Power of Hydroelectric Dams*, 77.

05   Billington and Jackson, *Big Dams of the New Deal Era*, 3.

06   G. O. Smith, *World Atlas of Commercial Geology*, 3.

07   Woodhouse et al., "Updated Streamflow Reconstructions for the Upper Colorado River Basin."

08   Hiltzik, Colossus, 19.

09   Crabitès, "The Nile Waters Agreement."

10   Gebbie et al., *Report of the Nile Projects Commission*, 53-58.

11   Woodhouse et al., "The Twentieth-Century Pluvial in the Western United States."

12   Gebbie et al., *Report of the Nile Projects Commission*, 59-77.

13   Crabitès, "The Nile Waters Agreement."

14   Hiltzik, *Colossus*, 61.

15   "Frankenfield on the 1927 Floods in the Mississippi Valley."

16   Barry, *Rising Tide*, 528.

17   Lohof, "Herbert Hoover, Spokesman of Humane Efficiency: The Mississippi Flood of 1927."

18   Hiltzik, *Colossus*, 99.

19   Joseph Stalin, Speech Delivered at a Meeting of Voters of the Stalin Electoral District, Moscow. February 9, 1946. https://stars.library.ucf.edu/cgi/viewcontent.cgi?article=1311&context=prism.

20   Hooson, "The Middle Volga: An Emerging Focal Region in the Soviet Union."

21   Richter, "Nature Mastered by Man: Ideology and Water in the Soviet Union."

22   Tolmazin, "Recent Changes in Soviet Water Management."

23   Teichmann, "Canals, Cotton, and the Limits of De-colonization in Soviet Uzbekistan."

24   Merl and Templer, "Why Did the Attempt Under Stalin to Increase Agricultural Productivity Prove to Be Such a Fundamental Failure?"

25   Davies et al., "Stalin, Grain Stocks and the Famine of 1932-33."

26   Peterson, "US to USSR: American Experts, Irrigation, and Cotton in Soviet Central Asia, 1929-32."

27   Smolinski, "The Scale of Soviet Industrial Establishments."

28   Bourke-White, *Portrait of Myself*, 141.

29   Giordano et al., "Italy's Industrial Great Depression: Fascist Price and Wage Policies."

30   Bel, "The First Privatization: Selling SOEs and Privatizing Public Monopolies in Fascist Italy."

31   Preti, "La politica agraria del fascismo: Note introduttive."

32   Corner, "Considerazioni sull'agricoltura capitalistica durante il fascismo."

33   Isenburg, *Acque e Stato: Energia, Bonigiche, Irrigazione in Italia fra 1930 e 1950*.

34   Salvemini, "Can Italy Live at Home?"

35   Caprotti, "Malaria and Technological Networks."

36   Snowden, *The Conquest of Malaria*, 6.

37   Dawn, "The Origins of Arab Nationalism."

38   T. C. Jones, "State of Nature: The Politics of Water in the Making of Saudi Arabia."

39   Reimer, "The King-Crane Commission at the Juncture of Politics and Historiography."

40   Woertz, *Oil for Food*, 35.

41   Twitchell, *Saudi Arabia*, 139.

42   Luciani, "Oil and Political Economy in the International Relations of the Middle East," 111.

43   Fitzgerald, "The Iraq Petroleum Company, Standard Oil of California, and the Contest for Eastern Arabia."

44   Twitchell, *Saudi Arabia*, 148.

45   Courtney, *The Nature of Disaster in China*, 5.

16. 프랭클린 루스벨트의 근대화 사업

01   Josling et al., "Understanding International Trade in Agricultural Products."

02   Fishback and Kachanovskaya, "The Multiplier for Federal Spending in the States During the Great Depression."

03   Fishback, "US Monetary and Fiscal Policy in the 1930s."

04   Woodhouse and Overpeck, "2000 Years of Drought Variability in the Central United States."

05   B. I. Cook et al., "Dust and Sea Surface Temperature Forcing of the 1930s 'Dust Bowl' Drought."

06   Kitchens and Fishback, "Flip the Switch: The Impact of the Rural Electrification Administration, 1935-1940."

07   Gordon, The Rise and Fall of American Growth, 52. (한국어판《미국의 성장은 끝났는가》, 생각의힘, 2017)

08   Vials, "The Popular Front in the American Century."

09   Billington et al., *The History of Large Federal Dams*, 235.

10   Luce, "The American Century."

11   Franklin D. Roosevelt, October 22, 1932. Extemporaneous Remarks, Knoxville, Tennessee.

12   Franklin D. Roosevelt, January 15, 1940. Tennessee Valley Authority Message to Congress.

13   Miller and Reidinger, *Comprehensive River Development*, 9.

14   Lilienthal, TVA: Democracy on the March, 11.

15   Neuse, "TVA at Age Fifty—Reflections and Retrospect."

16   Franklin D. Roosevelt, April 10, 1933. Tennessee Valley Authority Message to Congress.

17   Franklin D. Roosevelt, April 10, 1933. Tennessee Valley Authority Message to Congress.

18   Scott, *Seeing like a State*, 93.

19   Lilienthal, *TVA: Democracy on the March*, 67.

20   Neuse, *David E. Lilienthal*, xv.

21   Lilienthal, *TVA: Democracy on the March*, xi.

22   Lilienthal, *TVA: Democracy on the March*, 80.

23   Lilienthal, TVA: Democracy on the March, 149.

24   Kitchens, "The Role of Publicly Provided Electricity in Economic Development."

25   Miller and Reidinger, *Comprehensive River Development*, 35.

26   Kline and Moretti, "Local Economic Development, Agglomeration Economies, and the Big Push."

27   Domar, "Capital Expansion, Rate of Growth, and Employment."

28   Alacevich, *The Political Economy of the World Bank*, 26.

29   Bhatia and Scatasta, "Methodological Issues."

30   Molle, "River-Basin Planning and Management."

31   Lilienthal, TVA: Democracy on the March, 203.

32   Courtney, The Nature of Disaster in China, 181

33   Sneddon, Concrete Revolution, 36.

34   Wolman and Lyles, "John Lucian Savage, 1879-1967."

35   Ekbladh, " 'Mr. TVA': Grass-Roots Development, David Lilienthal, and the Rise and Fall of the Tennessee Valley Authority."

36   D'Souza, *Drowned and Dammed*, 194.

37   Sneddon, *Concrete Revolution*, 38.

38   Perkins, *The Roosevelt I Knew*, 88.

39   T. C. Jones, "State of Nature: The Politics of Water in the Making of Saudi Arabia," 235.

40   Luciani, "Oil and Political Economy in the International Relations of the Middle East."

41   Woertz, *Oil for Food*, 64.

42   Hart, *Saudi Arabia and the United States*, 29.

43   T. C. Jones, "State of Nature: The Politics of Water in the Making of Saudi Arabia," 242.

44   Crary, "Recent Agricultural Developments in Saudi Arabia."

45   Woertz, Oil for Food*, 64.*

46   Gardner, *Three Kings*, 27.

47   T. C. Jones, "America, Oil, and War in the Middle East," 208.

48   Gardner, *Three Kings*, 33.

49   Yergin, *The Prize*, 385. (한국어판 《황금의 샘》, 라의눈, 2017)

50   Lippman, "The Day FDR Met Saudi Arabia's Ibn Saud."

51   Perkins, *The Roosevelt I Knew*, 88.

52   Macekura, "The Point Four Program and U.S. International Development Policy."

53   Ekbladh, " 'Mr. TVA': Grass-Roots Development, David Lilienthal, and the Rise and Fall of the Tennessee Valley Authority."

54   Harry S. Truman, January 20, 1949. Inaugural Address.

55   Gilman, *Mandarins of the Future*, 1.

17. 냉전 시대

01   이오시프 스탈린, 총선을 앞둔 1946년 2월 9일 모스크바 '스탈린 지지 선거구' 유권자 모임에서 한 연설.

02   Sapelli, *Storia Economica Contemporanea*, 1.

03   Isenburg, *Acque e Stato: Energia, Bonigiche, Irrigazione in Italia fra 1930 e 1950*, 26.

04   Gollin, "The Lewis Model: A 60-Year Retrospective."

05   Lewis, "Economic Development with Unlimited Supply of Labour."

06   Wittfogel, *Oriental Despotism*.

07   Wallimann et al., "Misreading Weber: The Concept of 'Macht.' "

08   Walder, review of The *Science of Society: Toward an Understanding of the Life and Work of Karl August Wittfogel*, by G. L. Ulmen.

09   Alfonso A. Narvaez, "Karl A. Wittfogel, Social Scientist Who Turned On Communists, 91." New York Times, May 26, 1988.

10   Gilmartin, *Blood and Water*, 204.

11   Bookhagen and Burbank, "Toward a Complete Himalayan Hydrological Budget."

12   Immerzeel et al., "Climate Change Will Affect the Asian Water Towers."

13   Lambrick, "The Indus Flood-Plain and the 'Indus' Civilization."

14   Giosan et al., "Fluvial Landscapes of the Harappan Civilization."

15   Gulhati, *Indus Waters Treaty*, 55.

16   Gulhati, *Indus Waters Treaty*, 64f.

17   Gilmartin, *Blood and Water*, 207.

18   Gilmartin, *Blood and Water*, 211.

19   Gulhati, *Indus Waters Treaty*, 60.

20   Draskoczy, "The *Put' of Perekovka*: Transforming Lives at Stalin's White Sea–Baltic Canal."

21   Kandiyoti, *The Cotton Sector in Central Asia Economic Policy and Development Challenges*, 1.

22   Jasny, "Soviet Agriculture and the Fourth Five–Year Plan."

23   Teichmann, "Canals, Cotton, and the Limits of De–colonization in Soviet Uzbekistan."

24   Pohl, "A Caste of Helot Labourers: Special Settlers and the Cultivation of Cotton in Soviet Central Asia."

25   Brain, "The Great Stalin Plan for the Transformation of Nature."

26   Shaw, "Mastering Nature Through Science."

27   Nikita Khrushchev, "On Measures for the Further Development of Soviet Agriculture," September 3, 1953.

28   Chida, "Science, Development and Modernization in the Brezhnev Time."

29   Kelly et al., "Large–Scale Water Transfers in the USSR."

30   Gulhati, *Indus Waters Treaty*, 91.

31   Guha, *India after Gandhi*, 74

32   Lilienthal, "Another Korea in the Making?"

33   Viviroli et al., "Assessing the Hydrological Significance of the World's Mountains."

34   Herbst, "The Creation and Maintenance of National Boundaries in Africa."

35   Collier, "Africa: Geography and Growth," 235.

36   Mavhunga, "Energy, Industry, and Transport in South–Central Africa's History."

37   Hyam, "The Geopolitical Origins of the Central African Federation."

38   Moore et al., "The Zambezi River."

39   G. J. Williams, "The Changing Electrical Power Industry of the Middle Zambezi Valley."

40   Burdette, "Industrial Development in Zambia, Zimbabwe and Malawi: The Primacy of Politics," 96.

41   Tischler, *Light and Power for a Multiracial Nation*, 1.

42   Hughes, "Whites and Water: How Euro–Africans Made Nature at Kariba Dam."

18. 발을 넓히는 미국

01   Lilienthal, "Another Korea in the Making?"

02   Alacevich, *The Political Economy of the World Bank*, 2.

03   Gulhati, *Indus Waters Treaty*, 95.

04   세계은행이 1961년 7월 14일 레이먼드 휠러 장군과 나눈 구술 역사 인터뷰. https://oralhistory.worldbank.org/transcripts/transcript-oral-history-interview-general-raymond-wheeler-held-july-14-1961.

05   Gulhati, *Indus Waters Treaty*, 18.

06   Gilmartin, *Blood and Water*, 216.

07   Salman, "The Baglihar Difference and Its Resolution Process—a Triumph for the Indus Waters Treaty?"

08   Briscoe, "Troubled Waters: Can a Bridge Be Built over the Indus?"

09   Gulhati, *Indus Waters Treaty*, 39.

10   Badruddin, *An Overview of Irrigation in Pakistan*.

11   Taddese et al., *The Water of the Awash River Basin a Future Challenge to Ethiopia*.

12   Wood, "Regional Development in Ethiopia."

13   Harbeson, "Territorial and Development Politics in the Horn of Africa."

14   Adi, *Pan-Africanism*, vii.

15   Tischler, *Light and Power for a Multiracial Nation*, 3.

16   Scarritt and Nkiwane, "Friends, Neighbors, and Former Enemies: The Evolution of Zambia-Zimbabwe Relations in a Changing Regional Context."

17   Anglin, "Zambian Crisis Behavior: Rhodesia's Unilateral Declaration of Independence."

18   Williams, "The Changing Electrical Power Industry of the Middle Zambezi Valley."

19   Tsomondo, "From Pan-Africanism to Socialism: The Modernization of an African Liberation Ideology."

20   Mavhunga, "Energy, Industry, and Transport in South-Central Africa's History."

21   Showers, "Beyond Mega on a Mega Continent: Grand Inga on Central Africa's Congo River."

22   Nkrumah, *I Speak of Freedom*, xi.

23   Miescher and Tsikata, "Hydro-power and the Promise of Modernity and Development in Ghana."

24   Tignor, *W. Arthur Lewis and the Birth of Development Economics*, 193.

25   Showers, "Beyond Mega on a Mega Continent: Grand Inga on Central Africa's Congo River."

26 Kaplan, "The United States, Belgium, and the Congo Crisis of 1960."

27 Rosenblith, *Jerry Wiesner: Scientist, Statesman, Humanist*, 286.

28 Hassan and Lai, *Ideas and Realities: Selected Essays of Abdus Salam*, 161.

29 Rosenblith, *Jerry Wiesner: Scientist, Statesman, Humanist*, 288.

30 Revelle, "Oceanography, Population Resources and the World," 45.

31 Interview of Roger Revelle by Earl Droessler on February 3, 1989, Niels Bohr Library & Archives, American Institute of Physics, College Park, MD USA. Date accessed: July 31, 2020. https://www.aip.org/history-programs/niels-bohr-library/oral-histories/5051.

32 Revelle, "Mission to the Indus."

33 Gilmartin, *Blood and Water*, 235.

34 van Steenbergen and Oliemans, "A Review of Policies in Groundwater Management in Pakistan."

35 Gilmartin, *Blood and Water*, 239.

36 Revelle, "Oceanography, Population Resources and the World," 53.

37 Revelle, "Mission to the Indus."

38 H. A. Thomas, "Roger Revelle: President-Elect, 1973."

39 Sneddon, *Concrete Revolution*, 79.

40 The World Bank/IFC Archives, Oral History Program, July 14, 1961. Transcript of interview with General Raymond Wheeler. Oral History Research Office, Columbia University, 27.

41 White, "The Mekong River Plan."

42 Lilienthal, *The Journals of David E. Lilienthal*, 508.

19. 한 시대의 끝

01 Mao, *The Writings of Mao Zedong*, 82.

02 Chen, "Cold War Competition and Food Production in China, 1957-1962."

03 Meng et al., "The Institutional Causes of China's Great Famine, 1959-61."

04 Chen, "Cold War Competition and Food Production in China, 1957-1962."

05 Dikötter, Mao's Great Famine, 25.(한국어판《마오의 대기근》, 열린책들, 2017)

06 Chen, "Cold War Competition and Food Production in China, 1957-1962."

07 Li and Yang, "The Great Leap Forward: Anatomy of a Central Planning Disaster."

08 Ó Gráda, "Great Leap into Famine: A Review Essay."

09 Kueh, Agricultural Instability in China, 1931-1990, 1.

10 Ó Gráda, "Great Leap into Famine: A Review Essay."

11 Sneddon, *Concrete Revolution*, 87.

12 Kapuscinski, *The Emperor*, 130

13 Bewket and Conway, "A Note on the Temporal and Spatial Variability of Rainfall in the Drought-Prone Amhara Region of Ethiopia."

14 Tsomondo, "From Pan-Africanism to Socialism: The Modernization of an African Liberation Ideology."

15 Reberschak, "Una storia del 'genio italiano': il Grande Vajont," 23.

16 Reberschak, "Una storia del 'genio italiano': il Grande Vajont," 39.

17 Hendron and Patton, *The Vajont Slide, A Geotechnical Analysis Based on New Geologic Observations of the Failure Surface*, 8.

18 Reberschak, "Una storia del 'genio italiano': il Grande Vajont," 316.

19 Sapelli, *Storia Economica Contemporanea*, 1.

20 Sekhar, "Surge in World Wheat Prices: Learning from the Past."

21 Kelly et al., "Large-Scale Water Transfers in the USSR."

22 Micklin, "Desiccation of the Aral Sea."

23 Tolmazin, "Recent Changes in Soviet Water Management."

24 Prishchepov et al., "Effects of Institutional Changes on Land Use."

4부

20. 결핍의 세계

01   Gerges, *Making of the Arab World*, 18.

02   Waterbury, *The Egypt of Nasser and Sadat*, 57.

03   Vitalis, "The 'New Deal' in Egypt."

04   Feiner, "The Aswan Dam Development Project."

05   Vitalis, "The 'New Deal' in Egypt."

06   El Mallakh, "Some Economic Aspects of the Aswan High Dam Project in Egypt."

07   Shokr, "Hydropolitics, Economy, and the Aswan High Dam in Mid-Century Egypt."

08   Gardner, *Three Kings*, 227.

09   Alterman, "American Aid to Egypt in the 1950s."

10   Borzutzky and Berger, "Dammed If You Do, Dammed If You Don't: The Eisenhower
      Administration and the Aswan Dam."

11   Gardner, *Three Kings*, 229.

12   Gardner, *Three Kings*, 233.

13   Borzutzky and Berger, "Dammed If You Do, Dammed If You Don't: The Eisenhower
      Administration and the Aswan Dam."

14   Goldman, "A Balance Sheet of Soviet Foreign Aid."

15   "Discours de Gamal Abdel Nasser sur la nationalisation de la Compagnie du canal
      de Suez (Alexandrie, 26 juillet 1956)," in Notes et etudes documentaires: Ecrits et
      Discours du colonel Nasser (Paris: La Documentation française, 1956), 16-21.

16   Mansfield, *A History of the Middle East*, 277.

17   Abdalla, "The 1959 Nile Waters Agreement in Sudanese-Egyptian Relations."

18   Woertz, *Oil for Food*, 19.

19   Woertz, *Oil for Food*, 9.

20   Sapelli, *Storia Economica Contemporanea*, 1.

21   Wolf and Ross, "The Impact of Scarce Water Resources on the Arab-Israeli
      Conflict."

22   Beaumont, "Water and Development in Saudi Arabia."

23   Woertz, *Oil for Food*, 81.

24   T. C. Jones, "Rebellion on the Saudi Periphery: Modernity, Marginalization, and the
      Shi'a Uprising of 1979."

25   Zhang and Carter, "Reforms, the Weather, and Productivity Growth in China's Grain
      Sector."

26   Straub et al., *Infrastructure and Economic Growth in East Asia*.

27   Lin, *New Structural Economics*, 13.

28   International Hydropower Association (IHA), *2019 Hydropower Status Report*, 98.

29   Liu and Yang, "Water Sustainability for China and Beyond."

30   Edmonds, "The Sanxia (Three Gorges) Project: The Environmental Argument Surrounding China's Super Dam."

31   Beckley, "China and Pakistan: Fair-Weather Friends."

32   Sial, "The China-Pakistan Economic Corridor."

33   Briscoe, "Troubled Waters: Can a Bridge Be Built over the Indus?"

34   Naveed Siddiqui, "Pakistan Expresses Concerns over Inauguration of Kishanganga Dam Project by India." *Dawn, May* 18, 2018.

35   "Kishanganga Dam Issue: World Bank Asks Pakistan to Accept India's Demand of 'Neutral Expert,' " The Times of India, June 5, 2018.

36   Magee, "The Dragon Upstream: China's Role in Lancang-Mekong De velopment."

37   Liebman, "Trickle-down Hegemony? China's 'Peaceful Rise' and Dam Building on the Mekong."

38   Fan et al., "Environmental Consequences of Damming the Mainstream Lancang-Mekong River: A Review."

21. 지구의 실험

01   Trenberth and Fasullo, "Climate Extremes and Climate Change: The Russian Heat Wave and Other Climate Extremes of 2010."

02   Ralph and Dettinger, "Storms, Floods, and the Science of Atmospheric Rivers."

03   Gimeno et al., "Atmospheric Rivers: A Mini-Review."

04   B. Moore et al., "Physical Processes Associated with Heavy Flooding Rainfall in Nashville, Tennessee, and Vicinity During 1-2 May 2010."

05   Subcommittee of the Committee on Appropriations, Special Hearing, July 22, 2010, 14-17.

06   U.S. Army Corps of Engineers, Cumberland and Duck River Basins: May 2010 Post Flood Technical Report, 36.

07   Martius et al., "The Role of Upper-Level Dynamics and Surface Processes for the Pakistan Flood of July 2010."

08   Altenhoff et al., "Linkage of Atmospheric Blocks and Synoptic-Scale Rossby Waves."

09   Martius et al., "The Role of Upper-Level Dynamics and Surface Processes for the Pakistan Flood of July 2010."

10   Webster et al., "Were the 2010 Pakistan Floods Predictable?"

11   Polastro et al., Inter-Agency Real Time Evaluation of the Humanitarian Response to Pakistan's 2010 Flood Crisis, 89.

12   유엔 사무총장의 2010년 8월 19일 유엔 총회 연설, "Strengthening of the Coordination of Humanitarian and Disaster Relief Assistance of the United Nations, including Special Economic Assistance." https://www.un.org/sg/en/content/sg/statement/2010-08-19/secretary-generals-remarks-general-assembly-meeting-strengthening.

13   Lau and Kim, "The 2010 Pakistan Flood and Russian Heat Wave."

14   Dole et al., "Was There a Basis for Anticipating the 2010 Russian Heat Wave?"

15   Barriopedro et al., "The 2009/10 Drought in China: Possible Causes and Impacts on Vegetation."

16   Josling et al., "Understanding International Trade in Agricultural Products."

17   Welton, The Impact of Russia's 2010 Grain Export Ban.

18   Robert Paalberg, "How Grain Markets Sow the Spikes of Fear," The Financial Times, August 19, 2010.

19   Barriopedro et al., "The 2009/10 Drought in China: Possible Causes and Impacts on Vegetation."

20   Sternberg, "Chinese Drought, Wheat, and the Egyptian Uprising: How a Localized Hazard Became Globalized."

21   Enghiad et al., "An Overview of Global Wheat Market Fundamentals in an Era of Climate Concerns."

22   Abderrahim and Castel, Inflation in Tunisia, 11.

23   Breisinger et al., Beyond the Arab Awakening, 12.

24   Adi, Pan-Africanism, 213.

25   Matthiesen, Sectarian Gulf.

26   Atkins et al., Challenges of and Opportunities from the Commodity Price Slump.

27   Brautigam, The Dragon's Gift, 1.

워터: 물의 연대기

초판 1쇄 인쇄 2023년 8월 17일
초판 1쇄 발행 2023년 8월 23일

지은이 줄리오 보칼레티
옮긴이 김정아
펴낸이 고영성

책임편집 박유진   **디자인** 이화연   **저작권** 주민숙

펴낸곳 주식회사 상상스퀘어
출판등록 2021년 4월 29일 제2021-000079호
주소 경기도 성남시 분당구 성남대로 52, 그랜드프라자 604호
전화 070-8666-3322
팩스 02-6499-3031
이메일 publication@sangsangsquare.com
홈페이지 www.sangsangsquare.com

ISBN 979-11-92389-46-2 (03300)